高等学校经济与管理类系列教材

U0662846

商业分析

——商业数据的分析、挖掘和应用

王仁武　蔚海燕　范井思 ◇ 编　著

华东师范大学出版社

上海

图书在版编目(CIP)数据

商业分析:商业数据的分析、挖掘和应用/王仁武,蔚海燕,范并思编著. —上海:华东师范大学出版社,2014.6
ISBN 978 - 7 - 5675 - 2209 - 1

Ⅰ.①商…　Ⅱ.①王…②蔚…③范…　Ⅲ.①商业信息学—高等学校—教材　Ⅳ.①F713.51

中国版本图书馆 CIP 数据核字(2014)第 141327 号

商业分析
——商业数据的分析、挖掘和应用

编　　著　王仁武　蔚海燕　范并思
项目编辑　孙小帆
审读编辑　陈　震
装帧设计　孔薇薇

出版发行　华东师范大学出版社
社　　址　上海市中山北路 3663 号　邮编 200062
网　　址　www.ecnupress.com.cn
电　　话　021 - 60821666　行政传真 021 - 62572105
客服电话　021 - 62865537　门市(邮购)电话 021 - 62869887
地　　址　上海市中山北路 3663 号华东师范大学校内先锋路口
网　　店　http://hdsdcbs.tmall.com

印 刷 者　上海丽佳制版印刷有限公司
开　　本　787×1092　16 开
印　　张　22.5
字　　数　500 千字
版　　次　2014 年 9 月第 1 版
印　　次　2021 年 8 月第 4 次
书　　号　ISBN 978 - 7 - 5675 - 2209 - 1/F·282
定　　价　45.00 元

出 版 人　王　焰

(如发现本版图书有印订质量问题,请寄回本社客服中心调换或电话 021 - 62865537 联系)

序

企业在经营决策和商业竞争中,首先要了解、掌握相关的信息并加以适当的分析。以前的信息资料及其分析手段、分析过程都相对比较简单。在当今大数据时代的背景下,面对海量的数据和信息,分析技术就显得尤为重要。简单地来说,对商业大数据以及由数据刻画的各类商业信息的归集、甄别和探寻其中的某些规律性现象进而发现商业上的可用性就是所谓的商业分析。

目前,人们对于商业分析谈论得很多,但国内许多这方面的谈论还停留在或散见于各种媒体上,系统性深入阐述的并不多。这本《商业分析》是作者在该前沿领域努力探索的结晶,相信它的出版会对学术界商业分析的发展起到一定的推动作用。

商业分析首先是一种数据分析,一种信息分析。在解放战争时期的一场战斗中,我军指挥员从战报中发现,缴获的敌人的短枪与长枪的比率较往常战斗偏高,缴获的小车与大车的比率也较往常战斗偏高,因此判断这次面对的是敌人的指挥部及其护卫部队,于是便调集部队将之围歼。这虽是军事上的数据分析,但也显示了商业分析中最基本的某些逻辑性特征。当然,迅速发展中的商业分析决非如此简单,如此直观。而且,用于商业分析的数据还有一个甄别的问题。譬如,某人在网络视频上多次观看了电影《断背山》,但商家如果凭此数据信息向他推荐另一部同性恋题材的电影则可能是错误的,因为这个人很可能只是欣赏《断背山》的艺术性而已,并非偏好这一题材。当然,另外一个人如果多次观看电影《断背山》,也有可能他是偏好这一题材的,商家向他推荐其他同性恋题材的艺术作品是对商机的挖掘和利用。这其中的甄别、判断等需要不同信息和不同分析技术手段的相互补充。总之,商业分析是有趣的,但也是非常复杂的。

在市场竞争日益激烈的当今时代,商业分析无疑日显重要。在高等院校,商业分析的教育和科研也越来越受到重视。同以往专门介绍各类统计分析方法、数据与模型、数据挖掘等的教材相比,本书是从业务导向和需求导向来组织商业信息和商业数据的采集、存储、组织和分析过程,而不是单纯地介绍分析方法和工具,系统、清晰地剖析了商业分析的整个流程。这无论对理论研究还是实践应用都具有一定的指导意义和操作价值。

叶德磊

2014.4.12.

前　言

　　大数据时代的到来,企业获取数据和信息变得容易,分析和利用难度却加大了。数据逐渐成为企业重要的数字资产,成为现代商业社会的核心竞争力。尤其是大数据的到来让企业重新审视和利用自己的数字资产,并将其作为对企业各项业务的支持。商业分析正是在此背景下受到学者和专业人士的重视。

　　2011 年的 *IBM Tech Trends Report* 指出,商业分析是商业竞争中用于自动化流程和分析不断增长的海量数据中最常用的新技术;2011 年的 *Bloomberg Businessweek* 在对商业分析现状调查中发现,在收入超过 10 亿美元的大公司中,97% 都在使用某种形式的商业分析;贝恩咨询公司的《管理工具与趋势》(2013)报告将大数据和分析评为企业最流行的 25 种管理工具之一;2011 年的麦肯锡全球机构报告预测,到 2018 年,仅仅美国一个国家将会缺乏具备高级分析技能的专业人才约 14 万至19 万,缺乏懂得通过分析大数据来作出有效决策的有数据悟性的人才约 1500 万。

　　全球的多个研究报告均指出商业分析对企业未来业务发展、企业决策的重要性,也显示出企业对商业分析人才以及教育的需求。本书正是在这样的背景下产生的,我们力图去剖析商业分析的流程,搭建商业分析的框架,展现商业分析的各个步骤,最终将重点放在商业数据的分析方法和数据挖掘、数据可视化的原理和应用上。同时,注重运用大量案例来阐述问题。

　　本书可作为商业分析相关专业或课程的教材,也可作为信息管理与信息系统、企业管理等专业的本科生、研究生的教材或参考用书。书中加※号的内容,主要供研究生学习使用,也可供有学习潜力的本科生使用。教材中使用的数据和代码可从出版社网站上下载。

　　全书由范并思老师提出大纲,大家分头编写,最后由王仁武、蔚海燕来统稿。各章节的编写分工如下:第 1、3、4、6 章由范并思和蔚海燕撰写,第 2、5 章由阮光册撰写,第 7、8、9 章由王仁武撰写。此外,多名研究生也参与了资料的收集和整理,他们是边文冰、曹芸、常晓立、郭恒志、郭玉冰、贾喆、姜雯、梁婕、刘甜、罗银洱、粘祎行、任英剑、山珊、孙智冉、徐维娟、叶美麟、袁旭萍、翟伯荫、张晓婕、甄瑞辰、郑丽娟(学生姓名按姓氏字母排序),谢谢你们的帮助与支持!

　　本书的出版得到了华东师范大学研究生院重点课程项目"商业分析"的支持,也得到了华东师范大学出版社的大力支持,在此一并表示感谢!

本书在写作过程中参考了大量的国内外文献,谨对有关作者表示衷心的感谢。书中难免有疏漏错误之处,敬请读者批评指正。

编者

2014 年 4 月

目录

第 1 章
商业分析概论

　　互联网时代,信息变得唾手可得。管理信息系统的广泛使用也使企业积累了大量的数据。如何管理和进一步利用这些信息和数据来支持企业的决策成为企业的迫切需求,甚至成为企业的核心竞争力所在。正如Davenport 在其著作 *Competing on Analytics* 中将分析竞争力定义为企业赢之道。企业的决策需要哪些情报支持,这些情报来源于企业内外部的哪些数据和信息,而这些数据和信息又以怎样的分析方法、工具来成为决策支持情报,是研究人员和分析专业人员面临的重要问题。大数据时代的到来,其 4V 特征——规模性、高速性、多元性和价值性更加凸显了商业数据的价值,不仅可为企业决策作支持,甚至可以引导企业的业务发展。应运而生的商业分析(business analytics,BA)将企业的业务、分析、IT 联系起来,服务于企业的战略和决策。

本章主要内容

- 商业分析概述
- 商业分析的发展历程
- 商业分析的基本思想
- 商业分析对企业的影响

1.1 商业分析概述

1.1.1 商业分析的定义

商务分析(business analytics,BA)这一术语发源于 19 世纪,但其在近年来才真正引起关注。一方面是因为明智的商业决策通常建立在数据分析上,当今的数据量正以飞快的速度增长,相关的信息已经可以纳入企业决策考量,并以原始数据的形式存储下来。具有非凡价值的数据分析,已经由曾经只能被政府和大型企业所掌握,到如今各个企业都能够负担和获得,大数据环境是商业分析发展的温床;另一方面,当今相互关联的全球数据在云计算环境下存储和利用,先进的计算机软硬件也能够让各个企业以惊人的速度进行数据处理和分析,数据分析、预测、挖掘的算法、工具的产生和应用推动了商业分析的落地。

传统的商业分析是指以统计学以及概率论的内容为基础,研究、分析、处理当前经济管理领域中的一些实际问题,这些问题涉及统计报表分析、财务预测、投资风险预测、市场预测、质量管理的评估和投资效益的分析与决策等。传统商业分析的目的是通过分析数据,反映市场对企业产品的需求、资源的成本和需求情况、市场条件以及整体经济运行情况,达到强化企业经营管理、不断提高企业经济效益的效果。

传统商业分析在上个世纪 60 年代决策支持系统产生后,开始获得更多的关注,并开始和 ERP(企业资源计划)系统、数据仓库、数据挖掘、商业智能以及其他的软硬件工具和应用一起发展。而随着数据量的加大,尤其是大数据的出现,使商业分析也更多地与商业智能(business intelligence,BI)联系在一起,如 Chiang(2012)、Hsinchun Chen(2012)等在讨论商业分析的教育时,将商业智能与分析连在一起称之为 BI&A。

Shmueli G.、Koppius O.(2007)认为商业分析是使用大量的数据、统计和定量分析、解释和预测模型,并基于事实的管理方法来推动决策,其中涉及一系列的技能、技术、应用和实践[1]。在 Competing on Analytics 中,Davenport 与 Harris 把商业分析形容为"数据的延伸引用、统计与量化分析、说明性与预测性的模型以及驱动决策与实施的基于事实的管理"[2]。美国运筹学与管理学研究协会(INFORMS)认为:商业分析通过数据分析趋势、构建预测模型、优化企业流程,提升企业绩效,以促进商业目的的实现。开设了商业分析专业的各大高校也分别对商业分析进行了定义。伊利诺伊大学芝加哥分校认为商业分析是不断地探索、调研商业业绩数据的过程。探索的过程中要使用相关的技能、技术、应用和经验,会产生对现在和未来商业计划的一些新的定性或定量的见解。商业分析关注统计模型和大数据,因为它们会被应用于包括医疗、汽车和体育等每一个行业的分析[3]。宾夕

[1] Shmueli G, Koppius O. Predictive vs. explanatory modeling in IS research [J]. Joint work, University of Maryland, College Park, and Rotterdam School of Management, Erasmus University. http://www.citi.uconn.edu/cist07/5c.pdf, 2007.

[2] Davenport, Thomas H.; Harris, Jeanne G. (2007). Competing on Analytics: The New Science of Winning. Boston, Mass.: Harvard Business School Press. ISBN 978-1-4221-0332-6.

[3] UIC Business. Business Analytics. [EB/OL]. http://business.uic.edu/home-uic-business/faculty-departments-research/department-of-ids/programs/business-analytics. [2014-3-25].

法尼亚大学对商业分析的定义是,商业分析是谨慎地用分析技术来解决业务问题。这些分析技术来自于多个学科领域,如运筹学、统计学、机器学习、数据挖掘、信息科学、计算机科学、市场营销和博弈论。商业分析不是一项独特的管理功能,如财务或者会计;相反地,它被广泛认为是一项技能的集合,可以为每个管理过程增加价值[①]。

美国运筹学与管理学研究协会(INFORMS)提出商业分析有以下三种类型:

一是描述性分析:描述分析以前发生了什么。二是预测性分析:预测将来会发生什么。三是规范性分析:描述将产生最佳结果的最佳方法。

综合上述概念,本书认为商业分析就是在理解业务问题的基础上,利用 IT 技术进行数据的处理和呈现,应用各种分析模型进行数据分析和挖掘,描述业务现状,预测业务未来,提出业务解决方法。

商业分析的分析对象很宽泛,不仅仅包含数据库和数据仓库中的结构化的数据,文本信息、网络信息等非结构化数据也是其重要对象,且分析的方法手段也不仅仅局限在数据分析和挖掘的方法,还包括对文本、音频、视频等信息的分析方法。在商业分析的发展历程中,商业智能和其息息相关。

1.1.2　商业分析与商业智能

1. 商业智能的定义

商业智能(business intelligence, BI)的概念最早是 Gartner Group 于 1996 年提出的。当时将商业智能定义为一类由数据仓库或数据集市、查询报表、数据分析、数据挖掘、数据备份等部分组成的,以帮助企业决策为目的的技术及其应用。商业智能是对商业信息的搜集、管理和分析过程,目的是使企业的各级决策者获得知识或洞察力,促使他们做出对企业更有利的决策。从系统的观点来看,商业智能的过程首先是从不同的数据源收集的数据中提取有用的数据,对数据进行清理以保证数据的正确性,将数据经转换、重构后存入数据仓库(这时数据变为信息),然后利用合适的查询和分析工具,如 OLAP 工具对信息进行处理(这时信息变为辅助决策的知识),最后将知识呈现于用户面前,来支持决策。可以看出,企业信息化是商业智能应用的基础,商业智能最大限度地利用了企业信息化中的数据,将企业数据整理为信息,再升华为知识,从而对用户提供最大程度的支持。

2. 商业分析与商业智能的区别

虽然商业分析与商业智能的关系密切,且很多学者也经常将这两个概念连在一起使用,但两者之间还是存在着区别。

（1）BA 和 BI 分析对象不同

商业智能的分析和挖掘对象为结构化的数据,采用数据挖掘的一些算法和软件等挖掘出数据中存在的隐性规则。商业分析的内容更宽泛,不仅面对的分析对象要宽泛,突破

---

① Business Analytics：A practioner's Guide. ［EB/OL］. https://opimweb. wharton. upenn. edu/programs/undergraduate/program-information/business-analytics-track/. ［2014－3－25］.

了结构化的数据，非结构化数据也是其重要的分析对象，且分析的方法手段也不仅仅局限在数据分析和挖掘的方法，包括对文本、视频等信息的分析与挖掘。

(2) BI 侧重数据，BA 与业务结合更紧密

商业智能偏重于衡量业务结果，而商业分析更加偏重于业务流程中的分析，借助于预测性分析工具和软件，如时间序列和 SAS 预测软件等为管理者和员工团队提供更具有指导性意义的有效信息，帮助企业更好地完成分析和决策，全面提高企业的绩效。

随着数据爆炸式增长，BI 无法处理日益复杂的数据，将 BI 扩展至 BA 将成为未来竞争的焦点。BI 和 BA 虽然只有一字之差，但其内涵却大不相同。BI 只是从数据出发，侧重技术挖掘的过程，而 BA 则是以业务为出发点，提出有针对性的业务问题，使 BI 平台中的数据价值得到充分利用，也让 BI 更深入业务。从 BI 到 BA，是用户的强烈需求，也是商业智能发展的必然。SAS 公司大中华区总裁黄永恒谈到，以前 BI 的概念有些狭隘，是从数据出发，侧重技术挖掘过程，而与业务脱节，往往得出的数据和结论并不是业务真正需要的。

从这个角度看，BA 能够通过预测性分析为管理者和员工团队提供所需要信息，帮助他们更好地完成决策和分析，更能帮助企业解决实际业务问题，也能更好地发挥 BI 的商业价值。

(3) BI 是 BA 的一部分

商业分析是相对于商业智能更高层次的概念，注重在分析过程中对不同的业务运用不同的分析、预测模型，形成有利于业务的决策方案。

商业分析主要由数据仓库平台和绩效管理工具构成。数据仓库平台包含数据仓库管理工具和数据质量工具等。绩效管理工具包括基于数据仓库或统一数据平台之上的分析功能，如财务绩效和战略管理、供应链分析、劳动力分析、客户关系分析等[①]。商业分析之所以比商业智能更加高端，是因为它需要有分析应用的解决方案来支撑。而分析应用里面最关键的有两个部分：一个部分是分析，另一个部分是智能，即 BI，这两者同时支持分析应用。

从本质上看，商业智能更注重工具的应用，使用统一指标来衡量企业绩效或分析报表。而商业分析不仅包括统计、因果和预测模型等要素，而且其应用还可囊括所有的简单报表和复杂的系统。

如此可以看出，BI 只是 BA 的一部分。

(4) BA 和 BI 追求的目标不同

商业智能是基于关键绩效指标（KPI）来确定企业的追求目标[②]。KPI 指标通常可以继续分解成多个衡量指标，即多个事实（fact）。这些事实可以直接从业务系统中获得，也可以通过累加或指标聚合而得出。因而在商业智能中，数据仓库的粒度设计非常关键，这样才能保证商业智能系统对 KPI 指标的支持。

① 陈雨田. 商业分析：挖掘数据的最佳工具[N]. 中国城乡金融报，2011 - 7 - 28(A03).

② Robert Laberge 著，祝洪凯等译. 数据仓库应用指南：数据仓库与商务智能最佳实践[M]. 北京：机械工业出版社，2012.

　　商业分析的目标是通过信息分析、数据挖掘与业务结合起来,为企业提供最佳化的问题解决方案;通过对信息的运用和分析,充分挖掘其中的价值,以提高决策的科学性和准确性、发现问题的及时性和快捷性。商业分析并不局限于支持企业绩效,还可以为企业带来业务流程和企业文化的变革以及新鲜的科学管理思维。

1.1.3　商业分析的三个视角[①]

　　商业分析为企业的业务决策服务,关乎企业的价值创造。商业分析是从理解业务问题出发,从分析视角看数据,利用数据分析、挖掘模型,基于数据库、数据仓库等 IT 工具,结合分析人员的智慧来完成。

1. 业务:决策与执行视角

　　企业人员通常把自己看作是分析的"消费者",期望分析师构造一种模型有助于"企业成长"或者"提升业务";但企业决策的过程有时很难有效传达给分析师。普遍认为分析师理解商业运作的目的就是为了构建有效的模型。但如果分析师在模型中投入少甚至不投入,则会使企业怀疑分析能力所产生的价值。

　　如果管理人员和分析团队之间的距离较大,商业分析只能产生基本的报表,这些基本的报告和图表不能满足用户的真正需求。同样情况也适用于如何使业务部门与 IT 部门合作。IT 部门常常被认为只提供系统,可靠的分析系统必须随着业务、客户、竞争对手、员工、供应商和市场的每日变化不断发展。在组织中的业务部门的人需要学习与分析师、IT 团队合作。

2. 分析:技术视角

　　分析师经常认为自己是"数据和数学专家",他们构建了成熟的技术模型。如果模型支持的决策过程不能被完全理解,企业用户可能会提出"这很不错,但如何有效应用"这类疑问;另一个问题在于,由于缺乏数据(质量和数量)能够建立理想的分析模型,产生的商业决策难以达到最佳状态。

　　通常 IT 团队被分析团队看作分析基础设备的提供者,但分析团队与 IT 团队合作解决业务问题的情况则很少。由于这种情况,当商业用户需要商业分析时,他们会直接聘用 IT 团队,忽视分析团队。有效的三方合作消减了。分析师需要发展与业务合作同行和 IT 团队有效的合作方法。

3. IT:工具和系统的视角

　　IT 通常认为是提供商业智能和数据仓库(data warehouse,DW)等基础设施和工具来支持分析师和商业用户的。为了应对企业分析功能的需求开发项目,经常开发巨大的

---

① Business Analytics:A practitioner's Guide. [EB/OL]. https://opimweb. wharton. upenn. edu/programs/undergraduate/program-information/business-analytics-track/. [2014 - 3 - 25].

数据仓库存储数据或开发多个工具,如分析报表和分析用的统计工具。IT 的角色无疑是提供商业需求中的有效数据的工具。当商业管理者和分析师提出了不使用如数据仓库、报告等昂贵设备时,BI 和 DW 就是一项失败的投资。IT 需要增加与业务和分析部门的有效合作。

1.2   商业分析的发展历程

1.2.1   商业分析的历史

分析业务有着很长的历史,其根源可追溯到从企业的科学管理时代泰勒从观察到决策使用分析伊始。后来咨询公司开始作为第三方机构为企业提供分析业务的服务。商业分析师受雇来协助经理人扮演分析角色,主要负责完成分析报告。一些分析师通过工业工程和质量控制的工具和技术、统计和运筹学,为企业提供服务,并把这当作他们的职业壁垒。而企业的 IT 团队看到机会,也希望为管理者提供报告,由此管理信息系统(MIS)的概念产生了。这些系统的应用使得 IT 团队以报告和图表的形式为组织机构提供分析业务,目的是将正确的信息在合适的时候提供给正确的客户。在 IT 部门中的商务智能团队延续了这一传统。

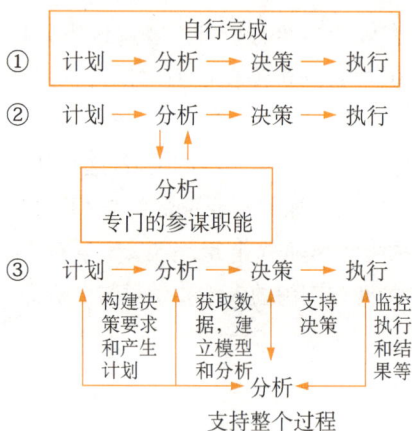

图 1-1   分析的发展历程

计划、决策、指导、激励、监督和控制是管理者的职责。图 1-1 展示了管理中从计划到执行的理性决策过程,以及分析在其中起的不同作用。

图 1-1①中,分析工作由决策者自己完成。这种方法使人们能够应用分析贯穿从计划到执行整个环节的始末。其间要求人们在常规工作中保持理性思考并使用合理数据,也就是说,把分析性思考看作是一种分析性活动。这种方法仍只是在小范围内适用——专业团队专注的有限结果。

图 1-1②中,分析作为一项专门的业务职能。当大多数企业想要利用分析达到企业目标时,分析团队作为如财务、运营、营销等传统员工的职能应运而生。这种方法是基于大家普遍认可的经济规模下提供的商业分析业务——"分析师"。

图 1-1③中,分析支持从计划到执行的整个过程。它集中了分析人才和工具,并将其整合成一项专业化功能,从而关联和实现企业的各种商业需求。目前分析业务领域中,分析专家的需求大幅提升,分析专家的工作正在尽可能全方位延伸以满足商业需求。

1.2.2   商业分析的研究进展

在大数据背景下,产业界对商业分析的需求超越了以往任何一个阶段。学术界也开始转向商业分析以及大数据分析等研究。通过对国内外该领域的研究分析来了解商业分析的进展,这里利用 Web of Science 和中国知网来分别检索国内外以"商业分析"为主题的发文情况。

通过选择数据库 Web of Science 核心合集检索国外文献,以"business analytics"为检索主题词、时间跨度为"所有年份",检索出 215 条记录(检索时间为 2014 年 3 月 10 日),计算机科学、商学、运筹学、管理学、人工智能学领域关于"business analytics"的发文数量最多。在 215 条检索记录中,"论文"数量有 199 篇之多。

图 1-2 显示的是国外商业分析的发文年代分布图。可以看出,自 2000 年以后,关于商业分析的文章呈递增趋势,其中数量增加比较显著的是 2012 年。

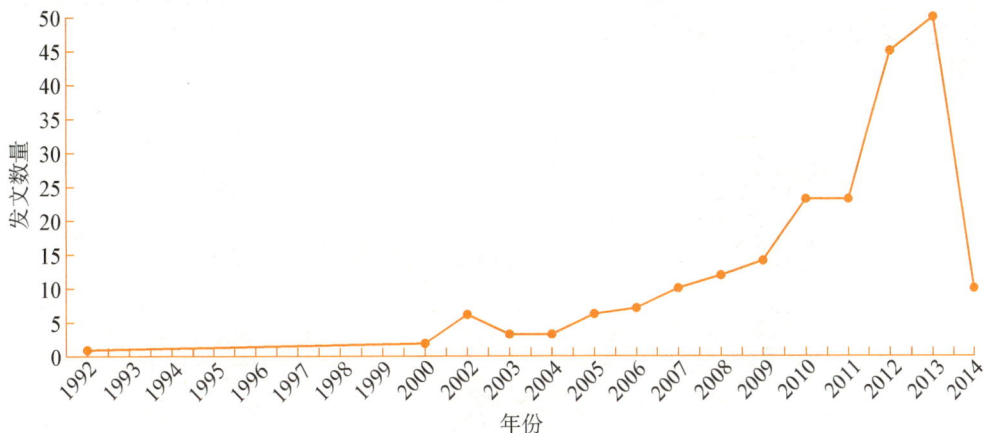

图 1-2　国外商业分析发文趋势图

通过中国知网的期刊全文库检索国内相关文献,检索主题词为"商业分析",时间跨度为"1980～2014",共检索出 179 条记录(检索时间为 2014 年 3 月 10 日),在中文里"商业分析"一词具有丰富的含义,在去除重复和不相关的文章后,共有 81 篇和商业分析相关的记录。这些文献的年代分布如图 1-3 所示,可以看出,商业分析在我国于 2000 年开始受到关注,发展趋势较之国外显得平缓,呈曲折上升趋势。与国外商业分析研究的发展趋势相同,国内该领域的研究也是从 2012 年开始发文数量显著增加。

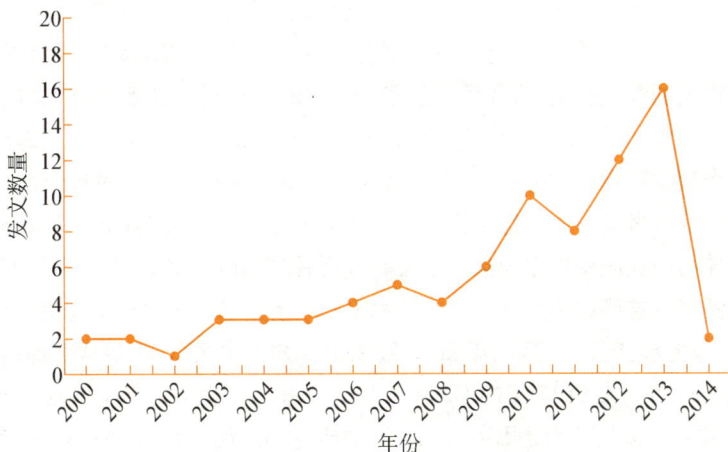

图 1-3　国内商业分析发文趋势图

1.2.3 商业分析的发展演化

2011 年的 *IBM Tech Trends Report* 认为,在 2010 年代,商业分析将是四大主要科技趋势之一;2011 年的《彭博商业周刊》在对商业分析的现状调查中发现,在收入超过 1 亿美元的大公司中,97%都在使用某种形式的商业分析;麦肯锡全球机构 2011 年的一份报告预测,到 2018 年,仅仅美国一个国家将会缺乏大约 14 万至 19 万的高级分析技能人才以及 150 万的懂得如何分析大数据来做出有效决策的有数据悟性的人才。

Hsinchun Chen 等人于 2012 年提出了商业智能与分析(BI&A)从 1.0、2.0 到 3.0 的演化过程,如图 1-4。同时,该研究中还进一步分析了 BI&A 三个阶段的特征。

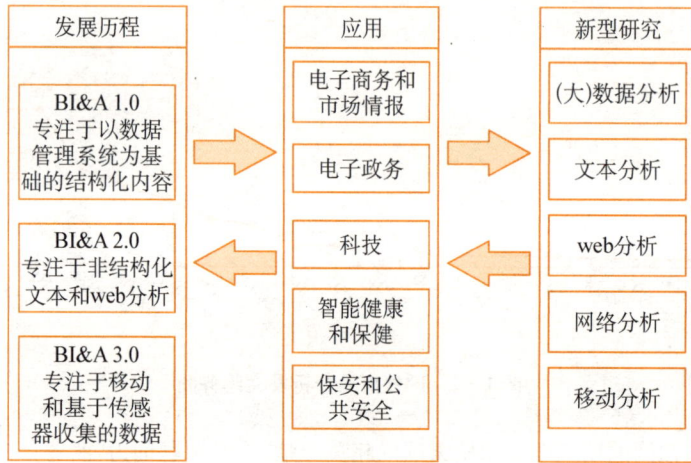

发展历程	应用	新型研究
BI&A 1.0 专注于以数据管理系统为基础的结构化内容	电子商务和市场情报	(大)数据分析
	电子政务	文本分析
BI&A 2.0 专注于非结构化文本和web分析	科技	web分析
	智能健康和保健	网络分析
BI&A 3.0 专注于移动和基于传感器收集的数据	保安和公共安全	移动分析

图 1-4　BI&A 的演化过程

(来源:*Business Intelligence and Analytics:from Big Data to Big Impact*)

1. BI&A 1.0

现在正被行业所采用的商业智能与分析技术及应用被认为是 BI&A 1.0 时代。此时,大部分的数据是结构化的,由公司多种传统系统收集的,而且通常被储存在商业相关的数据库管理系统(DBMS)中。数据库和数据仓库被认为是 BI&A 1.0 的基础。数据集市的设计和数据抽取、数据转换和数据加载(ETL)的工具对于企业特定领域数据的转变和集成是非常必要的;数据库查询、联机分析处理(OLAP)、基于直觉而又简单的图表报告工具被用来探索重要的数据特征;企业绩效管理使用记分卡和仪表盘帮助分析和可视化多种多样的绩效考量。除了这些稳定使用的商业报告功能,统计分析和数据挖掘技术也在多种多样的商业应用程序中被用于关联分析、数据分割、聚类、分类和回归分析、异常检测和预测模型。这些数据处理和分析技术中的大多数已经被融合进先进的商业智能平台,这些平台是由包括微软、IBM、Oracle 和 SAP 在内的主要的 IT 供应商提供的。

根据 Sallam 等人在 2011 年的 Gartner Report 中所说的,在商业智能平台所必需的 13 种功能中共有 8 项被认为是 BI&A 1.0 的功能:报表、仪表盘、ad hoc 查询、基于检索的商业智能、OLAP、交互型的可视化、记分卡、预测模型和数据挖掘。

2. BI&A 2.0

BI&A 2.0 领域专注于非结构化文本和 web 分析。大量的公司、行业、产品和顾客信息都可以通过网络收集，并通过多种文本和 web 挖掘进行组织与可视化。通过诸如 Google Analytics 这样的 web 分析工具，分析顾客的点击流数据日志，就可以提供用户在线行为踪迹和揭示用户浏览和购买模型。网站设计、产品摆放操作、顾客交易分析、市场结构分析和产品推荐都可以通过 web 分析来完成。2004 年以后开发出来的许多 web 2.0 应用程序，已经通过多种在线社交媒体(比如论坛)，在线群体、网页日志、社交网站、社交多媒体网站(照片和视频)，甚至是虚拟世界和社交游戏，创造出来大量的用户产生内容 (O'Reilly，2005)。除了抓取这些媒体中的名人每日发布的信息、日常事件的信息和社会政治情绪，web 2.0 应用程序能够非常有效地从不同种类业务的不同客户人群中获得大量的及时反馈和意见。未来的 BI&A 2.0 系统需要对文本挖掘(比如信息抽取、主题识别、观点挖掘、问答)、web 挖掘、社交网络分析和基于数据库管理系统的 BI&A 1.0 系统的时空分析等成熟而又可扩展技术进行集成。

3. BI&A 3.0

随着拥有移动手机和平板电脑的人群数量超过了拥有手提电脑和 PC 机的人群数量，其他的利用 RFID、条形码、无线标签技术的基于传感器并可联网的设备正在开发一些激动人心的具有创新性的应用程序。像这样的移动和可联网设备支持高度移动、地理定位和以人为中心的文本相关操作以及交易的能力将在 2010 年至 2020 年期间继续提出独特的研究挑战和机遇。移动接口、可视化和人机交互设计也都是很有希望的研究领域。尽管 web 3.0(移动和基于传感器)时代肯定会到来，但用于数据收集、处理、分析和可视化如此大规模和流动的移动和传感器数据的底层移动分析、定位和文本感知技术仍然不明朗。

BI&A 3.0 的方法和技术仍处在探索和研究阶段，还不够成熟，因此本书的内容架构上仍然以 BI&A 1.0 和 2.0 的内容为主。

1.3　商业分析的基本思想

1.3.1　商业分析的目标

商业分析并不是一个新生事物，它已经活跃了多年，但一直被锁定在技术领域。直到近些年来，商业分析才逐渐和业务紧密结合起来。越来越多的公司开始建立起商业分析的部门，来提升业务决策的准确性，进一步支撑和改进业务流程，最终提升企业的绩效。

商业分析的目标是通过信息分析、数据挖掘与业务的结合，为企业提供最佳化的问题解决方案；通过对信息的运用和分析，充分挖掘其中的价值，为企业带来科学管理思维，以提高决策的科学性和准确性、发现问题的及时性和快捷性。商业分析可以实现从特定形式的数据集中提炼知识,可以针对特定的数据和问题更为便捷地选择一种或者多种挖掘算法,寻找到数据下面隐藏的规律,并运用这些规律来预测、支持决策。除此,企业还可以利用商业分析,发现竞争对手未发现的潜在知识与规律。这些信息是企业产生经济效益的基础,也是形成企业集约化经营和一体化管控战略的重要环节。在商业全球化的今天,企业需要通过不断提升数据信息的利用能力来保持良好的竞争力。商业分析所带来的业务流程和企业文化的变革,赢得了企业的青睐。

1.3.2 商业分析业务模型

商业分析平台的应用在发达国家企业的应用已经趋于成熟,但在我国,只有少数企业开始应用商业分析平台,且基本上是受软件供应商如 IBM、Oracle、BO 等对商业分析平台市场的培养和引导。

技术产业研究公司 GigaOM 提出了商业分析尤其是大数据分析的业务模型框架,见表 1-1。该表指出了商业分析可帮助组织提升运营效率,增加收入和实现差异化竞争。

表 1-1 大数据分析的业务模型

提高运营效率	增加收入	实现差异化竞争
减少风险和支出	利用小趋势	提供新服务
节约时间	实现自我服务	抓住市场份额
降低复杂性	提升用户体验	培育新业务
实现自我服务	发现错误	

结合国内外关于商业分析业务模型的研究和企业应用情况,商业分析的常用业务模型有:

1. 采购和费用分析模型

企业要实现价值最大化,除了提高盈利能力以外,进行合理的成本控制是关键因素,而采购和费用分析是企业成本控制的核心内容。企业性质不同,分析的侧重点会有所不同,但总的来说,采购和费用分析分为以下 6 个方面:直接和间接支出分析、买方生产力分析、采购合同管理分析、供应商绩效分析、采购周期分析、雇员开支分析。

2. 供应链和订单管理分析模型

供应链和订单管理是否科学有效是影响企业利润和提高客户满意度的中心环节,对其进行分析可以有效实现以下几个目标:第一,提高流程自动化处理能力,第二,降低错误发生概率,提高流程工作效率;第三,提高库存周转率,订单转换率,缩短库存周转时间,并避免延期配货。为此,商业分析业务模型设计中围绕以下 6 个方面进行供应链和订单管理分析模型的构建:收入和积压分析、库存分析、结算状态分析、客户状态分析、订单周期分析和 BOM 物料清单分析。

3. 市场分析

市场分析是企业的宏观环境分析,它关系到企业的销售政策制定,并影响企业的生产计划。商业分析市场分析主要从以下 5 个方面进行:广告和活动效果分析、客户洞察力分析、产品倾向性分析、市场购物篮分析、广告和活动投资回报分析。

4. 服务分析模型

企业客户满意度管理要有效地进行,就必须先进行企业自身服务的评价和分析,商业分析服务分析模型包括:服务成效分析、客户满意度分析、问题解决率分析、服务代表效率分析、服务成本分析和服务趋势分析。

以上为企业常用的商业分析模型,此外,商业分析模型还包括财务分析模型、项目分析模型、人力资源分析模型、销售绩效分析模型、价格分析模型、客户忠诚度分析模型等。

1.4　商业分析对企业的影响

一项 IBM 的调查指出,企业的运营出现越来越多的盲点,重要的决策欠缺有效的信息支持;其中,每三位企业决策者当中就有一位经常被迫在缺乏所需信息的情况下制定重要决策,每两位决策者中就有一位在工作时无法获得充分的信息。如果缺乏信息,决策者就不得不依赖经验做出决策。金融危机过后,市场竞争越来越激烈,企业为了保持竞争优势,必须要提高决策的科学性。当前经济环境迫使企业必须从传统的经验型管理模式逐渐向数字化管理转变,用数据等量化指标支持企业的决策。

传统的信息系统可以让企业运营更高效,但无法提供问题解决方案。以往制造企业实施 ERP 系统的目的是优化企业业务流程,例如:以前从原材料入库到成品出厂,生产周期很长,信息流转不畅;ERP 的实施使企业信息流转畅通,缩短产品生产制造周期。无论是 ERP,还是 CRM、MES、SCM、DCM 等系统都只是将企业的业务流程理顺,使其标准化、客观化,而由此积累下的数据并没有转化成为企业经营者最关心的信息。经过多年的发展,很多企业已经实现了信息化基础建设和核心业务系统的建设,并积累了大量的数据;但这些数据并没有转化为企业的核心价值,未能成为企业发展的重要支撑。

商业分析技术能更好地分析庞杂的数据,为企业决策者提供参考;它在企业的应用越来越广,国际著名的软件公司(IBM、Oracle、BO 等)相继推出了 BA 平台。市场调研机构 IDC 的数据显示,2010 年,全球 BA 市场规模达到 280 亿美元,同比增长 13%,并预计 2015 年之前年平均增长率将达到 8.9%。曾提出 ERP 概念的 Gartner 公司认为,2012 年企业 CIO 关注的十大科技中,BA、移动应用和云计算排名前三位。在国内,BA 软件的市场规模在 2011 年上半年达到 1.78 亿美元,2011 年~2015 年的复合增长率将会达到 14.7%。

商业分析在企业中成功应用,主要有两方面的原因。第一,信息系统在企业的成功实施和应用,为企业应用商业分析平台提供了基础信息条件。第二,企业对商业分析的需求急迫。商业分析使信息化和业务需求结合,能帮助企业在了解客户需求的基础上改进产品;有效为企业提升利润、降低成本;预测业务趋势,防范财务风险。

1.4.1　成为企业的竞争优势

商业分析能力已经成为企业的竞争优势,在竞争激烈的全球化经济的角逐中扮演重要的角色。企业纷纷制定商业分析计划及业务优化目标,以将其落实到各项决策中,从而优化整个企业的经营业绩。为了实现这一目标,企业开始使用最有效的工具集、治理方法和变革管理实践。

企业通过商业分析洞察而非直觉的驱动,可以提高获得可行策略所需的速度、敏捷性和时效性。此外,还可以多角度获知即将面对的问题、深入了解客户需求、预测竞争对手的应对方式,从而伺机从竞争对手中脱颖而出。

要使商业分析能有效地提高企业的竞争优势,需要解决以下难题:

(1) 如何利用现有的所有信息,并且不断更新?

(2) 如何利用商业分析促使企业价值符合企业提升核心竞争力的要求,并为企业创造竞争优势?

(3) 如何充分利用现有的技术资产? 如何开发使用新技术?

(4) 如何促使组织以数据为基础、采用新技术,做出科学的决策?

(5) 如何加强数据质量监管政策,并用最优秀的技术和人员去维护这些政策?

当以上问题有了确切的解决方案,企业方能成功地从众多竞争对手中脱颖而出。

1.4.2　帮助企业深入了解客户需求

企业致力于了解客户偏好和需求,从而改善用户体验、预测客户行为。在大数据环境下,部分企业利用交易数据、多渠道交互数据、社交媒体数据、外联数据以及其他与客户相关的数据进行分析,提高自身了解客户偏好和需求的能力,并且不断寻找新的方式与现有客户和潜在客户进行互动。这类分析不仅适用于零售业,而且同样也适用于电信、医疗、政府、银行、金融、涉及最终消费者与市民的消费品,以及合作伙伴和供应商之间的企业对企业的交互。

福特福克斯电动车根据司机在行驶中持续改变车辆的加速度、刹车、电池充电和位置信息而产生的大量数据,了解客户的驾驶习惯,包括如何、何时以及何处充电。尽管车辆处于静止状态,它持续将车辆胎压和电池系统的数据传送给最近的智能电话。这种以客户为中心的场景具有多方面的好处,因为大数据实现了宝贵的新型协作方式。一方面,司机获得有用的最新信息;另一方面,位于底特律的工程师汇总关于驾驶行为信息,以了解客户,制订产品改进计划。此外,电力公司和其他第三方供应商分析数百万英里的驾驶数据,以决定在何处建立新的充电站,以及如何防止脆弱的电网超负荷运转。

快速时尚领导品牌 Zara 善于利用网络平台收集的海量客户资料作为产品的前测指标,预测潮流发展趋势。在推出新款式前,通常先在网络上举办消费者意见调查,撷取顾客意见,以此改善实际出货的产品。因为在网络上搜寻时尚资讯的人,比一般大众更前卫,更有催生潮流的能力。再者,会在网络上抢先得知 Zara 资讯的消费者,进实体店面消费的比率也很高。Zara 选择迎合网民喜欢的产品或趋势,在实体店面的销售成绩尤其亮眼。这些珍贵的顾客资料,除了应用在生产端,同时被整个 Zara 所属的印地纺(Inditex)集团各部门运用:包含客服中心、行销部、设计团队、生产线和通路等。根据这些巨量资料,形成各部门的 KPI,完成 Zara 内部的垂直整合主轴。Zara 推行的海量资料整合,获得空前的成功,后来被 Zara 所属印地纺集团底下八个品牌学习应用。可见,预见未来的时尚圈,除了台面上的设计能力,台面下的数据大战,将是更重要的隐形战场。

1.4.3　有效提升企业利润、降低成本

　　商业分析通过把数据转化为有价值的信息,最终达到加强企业的竞争力的目标,例如通过加速货物流转降低成本,通过企业内部来压缩成本、减少浪费。以上海通用为例,以前如果汽车设计上有一个缺陷,从用户反馈到改进生产线,整个质量问题解决周期平均时间可能需要 174 天,这就意味着这 174 天内生产的汽车可能全部都要召回。但是如果信息流转顺畅,就能够使企业更早地梳理出缺陷。通过使用商业分析软件,可以将 174 天缩短到 52 天。相差的 120 多天中新生产的汽车就不用被召回了,所以这 120 多天汽车召回的所有成本就被节省了,企业的常规利润随之提高。

1.4.4　进行异常识别,防范金融风险

　　国际金融危机爆发之后,金融监管要求提高,使企业需要借助更高级的商业分析系统,来有效地预警和防范金融风险。强劲的商业分析平台不仅可以帮助企业更加有效地运营,而且可以帮助企业预测业务的趋势,尤其是在银行业、保险业等易受欺诈的领域,无论是对于团伙的欺诈还是个人的欺诈都可以有效预测。

　　使用商业分析技术,能够有效识别出更多的可疑案件,包括已经识别出来的欺诈模式和未知的欺诈网络;能够降低错判率,显著提高可疑案件报警的质量;提高调查效率,借助商业分析平台中的可视化界面,可以缩短案件调查时间。

　　近年来,与儿童健康服务相关的欺诈活动增长迅速。SAS 公司利用欺诈管理框架侦测出儿童健康服务使用中的异常行为,并对其进行欺诈风险评分,结合内部数据和外部数据采取全面的解决方案。每年带来的投资回报约为 700 万至 3 000 万美元,侦测可疑欺诈犯罪团伙的准确率高达 85%。

　　利用银行业欺诈管理框架,可以获悉欺诈和金融犯罪的全部企图,从而及时制定反洗钱解决方案并灵活添加新产品与服务。其中 SAS 的银行业欺诈管理框架对支票欺诈的侦测准确率从 2 000 个可疑警报只能发现一个,提高到每 100 个警报就能发现一个,网银欺诈警报的数量提高了 60%。

1.4.5　与业务需求结合,有效产生投资回报

　　全球经济下滑,市场竞争越来越激烈,企业首先想到的就是降低成本、缩减开支,不可避免地对 IT 投入也在减少。而面对当前经济形势,企业实施信息化系统的压力更大,必

须充分考虑如果新上一个系统对企业的业务能够产生什么样的影响,如何在更少预算的情况下,能有更好的投资回报率。

业务需求和信息化更好地结合才能产出更好的效益,信息化技术作为一种工具手段,可以支撑业务的发展。对国内用户来说,关键是需求还没到位。信息化建设以企业的需求为出发点,如果信息技术超前于业务需求,会起到事倍功半的效果。比如,在企业没有数据基础或者数据没有统一的情况下,实施企业级的商业分析系统,也是得不偿失。企业在不同的发展阶段会产生不同的信息化需求,信息技术可以帮助企业的业务更上一个台阶,但一定不能脱离业务前行。

为什么实施商业分析的公司普遍都是大型企业?究其原因,并不是因为大企业资金、预算充裕,而是因为该企业的信息化和业务需求达到了一定阶段。大型企业不是指企业的规模,而是指数据文化的成熟程度和业务需求量。企业的数据文化的成熟度也决定着通过商业分析得出的结论,是否是真实准确的、可靠的,能否利用到企业的流程中,被企业所依赖。

习题

1. 简述商业分析的定义及发展历史。
2. 商业分析与商业智能的区别在哪里?
3. 进行商业分析对于企业竞争有什么优势?

参考文献

[1] Chen, H., Chiang, R. et. al (2012). Business Intelligence and analytics: From Big Data to Big Impact MIS Quarterly 36(4):1165 - 1188.

[2] Davenport, Thomas H.; Harris, Jeanne G. (2007). Competing on Analytics: The New Science of Winning. Boston, Mass.: Harvard Business School Press. ISBN 978 - 1 - 4221 - 0332 - 6.

[3] Shmueli G, Koppius O. Predictive vs. explanatory modeling in IS research [J]. Joint work, University of Maryland, College Park, and Rotterdam School of Management, Erasmus University. http://www. citi. uconn. edu/cist07/5c. pdf, 2007.

[4] UIC Business. Business Analytics. [EB/OL]. http://business. uic. edu/home-uic-business/faculty-departments-research/department-of-ids/programs/business-analytics. [2014 - 3 - 25].

[5] Business Analytics: A practioner's Guide. [EB/OL]. https://opimweb. wharton. upenn. edu/programs/undergraduate/program-information/business-analytics-track/. [2014 - 3 - 25].

[6] 陈雨田. 商业分析:挖掘数据的最佳工具[N]. 中国城乡金融报,2011 - 7 - 28(A03).

[7] Robert Laberge 著,祝洪凯等译. 数据仓库应用指南:数据仓库与商务智能最佳实践[M]. 北京:机械工业出版社,2012.

[8] 孙雪梅. 浅议我国企业商务分析业务模型的构建[J]. 中国管理信息化,2013(11):44.

[9] LaValle S. 智慧企业的商业分析与决策最佳化[R]. IBM 商业价值研究院,2009.

第 2 章
商业分析的流程、方法与工具

上章我们了解到商业分析要运用科学的理论、方法和手段,在对大量的(通常是零散、杂乱无章的)信息进行加工整理与价值评价的基础上,透过由各种关系交织而成的错综复杂的表面现象,把握其内容本质,从而获取对企业有利的认识。在这一章我们就简单介绍商业分析的流程和一些常用的工具和方法。

本章主要内容

- 商业分析的流程
- 商业分析的方法
- 进行商业分析的工具

2.1   商业分析的流程与步骤

商业分析是针对商业活动中某一特定领域或问题的对有关信息进行定向选择和科学抽象的研究,它通常由业务需求、信息收集、数据挖掘和预处理、知识运用和商业分析、总结与评估五个步骤组成。

2.1.1   业务需求

完整的商业活动是一个过于庞杂的问题,在商业分析活动中,我们必须明确业务需求,才能确立要研究的特定领域和问题,了解商业分析工作的研究对象、研究目的和研究内容。业务需求是否合理,直接影响到商业分析活动的过程能否实现价值,与用户的切身利益密切相关。一个好的业务需求应该能够有效地表达用户对目标结论的需求,准确而切中时要,并具有研究的价值和可能,能在实际应用中创造社会价值和经济效益。

业务需求的结果应该是一个定义商业分析活动如何满足商业目标的文件。下面列出分析业务需求期间通常会着重的主题:

(1) 商业目标。清楚表达项目的目标、准确理解目标可帮助集中力量达到目的。这里是一些范例目标:竞争优势,如通过预测对手技术升级速度,针对性设置研发方向和发布时机;企业合作,如采购与供应链管理一体化,技术开发共享协议;拓展业务领域,如原本以像厂商供货为主的生产商转向个人客户销售,启用在线商务;改变公司结构,如提高地区公司等级促进地区发展。商业分析活动要能为商业目标是否可行提供参考。

(2) 实行方式。实行方式是指我们的商业目标通过何种方式来落实。例如:公司要增加电子商务等新兴领域部门,新的部门等级如何设置,人员从何而来,技术方面是运用外包手段还是内部力量。

(3) 需求范围。清楚指定需求的范围,确定您定义的范围可以被处理,并且避免"无限制"的叙述使目标不清楚或无法达成。在对业务需求的描述中应尽可能使用定性定量的描述,例如"有关部门"、"大大提高"等描述则不应该出现。

(4) 利害关系人。确认在部署的成功当中具有既得利益的个人和组织。所有的利害关系人都应该主动参加商业目标和需求的定义。

(5) 关键特性。定义成功关键的领域,这关系到重要标准的设计。

(6) 锁定使用者。识别使用者类型,例如:现任和离职员工,活跃的客户,会员场所,公众,管理员。

(7) 使用者的利益。指出使用者的预期利益,例如:企业合作,减少回应时间,减少错误率,单纯化日常工作,由远端团队分享资源,增加产能。清楚指出预期利益可帮助业务需求的决定。

(8) 安全性问题。已确认的目标可能有潜在安全性问题;然而,调出部署所需的特定安全性目标可能会有帮助。例如:新的管理系统转移数据可能导致的数据损失,人员的流动可能导致情报外泄。

(9) 确定目标的优先级。通过清楚地确定优先级,可以提供对业务需求的指导。例如:在实施过程中,原有部门的高效运转和更高实施的速度都是我们的需求,但是有时会有相互影响和冲突。不同的优先级将影响业务需求的结果。

在业务需求分析的过程中,还应该遵循以下基本原则。

(1) 针对性。针对性是指业务需求与科研生产、市场拓展、合作竞争等活动紧密结合,能够反映用户在商业活动中的迫切需要,能够为用户的商业决策、产品研发、产能发展和市场开拓服务,能够实际运用产生价值。也就是说,商业分析的目的应该是发展所必需的,而不是可有可无的。在业务需求分析时要正确处理好战略需要与战术需要之间、长远需要与当前需要之间、现实需要与潜在需要之间的关系。

(2) 科学性。科学性是指所选择的业务需求必须符合科学原理,满足商业活动的常识,有理论和事实的依据。要以被实践反复证实的客观规律为指南,避免选择不合理的商业目标,从而避免走弯路。在实践中,要坚决排除那些从根本上违反科学和市场原理的需求,以是否符合客户的客观需要、是否能帮助客户做出正确合理的商业决策为标准来选择商业分析的课题。

(3) 可行性。可行性是指对于选定的目标,如果商业分析的机构已经具备或通过努力可以具备完成该目标所需的条件,我们就认为业务需求是可行的。商业分析活动受到多方面的限制,在业务需求的过程中要充分考虑到:研究机构的物质和技术设备条件、资金状况;研究人员的专业特长、研究基础以及能力条件;国家法律和相关政策对课题是否有限制。最终综合自身条件和宏观环境的利弊,准确了解自身的需求和所能达到的经济及社会效益,量力而行。

(4) 效益性。效益型原则是指要通过衡量商业分析活动中投入与产出,力图获得最大的效益。从经济角度来说,商业分析活动本身是商业活动的一部分,需要投入大量的人力、物力、财力和时间成本,并通过支持决策等方式间接体现其价值。在商业分析活动中追求效益是无可非议的,因此一个好的业务需求应该能够正确的平衡投入与产出的关系,为研究机构和客户获得最大的收益。

2.1.2　商业信息的收集

商业信息是一笔无形的财富。它的可利用价值,通过使用者在利用信息实现其经营目标中表现出来。企业的重大决策,如经营目标、经营方针、管理体制等,都要进行形势分析,方案比较,从而选择最优决策,这些环节无一不以信息为基础。信息量越大,决策的准确度越高,所以,必须重视商业信息的收集,这样才能减少决策的不确定性和盲目性,不断地捕捉商机,做到抢占先机,在竞争中获胜。

广泛收集商业信息,充分掌握与商业目标有关的信息资料是商业分析工作的前提。无论是什么类型的商业分析,都必须在信息收集的基础上实现。随着商业市场的越发复杂,信息技术的突飞猛进,各类庞杂的信息相互纠缠,对信息收集人员有了更高的要求。面对巨量的异构信息,要根据课题的目的、要求的不同,从信息海洋中抽取特定的信息,并保证信息收集的及时、可靠、全面,才能更好地支持商业分析活动的后续进行。

商业信息,不仅包括行业发展趋势、市场动态和终端消费者信息,而且还包括竞争对手的各种情况。可以从以下一些渠道来获取商业信息。

1. 内部信息

情报人员常常可以在组织内部发现所需要的资料，为了更好地利用，这些信息应该根据来源的部门、职务，以及涉及的竞争对手、技术、市场来整合。在较大型的组织里，还有训练有素的专家对市场信息进行研究，他们所能提供的信息往往更加专业、全面、有效，在支持决策的过程中发挥信息主干的作用。

如何把分散在人们抽屉里与头脑中的信息收集起来，与专业人士的意见一起汇总到决策者手中，如何在长久的日常工作中让这个信息流稳定、连续、系统，其关键在于能否建立一套合理有效的信息交流机制。这种交流机制是能够让所有员工积极的挖掘信息，同时自发的提供信息，它包括信息反馈制度（成绩通报）、必要的沟通手段（自动录音电话、信箱、电子邮件、传真等）、对信息提供者的激励制度（经济手段或其他必要的奖励措施）和具体的实施办法，如专门的咨询表、电话定期采访名单、"谁认识谁"名单（"who-knows-who" list）、信息矩阵表（information matrix）等。

2. 人际关系网（第三方）信息

每一个组织都是在复杂的社会关系网络中活动的，必然要与众多的组织与个人打交道。第三方，是指与本企业和竞争对手都有条件产生关联的个人和机构的总称，包括客户、律师、经纪人、会计师、市场调查机构、银行、广告公司、媒体机构、消费者组织、经销商、供应商、物流商、行业主管部门、行业协会、质量检验部门等。

向第三方了解所需信息，应解决这样几个问题：找谁了解？采用什么方法（查阅资料、个人访谈、电话访谈、邮寄问卷）？应该问什么问题？怎样才能分辨信息是否真实？最好先确定容易接近的个人或组织，他们应是掌握大量情况，或能提供有用的线索。但是，通过第三方了解信息需要谨慎，要规避法律在侵权问题等方面的规范。

通过第三方信息源可以获得大量的口头信息。口头信息是一种"零次信息"，其内容新颖，传递迅速，含有书面材料中没有的独特见解，同时可以获得一些隐性信息，但口头信息也有明显的缺陷，如信息容易失真、信息收集保管困难、信息传播范围小等。通过这种在人际关系网络之下的隐性情报和隐性知识，有时可以得到出乎意料的成果。

3. 文献信息

文献信息是指信息以记录形式存在的信息。它可能是印刷品、音像制品、数字格式、微缩胶卷等等。这些文献信息往往能作为公开资料的形式获取，但并不仅限于正式出版物。

(1) 正式出版物

即通过正式渠道发行的文献，具备内容的公开性、发行范围的广泛性等特点，如图书、科技期刊、政府出版物、科技报告、专利资料、标准文献、报纸、年鉴、手册、人名录、机构指南、专业辞典等，也正因为这些资料的公开和广泛，其包含的内容往往包含商业分析的内容，但由于正式出版物自身的限制，无法完全达成商业分析所需要的信息广度和深度。

(2) 半正式出版物

与正式出版物不同，它没有通过正式的发行渠道，发行范围不够广泛，但内容本身仍然是公开的。常见的类型有分析报告、学位论文、手稿、产品资料、会议录、企业内部出版物、经济函件、商务通信、非官方公布的统计资料以及学会、协会、政治和贸易团体的出版物。此类文献的信息是非常珍贵的原始信息，对于商业分析活动来说具有很高的使用价值。对半正式出版物的获取具有一定的难度，是决定文献信息收集效果好坏的重要因素。

(3) 非正式出版物

它是指不正式出版、发行范围狭隘、内容保密的文献。非正式出版物获取的难度较大，应用被法律、道德等因素严重制约，商业分析活动较少使用这种文献。

4. 网络信息

在信息化社会，网络是信息量最大也最庞杂的信息载体，通过专门的工具可以从其中获取别的信息源所没有的情报。

(1) 商业情报数据库

数据库以其检索速度快、检索途径多及内容更新快等特点倍受青睐。国外的一些大型数据库如 Dialog、Data-Star、ORBIT、BRS 等都占有比重很大的竞争情报信息。国内的数据库也在迅速发展，如万方的中国公司、企业及产品数据库（CECDB）等。

(2) 搜索引擎

通过搜索引擎，我们不仅仅能够获得目标公司当前官方网站公布的信息，还能将目标公司与一些商业术语如合同、客户、联盟、项目、分销商等检索，了解其他公司与目标公司的关系，再检索这些公司的站点，继而可以得到许多与该公司产品与服务有关的内容，例如客户的购买量、合同期限、交付地点、现金流动等。搜索引擎也可以用于收集没有书面资料的媒体采访、内部发言、学会演讲等。

(3) 社交网络

这是在网络时代尤其是 web 2.0 时代才兴起的重要信息来源，对于一个现代公司来说，无论是公司本身、公司内部的组织还是公司的员工，都有着丰富的社交网络关联，可以从中挖掘出信息，例如大量员工的发言时间可以体现工作时间变化，这可能代表公司的业务变化，与外界资料对比可以得到一些结论。与此同时，对这些网络发言控制是非常困难的，没有内部资料管理的严格，也没有公开资料对隐秘信息过滤的严谨。事实上，当前很多非常重要的信息都是最先通过社交网络传播，其中一部分是新的营销手段所致，另一部分就是非正常流出的隐秘信息。

对于信息的收集是非常开放的，针对每次的商业分析活动选取合适的信息收集方法，从广泛的数据来源收集包含分析价值的信息，这是后续步骤高效进行，商业分析活动结论有价值的重要前提。

2.1.3　数据挖掘和预处理

已经有越来越多公司意识到，商业分析已经越来越离不开数据挖掘（data mining，

DM)工具和技术。在当前错综复杂的商业领域,传统的和感性的认识已经不足以支撑商业分析的过程,只有在收集大量信息的基础上,通过数据挖掘工具和技术,挖掘被隐藏的有价值的知识,运用这些知识修正对商业问题理解的偏差,运用到商业分析的过程中。因此,了解数据挖掘相关知识变得越发重要。

1. 商业问题的数据挖掘

对于数据挖掘的理解,有广义和狭义之分:广义的数据挖掘,就是从大量、不完全、有噪声、模糊和随机的数据中提取隐含在其中的、人们事先不知道但又是潜在有用的信息和知识的过程;狭义的数据挖掘,是广义数据挖掘过程中抽取有用模式或建立模型的一个关键步骤。在商业应用中,数据挖掘是一种按照企业既定业务目标,对大量的企业数据进行探索和分析,揭示隐藏的、未知的信息或验证已知规律,并进一步将其模型化的有效方法,其特点是从海量商业数据中提取辅助商业决策的关键数据。数据库、机器学习和统计学在数据挖掘中起着核心作用,因为如果没有数据库知识和机器学习提供数据管理技术,没有统计学方法提供数据分析技术,数据挖掘从海量数据库中提取有用信息就如大海捞针一样困难。

数据挖掘的主要方式包括以下几类:

(1) 分类(classification):推导一个群体的特征(例如转向竞争对手的顾客)。这些方法包括以已知类型的集合(可以由聚类方法获得)作为数据的种子,并将其他的数据项(顾客)归入这些类别。决策树和神经网络都是有用的工具。

(2) 聚类(clustering):识别数据的分组,每一组都有共同的特征(聚类和分类的不同之处在于,聚类没有事先确定分类的特征)。聚类方法可以解决市场细分问题,能够识别不同需要的顾客类型。

(3) 关联(association):识别发生在相同时候的事件之间的关系。关联分析可用于解决市场"菜篮子"一类的分析问题。在零售业中需要识别哪些商品更可能被同时购买,多大程度上如此。关联分析一般应用统计方法。

(4) 序列分析(sequencing):和关联分析类似,不过序列分析的对象是在一段时间内发生的事件之间的关系(例如超市重复光顾的顾客)。可以用购买者的账号或者其他方法记录购买行为。

(5) 回归分析(regression):用于图形表示数据得出预测值,有线性(linear)回归和非线性(nonlinear)回归的区别。回归是估计值的一种方法,经常包含识别测量值和通过评分评价每一个项目(顾客)。回归还能够进行销售预测。

(6) 预测(forecasting):根据大多数集合中的模式估计未来值。这是另一种形式的估计,应用的例子有使用统计时间序列方法预测未来的销售数量。

(7) 其他技术:这些技术一般基于高级人工智能方法,包括基于案例的推理、模糊逻辑、遗传算法和基于事实的推理。

基于数据挖掘的商业问题解决的一般过程如下:

(1) 目标定义

虽然挖掘的最后结果是不可预测的,但要探索的问题应是有预见的。清晰地定义问题模型,认清数据挖掘的目的是整个数据挖掘过程的先决条件。

(2) 数据准备

① 数据的选择。通常所研究的原始数据是冗余的、有噪声的,这要求搜索所有与模型对象有关的内部和外部数据信息,并从中选择出适用于数据挖掘应用的数据。

② 数据的预处理。大量的原始数据必然存在数据的误差,研究数据的质量,为进一步的分析做准备并确定将要进行的挖掘操作的类型。

③ 数据的转换。通常需要根据建模需要对观测的原始数据进行一定的格式和形式转换,并能以此变换后的数据作为模型的分析数据,分析数据是针对挖掘算法转换的建立一个真正适合挖掘算法的分析数据模型是数据挖掘成功的重要步骤。

(3) 挖掘过程

这是整个数据挖掘的核心部分,此步需要选择挖掘模型,进行实际的数据处理和分析,并对结果进行评价,从数据分析反馈的结果中寻找优化的方法,然后进一步对模型进行修改等相应的处理,循环操作以得到较好的挖掘结果。这一过程通常包含以下四个基本组件:

① 模型或模式结构:决定要从数据中寻找的潜在结构或函数形式。

② 评分函数:鉴定一个已拟合模型的质量。

③ 优化和搜索办法:优化评分函数并对不同的模型和模式结构进行搜索。

④ 数据管理策略:在搜索和优化期间高效的处理数据访问问题。

(4) 商业信息应用

将数据挖掘过程中得到的信息,在实际商业过程中使用,并对挖掘模型进行维护和数据的反馈,在不断维护和优化的过程中对模型的实用性进行检验。

2. 数据预处理

当数据量巨大,数据不易于理解的情况下,在数据挖掘算法执行之前,还必须对收集到的原始数据进行预处理。数据预处理在整个商业分析活动中都有着重要的作用,这是由多重原因所决定的:

(1) 数据预处理是数据挖掘顺利进行的前提。许多挖掘算法对样本集都有严格的要求,如以机器学习和粗糙集理论为基础的算法就只能使用离散化属性。因此,需要在数据预处理过程中将连续属性离散化,以及将字符型数据进行概念分层和提升。

(2) 数据预处理是挖掘过程高效率完成的基础。在一个完整的数据挖掘过程中,数据的预处理要花费 $60\% \sim 90\%$ 左右的时间,而后的挖掘工作仅占总工作量的 10% 左右。数据挖掘的工作效率在很大程度上得益于预处理,因为只有通过数据预处理将原始数据库化繁为简,改进了提供数据的质量水平,挖掘算法和技术才能够顺畅地、高效率地完成,才能在后续的数据挖掘过程中获得更高的效率、精度和性能。

(3) 数据预处理的结果对数据挖掘结果,乃至最终的商业分析结果影响巨大。由于数据预处理化繁为简的性质,使得它在整个挖掘过程中是头绪最多、工作量最大、耗时长且极易发生错误。一旦发生错误,可能会导致整个挖掘结果无效或提取的信息价值甚微。

可见,数据预处理是商业分析的关键环节,它关系到数据挖掘提取信息的有效性和可使用性,关系到整个商业分析活动的成功与否。

数据预处理技术主要包括数据清洗、数据集成、数据变换与数据归约等。

(1) 数据清洗。数据清洗指发现并纠正数据文件中可识别错误的步骤,包括对噪声、缺失值、异常值的处理。

噪声是一个测量变量中的随机错误或偏差,包括错误的值或偏离期望的孤立点值。当噪声参与到数据挖掘和分析过程中,不仅增加了数据量,提高了数据计算的难度,而且可能扩大计算误差,事倍功半。数据缺失是人为因素、设备故障或计划的变化等众多因素引起的数据的不完整性,而许多机器学习、模式识别等学习算法都只能处理完整数据,缺失值的存在对算法的执行具有很大的影响,能使数据挖掘的过程陷入混乱,从而导致不可靠结果的输出。异常值是由于系统误差、人为因素或固有数据的变异使得与总体的行为特征、结构或相关性等不一样的数据。异常值的探测在数据挖掘中非常重要,因为如果异常值是由固有数据的变异造成的,那么对它们进行分析可以发现蕴藏在更深层次的、潜在的、有价值的信息,例如,发现金融和保险领域的欺诈行为、税款的脱逃、通信费用的恶意欠费、网络中的黑客入侵、追寻极低或极高收入者的消费行为以及对多种治疗方式不寻常反应的发现等。

(2) 数据集成。数据集成是把不同来源、格式、特点性质的数据在逻辑上或物理上有机地集中,从而为提供全面的数据共享。

在数据集成时,来自多个数据源的现实世界的实体有时并不一定是匹配的,对于现实世界的同一实体,来自不同数据源的属性值可能不同。这可能是因为表示、比例或编码、数据类型、单位不统一、字段长度不同。例如:数据分析者如何才能确信一个数据库中的student_id 和另一个数据库中的 stu_id 值是同一个实体。数据集成往往导致数据冗余,如同一属性多次出现、同一属性命名不一致等,对于属性间冗余可以用相关分析检测到,然后删除。

(3) 数据变换。所谓数据转换就是将数据转换或归并成一个适合数据挖掘的描述形式。数据转换包含以下处理内容。

① 平滑处理。该过程帮助除去数据中的噪声,主要技术方法有:Bin 方法、聚类方法和回归方法。

② 合计处理。对数据进行总结或合计(aggregation)操作。例如:每天销售额(数据)可以进行合计操作以获得每月或每年的总额。这样操作常用于构造数据立方体或对数据进行多细度的分析。

③ 数据泛化处理(generalization)。所谓泛化处理就是用更抽象(更高层次)的概念来取代低层次或数据层的数据对象。例如:街道属性,就可以泛化到更高层次的概念,如:城市、国家。同样对于数值型的属性,如年龄属性,就可以映射到更高层次概念,如:年轻、中年和老年。

④ 规格化。规格化就是将有关属性数据按比例投射到特定小范围之中。如将工资收入属性值映射到 0.1~1.0,以消除数值型属性因大小不宜而造成挖掘结果的偏差。规格化处理常常用于神经网络、基于距离计算的最邻近分类和聚类挖掘的数据预处理。对于神经网络,采用规格化后的数据不仅有助于确保学习结果的正确性,而且也会帮助提高学习的速度。对于基于距离计算的数据挖掘,规格化方法可以帮助消除因属性取值范围

不同而影响挖掘结果的公正性。

⑤ 属性构造。对于属性构造方法,它可以利用已有的属性集构造出新的属性,并加入到现有属性集合中以帮助挖掘更深层次的模式知识,提高挖掘结果的准确性。例如:根据宽、高属性,可以构造一个新属性:面积。构造合适的属性能够帮助减少学习构造决策树时所出现的碎块(fragmentation)情况。此外通过属性结合可以帮助发现所遗漏的属性间的相互联系,而这常常对于数据挖掘过程是十分重要的。

(4) 数据归约。数据归约是将数据库中的海量数据进行归约,归约之后的数据仍接近于保持原数据的完整性,但数据量相对小得多,这样进行数据挖掘的性能和效率会得到很大提高。

元组的归约和属性的归约是数据归约的两个组成部分。元组的归约主要是指概念分层和属性的离散化。属性的归约包含属性的排序、属性的提取与子集的选择两类方法。

收集来的原始信息,经过预处理后就能符合数据挖掘的要求,通过数据挖掘工具和技术,挖掘出的隐藏的有价值信息我们称之为知识,这些知识可以在后续的商业分析中得到良好的应用。

2.1.4　知识应用与商业分析

在商业分析活动中,选择合适的处理方法对数据进行挖掘、分析,能够得到丰富的数据模型和预测结果,这些知识并不能直接用于商业活动,必须将其应用到一些商业分析方法中,得出更加直观的结论,为最终的决策提供有效的支持。

例如,我们已知对手将推出的产品 A 与本公司将推出的产品 B 将是同等级的技术升级产品,形成对应的竞争关系,越早发布需要越大的研发投入,承担更大的市场风险,但是晚发布也可能失去先机,降低本应得到的市场份额。通过数据挖掘已经构建的预测模型,我们可以衡量成本和市场的关系,也可以有限度的预测对客户忠诚度和长期品牌价值等因素的影响。这些数据挖掘得出的知识,只有运用商业分析方法综合考虑各方因素,才能得出最终的结论。

典型的商业分析方法有 SWOT 分析、PEST 分析、波特五力分析等等。

2.1.5　展示与评估

为了能够让商业分析得到的结论更有效的发挥作用,还需要商业分析的情报人员对结论进行处理,通过各种展示方法尤其是可视化方法二次表达,使结论能够被用户简单直观的接受。

1. 报表

报表就是用表格、图表等格式来动态显示数据。在没有计算机以前,人们利用纸和笔来记录数据,这种情况下,报表数据和报表格式是紧密结合在一起的,都在同一个本子上。数据也只能有一种几乎只有记账的人才能理解的表现形式,且这种形式难于修改。当计算机出现之后,人们利用计算机处理数据和界面设计的功能来生成、展示报表。计算机上的报表的主要特点是数据动态化,格式多样化,并且实现报表数据和报表格式的完全分离,用户可以只修改数据,或者只修改格式。Excel 等传统软件可以做出很复杂的报表格式,但其中的数据都是已经定义好的,静态的,而新型的专用报表工具如 JReport 等可以实现较完全的数据动态化。

2. 管理驾驶舱

管理驾驶舱主要应用于企业的管理者。交通工具的驾驶舱由众多的仪表和控制工具来组成,管理驾驶舱就是模拟这种组合方式,将大量的已知数据有序的展示,让使用者方便快速地获取所需信息。采用"墙面显示系统",通过直观的图形显示已有的数据,并且可以在多种图形方式之间自由的切换,不仅仅是数值,系统还可以提示各个指标数值所在的值域范围,例如:良好、正常、危险等,并用不同的颜色加以区分更加直观形象。

商业分析作为一个商业活动,对于投资与收益的问题是十分敏感的,因此还需要建立有效的商业分析活动评估机制。只有准确的衡量现有商业分析活动的过程进展、结论用途、收益情况,才能为商业分析更广泛和有效的应用提供事实支持和有效参考。

2.2　商业分析的主要方法

在商业活动过程中,可以采用多种方法进行分析,这些方法有些用于对收集的信息进行处理,有些能够从大量数据中挖掘有价值的结论,还要用商业领域的一些方法进行整合,让单纯的商业人员可以应用。总而言之,这些方法都是为了更有效地完成商业分析,提供决策支持,取得更高收益。

2.2.1　商业数据分析方法

1. 回归分析

回归分析(regression analysis)是确定两种或两种以上变量间相互依赖的定量关系的一种统计分析方法,其运用十分广泛。回归分析按照涉及的自变量的多少,可分为一元回归分析和多元回归分析;按照自变量和因变量之间的关系类型,可分为线性回归分析和非线性回归分析。

回归分析要分析现象之间相关的具体形式,确定其因果关系,并用数学模型来表现其具体关系。比如说,可以得知"质量"和"用户满意度"变量密切相关,通过回归分析,可以确定这两个变量之间到底是哪个变量受哪个变量的影响,影响程度如何等等。

2. 时间序列分析

时间序列分析(time series analysis)是一种动态数据处理的统计方法。该方法基于随机过程理论和数理统计学方法,研究随机数据序列所遵从的统计规律,用于解决实际问题。

它包括一般统计分析,统计模型的建立与推断,以及关于时间序列的最优预测、控制与滤波等内容。经典的统计分析都假定数据序列具有独立性,而时间序列分析则侧重研究数据序列的互相依赖关系。后者实际上是对离散指标的随机过程的统计分析,所以又可看作是随机过程统计的一个组成部分。例如,记录了某地区第一个月,第二个月,…,第 n 个月的销售量,利用时间序列分析方法,可以对未来各月的销售量进行预测。

3. 交叉影响分析

所谓交叉影响分析法,就是在信息分析和预测中,根据若干个事件之间的相互影响关系,分析当某一事件发生时,其他事件因受到影响而发生何种形式变化的一种方法。

交叉影响分析法能考虑事件之间的相互影响及其程度和方向;能把有大量可能结果的数据,有系统地整理成易于分析的形式。但根据主观判断的数据,利用公式将初始概率转变成校正概率,有相当的主观任意性,交叉影响因素的定义还须更加明确、具体、更加严格地确定。

4. 内容分析

内容分析法是一种对于传播内容进行客观、系统和定量的描述的研究方法。其实质是对传播内容所含信息量及其变化的分析,即由表征的有意义的词句推断出准确意义的过程。内容分析的过程是层层推理的过程。

内容分析法将非定量的文献材料转化为定量的数据,并依据这些数据对文献内容做出定量分析和做出关于事实的判断和推论。而且,它对组成文献的因素与结构的分析更为细致和程序化。

内容分析法的一般过程包括建立研究目标、确定研究总体和选择分析单位、设计分析维度体系、抽样和量化分析材料、进行评判记录和分析推论六部分。

2.2.2　商业数据挖掘方法

1. 决策树

决策树(decision tree)是在已知各种情况发生概率的基础上,通过构成决策树来求取净现值的期望值大于等于零的概率,评价项目风险,判断其可行性的决策分析方法,是直观运用概率分析的一种图解法。决策树是一个预测模型,代表的是对象属性与对象值之间的一种映射关系。树中每个节点表示某个对象,每个分叉路径则代表的某个可能的属性值,每个叶结点则对应从根节点到该叶节点所经历的路径所表示的对象的值。数据挖掘中决策树是一种经常要用到的技术,可以用于分析数据,同样也可以用来做预测。

决策树是数据挖掘分类算法的一个重要方法。在各种分类算法中,决策树是最直观的一种。

2. 关联规则

关联规则是形如 X→Y 的蕴含式,其中,X 和 Y 分别称为关联规则的前项和后项。

关于关联规则有一个著名的案例"尿布与啤酒":沃尔玛拥有世界上最大的数据仓库系统,为了能够准确了解顾客在其门店的购买习惯,沃尔玛对其顾客的购物行为进行购物篮分析,想知道顾客经常一起购买的商品有哪些。沃尔玛数据仓库里集中了其各门店的详细原始交易数据。在这些原始交易数据的基础上,沃尔玛利用数据挖掘方法对这些数据进行分析和挖掘。一个意外的发现是:跟尿布一起购买最多的商品竟是啤酒!经过大量实际调查和分析,揭示了一个隐藏在"尿布与啤酒"背后的美国人的一种行为模式:在美国,一些年轻的父亲下班后经常要到超市去买婴儿尿布,而他们中有 30%～40% 的人同时也为自己买一些啤酒。产生这一现象的原因是:美国的太太们常叮嘱她们的丈夫下班后为小孩买尿布,而丈夫们在买尿布后又随手带回了他们喜欢的啤酒。

3. 人工神经网络

人工神经网络(artificial neural networks,ANNs),简称为神经网络(NNs),或称作连接模型(connection model),它是一种模仿动物神经网络行为特征,进行分布式并行信息处理的算法数学模型。这种网络依靠系统的复杂程度,通过调整内部大量节点之间相互连接的关系,从而达到处理信息的目的。神经网络是模拟人思维的方式对信息进行处理,其特色在于信息的分布式存储和并行协同处理。虽然单个神经元的结构极其简单,功能有限,但大量神经元构成的网络系统所能实现的行为却是极其丰富多彩的。神经网络对于复杂度比较大的分类问题提供了一个相对简单的解决方案。

4. 文本分析

文本是由特定的人制作的,文本的语义不可避免地会反映人的特定立场、观点、价值和利益。因此,文本内容分析,可以推断文本提供者的意图和目的。

文本分析是指对文本的表示及其特征项的选取;文本分析是文本挖掘、信息检索的一个基本问题,它把从文本中抽取出的特征词进行量化来表示文本信息。将它们从一个无结构的原始文本转化为结构化的计算机可以识别处理的信息,即对文本进行科学的抽象,建立它的数学模型,用以描述和代替文本。使计算机能够通过对这种模型的计算和操作来实现对文本的识别。

5. 聚类分析

聚类分析又称群分析,它是研究(样品或指标)分类问题的一种统计分析方法。由聚类所生成的簇是一组数据对象的集合,这些对象与同一个簇中的对象彼此相似,与其他簇中的对象相异。"物以类聚,人以群分",在自然科学和社会科学中,存在着大量的分类问题。聚类分析起源于分类学,但是聚类不等于分类。聚类与分类的不同在于,聚类所要求划分的类是未知的。聚类分析内容非常丰富,有系统聚类法、有序样品聚类法、动态聚类法、模糊聚类法、聚类预报法等等。

在商务上,聚类能帮助市场分析人员从客户基本库中发现不同的客户群,并且用购买模式来刻画不同的客户群的特征。此外,结合大量数据,通过聚类对相似地区的汽车保险单持有者的分组,以及根据房子的类型、价值和地理位置的分组也可以实现有价值信息的发现。聚类也能用于对 web 上的文档进行分类,以发现信息。

2.2.3　商业战略分析方法

1. SWOT 分析

SWOT 是优势(strength)、劣势(weakness)、机会(opportunity)、威胁(threat)的英文缩写,SWOT 分析法又称为态势分析法,是最著名也是最基本的分析方法。SWOT 分析实际上是对企业内外部条件各方面内容进行综合和概括,进而分析组织的优劣势、面临的机会和威胁的一种方法。

(1) 机会与威胁

随着经济、科技等诸多方面的迅速发展,特别是世界经济全球化、一体化过程的加快,全球信息网络的建立和消费需求的多样化,企业所处的环境更为开放和动荡。这种变化几乎对所有企业都产生了深刻的影响。正因为如此,环境分析成为一种日益重要的企业职能。

环境发展趋势分为两大类:一类表示环境威胁,另一类表示环境机会。环境威胁指的是环境中一种不利的发展趋势所形成的挑战,如果不采取果断的战略行为,这种不利趋势将导致公司的竞争地位受到削弱。环境机会就是对公司行为富有吸引力的领域,在这一领域中,该公司将拥有竞争优势。

(2) 优势与劣势

识别环境中有吸引力的机会是一回事,拥有在机会中成功所必需的竞争能力是另一回事。每个企业都要定期检查自己的优势与劣势,这可通过“企业经营管理检核表”的方式进行。企业或企业外的咨询机构都可利用这一格式检查企业的营销、财务、制造和组织能力。每一要素都要按照特强、稍强、中等、稍弱或特弱划分等级。

当两个企业处在同一市场或者说它们都有能力向同一顾客群体提供产品和服务时,如果其中一个企业有更高的赢利率或赢利潜力,那么,我们就认为这个企业比另外一个企业更具有竞争优势。换句话说,所谓竞争优势是指一个企业超越其竞争对手的能力,这种能力有助于实现企业的主要目标——赢利。但值得注意的是:竞争优势并不一定完全体现在较高的赢利率上,因为有时企业更希望增加市场份额,或者多奖励管理人员或雇员。

竞争优势可以指消费者眼中一个企业或它的产品有别于其竞争对手的任何优越的东西,它可以是产品线的宽度、产品的大小、质量、可靠性、适用性、风格和形象以及服务的及时、态度的热情等。虽然竞争优势实际上指的是一个企业比其竞争对手有较强的综合优势,但是明确企业究竟在哪一个方面具有优势更有意义,因为只有这样,才可以扬长避短,或者以实击虚。

由于企业是一个整体,而且竞争性优势来源十分广泛,所以,在做优劣势分析时必须从整个价值链的每个环节上,将企业与竞争对手做详细的对比。如产品是否新颖,制造工艺是否复杂,销售渠道是否畅通,以及价格是否具有竞争性等。如果一个企业在某一方面或几个方面的优势正是该行业企业应具备的关键成功要素,那么,该企业的综合竞争优势也许就强一些。需要指出的是,衡量一个企业及其产品是否具有竞争优势,只能站在现有潜在用户角度上,而不是站在企业的角度上。

企业在维持竞争优势过程中,必须深刻认识自身的资源和能力,采取适当的措施。因为一个企业一旦在某一方面具有了竞争优势,势必会吸引到竞争对手的注意。一般地说,企业经过一段时期的努力,建立起某种竞争优势;然后就处于维持这种竞争优势的态势,竞争对手开始逐渐做出反应;而后,如果竞争对手直接进攻企业的优势所在,或采取其他更为有力的策略,就会使这种优势受到削弱。

而影响企业竞争优势的持续时间,主要的是三个关键因素:

① 建立这种优势要多长时间?

② 能够获得的优势有多大?

③ 竞争对手做出有力反应需要多长时间?

如果企业分析清楚了这三个因素,就会明确自己在建立和维持竞争优势中的地位了。

(3) 局限性

通过 SWOT 分析,可以帮助企业把资源和行动聚集在自己的强项和有最多机会的地方;并让企业的战略变得明朗。但是,与很多其他的战略模型一样,SWOT 模型已由麦肯锡提出很久了,带有时代的局限性。以前的企业可能比较关注成本、质量,现在的企业可能更强调组织流程。SWOT 分析没有考虑到企业改变现状的主动性,企业可以通过寻找新的资源来创造企业所需要的优势,从而达到过去无法达成的战略目标。

2. PEST 分析

PEST 分析是战略咨询顾问用来帮助企业检阅其外部宏观环境的一种方法。PEST是一种宏观环境的分析方法,宏观环境又称一般环境,是指影响一切行业和企业的各种宏观力量。对宏观环境因素作分析,不同行业和企业根据自身特点和经营需要,分析的具体内容会有差异,但一般都应对政治(political)、经济(economic)、社会(social)和技术(technological)这四大类影响企业的主要外部环境因素进行分析。简单而言,称之为PEST 分析法。

(1) 政治法律环境(political factors)

政治环境包括一个国家的社会制度,执政党的性质,政府的方针、政策、法令等。不同的国家有着不同的社会性质,不同的社会制度对组织活动有着不同的限制和要求。即使社会制度不变的同一国家,在不同时期,由于执政党的不同,其政府的方针特点、政策倾向对组织活动的态度和影响也是不断变化的。

重要的政治法律变量包括:执政党性质,政治体制,经济体制,政府的管制,税法的改变,各种政治行动委员会,专利数量,专程法的修改,环境保护法,产业政策,投资政策,国防开支水平,政府补贴水平,反垄断法规,与重要大国关系,地区关系,对政府进行抗议活动的数量、严重性及地点,民众参与政治行为等。

（2）经济环境（economic factors）

经济环境主要包括宏观和微观两个方面的内容。

宏观经济环境主要指一个国家的人口数量及其增长趋势，国民收入、国民生产总值及其变化情况以及通过这些指标能够反映的国民经济发展水平和发展速度。

微观经济环境主要指企业所在地区或所服务地区的消费者的收入水平、消费偏好、储蓄情况、就业程度等因素。这些因素直接决定着企业目前及未来的市场大小。

重要监视的关键经济变量包括：GDP 及其增长率，贷款的可得性，可支配收入水平，居民消费（储蓄）倾向，利率，通货膨胀率，规模经济，政府预算赤字，消费模式，失业趋势，劳动生产率水平，汇率，证券市场状况，外国经济状况，进出口因素，不同地区和消费群体间的收入差别，价格波动，货币与财政政策等。

（3）社会文化环境（social factors）

社会文化环境包括一个国家或地区的居民教育程度和文化水平、宗教信仰、风俗习惯、审美观点、价值观念等。文化水平会影响居民的需求层次；宗教信仰和风俗习惯会禁止或抵制某些活动的进行；价值观念会影响居民对组织目标、组织活动以及组织存在本身的认可与否；审美观点则会影响人们对组织活动内容、活动方式以及活动成果的态度。

关键的社会文化因素包括：生育率，人口结构比例，性别比例，特殊利益集团数量，结婚数、离婚数，人口出生、死亡率，人口移进移出率，社会保障计划，人口预期寿命，人均收入，生活方式，平均可支配收入，对政府的信任度，对政府的态度，对工作的态度，购买习惯，对道德的关切，储蓄倾向，性别角色，投资倾向，种族平等状况，节育措施状况，平均教育状况，对退休的态度，对质量的态度，对闲暇的态度，对服务的态度，对外籍人士的态度，污染控制，对能源的节约，社会活动项目，社会责任，对职业的态度，对权威的态度，城市、城镇和农村的人口变化，宗教信仰状况等。

（4）技术环境（technological factors）

技术环境除了要考察与企业所处领域的活动直接相关的技术手段的发展变化外，还应及时了解：国家对科技开发的投资和支持重点；该领域技术发展动态和研究开发费用总额；技术转移和技术商品化速度；专利及其保护情况等等。

3. 波特五力分析

五力分析模型由迈克尔·波特（Michael Porter）于 20 世纪 70 年代末提出，对企业战略制定产生全球性的深远影响。用于竞争战略的分析，可以有效地分析客户的竞争环境。五力分别是：供应商的议价能力、购买者的议价能力、潜在竞争者进入的能力、替代品的替代能力、行业内竞争者现在的竞争能力。五种力量的不同组合变化最终影响行业利润潜力变化。

（1）供应商的议价能力（bargaining power of suppliers）

供方主要通过其提高投入要素价格与降低单位价值质量的能力，来影响行业中现有企业的盈利能力与产品竞争力。供方力量的强弱取决于他们所提供给买主的是什么投入要素，当供方所提供的投入要素其价值构成了买主产品总成本的较大比例，对买主产品生产过程非常重要,或者严重影响买主产品的质量时,供方对于买主的潜在讨价还价力量就大大增强。一般来说,满足如下条件的供方集团会具有比较强大的讨价还价力量:

① 供方行业为一些具有比较稳固市场地位而不受市场剧烈竞争困扰的企业所控制,其产品的买主很多,以至于每一单个买主都不可能成为供方的重要客户。

② 供方各企业的产品具有各自的特色,以至于买主难以转换或转换成本太高,或者很难找到可与供方企业产品相竞争的替代品。

③ 供方能够方便地实行前向联合或一体化,而买主难以进行后向联合或一体化。

(2) 购买者的议价能力(bargaining power of buyers)

购买者主要通过其压价与要求提供较高的产品或服务质量的能力,来影响行业中现有企业的盈利能力。一般来说,满足如下条件的购买者可能具有较强的讨价还价力量:

① 购买者的总数较少,而每个购买者的购买量较大,占了卖方销售量的很大比例。

② 卖方行业由大量相对来说规模较小的企业所组成。

③ 购买者所购买的基本上是一种标准化产品,同时向多个卖主购买产品在经济上也完全可行。

④ 购买者有能力实现后向一体化,而卖主不可能前向一体化。

(3) 新进入者的威胁(threat of new entrants)

新进入者在给行业带来新生产能力、新资源的同时,将希望在已被现有企业瓜分完毕的市场中赢得一席之地,这就有可能会与现有企业发生原材料与市场份额的竞争,最终导致行业中现有企业盈利水平降低,严重的话还有可能危及这些企业的生存。竞争性进入威胁的严重程度取决于两方面的因素,这就是进入新领域的障碍大小与预期现有企业对于进入者的反应情况。

进入障碍主要包括规模经济、产品差异、资本需要、转换成本、销售渠道开拓、政府行为与政策(如国家综合平衡统一建设的石化企业)、不受规模支配的成本劣势(如商业秘密、产供销关系、学习与经验曲线效应等)、自然资源(如冶金业对矿产的拥有)、地理环境(如造船厂只能建在海滨城市)等方面,这其中有些障碍是很难借助复制或仿造的方式来突破的。预期现有企业对进入者的反应情况,主要是采取报复行动的可能性大小,则取决于有关厂商的财力情况、报复记录、固定资产规模、行业增长速度等。总之,新企业进入一个行业的可能性大小,取决于进入者主观估计进入所能带来的潜在利益、所需花费的代价与所要承担的风险这三者的相对大小情况。

(4) 替代品的威胁(threat of substitutes)

两个处于同行业或不同行业中的企业,可能会由于所生产的产品是互为替代品,从而在它们之间产生相互竞争行为,这种源自于替代品的竞争会以各种形式影响行业中现有企业的竞争战略。首先,现有企业产品售价以及获利潜力的提高,将由于存在着能被用户方便接受的替代品而受到限制;其次,由于替代品生产者的侵入,使得现有企业必须提高产品质量,或者通过降低成本来降低售价,或者使其产品具有特色,否则其销量与利润增长的目标就有可能受挫;再次,源自替代品生产者的竞争强度,受产品买主转换成本高低的影响。总之,替代品价格越低、质量越好、用户转换成本越低,其所能产生的竞争压力就强。而这种来自替代品生产者的竞争压力的强度,可以具体通过考察替代品销售增长率、替代品厂家生产能力与盈利扩张情况来加以描述。

(5) 同业竞争者的竞争程度(rivalry)

大部分行业中的企业,相互之间的利益都是紧密联系在一起的,作为企业整体战略一部分的各企业竞争战略,其目标都在于使得自己的企业获得相对于竞争对手的优势,所以,在实施中就必然会产生冲突与对抗现象,这些冲突与对抗就构成了现有企业之间的竞争。现有企业之间的竞争常常表现在价格、广告、产品介绍、售后服务等方面,其竞争强度与许多因素有关。

一般来说,出现下述情况将意味着行业中现有企业之间竞争的加剧,这就是:行业进入障碍较低,势均力敌竞争对手较多,竞争参与者范围广泛;市场趋于成熟,产品需求增长缓慢;竞争者企图采用降价等手段促销;竞争者提供几乎相同的产品或服务,用户转换成本很低;一个战略行动如果取得成功,其收入相当可观;行业外部实力强大的公司在接收了行业中实力薄弱企业后,发起进攻性行动,结果使得刚被接收的企业成为市场的主要竞争者;退出障碍较高,即退出竞争要比继续参与竞争代价更高。在这里,退出障碍主要受经济、战略、感情以及社会政治关系等方面考虑的影响,具体包括:资产的专用性、退出的固定费用、战略上的相互牵制、情绪上的难以接受、政府和社会的各种限制等。

行业中的每一个企业或多或少都必须应付以上各种力量构成的威胁,而且客户必须面对行业中的每一个竞争者的举动。除非认为正面交锋有必要而且有益处,例如要求得到很大的市场份额,否则客户可以通过设置进入壁垒,包括差异化和转换成本来保护自己。当一个客户确定了其优势和劣势时(参见 SWOT 分析),客户必须进行定位,以便因势利导,而不是被预料到的环境因素变化所损害,如产品生命周期、行业增长速度等等,然后保护自己并做好准备,以有效地对其他企业的举动做出反应。

根据上面对于五种竞争力量的讨论,企业可以采取尽可能地将自身的经营与竞争力量隔绝开来、努力从自身利益需要出发影响行业竞争规则、先占领有利的市场地位再发起进攻性竞争行动等手段来对付这五种竞争力量,以增强自己的市场地位与竞争实力。

(6) 波特五力分析模型的缺陷

实际上,关于五力分析模型的实践运用一直存在许多争论。目前较为一致的看法是:该模型更多是一种理论思考工具,而非可以实际操作的战略工具。

该模型的理论是建立在以下三个假定基础之上的:

① 制定战略者可以了解整个行业的信息,显然现实中是难于做到的;

② 同行业之间只有竞争关系,没有合作关系。但现实中企业之间存在多种合作关系,不一定是你死我活的竞争关系;

③ 行业的规模是固定的,因此,只有通过夺取对手的份额来占有更大的资源和市场。但现实中企业之间往往不是通过吃掉对手而是与对手共同做大行业的蛋糕来获取更大的资源和市场。同时,市场可以通过不断的开发和创新来增大容量。

波特的竞争力模型的意义在于,五种竞争力量的抗争中蕴含着三类成功的战略思想,那就是大家熟知的:成本领先战略、差异化战略、集中战略。

2.3　商业分析的主要工具

　　商业分析活动中,大量地应用计算机技术,因此,相关领域的软件工具是商业分析活动必不可少的。

2.3.1　数据仓库软件

　　数据仓库(data warehouse)是一个面向主题的(subject-oriented)、集成的(integrated)、相对稳定的(non-volatile)、反映历史变化(time-variant)的数据集合,用于支持管理决策。

　　数据仓库提供用户用于决策支持的当前和历史数据,这些数据在传统的操作型数据库中很难或不能得到。数据仓库技术是为了有效地把操作型数据集成到统一的环境中以提供决策型数据访问的各种技术和模块的总称。数据仓库是一个过程,而不是一个项目;数据仓库是一个环境,而不是一件产品。其所做的一切都是为了让用户更快更方便查询所需要的信息,提供决策支持。

　　数据仓库与数据库(database)是密不可分的,数据仓库是对数据库概念的一个升华,将数据库中的数据面向主题整合,往往拥有更大的储存容量,并能更好的支持数据挖掘和分析。

　　数据仓库和数据库的管理都是通过数据库管理系统(database management system)来进行的,目前主流的数据库管理系统软件包括:

　　(1) 甲骨文(Oracle)公司的 Oracle Database。Oracle Database 是目前世界上使用最为广泛的数据库管理系统,作为一个通用的数据库系统,它具有完整的数据管理功能;作为一个关系数据库,它是一个完备关系的产品;作为分布式数据库它实现了分布式处理功能。在设计上,Oracle 更针对相对大型的企业数据库管理,Oracle 具有使所有数据和文档存储在少数几个高性能数据库的能力,这种能力使客户可以集中管理他们所有的数据,并且信息管理和访问更加容易、可靠且价格更加便宜。值得一提的是 Oracle 拥有自己完整的一套体系并针对所有主流平台(Windows, Linux, UNIX)都有相应版本的软件,只要在一种机型上学习了 Oracle 知识,便能在各种类型的机器上使用它。

　　(2) 微软(Microsoft)公司的 SQL Server。SQL Server 是一个全面的、集成的、端到端的数据解决方案,它为组织中的用户提供了一个更安全可靠和更高效的平台,降低了在从移动设备到企业数据系统的多平台上创建、部署、管理和使用企业数据和分析应用程序的复杂性。通过全面的功能集、与现有系统的互操作性以及对日常任务的自动化管理能力,为不同规模的企业提供了一个完整的数据解决方案。

　　此外,还有针对大型机和 OS/2 系统的 DB2 数据库管理系统,在小型应用上占据主流地位并且双授权开源的 MySQL,新兴的以 Hbase(属于 Apache 的 Hadoop 项目)为代表的非关系型数据库(NoSQL)等等。当然,对于数据库管理系统的选择并不是绝对的,在一定技术条件和用户需求下选择适用的数据库管理软件才是正确的做法。

2.3.2　企业资源计划与商业智能软件

企业资源计划(Enterprise Resource Planning，ERP)是指建立在信息技术基础上，以系统化的管理思想，为企业决策层及员工提供决策运行手段的管理平台。ERP 系统支持离散型、流程型等混合制造环境，应用范围从制造业扩散到了零售业、服务业、银行业、电信业、政府机关和学校等事业部门，通过融合数据库技术、图形用户界面、第四代查询语言、客户服务器结构、计算机辅助开发工具、可移植的开放系统等对企业资源进行了有效的集成。

与 ERP 偏重业务不同，BI 通常被理解为将企业中现有的数据(ERP 系统是数据源之一)转化为知识，帮助企业做出明智的业务经营决策的工具。商业智能能够辅助的业务经营决策，既可以是操作层的，也可以是战术层和战略层的决策。为了将数据转化为知识，需要利用数据仓库、联机分析处理(OLAP)工具和数据挖掘等技术。因此，从技术层面上讲，商业智能不是什么新技术，它只是数据仓库、OLAP 和数据挖掘等技术的综合运用。ERP 与 BI 的软件有相通之处，往往作为软件服务公司整体产品的一部分，其主要包括：

(1) SAP 公司的 SAP 软件。SAP 起源于 Systems Applications and Products in Data Processing，是 SAP 公司的企业管理解决方案的软件名称。SAP 是目前全世界排名第一的 ERP 软件，可以为各种行业、不同规模的企业提供全面的解决方案。

(2) 甲骨文公司的 ERP 软件。Oracle E-Business Suite 是第一套也是唯一搭配单一全球资料库作业的应用软件，连结前后端的整个业务处理流程并使其自动化，能够提供完善、统合且关键资料的基础，例如基于业务统计分析不同产品和地区的销售业绩、库存量与营收。此外，Oracle E-Business Suite 不必等待资料，通过独立的资料汇聚与分析系统，企业高级主管可取得日常商业情报，了解公司过去、现在与未来的经营绩效，进而每天都可以提升获利能力。Oracle E-Business Suite 系统具有灵活性和开放性的特点，基于各行业经验，开发出了各种业务模型和标准流程和功能，供客户借鉴；如果客户不满意已有的流程和功能，可以通过 Oracle 开发工具可使用户按其要求进行个性化开发来满足企业的需求。

由于 ERP 与 BI 类软件需要与企业实际的结合才能发挥最大作用，并不是最大最全面的软件系统就是最适宜的，要综合费用、服务、产业领域等众多方面，不同软件商也会挖掘不同的细分市场。在这一点上，国内软件商的产品对国内企业市场的了解有天然的优势。

2.3.3　统计分析软件

1. SAS

SAS(Statistical Analysis System)是由美国北卡罗来纳州立大学 1966 年开发的统计分析软件。1976 年 SAS 软件研究所(SAS Institute Inc.)成立，开始进行 SAS 系统的维护、开发、销售和培训工作。期间经历了许多版本，并经过多年来的完善和发展，SAS 系统在国际上已被誉为统计分析的标准软件，在各个领域得到广泛应用。

2. SPSS

SPSS 是世界上最早的统计分析软件，由美国斯坦福大学的三位研究生于 20 世纪 60 年代末研制,同时成立了 SPSS 公司,并于 1975 年在芝加哥组建了 SPSS 总部。1984 年 SPSS 总部首先推出了世界上第一个统计分析软件微机版本 SPSS/PC+,开创了 SPSS 微机系列产品的开发方向,极大地扩充了它的应用范围,并使其能很快地应用于自然科学、技术科学、社会科学的各个领域,世界上许多有影响的报刊纷纷就 SPSS 的自动统计绘图、数据的深入分析、使用方便、功能齐全等方面给予了高度的评价与称赞。迄今 SPSS 软件已有四十余年的成长历史。全球约有 25 万家产品用户,它们分布于通信、医疗、银行、证券、保险、制造、商业、市场研究、科研教育等多个领域和行业,是世界上应用最广泛的专业统计软件。

SPSS 和 SAS 是目前应用最广泛,国际公认且标准的统计分析软件,二者各有擅长之处。SAS 是功能最为强大的统计软件,有完善的数据管理和统计分析功能,是熟悉统计学并擅长编程的专业人士的首选。与 SAS 比较,SPSS 则是非统计学专业人士的首选。

3. R 语言

R 语言是一种主要用于统计分析、绘图的编程语言和操作环境。R 本来是由来自新西兰奥克兰大学的 Ross Ihaka 和 Robert Gentleman 开发(也因此称为 R),现在由"R 开发核心团队"负责开发。R 是基于 S 语言的一个 GNU 项目,所以也可以当作 S 语言的一种实现,通常用 S 语言编写的代码都可以不作修改的在 R 环境下运行。R 的语法来自 Scheme。

R 是一套由数据操作、计算和图形展示功能整合而成的套件。其功能包括:数据存储和处理系统;数组运算工具(其向量、矩阵运算方面功能尤其强大);完整连贯的统计分析工具;优秀的统计制图功能;简便而强大的编程语言:可操纵数据的输入和输出,可实现分支、循环,用户可自定义功能。与其说 R 是一种统计软件,还不如说 R 是一种数学计算的环境,因为 R 并不是仅仅提供若干统计程序、使用者只需指定数据库和若干参数便可进行一个统计分析。R 的思想是:它可以提供一些集成的统计工具,但更大量的是它提供各种数学计算、统计计算的函数,从而使使用者能灵活机动的进行数据分析,甚至创造出符合需要的新的统计计算方法。

数据挖掘的技术和算法往往要通过数学上的统计分析来完成,不同的统计分析软件相对于不同的计算规模、计算领域、数据来源互有优劣,开放的程度和掌握的难度也高低不同,需要按照分析的需求和操作者的能力来选择。

习题

1. 在业务需求分析的过程中应遵循什么原则?
2. 从什么渠道可以获得商业信息?
3. 数据挖掘的方法主要有哪些?
4. 数据预处理有哪些方法?
5. 数据转换需要处理什么内容?
6. 商业战略分析方法有哪些? 它们各自的优缺点分别是什么?

参考文献

［1］郭秋萍. 信息管理学［M］. 北京：化学工业出版社，2011.

［2］卢小宾. 信息分析［M］. 北京：科学技术文献出版社，2008.

［3］余波. 现代信息分析与预测［J］. 北京：北京理工大学出版社，2011.

［4］刘云霞. 数据预处理：数据归约的统计方法研究及应用［M］. 厦门：厦门大学出版社，2011.

第 3 章
商业问题的分析与建模

　　在激烈竞争的市场环境中,每个企业都会遇到各种各样的商业问题,例如:产品定价、广告投放平台选择、竞争对手的战略等,而解决这些问题需要一定的方法和步骤。通过本章的学习,你能够了解商业分析的框架,学会商业问题分析与建模的步骤,能够把所学的知识应用到实践中,具备解决具体商业问题的能力。

本章主要内容

- 商业分析的框架
- 商业数据分析的基本步骤
- 商业数据建模
- 典型商业问题分析

3.1 商业分析的框架

第一章中提到了现在商业分析的三个视角,如果单独地从业务、IT 和分析的视角进行商业分析,其缺点与不足是非常明显的,但是现在的公司与组织仍然缺乏一种认识,能使这三个部分能够进行合理的配置与利用,从而提高商业分析的效率。因此,构建一个能够提高合作效率并更好地进行商业问题分析的框架很重要。

3.1.1 "分析域"驱动"目标域"的商业分析框架

Rahul Saxena 等人于 2012 年提出了"分析域"驱动"目标域"的商业分析框架。"分析域"即是业务、分析与 IT。"目标域"则是真实世界的组织或公司及其所处环境,目标域能够对各种思路做出回应并且形成结果(框架见图 3-1)。我们在分析域中构造了六个功能,三个传统的分析功能(即传统的业务、分析、IT 功能),以及至今为止都被忽略的这三个功能交互的另外三个功能。这些功能与组件因为组织或公司的需求,在现在的组织当中已经通过各种各样的形式而存在,但很多的组织或公司往往挣扎在功能交互的灰色地带。这六个功能的相对强弱决定了组织或公司实现商业分析的成功度。

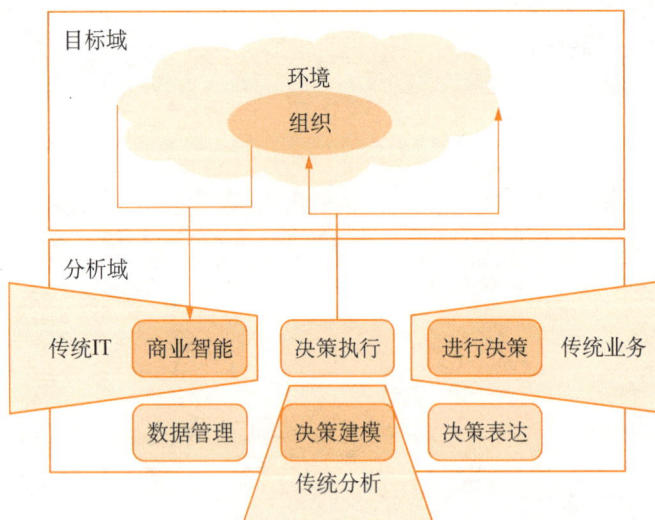

图 3-1 商业分析的框架(来源:*Business Analytics:A Practitioner's Guide*)

(1)商业智能(传统 IT 功能):为决策提供数据以及可靠的分析工具

(2)数据管理(交互功能):测量数据质量并且评估在决策模型使用中的适应能力

(3)决策表达(交互功能):表达决策需求

(4)决策建模(传统分析功能):建立并测试提供合理化建议以及满足需求的决策模型

(5)进行决策(传统商务功能):利用决策模型作出决定

（6）决策执行（交互功能）：在目标域把决策转换为行动并监测结果，观测实际值与目标值之间的偏差，并控制偏差。

3.1.2　商业分析框架的主要环节

在商业分析中，需要业务、分析和 IT 三个部分在决策执行周期的思路中协同工作。以上三方均无法完全独立掌握整个任务。IT 团队往往通过限制外界对于数据的访问来表明其对于数据的统治；分析团队认为他们精于建模；业务团队则独立而有选择性地作为不同类型的"分析提供者"参与到其中。

以上所提出的分析框架仅仅是将原先杂乱而不同的专业职能转化为协同合作这一境况的自然演进，而在这样一种场景下各种职能得以协作实现分析（和 IT）的目标，即在整个周期内为业务职能提供分析支持。这种演进的最终状态是类似于下图的一个全面发展的分析框架。

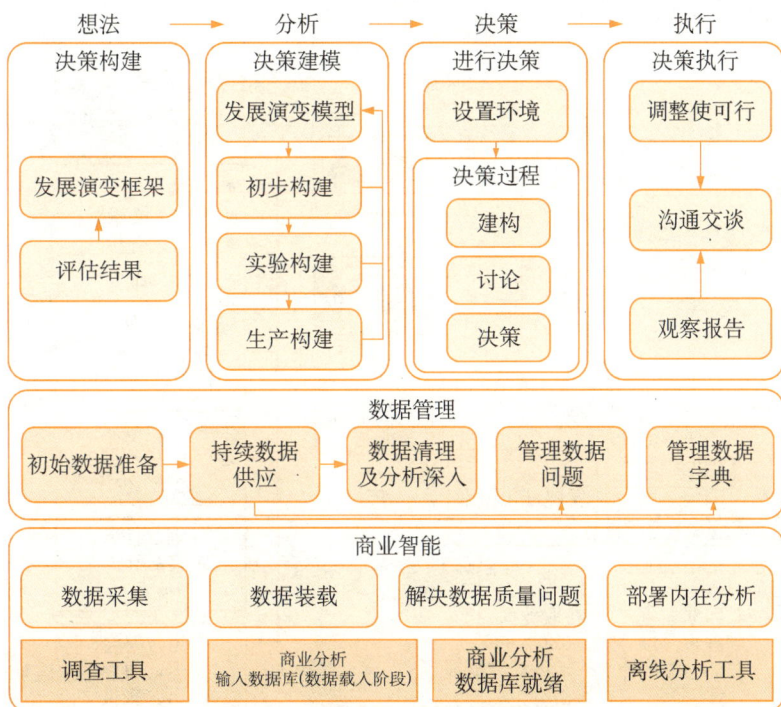

图 3-2　商业分析框架最终状态（来源：*Business Analytics：A Practitioner's Guide*）

1. 决策构建

我们通过理解现有状态和决策需求开始解决问题。因而需要清晰地表达组织的决策需求及其所适应的环境。此外还要理解组织实施决策的能力和流程。要构建有效的决策需求，往往需要考虑以下几方面的问题：

（1）目的和目标——什么是触发了决策模型需要的决策需求；

（2）环境——提出需求的决策层；

（3）范围和约束——什么是变化和建议的禁区；

（4）设想最终状态——设想可以表达出决策过程所期望结果的最终状态；

（5）组织结构、制度和文化；

（6）风险——包括不执行分析模型的风险。

2．决策建模

决策建模是商业分析中变量及变量间关系的抽象。我们利用模型来了解现实生活中的相似情形，通过调整模型的变量来判断模型和现实的吻合程度，然后将这个模型看作复杂现实的模拟，通过这种代入可以形成见解和最佳决策。由于模型是对现实的简化模拟，它相较于处理实际情况更易于使用也更加便宜，并且它使我们能够探索假设情形，以评估变化情况下不同输入的结果。

在我们分析领域的范围内，决策模型源于已建立的决策框架。我们可以构建、测试、迭代和进化这个决策模型。构建模型的过程通常被分解为规划、数据采集、开发、测试、进化和演示这些子步骤，具体见图 3-3。

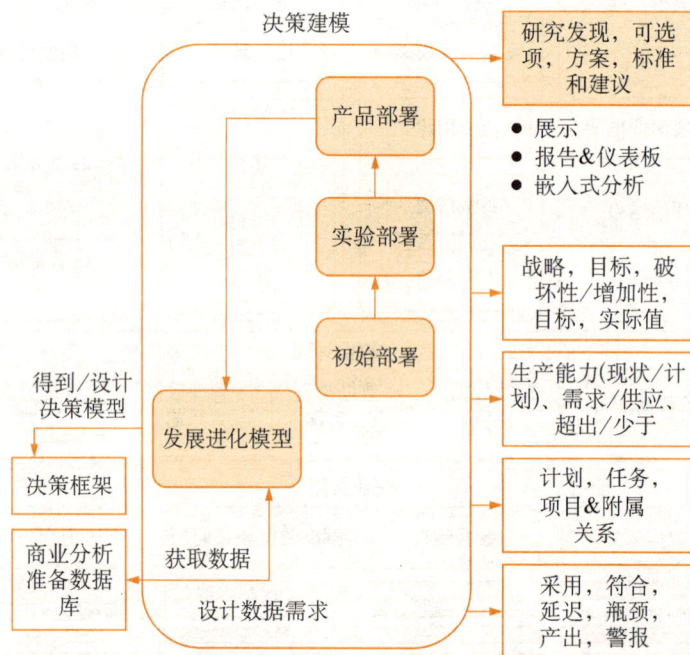

图 3-3　决策建模（来源：*Business Analytics：A Practitioner's Guide*）

3．进行决策

作出能够成功执行的数据驱动决策，我们需要关注四个关键因素。

（1）提出正确的问题：如果人们不了解需要解决的问题，那么决策将是无效的。提出正确的问题，像是："要做什么？""这是我所需要的东西决定的吗？"之类的问题，并反思和回答。不正确、不完整或不当的问题陈述会欺骗决策者，并且误导模型师和分析师的预期。

（2）理解决策环境：决策环境是由决策需求和决策者构成的生态系统。我们必须考虑到不确定性因素以及可选方案的风险和回报。理解决策环境可以帮助我们消除偏见和非理性的决策过程。

（3）参与和讨论：许多决策者倾向于避免争论，担心它会阻碍决策过程和演变成人身攻击。然而，在富有活力的环境中，有争论是自然的，经理们往往会在评估市场将如何发展这个问题上存在分歧。讨论能够激发创新思维，提出一个更全面的解决方案，提高决策效率。没有冲突，决策者经常忽略决定的关键要素，错失质疑设想的机会。

（4）消除非理性和企业政治：非理性会以各种形式影响决策，当这种非理性因素增强时，我们需要意识到这样的不合理认知，并积极消除当它们。可以通过强调合作的环境而非竞争，建立共同的目标等方式能够避免企业政治。共同的目标不是指单一的想法，而是经理们有共同的愿景。

4. 决策执行

为了得到并证明数据驱动决策制定的结果，我们需要联系决策模型和决策制定过程到决策执行过程、行动和随后的数据收集与评估量化了决策的结果。我们需要与决策制定者，通常是业务部门经理一起工作，来对决策施加影响。

让决策发挥效果，需要三个决策执行的实际行动：结盟和授权、观察和报告、沟通和交流。

3.2　商业数据分析的基本步骤

3.2.1　需求定义

商业分析的最初阶段集中在清楚地了解项目目标和业务需求，高效的需求定义决定着有效的数据建模。

1. 确定业务目标

从业务角度全面的理解挖掘的真正意图和含义，即哪些业务决策需要通过商业分析的手段来实现。此外，还应包括对商务分析结果进行评价的标准以及整个分析合理性的解释。

2. 评估环境

对现有情况下的资源目录、约束、假设和其他应考虑的因素进行详细的分析和评估，以便进行下一步确定数据分析目标和项目计划。

3. 产生分析计划

计划应当考虑到现有的资源以及约束条件，设置出计划的实施阶段，以及每个阶段的详细计划,包括需要的时间、所需的资源、输入、输出、依赖等。

4. 风险分析

对于完成的计划,以及计划中可能出现的风险进行评估。

最后需要注意的是,需求定义绝不是静态的,在模型评估,以及对模型预测结果反馈的监控中,随时为需求定义提供反馈,进行适当的需求定义调整。

3.2.2　数据采集与评估

根据上一步的需求定义收集相应的目标业务需求数据。熟悉数据,并做简单的数据质量识别与评估,剔除掉明显不合标准的数据噪音,发现数据的内在属性,并探索潜在的隐藏信息。将采集到的原始数据按照业务的需求以及模型软件的规定,进行相应的数据清洗,即把不相关的,不重要的数据处理掉,接着对数据进行分类划分,分类后的数据则可以按照具体的分析需求选择分析模式进行,这些数据也将是后面模型工具的输入值。

3.2.3　建立模型

建模是利用对收集到的数据进行模型建立从而达到反映现实并且预测将来的过程。多年来,许多分析师根据各种分析场景建立了各种各样的模型。通常情况下,模型分为三种:背景关系图、可视化模型以及数学模型。通常情况下的数据建模主要是指建立数学模型。

1. 背景关系图

背景关系图是有一系列的数据框与箭头所组成的一套图片,清楚地反映了问题的组成成分以及其之间的关系,对于分析问题的症结也很有帮助。背景关系图对于不同部门之间进行合作并进行范围划分很有帮助,能够清晰的按照部门职责分摊责任。同时也给数据分析师关于如何采集合适的信息指以方向与建议。最重要的是,通过背景关系图,使数据分析师以及各部门避免了"所看到的即是一切"这样的陷阱。背景关系图的建立,首先要找出背景分析活动相应的主体,同时找出这些主体所参与的一系列活动,根据活动的流程或是不同主体之间的关系在背景图中添加相应的箭头以表示不同主体之间的关系。

2. 可视化模型

俗话说"一图胜千字",可视化模型通常大量地用在寻找数据规律、差异点、偏差以及机会。数据可视化通常与其他的模型交叉使用,也是对模型结果解释最为有效的方式。我们通过交叉检查,筛选数据可视化模型中的散点图、直方图,来更好地了解数据源。可视化的模型往往帮助建模人员轻松地识别简单的数据模式,并且发现数据中的一些关键点,例如数据的季度性、季度峰值、趋势以及自然群集等。这些对数据的分析对于建立相应正确的数理模型有极大的帮助。

3. 数学模型

数学模型通常是对关系图中各个主体之间相互依赖关系进行定量评定的过程。数学模型与其他两种模型交互使用进行数据分析也是在制定决策时主要依靠的模型来源。如果没有正确的需求定义,再好的数学模型也不会得到好的结果。在下面一节中我们会详细介绍数学模型的建模步骤。

3.2.4 模型评估

通过选用相应的方法对数据进行模型建立,获得了相应的数学模型,接下来需要进行模型的评估分析,以便有效发现有意义的知识模式。因为数据建模所获得初始结果中可能存在冗余或者无意义的模式,也可能所获得的模式不满足挖掘任务的需要,这是就需要退回到前面的分析阶段,重新选择数据、采用新的数据变换方法、设定新的参数值,甚至换一种模型建立方法等。模型评估主要是要求行业专家从商业角度来验证模型建立的正确性。

3.2.5 知识表达

通过商业分析发现的知识需要相应的数据挖掘,统计专家对其进行解释,转换为可理解的结果从而帮助解决实际问题。然后,根据可用性、正确性、可理解性等评价指标对解释的结果进行评估。只有经过这一步骤的过滤,商业分析的结果才能够真正被应用于实践。在知识表达的过程中,可以运用可视化技术,将数据与分析结果以图形化的方式展示给用户。数据和信息的可视化显示对用户来说非常重要,因为它能够增强可理解性和可用性。

3.3   商业数据建模

3.3.1 数据模型

在我们进行数据建模之前,我们首先要反问自己,什么是模型? 我们为什么需要建模? 其实这些问题的回答非常简单,模型是对现实状况的一种抽象描述,我们之所以建模是因为我们想要通过模型增加我们对现实状况的了解。通过模型,学习过去的经验,并且用这种模型来进行预测。这种对预测的渴望在商业领域显得尤其突出,比如商业经理们常常问"明天大概会有多少的流量到店""我应该生产 1 000 件还是10 000件产品""如果我今天投了一笔钱在股票上面,明天这些股票的价值会有怎样的变化"等等。

很多的商业决策都是透过我们对未来的预测或推断而做出的,事实上,这也是成功的商业与失败商业的主要差异之处。因此,模型在商业决策中扮演了及其重要的角色,因为模型可以帮助我们将数据分为可以预测与不可预测的两个数据集,同时能够帮助我们将某种现实关系进行量化。我们将不可预测的数据集称为噪声;通常建立模型是对于部分可以预测的数据加以学习、量化,发现其中的规律以便于我们进行商业预测。我们在这章进行的数据建模,主要是通过统计学方法建立模型,也就是回归分析的主要步骤与应用。当然商业分析的建模不止有统计学方法,也包含数据挖掘的方法,如决策树、关联规则、聚类分析等,这一部分的内容我们会在第 7 章进行具体的介绍,在此不赘述。

3.3.2　回归分析的数据建模

回归分析是经典的统计学分析方法,用于测定自变量与因变量之间关系。更为准确地说,回归分析可以用来预测在有多个自变量的情况下,因变量会随着每个自变量如何变化,实现关系的量化。因此回归分析主要是用于发现以及预测多个变量之间的关系。回归分析大量地应用在很多领域,包括经济学、社会科学、市场营销、计算机金融等。常见的例子如:根据某地的犯罪率、人口数量、房产税、房间数等来预测某一房产的价值;或者是根据某条航线的出发地与到达地的机场的基本信息,如机场人流、安检口的数量、机场人员的数量、平均的薪资等来确定某条航线的价格。回归分析一般需要按照以下几个步骤来进行。

1. 识别和选择重要的预测因素

在某一个模型中,我们可能找到了很多个有影响的预测变量,甚至毫不夸张地说,在大多数的模型中,这些预测变量是不能够穷尽的,因此第一步就是要进行对这些预测变量进行相应的识别和选择,筛选出重要的有意义的变量。在此,我们就需要引进信噪比的概念,变量的筛选也即是信噪比的测定与比较。

信噪比等于回归模型中数据散点分布的陡势,也即是趋势所对应的斜率,而斜率又相应的对应着回归模型中的因子系数。具有高信噪比的变量在一定情况下,可以说明其更有预测力。在下图中,A、B、C 三个场景中,我们可以通过上面的判断得出 A 的信噪比高于 B、C,即是在一定情况下,A 中变量的预测能力明显高于 B、C 变量的预测能力,因此在变量的筛选中,我们应该跟倾向于保留 A 中变量。然而,为了更好地知道多大的信噪比才算好,我们需要引进一个统计概念,即 p 值。

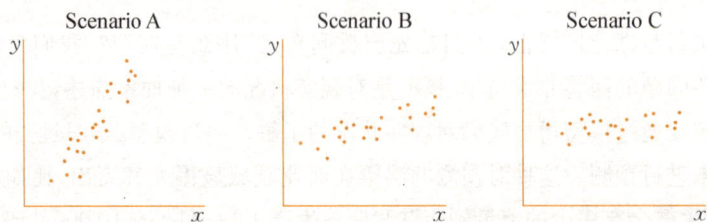

图 3 - 4　三个数据场景

不同的变量有不同的信噪比，但是这并不就意味着某一变量对于预测就完全的重要或者不重要，我们需要提出一个具体的值以判断变量的显著性，统计上，我们用 p 值来确定这种显著性。p 值指的是原假设为真时所得到的样本观测结果或更极端结果出现的概率。如果 p 值很小，说明原假设情况的发生的概率很小，而如果出现了，根据小概率原理，我们就有理由拒绝原假设，p 值越小，我们拒绝原假设的理由越充分。总之，p 值越小，表明结果越显著。通常情况下我们认为，一个变量的 p 值小于 0.05，我们则说这个变量的显著性较好。在实际处理中，我们可以通过观测 p 值来确定变量的显著性，从而提出一些明显不显著的变量。

然而统计显著性并不能保证实际中的重要性。斜率的置信空间对于衡量实际意义有重要的帮助。我们可以设置 95％ 的因子置信区间来保证有用的现实意义。通常情况下我们认为统计上不显著的变量在实际应用中也毫无意义（有极个别例外的情况）。

通过上述步骤，我们基本可以完成对变量的评估与筛选。

2. 选择适当的回归模型

在上述的变量选择中我们主要讨论的是回归模型，或者更为特别的线性回归模型。线性回归模型是回归模型中一个主要的特色部分，但同时也存在着极大的限制条件，因为线性只是对现实的一个近似，并且在自然世界与现实生活商业案例中，大多数的现象以及问题都不是线性的。当我们用这种近似去替代对现实的模拟时，我们是用方便换取了模型的准确性。因此建模人员需要时刻反问自己所建模型的具体情况是否是绝对的线性，同时也对所能牺牲的准确性有心理预估。饱和点、收益递减以及倒 U 形等情况都是不能通过线性来解释的，至少不能直接利用线性回归解释。因此我们需要选择适当的模型，或者添加一些其他辅助的功能来实现对现实情况最好的模拟。下面就主要介绍两种可以使回归模型变得更为灵活的方法：通过添加虚拟变量与交互项。

虚拟变量又称二元变量，简单地来说，它意味着数据的重新编码。虚拟变量通常用来对非数字变量进行量化，比如性别等。因为在回归分析中，所有的输入量都是数字变量，对于非数字的变量，若想要进入回归分析就先要将其转变为数字变量，而对于不只有两个值的类别变量的时候，我们需要 $n-1$ 个虚拟变量来表达其所有的值。交互项就是两个变量的乘积。在线性回归中我们看到，变量 Y 随着 X 的增加而增加，而且以同样的增速进行，但是在现实生活中，保持增速不变是一个相当苛刻的条件，而交互项的添加则可以减轻这样的假设。举例来说，虽然在大体情况下，消费者的支出会随着其收入的增加而增加，但是对于不同地理位置的消费者来说，居住离超市或者大卖场较近的消费者的支出增速则比居住离这些地方较远的消费者要高。

虽然上述两种方法可以使得基础的线性模型变得相对灵活一点。但是却并没有改变模型线性的本质，对于那些数据趋势并非线性的情况，仍然不能处理。此时我们需要选择一些非线性的模型，如：逻辑回归模型与泊松回归模型等。同时，我们也可以通过对数据进行一些处理使得线性回归变为非线性回归模型。常用的数据处理方式有很多种，如倒数处理、正弦转变和 Γ 函数转变等，但是最为常用的两种方法是：

（1）对所有数据进行乘方，如 X^2，X^3，X^4 等等。

（2）对所有数据取自然对数、倒数以及指数函数。

数据转换方式的选择更多的是靠经验获取，因此如果你没能在第一时间找到合适的数据转换方式，不妨多试试其他的转换方法，选择出最好方法，然后再用线性回归的方式对转换后的数据进行模型的分析。

纵使通过显著性检验可筛选一部分变量，但是仍然可能会出现变量过多的问题，而过多的变量经常会导致变量之间高度的相关性，从而使得回归分析的结果极度不准确。这个时候标准误差以及 p 值均不可靠，我们称这种情况为变量的多重共线。

多重共线的规避方法则是进行变量的筛选，即在前面第一步进行变量筛选的时候增加更为严苛的要求或者在变量较少的时候，进行手动的筛选。但是当变量的数量特别多，手动筛选则变得非常的困难甚至不可能时，我们可以选择自动的逐步回归来解决，通过逐步增加或者逐步减少变量的个数来实现对变量的减少与精简。

当我们能够建立多个模型的时候，我们就要选择最好的一个模型来进行下一步更好的分析与利用。因此对于模型之间的比较与筛选，此时就要引入另外一个统计概念，最小 R^2。最小 R^2 是通过选择最小的残差平方和来选择最好的模型。而残差则是在线性回归中，期望值与实际值之间的差，这个差有正有负，而之所以通过残差平方和进行统计，是因为我们不可能选择到一条残差和最小最好契合直线来拟合，只能选择来最小化残差平方均值来实现，而平方均值与平方和对等，因此我们通过最小 R^2 来实现对模型的选择。因此 R^2 越高说明其对于现实的模拟能力越强，模型更好。

3. 模型的评估

通过上述步骤我们建立许多的模型，在这一部分我们则将进行更为重要的模型评估。模型评估主要有两个方面：一是对过去数据的模拟能力；二是对未来即将入库数据的预测能力。对于过去数据的模拟能力相对比较简单，因为我们建模就是对已有的数据进行拟合，发现规律，我们可以通过前面介绍的统计量（如 R^2）来判定其对过去数据的拟合度，我们也称这些量为模型的拟合优度统计。但是更多的管理决策者关心的是模型对未来的预测能力，这个就相对复杂一点，因为我们无法获取未来的数据，因此无法在未来数据上运行我们的模型来观测其预测能力。因此，在数据挖掘以及统计领域的研究者提出了一个解决方案，就是把获得的原始数据分为训练集与测试集，我们用训练集的数据来建立模型，用测试集的数据来评估模型的好坏。

我们可以通过对原始数据进行分区来评估模型的预测能力，但是如何分区是我们所面临的第一问题。我们有很多的分区方式，比如按照一定比例、某个属性等划分，但是通常情况下，倾向于对数据进行随机划分，也就是随机地把原始数据的一部分放入训练集而另外一部分放入测试集。随机划分最大的好处就是避免了系统性的偏差，因为每一个数据有相同的机会被选入训练集和测试集，这也就保证了我们分区的两个集的结构属性一致。另外一个问题，就是关于分区的划分比例。我们是应该把原始数据对半分或者是选择多一点的数据进入训练集？通常情况下，我们选择将原始数据的 70%～80% 放入训练集，而剩下的 20%～30% 进入测试集。之所以让更多的数据进入训练集，是为了更好地建立模型，发现这些数据之间的关系与模式。这种选择方式对于我们有大量的数据来讲是可行的;但是当数据非常有限时,就需要更加谨慎地选择进入训练集与测试集的数量。在这种情况下,可以选择交叉验证的方式,即选择一个非常小的数据集,但是通过重复地选择这个数据集的方式进行建模。最后,对模型预测能力的评估,可以通过计算均方根误差与平均绝对误差这两个统计指标来确定。

3.4　典型商业问题分析

3.4.1　市场营销问题

A公司的营销功能在很大程度上依赖于对直销客户的营销推广,包括新产品和服务的推荐。公司的营销战略主要分为两种:一是"引进"新用户,即那些首次购买A公司产品的消费者;二是"渗透"老用户,即对于已经在A公司有消费记录的用户,公司主要鼓励这部分用户进行再次购买。每一个季度,营销团队都会把公司新上的产品和服务向已有的用户进行推广,从而增加对老用户的渗透水平。因此,营销团队想要引进商业分析的方法来增加营销费用的投资回报率。他们想找出其营销活动的最佳目标客户,以及合适的产品和服务,以提高他们的营销支出回报。

具体的分析步骤如下。

1. 需求拟定

在此案例中,我们所关心的是构建出一个有时间限制的用户行为分析。因为营销方案每季度做一次新的评估与改变,因此我们所构建的方案应该能够在当前时期内有效而准确地识别目标用户与推荐产品。在直销当中,营销的实现往往是通过邮寄或者电子邮件的方式,向用户分发相应的营销手册;或者是下一次消费者进入我们的实体店面或者访问网络店时,我们能够给他们进行相应的精准推广。

根据上述我们对现实状况的勾勒以及分析,此案例中需要解决的问题是我们要找出目标用户与其所对应精准营销的商品推荐,并且这个商品要从当前季度的商品中选出,当我们给予消费者相应的商品推荐时,最好能够实现从推荐到销售的转换。

2. 数据采集

根据上一步所做的分析,我们可以直观地了解所需要的数据,比如:消费者过往的历史消费记录,在这些消费记录当中,至少需要包含以下几类信息:

(1) 消费者ID——一个可以唯一识别每一个消费者的信息;

(2) 商品ID——唯一可以识别消费者所购买产品的信息;

(3) 消费时间——商品被购买的日期;

(4) 消费金额——此次消费的金额。

在下面的建模过程中,我们可能会需要更多其他的消费信息,我们将在后面部分仔细地阐述。

3. 数据评估

数据完整性:我们所采集的数据必须要保证其完整性,能够反映所有消费者的消费信息。完整性的印证可以通过对收集的交易数量、金额与公司通过销售所得的收入进行比较。如果收入比较不能匹配,则说明数据有缺失。而这种缺失往往是由于不同的销售渠道所造成的,比如线上销售与线下销售,IT 部门也经常会发现从线下销售所获得的数据往往是不完整的。因此从数据管理层面上来讲,我们还需要采集其他的信息:

(1) 对所有交易按照不同的销售渠道分类(线上与线下);

(2) 对所有交易按照地域分类(这是为了确保我们所缺失的信息并不会出现因为地域因素所出现偏差)。

数据质量:保证我们所取得的所有数据不会出现空白或者默认值。比如,我们经常会发现我们所采集到的数据在消费者 ID 一栏为空白,这是因为当一个交易在线下发生的时候,IT 部门并不能捕捉到用户的 ID 这一信息,因为在线下进行销售的时候,消费者不需要提供 ID 就能完成一项交易,尽管我们鼓励消费者使用会员卡进行购买,但是如果消费者没有使用的话,我们就无法获得消费者的核心信息,并且我们不能确定这个消费者是新进的消费者还是已经在公司进行购买的消费者。而我们的分析是要针对已经有消费记录的消费者进行,并且对这些人群进行推荐。

数据增强:上面的分析指出了数据可能存在的一些问题,可以通过以下几种方式来实现数据增强,提高数据的完整度与准确性。

首先,上述数据在进入分析之前往往来源于多个数据库与系统,当我们把数据从一个系统转入下一个系统的时候,我们对数据进行了多层次的积累与整合。我们也经常观察到数据在进行转移的过程中,保真度会大大地降低。而这些数据转移过程中的丢失能很清楚地被识别,我们可以通过对系统与数据库进行相应的观察,再对转移后的数据进行相应的修正来保证数据的完整度与准确性。

其次,可以通过网络获得更多的信息。比如,在线下购买商品的消费者,我们鼓励他们去网站上记录他们所购买的商品,在网站上记录时则要输入他们的消费者 ID 与相应的商品信息。通过这样的方式,我们可以对已采集数据的完整性进行加强。

我们可以对已经购买了产品的用户进行满意度调查,既能获得用户的信息,同时也可以了解用户对于商品的评价。如果可能的话,结合满意度调查,我们还可以获得更多更详细的用户信息,包括年龄、收入、家庭人口、住宿地址等。比如,可以通过采集用户的地理位置信息,来监测不同地理位置的用户对于消费的行为是否有偏差。这也对之后的推荐分析有很大的帮助。

4. 数据建模

通过之前的需求拟定,我们想要预测:给一个特定的用户相应的商品推荐时,用户能够做出积极回应的概率。当然我们希望这种概率越高越好,因此我们要做的是推荐分析。因为涉及多个变量,这里可以选多项逻辑回归模型。在模型当中,因变量是用户要买的商品,自变量则是通过前面的数据采集、评估与增强中所获得的可能影响的消费者购买的信息,包括地理位置、已购买的商品等。

通过对用户的历史交易数据分析,可建立一个种类变量为模型的因变量,来反映在观测时间内被购买的推荐商品。比如,我们想要观测在三个月内,用户对某个推荐的回应情况,我们的因变量是在我们发出推荐后三个月内被购买的推荐的商品。

自变量的选择则由可用的数据以及分析师来决定。例如,可用的数据只有消费的数据,则应该从一系列的消费数据中来选择相应的因变量,如:

(1) 用户在购买推荐产品之前的购买产品总数;

(2) 用户购买的总金额;

(3) 用户的消费时长,即用户成为我们会员的时长;

(4) 用户在购买推荐产品之前的购买产品清单。

同时,如果在数据增强部分能够获得更多的信息,比如关于用户的满意度以及地理位置信息,也可以把这些字段作为自变量加入到模型中。但是最重要的是要保证进行模型建立的所有数据都是完整的。

5. 决策制定

当模型一旦建立之后,我们有两种进行决策的方式:

(1) 给一个特定用户推荐最适合他的商品。这种方法对于公司与用户进行一对一互动的时候非常实用,比如用户向公司进行相应的咨询并且要求相应服务的时候。通过模型,公司可以判断出用户最有可能的下一次消费,并作相应的推荐。

(2) 对某一类型的用户集中推广某一个产品。这种方法往往适用于公司想要对某一类型的商品进行促销的时候,来认定人群中最需要这些产品并且最有购买欲望的用户群。

6. 决策执行

决策一旦制定之后,需要保证决策能够顺利地执行,因此需要与相应的决策执行者进行合理的沟通。比如前面提出的两种情况,在第一种情况下,决策的执行者是公司客户中心的职员,在用户联系客户中心的时候,前台的职员应该能够在第一时间从系统里面调取模型预测结果,为用户做相应的产品推荐。而在第二种情况下,决策的执行者是进行商品促销的经理,当经理要对某一类商品进行促销的时候,能够通过模型预测目标人群,使得商品的促销能够准确地传导到预测的目标人群中。

3.4.2 企业资源分配与管理

A 公司有许多的部门同时进行着不同的项目,不同的项目都有相应的项目执行人员。A 公司想要进一步地管理这些不同项目人员以确保能够有效地跨项目的人员部署与利用。A 公司的人员遍布全球各个地方,A 公司希望通过全球化来实现下列内容:

(1) 项目人员的时区均衡——公司通过"跟随太阳"的方针来实现管理,保证任何进行中的项目在一周 7 天一天 24 小时内,在不同时区都能够随时有相应的负责人员。

（2）成本优化——降低人才的成本来优化项目的执行。

（3）技巧优化——全球性的人才储备保证资源与技巧的随时可用性。

（4）用户的当地体验——全球化的团队让 A 公司用户在当地能有相应的服务体验。

具体分析步骤如下：

1. 需求拟定

在此案例中，我们需要的是能够使最合适的项目人员在适当的时间被最需要的项目或任务所使用。然而，现实生活中我们不得不承认在项目与组织对人员使用中的一些限制。这些限制如下：

（1）项目人员的工作人员一天工作不能超过 8 个小时，也就是一周 40 个小时。

（2）在某些项目中，人员是不能够进行共享的，比如公司的两个客户是同一行业的竞争对手，在这种情况下，人员是不能够进行跨项目使用的。

（3）某一些项目的完成需要在某一个特定的地理位置，并且在项目完成之前，项目的人员都应该保持稳定，或者当项目未能预期完成，仍然需要保持现有的人员结构直到项目成功结束。

因此我们的需求是实现公司人员的最优化利用，最大化人才利用率。并且这些人员是某项目最需要人才以及满足上述所提到的各种限制条件。

2. 数据采集

根据上一步中的需求拟定，我们将需要采集的数据分为以下几类：

（1）项目工作分解——罗列出项目成功进行所需要完成的各项任务。项目成功的完成需要项目经理根据这些任务制定完整并且详细的计划。项目的工作分解也为之后的人员工作分配打下基础。项目计划中应当包括各项任务，安排时间以及相互配合等，同时项目计划中也包括了项目进行相应的预算与开支，预期的完成时间，以及完成相应任务所需的技能。

（2）人员技能清单——罗列出公司所有人员的相应工作技能、竞争力，根据不同任务对不同技能的需求安排不同的人员进行完成。

（3）人员日历——记录公司所有人员可用的日期与时间，人员可能面临着培训、休假等不可用期。

（4）人员成本与位置——对于公司的每个职员，都要了解公司所付出的人员成本以及职员现在所在的地理位置。

（5）项目限制——根据不同的项目情况可能会有不同的限制，我们在接下来的步骤中会详细讲述。

3. 数据评估

在上述的数据采集中，最重要的数据是项目工作的分解。虽然我们需要一个完整的、细致的项目工作分解，并且在理想状态下这也是可获得并且有文档保存的，但是在现实生活中，基于公司、组织或者政治的原因，是很难完成一个详细并且完成的项目工作分解，因此有些公司需要项目管理部门来更好地实现项目分解。但是,即使我们所获得的任务分解可能不完全,我们至少需要保证能够获得以下的信息:

(1) 任务时刻——包括项目的开始日期以及预期完成日期。

(2) 任务预计完成所需时间——项目预期在多少小时内完成。

(3) 任务的技能要求。

(4) 任务对地理位置的要求(如果有)。

除此之外,下列的一些信息,如果能够获得,对于更好的决策制定很有帮助:

(5) 任务预算——每一个任务的成本预算。

(6) 任务的依赖性——任务对之前任务以及之后任务的依赖程度。

(7) 人员数据——对于模型所需的人员数据相对很好获取,在各个公司的 HR 系统里都有存储。员工档期以及地址信息能够很方便地从 HR 系统里面获得,通知每个员工的成本信息也可以通过公司相应的财务系统获得。对人员数据的评估也主要从对这些数据的完整性以及去重两个方面考虑。

数据增强:当上述所收集的数据有任何的空白或者默认值时,可以要求公司的相应的项目管理人员,以及人力资源经理填补相应的数据空缺。

4. 数据建模

在此案例中的建模要求很简单,就是混合整数型线性规划问题。模型进行预测的是,对于某个项目,某一天,某个特定人员应该分配给此项目的时间,在这种情况下:

(1) 项目的收益与人员成本的比达到最大化。在项目收益不可估量的情况下,我们尽可能地选择降低人员成本。

(2) 项目人员对于某个特点项目的分配时间总和至少要等于预期的项目耗费时间。

(3) 人员只在满足某项目任务需求的情况下才会被分配给某个项目。

(4) 所有的组织限制都能得到满足。

5. 决策制定

在数据建模阶段,模型已经输出了对于某个项目以及人员的最优配置,在决策制定阶段我们需要做的就是接受或者是拒绝这样的输出推荐。当模型逐步在组织中使用的时候,就会产生更多的限制,因此我们可以通过这些限制来进一步判定是否要节奏模型的结果输出。

6. 决策执行

案例中所涉及数据的复杂性决定了决策的执行需要进行多层的监督与适当的控制。

数据质量监控:项目中最为重要的项目任务分解数据主要由项目经理来提供,并且必须按照模型在每一层所需要的数据类型来提供。捕捉这些数据就要求项目经理对于数据的缺失值格外关注,并且填满这些缺失值以保证数据的完整性和准确的建模。

决策制定跟踪:如果我们在建模过程中有一些限制条件没有考虑到,则可能导致最后的推荐会被这些忽略掉的因素而拒绝。如果项目经理拒绝模型的推荐,其应该认识到拒绝模型所带来的后果。公司的主要管理层需要制定相应的风险分析来评估是否接受或拒绝这样的项目配置推荐。

习题

1. 概述商业分析框架的主要内容。
2. 概述决策建模的具体过程。
3. 商业数据分析有哪些步骤?
4. 商业分析中如何进行模型评估?
5. 如何用回归分析进行数据建模?
6. 通过实际案例进行商业问题分析。

参考文献

[1] Fleisher, Craig S. , and Babette E. Bensoussan. Business and competitive analysis: effective application of new and classic methods. FT Press, 2007.

[2] 唐淑君.CRM 预测模型的评价与选择[J].内蒙古科技与经济,2010(12):22—23.

[3] 包昌火,谢新洲,李艳.竞争对手分析论纲[N].情报学报,2003(22):103—114.

第 4 章
商业信息的采集

　　企业的生命与市场的需求息息相关、紧密相连。市场需求是一个企业正确进行产品决策的根本依据,而决策则是企业成败的关键。如何获取商业信息则成为企业了解市场需求的关键途径。通过本章的学习,你可以了解商业信息的类型,学会商业信息的采集方法,具备获取商业信息的能力。

　　成功的商业都需要其经营者对海量的信息资源进行有效的利用与评估,从而做出合理的决策。通过对企业内部与外部信息资源的整合,经营者能够对企业业务进行评估并做出未来的战略规划。因此,了解商业信息的类型,对于管理者捕获、分析以及利用这些信息资源至关重要。通常,我们把商业信息分为企业内部信息与外部信息两种。外部商业信息又包括宏观商业信息和微观商业信息两个部分。

本章主要内容

- 商业信息的类型
- 商业信息源
- 商业信息的采集方法
- 商业信息的采集途径

4.1 商业信息的类型

广义上的商业信息是指能够反映商业经济活动情况，与商品交换和管理有关的各种消息、数据、情报和资料的统称。本节中讨论的商业信息主体是企业。企业的商业信息可以是来自企业内部的，与企业中特定业务有关的信息，也可以是来自企业外部的，描述企业环境及外部对企业的观察和评述的信息。

4.1.1 企业内部商业信息

企业内部商业信息是指企业内部与其生产经营等相关的各类记录、数据、资料和情报。根据管理部门的不同，将企业内部商业信息分为以下六种类型。

1. 生产类商业信息

生产类商业信息包括生产所涉及的一切活动的相应信息，包括原材料的投入和品质、燃料动力的利用率、加工人员的技术、生产设备的先进程度、生产计划与指令、生产进度、生产流程、生产成本、产品的产量和质量。这类信息与企业的产品质量和市场竞争力相关，是制造行业企业最为关注的一类商业信息。

2. 技术类商业信息

技术类商业信息包括新产品的开发、设计、试制，产品在加工、包装、仓储、运输、检验、采购、销售、服务等环节中所出现的科学技术发明和改革、革新措施所形成的信息，集中表现为产品、技术专利的获得。

3. 营销类商业信息

营销类商业信息则包括商品需求信息（消费者人数、性别、年龄、职业、收入、习惯等，以及购买增减和投向变化，消费水平和结构变化等）；商品竞争信息（同行业竞购、竞购能力以及竞争战略与策略，如同行的产品开发、销售渠道、网点分布以及价格策略、销售促进策略等）；商品生产和供应信息（市场商品生产能力、规模、布局、结构、渠道以及产地、产量、品种、花色、规格、型号、价格等）。市场营销的人员往往通过对客户信息的分析与挖掘，为客户进行相应的推荐，提高客户黏性与满意度，从而来提升业绩。

4. 财务类商业信息

财务信息资源常常存在于公司的财务、会计部门，以货币形式的数据资料为主，结合其他资料，用来表明企业的资金运用状况及其特征的经济信息。财务部门通常提供各项成本和管理费用情况、利润情况、资本流动情况、企业统计和会计记录、企业的投资和融资信息等，确保企业各种资本的有效运营。

5. 人事类商业信息

人才是企业运营管理的根本，人事类商业信息是指涉及企业员工的招聘与培训、员工工资与福利、员工的绩效考核、员工的选拔与深造等。

6. 运营管理类商业信息

运营管理类商业信息涉及企业当前的任务、目标及其执行情况、对过程的管理控制等形成的各类文档资料。企业的运营者往往会进行绩效考核，以确保公司的正常有序的运转。同时，企业通过对人力资源、工作效率等信息的分析，可以来确定员工的"满意/不满意"区域，从而提高员工的满意度，实现公司高效有序的运转。

4.1.2 企业外部商业信息

外部信息是指在企业以外产生，但与企业运行环境相关的各种信息。外部信息在企业经营决策时作为分析企业外部条件的依据，在确定企业中长期战略目标和计划时起重要作用。外部商业信息又包括外部宏观环境商业信息和外部行业环境商业信息两个部分。

1. 外部宏观环境商业信息

企业面临的外部宏观环境通常可用 PEST 来概况，包括政治与法律、经济、社会与文化、技术四个方面。政治与法律信息，如国际贸易法规、国家重大方针政策变化、国家的政策导向、经济政策变化、经济体制改革、行业规范等，这些信息一般可以在国家政府机关的网站、行业网站、行业数据库等地方得到；经济方面信息，如经济全球化趋势、大数据、商业智能和分析时代的到来、国际贸易环境、经济结构变化、经济发展速度和人民消费水平、消费结构变化等，这些信息就可以通过统计年鉴、行业调查报告、各咨询公司对外公布的调查报告找到；社会方面的商业信息，如城乡建设发展、人口发展与分布、商业网点建设、交通、人民文化和教育水平，以及风俗习惯等；文化方面的商业信息，如饮食文化、礼仪文化等，这些信息的信息源更加广泛，包括一些书籍、著作、杂志、文化主题网站、主题纪录片等；技术类信息，如技术发展趋势、技术资料等可从各国的知识产权局、各种专利数据库、各类技术分析报告等获得。

对于企业来说，把握宏观的外部商业信息有助于制定相应的政策法规规范市场，对于一些高新技术产业提供政策、资金等方面的支持，引导产业结构的调整。企业则可以从对宏观外部信息的分析得出近几年大概的经济形势走向、宏观上某些资源产品的供给情况，并据此对产品的生产销售进行调整；还可得出行业的发展情况以及自己在行业中的定位，再由此进行企业战略调整，根据政府的政策导向进行组织结构的调整、生产技术的革新等。

2. 外部行业环境商业信息

外部的行业环境商业信息主要根据波特的五力模型中涉及的几个主要因素来展开，

包括供应商信息、客户信息、竞争对手信息等。

(1) 供应商信息

对于制造型或零售型企业来说，其产品或原材料的供应商的信息，如产品的更新、新产品的推出、产品特征技术的使用、原材料的品质等，对于企业的生产或者销售有着至关重要的联系。我们常会需要比较各供应商的产品与价格以及提供的其他优惠条件和售后等配套服务，并且考虑供应商是否会通过产业链的合并对企业构成竞争威胁。

(2) 客户信息

这里的客户信息，主要是消费端的潜在客户的信息，与前面提高的公司内部营销信息不同的是，前面可能主要在于对公司已有的客户信息进行分析，并做出相应的营销策略，而这里主要是公司对于某一产品目标群体的分析，即公司旨在进行业务推广的客户，可以是已有的用户，也可能是市场中潜在的符合目标定位的客户。因此，在这一部分，目标消费群体的特征与定位、购买增减和投向变化等都是我们需要关心的。

(3) 竞争对手信息

任何企业都存在其同行业的竞争对手，对于竞争对手信息的收集与了解很大程度上决定着在行业的竞争地位。对于竞争对手信息，企业一般主要关注竞争者的竞争战略与竞争能力、是否取得会对自身企业形成威胁的技术突破、竞争者市场份额的变动与产销状况等。通过对竞争对手信息的收集与分析，可以让企业适时的调整战略，以改变其在行业竞争中的处境。

完整的商业信息分类框架图见图 4-1。

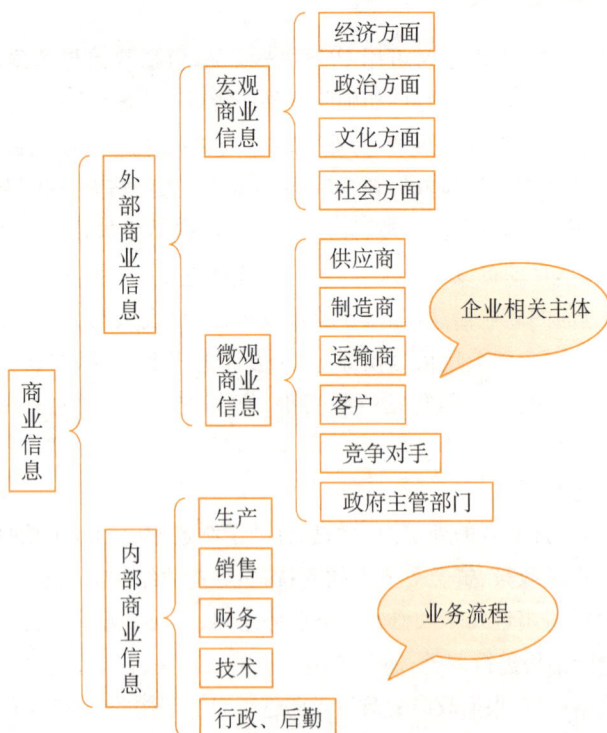

图 4-1　商业信息分类图

4.2   商业信息源

4.2.1   商业信息源的定义

联合国教科文组织 1976 年出版的《文献术语》定义信息源为：个人为满足其信息需要而获得信息的来源。信息源是人们在科研活动、生产经营活动和其他一切活动中所产生的成果和各种原始记录，以及对这些成果和原始记录加工整理得到的成品都是借以获得信息的源泉。信息源内涵丰富，它不仅包括各种信息载体，也包括各种信息机构；不仅包括传统印刷型文献资料，也包括现代电子图书报纸、电子邮件、微博微信等；不仅包括各种信息储存和信息传递机构，也包括各种信息生产机构。而商业信息源则是指生成和发送商业信息的源，也就是生成和发送商业信息的单位、个人或实物载体，是商业信息产生的发源地。

现在企业内部的商业信息源主要是企业的各个部门的电子文档和信息系统中的数据，而重视商业分析的企业往往已经将这些信息系统数据进行提取，建立数据仓库，企业外部的商业信息源则主要为互联网上的商业信息。

4.2.2   商业信息源的特征

商业信息源的两个重要的特征是可信度和吸引力。所谓商业信息源的可信度（source credibility）是指一个信息源可被感知到的专业性、客观性、可靠性；商业信息源的吸引力（source attractiveness）是指信息源被感知到的社会价值。由于对多样化的广大消费者来说，信息源可信度的评价标准比信息源吸引力的评价标准更具共性。另外，具有吸引力的信息源不一定可信，但可信赖的信息源确是具有一定吸引力的。在社会诚信严重缺失的背景下，可信本身就是一种吸引力。因此，商业信息源的可信度是比吸引力更重要、更基本的特征。

4.2.3   商业信息源的分类

1. 按商业信息的可保存性分类

按商业信息的可保存性，可分为正式记录的商业信息源、非正式记录的商业信息源。前者是可以保存的形式记录的信息源，如各种印刷品、缩微品、声像品、机读载体的文档、资料或出版物；后者指的是没有或没有正式记录，无法保存的信息源，如实物、会议、电话、口头交流。一般说来，正式记录的商业信息源的安全性、组织性都高于非正式记录的商业信息源；同时，企业也应该注意非正式记录信息源信息的采集与利用。

2. 按信息源产生的时间顺序分类

按信息源产生的时间顺序，可分为先导商业信息源、同步商业信息源、滞后商业信息源。先导商业信息源是产生时间先于社会活动的信息源,如天气预报、科学展望、市场预测等;同步商业信息源是指在社会活动过程中产生的信息源,如实验记录、产品、讲座或报告等;滞后商业信息源是指某一社会活动完成之后产生的反映这一活动的信息源,如报刊、会议论文等。通常情况下,先导商业信息源用于活动的策划以及活动情况的预测;同步商业信息源可以帮助我们在活动进行中实时实地地对活动细节进行控制调整,对出现的问题进行及时的解决;滞后商业信息源常常用于搜集反馈商业信息,对商业活动的开展进行分析总结。

3. 按信息的存在形式分类

按信息的存在形式,可以分为记录型商业信息源、实物型商业信息源和思维型商业信息源。记录型商业信息源包括以下几方面:按记录信息的方法分,有手写品、雕刻品、印刷品、光学缩微品、磁录品等;按记录信息的形式分,有文字型、声频型、视频型、代码型等;按载体材料分,有纸质型、感光材料型、磁性材料型等;按记录信息的出版形式分,有图书、期刊、报告、学位论文、会议记录、专利说明书、技术标准、产品样本等;按记录和存储信息的内容分,有科技、商业、管理等;按记录的整体功能分,有公开、内部、保密各种级别等。实物型商业信息源一般指的是以物质实体形式存在的信息源,如各种产品等。思维型商业信息源是存在于人脑之中的信息源,是人们对自然界和社会活动的分析、综合、推理等思维活动的结果,一般以口头形式表现。企业在采集商业信息时,要注意全方位、多渠道地采集,使信息的搜集更加全面、完整。

4. 按信息源的生产过程分类

按信息源的生产过程,可分为原始商业信息源、加工商业信息源。原始商业信息源是一次信息源,它是人类社会实践活动中直接产生或得到的各种数据、概念、知识、经验及其总结。加工商业信息源则是有关单位根据社会的不同需求对原始信息源进行加工、分析、改编、重组的人们社会活动所需的各种信息源。根据其加工方式和深度的不同分为二次商业信息源、三次商业信息源。如专利公报、统计年鉴、企业数据仓库等都属于已加工的信息源。

5. 按信息源产生信息的内容分类

按信息源产生信息的内容,可分为科技信息源、管理信息源、生产信息源、金融信息源、市场信息源等。

6. 按是否持续产生商业信息分类

按商业信息生成持续与否,可分为连续商业信息源和离散商业信息源。连续商业信息源,是随时间的推移而连续发送的商业信息。由于商业经济活动是一种相互协调并连续不断的常规性活动,所以,生成和发送的商业信息也是商业系统内部循环运动的连续过程,商业企业生成初发送的商业信息一般是连续商业信息。离散商业信息源是随时间的变化而断断续续地发出的商业信息。为开拓市场,展开竞销,增加经济效益,各地区、各商业部门经常召开不同类型的贸易促进会、商品交易会、新产品展销会等。随着会议的召开和进行,必然产生、发送出一系列有关的商业信息,但随着会议的结束,会议信息、商品信息的生成就随之中止,必须等到下一次召开会议时才能再产生新的商品信息。这些都是商业系统非常规的信息,属于离散商业信息源。相比而言,连续商业信息源产生的信息有序化程度高,规律性较强,所含信息量小;而离散商业信息源产生的信息偶然性大,无序性大,信息量相对大一些。

4.3　商业信息的采集方法

商业信息是商业分析的原材料。若商业信息的质量不高,或商业数据存在问题,商业分析的结果可能就存在偏差甚至是完全错误的。因此,在商业信息采集当中要了解和熟悉信息源的特征,掌握相应的采集方法、工具和技术。

4.3.1　传统的商业信息采集方法

传统的商业信息采集方法主要包括:

1. 现场调查法

(1) 观察法

即带着明确目的,用人的信息接收器(如眼睛、耳朵)以及其延长器官(如摄像机、录音机)直接到现实活动中去调查获取信息的方法。观察点的选择因信息收集者的不同而不用,对一个企业来说,它常把市场作为观察点。使用观察法要有敏锐的信息捕捉能力,还要注意及时记录观察分析的结果。在商业信息采集中,观察法常用于市场信息的采集,这种方法的优势是采集的信息客观、准确,不足之处在于耗费的时间和人力成本较高。

(2) 询谈法

即通过对调查对象进行询问或与之交谈以取得经济信息的方法。根据调查人员同被调查人员的接触方式不同,询谈法又分为直接面谈、电话调查、邮寄调查等三种基本方法。直接面谈中的个别访谈灵活方便,集体座谈集思广益。电话调查主要应用于一些简明扼要、数量有限的问题的调查,其优点是获取信息迅速方便。邮寄调查现在用的较少,但通过电子邮件进行调查则增多。

(3) 实验法

即通过消费实验或市场试销获得有关产品市场信息的方法。实验时一般要分为实验组和非实验组,通过两者对比得出信息,其优点是方法科学,具有实际性和客观性,但要注意实验环境的选择应与真实情况尽可能一致。

(4) 问卷法

即制作问卷交由被调查者填写然后回收并获取信息的方法。使用问卷法的关键是问卷的制作,设计问卷时应注意一份问卷的问题不宜过多,问题的措辞应简洁、准确。根据问题的不同回答方式划分,问卷有开放型、封闭型和混合型三种。开放型问卷是指不提供问题的选择答案,对如何回答不做任何限制;封闭型问卷是指提供统一的可供选择的答案,由被调查者选择;混合型是开放型和封闭型二者的结合,一般常采用混合型。使用问卷法应注意:调查对象必须具有代表性,如果样本选择偏颇,有可能造成调查结果偏差较大。

2. 实物样品收集法

实物样品所包含的信息比文献所载信息形象、直观、可靠。采集实物样品可以通过客户来样和商品流通渠道,也可以从产品展览会、商品展销会、交易会、订货会等场合获取,还可以请信息情报机构、咨询公司、驻外商业机构等帮助提供。获取实物后,要科学地分析实物样品,获取信息。样品不同,分析方法也不同,如果样品是机器,就必须请有关专家对机器经行测试,甚至拆散重新组装,以便分析出机器的性能指数、结构特点、技术的新颖程度等信息。如果是药品,就必须加以化验,测试其化学成分,以便加以改进。总之,仔细分析实物样品是获取信息的关键。

4.3.2　加工后的商业信息采集方法

1. 网络信息采集

互联网已经彻底改变了用户原有的信息搜寻方式,企业也习惯利用搜索引擎、网页浏览、网络数据库、App 订阅、微博微信等社交网络应用来获取相关的信息。如国泰安、同花顺等商业数据库提供了企业的财务、股票、并购等相关信息,而微博微信也成为企业热衷的营销和获取信息的途径。

2. 购买商业报告

现在有众多咨询机构在进行行业研究,并不断产生各种商业分析报告,企业可根据自己的预算和需求从外部选择购买相应的报告。

4.3.3　其他的商业信息采集方法

1. 人际网络

尽管互联网中有大量的公开商业信息,但一些机密性高且价值大的信息尚在人的头脑中,人际网络则是获取这类信息的途径。企业研究企业内部、外部的人际网络结构,建立全面完善的人际网络可以提升企业获取商业信息的速度和质量。

2. 寻求外部合作

企业通过与其他企业或大学研究机构合作,可以获得商业信息。当代社会的企业外部环境变化迅速,许多企业愿意结成战略联盟来共同抵御风险,提升创新能力。通过与其他机构的合作也可以获得相应的商业信息。

4.4　商业信息的采集途径与工具

4.4.1　商业信息的常用采集途径与工具

传统的商业信息的采集方法中对具体的采集途径进行了介绍,这里就不再赘述。本节主要介绍常用的加工后的商业信息的采集途径。

1. 搜索引擎

互联网既带来大量的信息,也带来了不少全新的信息发布及搜集工作。搜索引擎已经是许多人在互联网上获取商业信息的重要工具,可在第一时间找到与用户需求最为相关的信息。语义网下搜索技术的进步使得搜索功能更加强大和智能。

2. 网页浏览

商业信息采集者通过收藏自己常用的网站,经常浏览和跟踪这些网站的相关内容,熟悉网站的内容体系,也可以通过 RSS 订阅来指引自己浏览相关网页获得所需信息。

3. 网络数据库

网络数据库是跨越电脑在网络上创建、运行的数据库,其特点在于收录范围大、类型多、较为结构化、易于使用和分析。如企业运用得较多的数据库包括中国知网数据库、Web of science、中国专利文献数据库等。

4. 网络爬虫

网络爬虫(又被称为网页蜘蛛、网络机器人),是一种按照一定的规则,自动抓取万维网信息的程序或者脚本。网络爬虫常用于互联网网页信息的采集,企业将通过网络爬虫采集到的信息进行清洗和处理后放入数据库,并进一步进行分析。

5. 数据仓库

数据仓库是随着人们对大型数据库系统研究的不断深入,在数据库基础之上发展而来的,其主要目的就是为决策提供支持,为联机分析处理技术、数据挖掘等深层次的数据分析提供平台。数据仓库是面向主题的、集成的、相对稳定的数据集合,其数据来源为企业的各个业务系统,数据仓库的建立主要通过 ETL(Extract-Transform-Load)技术实现。ETL 是用来描述将数据从来源的各个业务子系统经过抽取、转置、加载至数据仓库的过程。

4.4.2　商业信息的新兴采集工具

在上述商业信息采集途径和工具的基础上，许多互联网企业也利用自己拥有的数据和信息进行了分析，提供了新的分析产品和数据。这里以 Google 为例，简要介绍了其 Google Analytics 和 Google Trend 等工具。

1. Google Analytics

Google Analytics(GA)，是 Google 在 2005 年收购了 Urchin 后，在 2006 年以免费形式发布的数据分析工具。Google Analytics 显示了人们如何找到和浏览网站以及对于企业如何改善访问者的体验，提高网站投资回报率、增加转换，在网上获取更多收益。虽然国内有很多点统计分析的工具，如中国站长站、酷站、太极链等，但他们大都偏向于统计，而 Google Analytics 则采用了很多新的方法和功能，在使用目的上已经从统计升华到了分析，这也是它现在有大量的站点在使用它的原因。

Google Analytics 提供包括流量统计、搜索关键词、访客资料、入口页面等信息分析。可以通过流量分析查看一段时间内用户网站的流量变化趋势，及时了解一段时间内网民对用户网站的关注情况及各种推广活动的效果；可以针对不同的地域对用户网站的流量进行细分；还可以通过来源分析了解各种来源类型给用户网站带来的流量情况，包括搜索引擎(精确到具体搜索引擎、具体关键词)、推介网站、直达等。通过来源分析，用户可以及时了解到哪种类型的来源给用户带来更多访客。通过网站分析查看访客对用户网站内各个页面的访问情况，及时了解哪些页面最吸引访客以及哪些页面最容易导致访客流失，从而帮助用户更有针对性地改善网站质量。通过转化分析设置用户网站的转化目标页面，比如留言成功页面等，然后用户就可以及时了解到一段时间内的各种推广是否达到了用户预期的业务目标，从而帮助用户有效地评估与提升网络营销投资回报率。

GA 的相应报告指标有：

(1) 流量统计：访问数(Visits)；绝对唯一访问人数(Absolute Unique Visitors)；综合浏览量(Pageviews)；每次访问页数(Average Pageviews)；网站停留时间(Time on Site)；跳出率(Bounce Rate)。

(2) 访客资料：受众群体的构成(受众特征、兴趣、地理位置、语言、自定义变量)；这些受众群体如何访问和使用您的网站(操作系统，浏览器，移动设备)；忠诚度和参与度(行为，新访问者，回访者，频率，新近度)。

(3) 广告报告：触发了广告的关键字、这些广告为网站带来的访问者数量，以及这些广告在 Google 搜索结果页上显示时的排名。

GA 与百度指数相比的特色参数：

(1) 行业对比

基于你选择的网站类别，Google Analytics 为你提供了和同类别网站的对比分析。通过左侧菜单 Visitors 进入，选择 Benchmarking，参与对比的参数包括六种：IP、PV、IP 和 PV 比值、回头客、页面停留时间以及跳出率(Bounce Rate)。

(2) 导出格式

Google Analytics 提供 PDF、XML、CSV、TSV 四种格式的统计数据导出，只需要在

任一统计结果页点击顶部的 Export 选择你想要的格式即可。Add to Dashboard 按钮可以把当前的统计属性加入到 dashboard 下显示，因此你可以把最关心的统计数据集中放到首页。

(3) 电子商务转换率

转换率：电子商务转换率报告显示产生购买行为的访问次数的比率。按时间跟踪转换率是一种有效方式，可以用来确定您的营销活动和网站在将访问者转换为客户方面的效果是好还是差。作为针对公司的基准来评估营销活动和网站效果时最为有用。

2. Google Trend，Google Adwords 工具

Google Trend 是谷歌公司推出对某一主题词搜索量统计趋势变化的工具。谷歌趋势有两个功能，一是查看关键词在 Google 的搜索次数及变化趋势，二是查看网站流量 (Google Trends for websites)。

如输入哈利波特系列丛书，Google Trend 可以提供下列相应的信息：如关键词的关注度、地域关注差异以及相关搜索主题与搜索行为等。

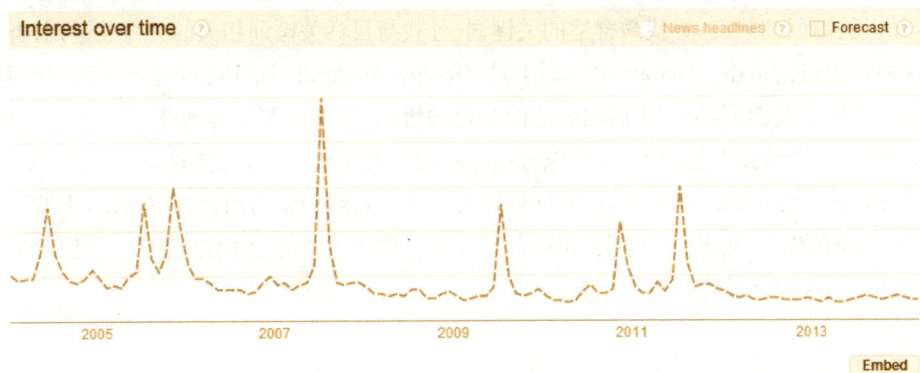

图 4 - 2　Google 趋势中某关键词的关注度时间变化图

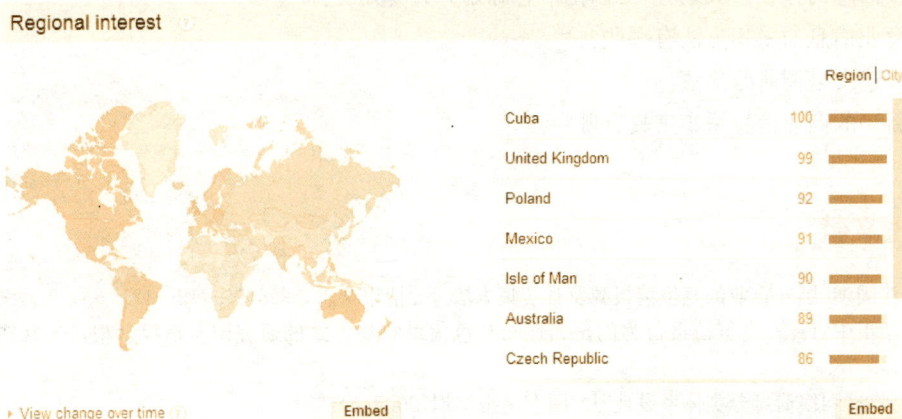

图 4 - 3　Google 趋势中某关键词的地域关注差异图

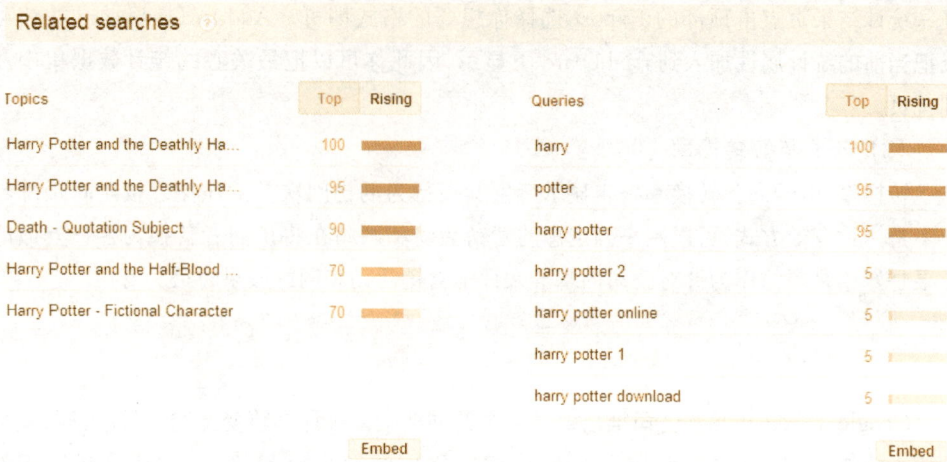

图 4 - 4　Google 趋势中相关主题与搜索行为图

　　Google 关键词工具(Google Adwords Tool)可以帮企业进行关键词推荐以及帮你了解不同关键词的搜索量,包括本地的搜索量和全球搜索量。Google 关键字工具主要用途:分析关键词的热度;寻找最合适的关键词;寻找与目标关键词相关的其他关键词;查询关键词单次点击价格。Google 关键词工具:Google Adwords Tool 可以进行关键词推荐,根据一个核心关键词,帮你扩展出相应的其他关键词,同时会显示本地上月搜索量,及过去的 12 各月全球搜索量情况,以及包含该关键词的购买价格等,虽然这是一个为 Google 付费搜索客户提供的一项服务,然而同样也可以为做自然搜索的用户提供帮助,不然可以了解每个词的用户搜索需求情况,还可以指导在付费搜索中的竞争度,选择一个搜索量较高的且竞争度较低的将是明智之选。

习题

1. 简述企业内部信息源的种类与各自特点。
2. 按信息的存在形式划分,可以把信息源划分为哪几类?
3. 商业信息的采集方法有哪些?
4. 概述文献调研收集法。
5. 新兴的商业信息采集工具有哪些?

参考文献

[1] 沈固朝.国外企业的竞争情报源及其搜集方法[J].情报杂志,1996(15):12—13.
[2] 李正中,许蕾.竞争情报行为的正当性与灰色信息收集方式的研究[J].情报学报,2000(19):74-78.
[3] 吴丹.网络信息分类体系设计[J].图书情报知识,2002(5):37—39.
[4] 包昌火,谢新洲,黄英.竞争对手跟踪分析[J].情报学报,2003(22):194—205.
[5] 刘焕成.专利信息在分析竞争对手中的作用[J].情报科学,2001(19):422—424.

第 5 章
商业信息的管理

本章导学

随着科学技术特别是信息工程、计算机技术等高科技的飞速发展和普及，当今世界已进入到了信息时代。企业和组织要求信息处理的数量越来越大，速度越来越快。为了让管理者及时掌握准确、可靠的信息，以及执行之后构成真实的反馈，我们需要找到高效的管理手段和工具。本章通过对数据库、数据仓库、数据集市、商业信息仓储、商业智能等 5 个方面的介绍，探讨如何进行商业信息的管理。

本章主要内容

- 数据库和数据仓库
- 数据仓库设计
- 数据集市
- 商业信息仓储设计
- 商业智能

5.1　数据库与数据仓库

商业活动对于信息的需求越来越凸显,这种需求促进了商业信息理论和技术的高速发展,逐渐成熟的信息管理系统又反过来推动了商业的进步,以数据库和数据仓库为代表的数据存储技术是这个系统的核心。数据库和数据仓库都是以有序的方式组合、存储数据形成的数据集合,为开展业务、信息分析、商业决策提供了便利和支持。了解数据库和数据仓库,运用数据库和数据仓库,已经是现代企业的必然一环。

5.1.1　数据库

1. 概念

数据库(database)是依照某种数据模型组织起来并存放二级存储器中的数据集合。这种数据集合具有如下特点:尽可能不重复;以最优方式为某个特定组织的多种应用服务;其数据结构独立于使用它的应用程序;对数据的增、删、改和检索由统一软件进行管理和控制。从发展的历史看,数据库是由文件管理系统发展起来的,它是数据管理的高级阶段。

2. 数据库建设的必要性

(1) 劣质信息要付出成本

菲尼克斯拥有众多的高尔夫球场,某公司看中这一商机,在菲尼克斯大力推销高尔夫球杆,但是销售额一直不高。这家公司经过分析,发现菲尼克斯的高尔夫球玩家通常不是观光者,就是前来参加会议的人,这些高尔夫球玩家到菲尼克斯时,会随身携带他们的球杆。

从上述例子我们可以看到,使用错误的信息会导致做出错误的决定;错误的决定会导致付出时间、金钱,甚至需要以丧失信誉为代价。信息质量的好坏将直接影响企业的决策。劣质信息将会给企业带来严重的后果,例如无法准确地追踪客户。这直接影响了战略上的主动性,例如客户关系管理和供应链管理。

(2) 难以辨别企业最有价值的客户

无法辨别销售机会,并且由于向不存在的客户发送邮件或宣传而增加了成本。

(3) 由于不准确的单据,难以对收入进行追踪

无法与客户建立紧密的联系,这种联系可以提升客户的购买力。

(4) 优质信息将带来明显的好处

高质量信息会极大地增加做出正确决策的概率,并直接提高企业的基础绩效。目录公司 Lillian Vernon 使用网络分析后发现,男性更喜欢在 Lillian Vernon 的网站上购物,而不是去浏览它的纸质目录。基于这一信息,公司开始在网站更加显眼的位置上放置男性商品,并很快实现了男性客户销售额 15% 的增长。

公司运用高质量信息做出切实的企业战略决策的例子不胜枚举。优质信息并不能保证所做出的每一个决策都是正确的，因为最终做决定的是人。但是，优质的信息保证了决策的基础是正确的。企业的成功取决于发现并充分利用优质信息。

3. 数据库管理系统

信息管理系统是提高信息质量的重要方式，大多数——如果不是全部——信息管理系统核心的部分是数据库和数据库管理系统。数据库用来维护各种对象、事件、人员和地点等信息。数据库管理系统（database management system，DBMS）是用户和应用程序用来与数据库进行交互的软件。可以这样来理解：数据库管理系统之于数据库，就如同文字处理软件之于文件，或电子表格软件之于电子表格。一个是信息，而另一个是人们用来操作这些信息的软件。

一个数据库系统的主要任务是将与交易（例如产品的销售）和企业活动（例如新员工的雇用）有关的每条信息存储并组织起来。因此，数据库中存储了大量的详细信息。那么，一个数据库管理系统的主要任务，就是让用户能够创建、访问和使用数据库中存储的信息。各种各样的信息，从电子邮件、联系信息，到财务信息、销售记录，全都被存储在数据库中。有许多不同的模型用来组织数据库中的信息，包括层次数据库模型、网状数据库模型，以及最为流行的关系数据库模型。

(1) 层次数据库模型

在层次数据库模型中，信息被组织成树状结构，这种结构允许使用父/子关系来重复信息，但这种形式无法表示太多的关系。层次结构在第一个大型机数据库管理系统中被广泛采用。然而，由于自身的限制，层次结构通常不能与现实世界中存在的关系结构相关联。

(2) 网状数据库模型

网状数据库模型是一种灵活的、用于表示对象和对象之间关系的方式。层次模型以树状记录来组织信息，每个记录有一个父记录和许多子记录。而网状模型允许每个记录有多个父记录和记录，因此形成了一种网格结构。

(3) 关系数据库模型

关系数据库模型是一种以逻辑上相关联的二维表，也是现在主要的数据库形式。

4. 优势

(1) 更高的灵活性和性能。数据库本身的结构是可扩展和变更的，面对外部或内部的变化可以随时做出调整，这种调整不仅仅是数据表单的变化，还包括数据访问权限的变化。一个完整的数据库能够为每个用户提供相应的权限，他们都有可能成为一个数据的贡献者和使用者，当这种权限更符合他们的工作，可以得到更高的效率。

(2) 更少的数据冗余和错误。数据库的存储方式建立在一整套数据存储理论之上，不仅可以减少相同和重复数据导致的冗余，也可以减少在频繁的日常操作中某个数据修改不完全造成的错误。

(3) 更高的安全性。相对于零散的数据存储方式，数据库系统更加容易集中管理，减少了数据被泄露、篡改的风险,即使出现问题也有记录可以追根溯源。数据库本身还拥有防火墙等安全机构。

事实上,在现实的现代商业活动中,对于任何一个企业,一个合适的数据库将提供巨大的帮助。

5.1.2 数据仓库

1. 概念

1990 年比尔·恩门(Bill Inmon)提出了数据仓库(data warehouse)的概念。数据仓库是一个面向主题的(subject-oriented)、集成的(integrated)、相对稳定的(non-volatile)、反映历史变化(time-variant)的数据集合,用于支持管理决策。

(1) 面向主题

操作型数据库的数据组织面向事务处理任务,各个业务系统之间各自分离;而数据仓库中的数据是按照一定的主题进行组织的。

(2) 集成的

数据仓库中的数据是在对原有分散的数据库数据抽取、清理的基础上经过系统加工、汇总和整理得到的,必须消除源数据中的不一致,以保证数据仓库内的信息是关于整个企业的一致的全局信息。

(3) 相对稳定的

数据仓库的数据主要供企业决策分析之用,所涉及的数据操作主要是数据查询,一旦某个数据进入数据仓库以后,一般情况下将被长期保留,也就是数据仓库中一般有大量的查询操作,但修改和删除操作很少,通常只需要定期的加载、刷新。

(4) 反映历史变化

数据仓库中的数据通常包含历史信息,系统记录了企业从过去某一时点(如开始应用数据仓库的时点)到目前的各个阶段的信息,通过这些信息,可以对企业的发展历程和未来趋势做出定量分析和预测。

2. 传统数据库到数据仓库

随着市场竞争的加剧,使用传统业务数据处理系统的用户已经不满足于仅仅用计算机去处理每天所发生的事务数据,而是需要能够支持决策的数据,去帮助管理决策。这就需要一种能够将日常业务处理中所收集到的各种数据转变为具有商业价值信息的技术,但是传统数据库系统无法承担起这一工作。因为传统数据库的处理方式与决策分析中的数据需求不相称,导致传统数据库无法支持决策分析活动。这些不相称主要表现在决策处理中的系统响应问题、决策数据需求的问题和决策数据的操作问题等三个方面。

(1) 决策处理中的系统响应问题

在传统的事务处理系统中,用户对系统和数据库的要求是数据存取频率高、操作时间快。用户的业务处理操作请求往往在很短的时间内就能完成,这就使系统在多用户的情况下，也可以保持较高的系统响应时间。但在决策分析处理中，用户对系统和数据的要求发生了很大的变化，有的决策问题处理请求，可能会导致系统长达数小时的运行，比如在一个有上亿条记录的事例表上完成一次挖掘模型的建模过程。有的决策分析问题的解决，则需要遍历数据库中大部分数据。这些操作必然要消耗大量的系统资源，这是实时处理业务的事务联机处理系统所无法忍受的。

(2) 决策数据需求的问题

在进行决策分析时，需要有全面、正确的集成数据，这些集成数据不仅包含企业内部各部门的有关数据，而且还包含企业外部的甚至竞争对手的相关数据。但是在传统数据库中，只存储了本部门的事务处理数据，而没有与决策问题有关的集成数据，更没有企业外部数据。如果将数据的集成交给决策分析程序处理，将大大增加决策分析系统的负担，降低系统的运行效率。

在决策数据的集成中还需要解决数据混乱问题。企业数据混乱的原因多种多样，有的是企业经营活动造成的，如企业进行兼并活动后，被兼并企业的信息系统与兼并企业的系统不兼容，数据无法共享；有的是系统开发的历史原因所造成的，如在系统开发中，由于资金的缺乏，只考虑了一些关键系统的开发，而对其他系统未予考虑，使决策数据无法集成。面对这些混乱的数据，还可能在决策分析应用中发生数据的不一致性。如同一实体（比如一个员工或者一个产品）的属性在不同的应用系统中，可能有不同的数据类型（数据表达的方式）、不同的字段名称（用来指代某个属性）。例如，职工的性别在人事系统中可能用逻辑值"M"和"F"表示，在财务系统中可能用数字"0"和"1"表示。或者同名的字段在不同的应用中有不同的含义，表示了不同实体的不同属性。例如，名称为"GH"的字段在人事系统中表示为职工的"工号"，但是在销售管理系统中却表示为"购货号"。这样在使用这些数据进行决策之前。都必须对这些数据进行分析，确认其真实含义。数据的集成还涉及外部数据与非结构化数据的应用问题。决策分析中经常要用到系统外数据，如行业的统计报告、管理咨询公司的市场调查分析数据。这些数据必须经过格式化、类型的转换，才能被决策系统应用。

决策分析系统中要求外部数据能够进行定期的、及时的更新，数据的更新期可能是一天，也可能是一周等等。而传统的业务操作系统往往不具备相应的功能。为完成事务处理的需要，传统数据库中的数据一般只保留当前的数据。但是对于决策分析而言，历史上的、长期的数据却具有重要的意义。利用历史数据可以对未来的发展进行正确的预测，但是传统数据库却无法长期保留大量的历史数据。

在决策分析过程中，决策人员往往需要的并不是非常详细的数据，而是一些经过汇总、概括的数据。但在传统数据库中为支持日常的事务处理需要，只保留一些非常详细的数据，这对决策分析十分不利。

(3) 决策数据操作的问题

在对数据的操作方式上，事务处理系统远远不能满足决策人员的需要。事务处理系统的结构设计是针对日常的业务需求，操作人员只能使用系统所提供的有限参数进行数据操作，用户对数据的访问受到很大限制。比如，电话缴费业务系统可以根据某个客户提供的电话号码来查找当月的电话费，而决策分析人员则往往希望得到的是某个地区 1 个月或者连续几个月的电话费用情况，包括长途费用、本地通话及特别号码服务费等等。他们往往希望能够对数据进行多种形式的操作,比如在时间、区域不同角度的汇总和对比,希望数据操作的结果能以商务智能的方式表达出来。而传统的业务处理系统只能以标准的固定报表方式为用户提供信息,使用户很难理解信息的内涵,无法用于管理决策。

综上所述,由于系统响应、决策数据需求和决策数据操作这三大问题的影响,使得企业无法使用现有的事务处理系统去解决决策分析的需要。因此,决策分析需要一个能够不受传统事务处理的约束而高效率处理决策分析数据的环境,由此而产生了可以满足这一要求的数据存储和数据组织技术——数据仓库。

5.1.3　数据库与数据仓库的区别

在技术上,随着计算机和网络技术的广泛应用,企业的管理逐渐由内部管理转变为对整个供应链的管理。企业之间的商务合作活动为企业获取大量的外部数据带来了方便和可能,这为决策支持分析奠定了基础。另一方面,数据库技术的发展与成熟,也使得决策支持分析的技术与工具日益发展起来。

企业的需求和技术的成熟相结合,产生了数据仓库。它是决策支持问题有效的解决方案。它以数据仓库技术为基础,以联机分析处理和数据挖掘技术为手段。

从逻辑上理解,数据库和数据仓库都是通过数据库软件实现的存放数据的地方,只不过从数据量来说,数据仓库要比数据库更庞大得多。

数据库是面向事务的设计,数据仓库是面向主题设计的。

数据库一般存储实时数据,数据仓库存储的一般是历史数据。

数据库设计是尽量避免冗余,一般采用符合范式的规则来设计,数据仓库在设计时有意引入冗余,采用反范式[①]的方式来设计。

在为应用服务的过程中,数据库与数据仓库往往要结合使用。以银行业务为例。数据库是事务系统的数据平台,客户在银行做的每笔交易都会写入数据库,被记录下来,这里,可以简单地理解为用数据库记账。数据仓库是分析系统的数据平台,它从事务系统获取数据,并做汇总、加工,为决策者提供决策的依据。比如,某银行某分行一个月发生多少交易,该分行当前存款余额是多少。如果存款又多,消费交易又多,那么该地区就有必要设立 ATM 了。显然,银行的交易量是巨大的,通常以百万次甚至千万次来计算。事务系统是实时的,这就要求时效性,客户存一笔钱需要几十秒是无法忍受的,这就要求数据库只能存储很短一段时间的数据。而分析系统是事后的,它要提供关注时间段内所有的有效数据。这些数据是海量的,汇总计算起来也要慢一些,但是,只要能够提供有效的分析数据就达到目的了,这里就可以使用数据仓库。

---

① 反范式,即不完全按照范式的理论来设计数据表结构。冗余是指相同的和重复的数据,而范式是关系数据库符合的关系模式的级别,从低到高依次是 1NF、2NF、3NF、BCNF、4NF、5NF,在使用中我们并不需要知道这些范式代表了怎样的数学逻辑原则,但是有一点是不变的,符合越高等级的范式,作为数据存储结构就越简洁,冗余最低,存储效率最高。数据仓库是以分析为目的的,本身又是海量数据的集合,在分析过程中我们可能要将数据反复变换,如果在存储过程中就不把一些数据省略,反而可能在分析过程中减少工作,提高分析的效率。

5.2   数据仓库设计

相较于数据库而言,数据仓库更着重于大量历史数据的积累和整合,面向分析而不是业务,这决定了它有着独特的理论体系和实现方式。为了把数据仓库概念高质量的实践,让数据仓库发挥出预想的作用,就需要对数据仓库进行设计。依据用户企业的需求和现状,参考数据仓库理论和技术,形成一套完整和系统的方案。

5.2.1   相关概念

数据仓库是数据库技术的发展和延伸,在进行数据仓库设计之前,我们需要了解一些数据库结构的基础知识:

1. 三层结构

三层体系结构,是在客户端与数据库之间加入了一个中间层。三层体系结构的应用程序将业务规则、数据访问、合法性校验等工作放到了中间层进行处理。通常情况下,客户端不直接与数据库进行交互,而是通过与中间层通讯建立连接,再经由中间层与数据库进行交互。

(1) 表示层位于客户端,一般没有应用程序,借助于 Javaapplet、Actives、Javascript、Vbscript 等技术可以处理一些简单的客户端处理逻辑。它负责由 Web 浏览器向网络上的 Web 服务器(即中间层)发出服务请求,把接受传来的运行结果显示在 Web 浏览器上。

(2) 中间层是用户服务和数据服务的逻辑桥梁。它负责接受远程或异地的用户请求,对用户身份和数据库存取权限进行验证,运用服务器脚本,借助于中间件把请求发送到数据库服务器(即数据层),把数据库服务器返回的数据经过逻辑处理并转换成 HTML 及各种脚本传回客户端。

(3) 数据层位于最底层,它负责管理数据库,接受 Web 服务器对数据库操纵的请求,实现对数据库查询、修改、更新等功能及相关服务,并把结果数据提交给 Web 服务器。

2. 三级模式和两层映射

数据库的设计有一个严谨的体系结构,即三级模式,它包括外模式、概念模式、内模式。三级模式有效地组织、管理数据,提高了数据库的逻辑独立性和物理独立性。用户级对应外模式,概念级对应概念模式,物理级对应内模式,使不同级别的用户对数据库形成不同的视图。所谓视图,就是指观察、认识和理解数据的范围、角度和方法,是数据库在用户"眼中"的反映,很显然,不同层次(级别)用户所"看到"的数据库是不相同的。

数据库管理系统在这三级模式之间提供了两层映射:外模式/模式映射,模式/内模式映射。

(1) 外模式/模式映射:模式描述的是全局逻辑结构,外模式描述的是数据的局部逻辑结构。对应于同一个模式可以有任意多个外模式。对于每一个外模式,数据库系统都有一个外模式/模式映射,它定义了该外模式与模式之间的对应关系。这些映射定义通常包含在各自外模式的描述中。

(2) 模式/内模式映射:数据库中只有一个模式,也只有一个内模式,所以模式/内模式映射是唯一的,它定义了数据库全局逻辑结构与存储结构之间的对应关系。例如,说明逻辑记录和字段在内部是如何表示的。该映射定义通常包括在模式描述中。当数据库的存储结构改变了(如选用的另一种存储结构),由数据库管理员对模式/内模式映射做相应的改变,可以使模式保持不变,从而应用程序也不必修改,保证了数据与程序的物理独立性。

在数据仓库设计时,必然要参考与数据库技术共有的基础,但是也要注意数据仓库数据存储量大、不常更改、面向分析的特点,也就不用考虑数据仓库如何面对数据分析师以外的业务人员,如何减少业务中的更改错误和数据冗余等问题。

5.2.2　设计步骤

数据仓库设计的主要步骤包括:

1. 总体分析设计

(1) 确定研究内容

数据仓库是要为决策分析提供服务的。但在数据仓库创建之初,用户的需求常常不是十分明确的,这就需要研究人员与用户一起制定一个大致的、方向性的需求。这一环节主要是明确要研究的内容,即要研究的问题,围绕该问题所需要的数据和信息及如何获得这些信息等等。

(2) 确定主题

这一步中,需要根据所研究的内容确定相应的主题,并尽可能明确主题之间的关系。以企业为例,当企业在选择促销商品的时候,它可能考虑的主题包括:商品、顾客、供应商。其中商品主题包含商品编号、商品名称、价格、库存、产品、颜色、大小等;顾客主题包含顾客编号、年龄、姓名、性别、职业等;供应商主题包含供应商编号、供应商所在地、供应商品编号、供应商品名称等。在这三个主题中,一个供应商可以供应多种商品,一种商品可以由多个供应商供应,供应商主题和商品主题之间的联系就是商品供应关系;一位顾客可以买多种商品,一种商品可以被多个顾客购买,商品主题和顾客主题之间的联系是购买关系;顾客主题和供应商主题之间没有直接关系,它们之间的关系是通过商品来实现的。

(3) 技术环境准备

在这一阶段,一般包括两个步骤。

首先要根据要处理的问题来确定数据仓库的各项性能指标。一般情况下,需要在这一步里确定的性能指标包括:

① 管理大数据量的能力;

② 进行灵活数据存取的能力;

③ 根据数据模型重组数据的能力；

④ 数据发送和接收的能力；

⑤ 周期性成批装载数据的能力；

⑥ 可设定完成时间的作业管理能力。

然后根据上面的各项性能指标来确定相应的软硬件配置。

2. 概念模型设计

将总体分析设计中得到的用户需求抽象为计算机表示的信息结构，即概念模型。它是从客观世界(用户)到计算机世界的一个中间层次，即用户需求的数据模型。

概念模型能真实反映现实世界，能满足用户对数据的分析，达到决策支持的要求，它是现实世界的一个真实模型；易于理解，有利于与用户交换意见，在用户的参与下，能有效地完成对数据仓库的设计；易于更改，当用户需求发生变化时，容易对概念模型进行修改和扩充；易于向数据仓库的数据模型转换。

概念模型常用的表示方法是实体—关系法(E-R图法)，这种方法用 E-R 图作为描述工具。E-R 图用矩形表示实体型，矩形框内写明实体名；用椭圆表示实体的属性，并用无向边将其与相应的实体型连接起来；用菱形表示实体型之间的联系，在菱形框内写明联系名，并用无向边分别与有关实体型连接起来，同时在无向边旁标上联系的类型(1∶1，1∶n或 m∶n)。

3. 逻辑模型设计

逻辑模型设计描述了数据的形式，是数据仓库需求部分的重要文档，是数据仓库细化的准备工作。主要包括以下几方面内容：

(1) 分析主题域

主题域是对某个主题进行分析后确定的主题集合的边界。在总体分析设计中，已经确定了几个基本的主题，但是，数据仓库的设计方法是一个逐步细致的过程，我们要明确主题域的划分，选择首先要实施的主题域。选择第一个主题域所要考虑的是它要足够大，以便使得该主题域能建设成为一个可应用的系统；它还要足够小，以便于开发和较快的实施。如果所选择的主题域很大并且很复杂，可以针对它某个有意义的子集来进行开发。在每一次的反馈过程中，都要进行主题域分析。

(2) 粒度层次划分

数据粒度是指数据仓库的数据中保存数据的细化程度或综合程度的级别。细化程度越高，粒度级别就越小；相反，细化程度越低，粒度级别就越高。

数据仓库逻辑设计中要解决的一个重要问题是决定数据仓库的粒度划分层次，粒度层次划分适当与否直接影响到数据仓库中的数据量和所适合的查询类型。通过估算数据行数和所需的直接存取存储设备数，来确定是采用单一粒度还是多重粒度，以及粒度划分的层次。

(3) 确定数据分割策略

在选择数据分割的标准时，一般要考虑以下几个方面因素：数据量、数据分析处理的实际情况以及粒度划分策略等。

数据量的大小是决定是否进行数据分割和如何分割的主要因素。数据分析处理的要求是选择数据分割标准的一个主要依据,因为数据分割是跟数据分析处理的对象紧密联系的。

(4) 关系模式定义

数据仓库的每个主题都是由多个表来实现的,这些表之间依靠主题的公共码键联系在一起,形成一个完整的主题。在概念模型设计时,已经确定了数据仓库的基本主题,并对每个主题的公共码键、基本内容等做了描述,接下来就要对选定的当前实施的主题进行模式划分,形成多个表,最终确定各个表的关系模式。

与概念模型设计中的 E-R 图相对,逻辑模型设计中需要将其转化为逻辑模型,主要包括星形模型和雪花形模型。

用星形模型来表示逻辑模型,设计简单,容易被用户理解。星形模型主要包含两部分:指标实体和维度实体。指标实体是位于星形模型中间的实体,它是用户最关心的实体,为用户的商务活动提供定量的数据,指标实体用矩形表示。维度实体是位于星形模型角星上的实体,其作用是限制用户的查询结果,用菱形表示。

雪花形模型是星形模型的进一步细化。与星形模型相比,雪花模型增加了一个详细类别实体,详细类别实体代表维度内的一个单独层次,用结束符号表示。

4. 物理模型设计

物理模型设计主要确定数据的存储结构、索引策略、数据存放位置和存储分配。

要实现数据仓库的物理模型,设计人员必须做到以下几点:全面了解所选用的数据库管理系统,特别是存储结构和存取方法。了解数据环境、数据的使用频度、使用方式、数据规模以及响应时间要求等,这些事对空间和时间效率进行平衡和优化的重要依据。了解外部存储设备的特性,如分块原则、块大小的规定、设备的 I/O 特性等。根据这些要求,所做的工作包括以下四点。

(1) 确定数据的物理存储结构

在物理设计时,我们常常要按数据的重要程度、使用频率以及对响应时间的需求进行分析,并将不同类的数据分别存储在不同的存储设备中。重要程度高、经常存取并对响应时间要求高的数据就存放在高速存储设备上,以工业级固态硬盘(solid-state disk, SSD)为代表;存取频率低或对存取响应要求低的数据则放在低速存储设备上,如机械硬盘甚至光盘等。

一个数据库管理系统往往都提供多种存储结构以供设计人员选用,不同的存储结构有不同的实现方式,各有各的适用范围和优缺点,设计人员在选择合适的存储结构时应该权衡三个方面的主要因素:存取时间、存取空间利用率和维护代价。

(2) 确定索引策略

数据仓库的数据量很大,因而需要对数据的存取路径进行仔细的设计和选择。由于数据仓库的数据都是不常更新的,因而可以设计多种多样的索引结构来提高数据存取效率。在数据仓库中,设计人员可以考虑对各个数据存储建立专用的、复杂的索引,以获得最高的存取效率。

(3) 确定存储分配

许多数据库管理系统提供了一些存储分配的参数供设计人员进行物理优化处理,如块的尺寸、缓冲区的大小和个数等,它们都要在物理设计时确定,这同创建数据库系统时的考虑是相同的。

5. 数据仓库的生成

这一环节主要是把数据放入数据仓库中,并进行接口的设计,一旦完成,就可以在其上建立数据仓库的应用。

(1) 设计接口

将操作型环境下的数据装载进数据仓库环境,需要在两个不同环境的记录系统之间建立一个接口。在这一过程中,还要考虑到物理设计的一些因素和技术条件限制,根据这些内容,严格地制定规格说明。

(2) 数据装入

在这一步里所要进行的就是运行接口程序,将数据装入到数据仓库中。主要的工作是:

① 确定数据装入的次序;

② 清除无效或错误数据;

③ 数据粒度管理;

④ 数据刷新等。

数据仓库生成完后数据是稳定的,但并不是一成不变的,而是要根据需求在使用过程中不断地维护和更新。

6. 数据字典和元数据

严格来说,这并不是建立数据仓库的一个步骤,而是建立数据仓库过程中所要涉及的特殊数据。

数据字典是数据库中各类数据描述的集合,它在数据库设计中具有很重要的地位。数据字典通常包括数据项、数据结构、数据流、数据存储和处理过程五个部分,其中数据项是数据的最小组成单位,若干个数据项可以组成一个数据结构,数据字典通过对数据项和数据结构的定义来描述数据流、数据存储的逻辑内容。

(1) 数据项

数据项是不可再分的数据单位。对数据项的描述通常包括数据项名、数据项含义说明、数据类型、长度、取值范围、取值含义等。

(2) 数据结构

数据结构反映了数据之间的组合关系。一个数据结构可以由若干个数据项组成,也可以由若干个数据结构组成。数据结构的描述通常包括数据结构名、含义说明、数据项等。

(3) 数据流

数据流是数据结构在系统内传输的路径,对数据流的描述通常包括数据流名、说明、数据流来源、数据流去向、平均流量等。其中,"数据流来源"用于说明该数据流来自哪个过程;"数据流去向"用于说明该数据流将到哪个过程去;"平均流量"是指单位时间(如每天)里的传输次数。

(4) 数据存储

数据存储是数据结构保存数据的地方,数据存储的描述通常包括数据存储名、说明、编号、输入的数据流、输出的数据流、数据量、存取频度、存取方式。其中,"存取频度"指每小时或每天或每周存取几次、每次存取多少数据等信息;"存取方式"包括是批处理还是联机处理、是检索还是更新、是顺序检索还是随机检索等;另外,"输入的数据流"要指出其来源,"输出的数据流"要指出其去向。

(5) 处理过程

处理过程一般用判定表或判定树来描述。数据字典中只需要描述处理过程的说明性信息,通常包括处理过程名、说明、输入、输出、处理。其中,"处理"主要说明该处理过程的功能及处理要求。

可见,数据字典是关于数据库中数据的描述,而不是数据本身。数据字典是数据库的元数据。

元数据(metadata)被定义为关于数据的数据(data about data)。元数据早期主要指网络资源的描述数据,用于网络信息资源的组织。其后,逐步扩大到各种以电子形式存在的信息资源的描述数据。目前,元数据这一术语实际用于各种类型信息资源的描述记录。元数据在数据仓库中是描述数据仓库中数据及其环境的数据。数据仓库远比数据库复杂。在数据仓库中引入"元数据"的概念,它不仅仅是数据仓库的字典,而且还是数据仓库本身功能的说明数据。

元数据在数据仓库中不仅定义了数据仓库有什么,还指明了数据仓库中信息的内容和位置,刻画了数据的抽取和转换规则的说明,存储了与数据仓库主题有关的各种商业信息,而且整个数据仓库的运行都是基于元数据的,如数据的修改、跟踪、抽取、装入、综合以及使用等。由于元数据遍及数据仓库的所有方面,因此它已成为整个数据仓库的核心。数据仓库的元数据共包含有四类元数据,除对数据仓库中数据的描述(数据字典)外,还有以下三类元数据:

(1) 关于数据源的元数据

数据仓库的数据源包含了很多不同数据库的数据结构以及元数据的字段长度和数据类型。为数据仓库挑选数据时,必须将元数据的记录拆分,并将来自不同元数据的记录的某些部分组合起来,还要解决编码和字段长度不同的问题。当将这些信息传递给最终数据仓库的时候,必须把这些数据与原始数据联系起来。

(2) 关于抽取和转换的元数据

这类元数据包含了元数据系统的数据抽取方法、数据抽取规则以及抽取频率等数据转换的所有说明数据。

(3) 关于最终用户使用数据仓库的元数据

最终用户使用数据仓库的元数据是数据仓库的导航图。它使最终用户可以从数据仓库中找到自己需要的信息。

5.3   数据集市

数据库的诞生是一次变革,让数据的存储变得便捷而有序,发展出的数据仓库技术又是一次变革,让数据的价值通过整理和分析更加得以发挥。数据集市(datamart)是由数据仓库发展而来,某种层面上讲,它是属于企业某个部门的小型数据仓库,强化了一部分功能,拥有更专业的目的。虽然数据集市比企业的数据仓库应用范围更小,包含数据更少,但是进一步支撑了所属部门的数据处理和信息获取能力,是一次体系结构上的巨大进步,是对"大而全"目标反向思考的成功结果。对于部门而言,了解和应用数据集市,并将其与企业数据仓库整合,可能比单纯地使用数据仓库更有效。

5.3.1   概述

比尔·盖茨说过:"如何搜集、管理和利用信息将决定您的胜负。"商业智能正是在这种需求下诞生的,而数据集市是满足部分特殊用户群体用来收集、管理他们本部门、本专业信息的数据仓库。从范围上来说,数据是从企业范围的数据库、数据仓库或者是更加专业的数据仓库中抽取出来的。数据集市的重点就在于它迎合了专业用户群体在分析、内容、表现以及易用等方面的特殊需求。数据集市的用户希望数据是由他们熟悉的术语表现的。

数据仓库是企业级的,能为整个企业各个部门的运行提供决策支持手段;而数据集市则是部门级的,一般只能为某个局部范围内的管理人员服务,因此也称之为部门级数据仓库(departmental data warehouse)。

数据仓库的工作范围和成本常常是巨大的。信息技术部门必须对所有的用户并以全企业的眼光对待任何一次决策分析。这样,就形成了代价很高的、耗时较长的大项目。于是提供更紧密集成的,拥有完整图形接口并且价格吸引人的工具——数据集市就应运产生。作为一种更小、更集中的数据仓库,为公司提供了一条分析商业数据的廉价途径,主要针对某个具有战略意义的应用或者具体部门级的应用,支持用户利用已有的数据获得重要的竞争优势或者找到进入新市场的具体解决方案。目前,全世界对数据仓库总投资的一半以上均集中在数据集市上。

数据集市有两种,即独立的数据集市(independent data mart)和从属的数据集市。

数据集市具有以下特征:

(1)面向部门,由部门定义、设计和开发,也由部门来管理和维护。数据集市是面向部门的,这就要求它的整个实施过程需要由部门来主导,才能达到更贴近部门需求,提高部门实力的效果。

(2)规模小,便于实施,购买较便宜,投资快速回收。数据集市相对数据仓库的规模较小,能够快捷地设立并发挥作用,产生的效益能够较快地覆盖为设立数据集市付出的投资。

(3)提供更详细的、预先存在的、数据仓库的摘要子集,可升级到完整的数据仓库。

无论如何,数据集市的数据和功能都是数据仓库的一个子集,并不拥有数据仓库的全部,一些公司通过先行建立数据集市再完善成数据仓库,这绝对是可以做到的,尽管一些专家认为这可能导致后生成的数据仓库整体性不够而产生问题。

5.3.2　数据集市与数据仓库的区别

企业规划数据仓库项目的时候,往往会遇到很多数据仓库软件供应商。各供应商除了推销相关的软件工具外,同时也会向企业灌输许多概念。其中,数据仓库和数据集市是最常见的两个术语。各个供应商术语定义不统一、销售策略不一样,这往往会给企业带来很大的混淆。这是非常正常的状况,数据集市和数据仓库本来就是大量运用相同技术的相关概念,正如为了更好地进行数据分析与支持,我们在数据库概念的基础上建立了数据仓库;为了为更小范围地组织提供更优质的信息服务,我们在大规模的数据仓库上建立了更灵活实用的数据集市。

1. 数据仓库面对企业整体事务,数据集市面对部门级业务

数据仓库是一个集成的、面向主题的数据集合,设计的目的是支持决策支持系统(decision support system, DSS)的功能。在数据仓库里,每个数据单元都和特定的时间相关。数据仓库包括原子级别的数据和轻度汇总的数据。

数据集市是企业级数据仓库的一个子集,它主要面向部门级业务,并且只面向某个特定的主题。为了解决灵活性和性能之间的矛盾,数据集市就是数据仓库体系结构中增加的一种小型的部门或工作组级别的数据仓库。数据集市存储了为特定用户预先计算好的数据,从而满足用户对性能的需求。数据集市可以在一定程度上缓解访问数据仓库的瓶颈。

2. 数据仓库具有统一性,数据集市各有不同

无论一个企业的数据仓库是直接建立还是由小型的数据系统逐渐扩充,它都要保证数据对于整个企业内部的协调和统一,这是由数据仓库的作用范围所决定的。

数据集市作为一个部门级和主题向的相对小型的数据应用,针对他所服务的对象,必将进行特别的实用性优化,对数据的选取和组合方式也就各有不同。这些数据集市之间设计的不同,并不会对企业的运行产生不良影响,相反可以为他的服务对象提供更优质的信息服务。

5.3.3　关于数据集市的误区

数据集市是一个数据分支子集,它可以从一个数据仓库中找到,或者是为一个单独业务单元提供决策支持而建立的。甚至企业的大部分战略都可以由数据集市来完成,在这个过程中制定行动方针。但是,在建立一个数据集市之前,企业应该知道几个关于数据集市的不切实际的看法。

1. 单纯用数据量大小来区分数据集市和数据仓库

用大小来判断一个企业是在实施数据仓库还是数据集市的做法是很片面的。尺寸大小不是数据集市的本质特征,真正的问题在于,数据集市(它可能是一个数据仓库的子集)的数据模型一定是满足应用的特定需求的。

2. 简单地理解数据集市容易建立

数据集市的确比数据仓库的复杂程度低一些,因为它只针对某一需要解决的特定的商业问题,但是围绕数据获取的很多复杂问题并没有减少。数据集市要从多个数据源中提取数据,这个过程很耗时,因为这个过程与建立一个数据仓库一样,需要相同的计划和管理,并且需要把数据模型化。

3. 数据集市很容易升级成数据仓库

事实上,数据集市针对特殊的业务需要,不可能很容易地伸缩。如果没有事先扩展数据模型,追加数据是非常困难的。例如,一个数据集市可以很快找到最畅销款式的鞋的销售数字,为了增加关于这种鞋的信息,比如新顾客的百分比,就需要新的数据模型,这种数据集市的扩充是困难的。

5.3.4　建设数据集市的意义

快速发展的、充满竞争的商业世界对于及时、准确的信息有着永无止境的需求,一些IT 专家对此认为其必然结果就是创建数据集市。其他专家却质疑用户和客户所要付出的工作和成本。毕竟,难道不能直接从遗留系统和联机事务处理系统(OLTP)通过特定的报表获得相同的信息吗? 经验让人们有许多机会使人们的同行和客户了解这项有用技术的价值。

那么,一个组织为何要构建数据集市呢? 虽然 OLTP 和遗留系统拥有宝贵的信息,但是难以从这些系统中提取有意义的信息并且速度也较慢。而且这些系统虽然一般可支持预先定义操作的报表,但却经常无法支持一个组织对于历史的、联合的、"智能的"或易于访问的信息需求。因为数据分布在许多跨系统和平台的表中,而且通常是"脏的"——包含了不一致的和无效的值,使得难于分析。数据集市将合并不同系统的数据源来满足业务信息需求。

若能有效地得以实现,数据集市将可以快速且方便地访问简单信息以及系统的和历史的视图。一个设计良好的数据集市将会:发布特定用户群体所需的信息,且无需受制于数据来源系统(如业务数据库)的大量需求和操作性危机;支持访问非易变的业务信息(非易变的信息是以预定的时间间隔进行更新的,并且不受 OLTP 进行中的更新的影响);调和来自于组织里多个运行系统的信息,比如账目、销售、库存和客户管理以及组织外部的行业数据;通过默认有效值、使各系统的值保持一致以及添加描述以使隐含代码有意义,从而提供净化的数据;通过提供对于遗留系统和 OLTP 应用程序的选择来减少对这些应用程序的要求,以获得更多所需信息。

5.3.5 建模

数据仓库建模在前面已经有了详细的介绍,数据仓库模型是 IT 技术开发人员、业务人员、决策管理者相互沟通的一套语言和平台。对于数据建模工程师来说,对业务的深刻理解是首要任务,因此数据仓库建模分为概念模型设计、逻辑模型设计和物理模型设计三个阶段,一般按照自顶向下的顺序依次对模型进行设计。

一般数据集市模型的建设是在数据仓库的基础上基于需求分析得到的结果,数据集市的建模主要针对事实表和维表的设计。例如,部门员工关系表,如果事实表包含部门编码,则数据可以分析到部门;如果事实表又包含员工编码,则数据既可以分析到部门,又可以分析到员工。一张事实表除了包含所要分析的维度编码外,还包括需要分析的度量值。例如,用户用电分析事实表,它的主题描述就是按地区、时间、电压等级统计用户的耗电量、应收电费,并进行同期对比;它的维度就是地区、时间、电压等级,度量值包括耗电量、应收电费等;指标来源就是数据仓库中的计费结果表、用户基本信息表。维表一般采用增量的方式进行抽取。

5.3.6 案例

电信行业对于数据仓库并不陌生,为了实现从产品导向往客户导向的转变,电信公司纷纷建立以客户为中心的数据仓库,希望依据客户的需要、期望及喜好来制订策略,提升企业竞争力。

经过近几年的努力,吉林移动通信有限责任公司已经成功在省级公司建立起了面向决策支持的经营分析系统,商业智能系统也逐渐完善。省级公司从业务系统中将相关业务数据进行抽取、清洗、加工、整理、加载到数据仓库中,在数据仓库中形成基础的分析数据的存储,对地市一级公司的营销策略进行指导。

问题也随之产生,由于下属分公司在客户群体、市场容量、利润来源等地域差异明显,省级公司通过全省范围内分公司数据的汇总和分析,难以对单个地市级分公司产生个性化决策支持。另一方面,地市一级的分公司在开拓终端市场的过程中,激发了旺盛的应用需求,具体表现为对数据粒度的要求更加精细、需求更加灵活多变、要求更强的可操作性。

2005 年 6 月,中国移动通信有限公司制定了《中国移动经营分析系统数据集市(试点)业务技术建议书》。吉林省吉林市成为 12 个试点中第一个"吃螃蟹"的城市。吉林移动希望通过数据集市的建设及时准确地了解掌握地市公司的分析需求,更好地为一线地市公司的生产营销服务。吉林市分公司也希望提升自身的经营分析水平,落实集团公司的精细化营销战略。

在总体设计方面,吉林移动希望通过吉林市的试点为吉林省其他分公司建设统一的数据集市的模型,基本涵盖地市固定统计报表及分析的需求,统一建模,统一管理。在功能上,为地市分公司的市场营销行为提供客户个体分析,提高经营分析结果的可实施能力,支持精细化营销,支持地市开发过灵活专题分析。开发标准化、开放的数据平台,满足省内不同地市分公司更多个性化的、临时性的分析需求。

总体来说,吉林移动提出了很实际的业务描述,就是"以提供丰富的数据为基础,以提供简要分析功能、提高日常分析能力为主要手段,以解决各类业务目标为最终目的,大力提升地市公司数据综合运用、分析能力,大力提升分公司主动服务、主动营销效能"。

数据集市项目从 2005 年 6 月开始组织需求调研,经历了 5 个月的建设时间,于 2005 年 11 月底上线使用,完成了中国移动集团公司试点所要求完成的所有基本集功能以及符合吉林本地特色的扩展集的内容。

2006 年,中国移动决定将数据集市作为移动地市级公司的建设重点之一。

5.4　商业信息仓储设计

设计商业信息仓储,其实就是设计商业信息仓储系统的组成和结构,以达到商业活动的业务需求。单纯的建立起数据库、数据仓库、数据集市,远远不是一个完整的商业信息仓储的系统,不仅要让商业信息仓储系统各个部分间的信息交流流畅高效,还要在部署商业信息仓储系统之前,根据企业的现状和需求对其进行取舍和平衡。

5.4.1　信息仓储的开始

在数据仓库建立之前,会考虑其实现方法,通常有自顶向下、自底向上和两者综合进行的这样三种实现方案,下面分别对其做简要阐述:

1. 自顶向下的实现

自顶向下的方法就是在单个项目阶段中实现数据仓库。自顶向下的实现需要在项目开始时完成更多计划和设计工作。这就需要涉及参与数据仓库实现的每个工作组、部门或业务线中的人员。要使用的数据源、安全性、数据结构、数据质量、数据标准和整个数据模型的有关决策,一般需要在真正的实现开始之前就完成。

2. 自底向上的实现

自底向上的实现包含数据仓库的计划和设计,无需等待安置好更大业务范围的数据仓库设计。这并不意味着不会开发更大业务范围的数据仓库设计;随着初始数据仓库实现的扩展,将逐渐增加对它的构建。现在,该方法得到了比自顶向下方法更广泛的认可,因为数据仓库的直接结果可以实现,并可以用作扩展更大业务范围实现的证明。

3. 一种折中方案

每种实现方法都有利弊。在许多情况下,最好的方法可能是某两种的组合。该方法的关键之一就是确定业务范围的架构需要用于支持集成的计划和设计的程度,因为数据仓库是用自底向上的方法进行构建。在使用自底向上或阶段性数据仓库项目模型来构建业务范围架构中的一系列数据集市时，您可以一个接一个地集成不同业务主题领域中的数据集市，从而形成设计良好的业务数据仓库。这样的方法可以极好地适用于业务。在这种方法中，可以把数据集市理解为整个数据仓库系统的逻辑子集，换句话说数据仓库就是一致化了的数据集市的集合。

5.4.2 数据仓库还是数据集市

在前文中我们得知，数据仓库与数据集市是相关而又有所不同的概念，它们是能够互补而共同作用的，那么就有一个最典型的问题：到底是先上一个企业级的数据仓库呢？还是先上一个部门级的数据集市？这其实是是否要上独立型数据集市的问题。

数据集市可以分为两种类型——独立型数据集市和从属型数据集市。独立型数据集市直接从操作型环境获取数据；从属型数据集市从企业级数据仓库获取数据，带有从属型数据集市的体系结构。

数据仓库规模大、周期长，一些规模比较小的企业用户难以承担。因此，作为快速解决企业当前存在的实际问题的一种有效方法，独立型数据集市成为一种既成事实。独立型数据集市是为满足特定用户（一般是部门级别的）的需求而建立的一种分析型环境，它能够快速地解决某些具体的问题，而且投资规模也比数据仓库小很多。

独立型数据集市的存在会给人造成一种错觉，似乎可以先独立地构建数据集市，当数据集市达到一定的规模再直接转换为数据仓库。有些销售人员会推销这种观点，其实质却常常是因为建立企业级数据仓库的销售周期太长以至于不好操作。

因此，一部分商业智能专家认为：多个独立的数据集市的累积，是不能形成一个企业级的数据仓库的。这是由数据仓库和数据集市本身的特点决定的，数据集市为各个部门或工作组所用，各个集市之间存在不一致性是难免的。因为脱离数据仓库的缘故，当多个独立型数据集市增长到一定规模之后，由于没有统一的数据仓库协调，企业只会又增加一些信息孤岛，仍然不能以整个企业的视图分析数据。人们不可能将大海里的小鱼堆在一起就构成一头大鲸鱼，这也说明了数据仓库和数据集市有本质的不同。

如果企业最终想建设一个全企业统一的数据仓库，想要以整个企业的视图分析数据，独立型数据集市恐怕不是合适的选择；也就是说"先独立地构建数据集市，当数据集市达到一定的规模再直接转换为数据仓库"是不合适的。从长远的角度看，从属型数据集市在体系结构上比独立型数据集市更稳定，可以说是数据集市未来建设的主要方向。

5.4.3 敏感的商业收益

将信息仓储技术应用于商业领域，必然触及商业活动的敏感问题：收益。

一个完整、优秀、高效的商业信息仓储系统，必然能够提高企业在商务活动中对于历史信息的掌握和对信息挖掘的深度，并可以表现在企业的收益中。这种收益可以是短期和直接的，也可能是对于企业发展长远而深层次的。但是，为了追求一个系统而投入过大的资金和精力，也可能对企业经营产生不良的、负面的影响。

因此,如何平衡对商业信息存储系统的投入,并由此调整建立商业信息存储系统的时间进度、终端需求,以达到最大的商业收益,是值得规划者仔细和慎重考虑的。

5.4.4　资源的分配

企业对于商业信息仓储系统的投入是有限度的,这就要求在人员和硬件上都要进行调配。

人员方面主要是如何有效利用人员的专业知识。架构设计、系统实现、数据输入等不同的工作流程对于技能水平的要求是不同的,要最大化地利用人员的能力,快速地将商业信息仓储系统投入使用,就要求领导者对于手下人员的情况充分掌握,或者了解有谁能够充分掌握。

硬件方面主要是计算设备的处理速度,传输设备的传输速度和存储设备的存储速度。在保证设备安全冗余的情况下尽量减少浪费硬件能力的情况发生。

有一些小技巧可以用较小的代价获取相对好的硬件效果,比如存储数据时可以使用数据压缩等手段减少占用空间,也可以使用廉价磁盘冗余阵列(redundant array of inexpensive disks,RAID)等方式改善存储的速度。不要把表格和它们的索引放在同一设备上,索引应该处于更高速的存储载体上,因为索引查询速度对产生结果速度影响更大。考虑把企业共享的细节数据放在主机或其他集中式服务器上,而不是创建一个跨越多个服务器的连接,这会为网络传输带来沉重的负担,成为数据处理速度的瓶颈。

5.5　商业智能

商业智能的概念经由 Howard Dresner 于 1989 年首次提出而逐渐被人们广泛了解。当时将商业智能定义为一类由数据仓库、查询报表、数据分析、数据挖掘、数据备份和恢复等部分组成的、以帮助企业决策为目的的技术及其应用。近年来,商业智能领域的发展不仅在理念上追随了现代商业的脚步,在实践上也由于引入了新兴的技术手段变得越发繁盛。

5.5.1　概述

目前,商业智能通常被理解为将企业中现有的数据转化为知识,帮助企业做出明智的业务经营决策的工具。这里所谈的数据包括来自企业业务系统的订单、库存、交易账目、客户和供应商资料及来自企业所处行业和竞争对手的数据,以及来自企业所处的其他外部环境中的各种数据。而商业智能既能够辅助作业层的业务经营决策,也可以是管理层和策略层的决策。

为了将数据转化为知识,需要利用数据仓库、联机分析处理(OLAP)工具和数据挖掘等技术。因此,从技术层面上讲,商业智能不是什么新技术,它只是 ETL、数据仓库、OLAP、数据挖掘、数据展现等技术的综合运用。

因此,把商业智能看成是一种解决方案应该比较恰当。商业智能的关键是从许多来自不同的企业运作系统的数据中提取出有用的数据并进行清理,以保证数据的正确性,然后经过抽取(extract)、转换(transform)和装载(load),即 ETL 过程,合并到一个企业级的数据仓库里,从而得到企业数据的一个全局视图,在此基础上利用合适的查询和分析工具、数据挖掘工具、OLAP 工具等对其进行分析和处理(这时信息变为辅助决策的知识),最后将知识呈现给管理者,为管理者的决策过程提供支持。

1. 企业导入 BI 的优点

(1) 随机查询动态报表;

(2) 掌握指标管理;

(3) 随时线上分析处理;

(4) 视觉化之企业仪表版;

(5) 协助预测规划。

2. 企业导入 BI 的目的

(1) 促进企业决策流程:BI 增进了企业资讯整合与资讯分析的能力,汇总公司内、外部的资料,整合成有效的决策资讯,让企业经理人大幅增进决策效率与改善决策品质。

(2) 降低整体营运成本:BI 改善企业的资讯取得能力,大幅降低 IT 人员撰写程式、Poweruser 制作报表的时间与人力成本,而弹性的模组设计接口,完全不需撰写程式的特色,也让日后的维护成本大幅降低。

(3) 协同组织目标与行动:BI 加强企业的资讯传播能力,消除资讯需求者与 IT 人员之间的认知差距,并可让更多人获得更有意义的资讯。全面改善企业之体质,使组织内的每个人目标一致、齐心协力。

5.5.2　ETL 和元数据

ETL 分别是"extract"、"transform"、"load"三个单词的首字母缩写也就是"抽取"、"转换"、"装载",但我们日常往往简称其为数据抽取。

ETL 是商务智能/数据仓库(BI/DW)的核心和灵魂,按照统一的规则集成并提高数据的价值,是负责完成数据从数据源向目标数据仓库转化的过程,是实施数据仓库的重要步骤。

ETL 负责将分散的、异构数据源中的数据如关系数据、平面数据文件等抽取到临时中间层后进行清洗、转换、集成,最后加载到数据仓库或数据集市中,成为联机分析处理、数据挖掘的基础。

ETL 是数据仓库中承前启后的必要的一步。相对于关系数据库,数据仓库技术没有严格的数学理论基础,它更面向实际工程应用。所以从工程应用的角度来考虑,按着物理数据模型的要求加载数据并对数据进行一些系列处理,处理过程与经验直接相关,同时这部分的工作直接关系数据仓库中数据的质量,从而影响到联机分析处理和数据挖掘的结果的质量。

ETL 过程在很大程度上受企业对源数据的理解程度的影响,也就是说从业务的角度看数据集成非常重要。一个优秀的 ETL 设计应该符合以下特点:

(1) 简单的管理方式。采用元数据方法,集中进行管理。

(2) 接口、数据格式、传输有严格的规范。

(3) 尽量不在外部数据源安装软件。

(4) 数据抽取系统流程自动化,并有自动调度功能。

(5) 抽取的数据及时、准确、完整。

(6) 可以提供同各种数据系统的接口,系统适应性强。

(7) 提供软件框架系统,系统功能改变时,应用程序很少改变便可适应变化。

(8) 可扩展性强。

(9) 标准化的定义数据。

合理的业务模型设计对 ETL 至关重要。数据仓库是企业唯一、真实、可靠的综合数据平台。数据仓库的设计建模一般都依照三范式、星型模型、雪花模型,无论哪种设计思想,都应该最大化地涵盖关键业务数据,把运营环境中杂乱无序的数据结构统一成为合理的、关联的、分析型的新结构,而 ETL 则会依照模型的定义去提取数据源,进行转换、清洗,并最终加载到目标数据仓库中。

模型的重要之处在于对数据做标准化定义,实现统一的编码、统一的分类和组织。标准化定义的内容包括:标准代码统一、业务术语统一。ETL 依照模型进行初始加载、增量加载、缓慢增长维、慢速变化维、事实表加载等数据集成,并根据业务需求制定相应的加载策略、刷新策略、汇总策略、维护策略。

便于拓展新型应用。对业务数据本身及其运行环境的描述与定义的数据,称之为元数据(metadata)。元数据是描述数据的数据。从某种意义上说,业务数据主要用于支持业务系统应用的数据,而元数据则是企业信息门户、客户关系管理、数据仓库、决策支持和 B2B 等新型应用所不可或缺的内容。

元数据的典型表现为对象的描述,即对数据库、表、列、列属性(类型、格式、约束等)以及主键/外部键关联等等的描述。特别是现行应用的异构性与分布性越来越普遍的情况下,统一的元数据就愈发重要了。"信息孤岛"曾经是很多企业对其应用现状的一种抱怨和概括,而合理的元数据则会有效地描绘出信息的关联性。

而元数据对于 ETL 的集中表现为:定义数据源的位置及数据源的属性、确定从源数据到目标数据的对应规则、确定相关的业务逻辑、在数据实际加载前的其他必要的准备工作,等等,它一般贯穿整个数据仓库项目,而 ETL 的所有过程必须最大化地参照元数据,这样才能快速实现 ETL。

5.5.3　多维分析和 OLAP

当今的数据处理大致可以分成两大类:联机事务处理(OLTP)和联机分析处理(OLAP)。OLTP 是传统的关系型数据库的主要应用,主要是基本的、日常的事务处理,例如银行交易。OLAP 是数据仓库系统的主要应用,支持复杂的分析操作,侧重决策支持,并且提供直观易懂的查询结果。

1. OLAP

(1) 概念

OLAP 是使分析人员、管理人员或执行人员能够从多角度对信息进行快速、一致、交互地存取,从而获得对数据的更深入了解的一类软件技术。OLAP 的目标是满足决策支持或者满足在多维环境下特定的查询和报表需求,它的技术核心是"维"这个概念。

"维"(dimension)是人们观察客观世界的角度,是一种高层次的类型划分。"维"一般包含着层次关系,这种层次关系有时会相当复杂。通过把一个实体的多项重要的属性定义为多个维,使用户能对不同维上的数据进行比较。例如,一个企业在考虑产品的销售情况时,通常从时间、地区和产品的不同角度来深入观察产品的销售情况。这里的时间、地区和产品就是维。而这些维的不同组合和所考察的度量指标构成的多维数组则是 OLAP 分析的基础,可形式化表示为(维 1,维 2,…,维 n,度量指标),即(地区、时间、产品、销售额)。因此 OLAP 也可以说是多维数据分析工具的集合。

(2) OLAP 实现方法

OLAP 有多种实现方法,根据存储数据的方式不同可以分为 ROLAP、MOLAP、HOLAP 等。

① ROLAP

ROLAP 表示基于关系数据库的 OLAP 实现(relational OLAP),以关系数据库为核心,以关系型结构进行多维数据的表示和存储。ROLAP 将多维数据库的多维结构划分为两类表:一类是事实表,用来存储数据和维关键字;另一类是维表,即对每个维至少使用一个表来存放维的层次、成员类别等维的描述信息。维表和事实表通过主关键字和外关键字联系在一起,形成了"星形模式"。对于层次复杂的维,为避免冗余数据占用过大的存储空间,可以使用多个表来描述,这种星形模式的扩展称为"雪花模式"。

② MOLAP

MOLAP 表示基于多维数据组织的 OLAP 实现(multidimensional OLAP)。以多维数据组织方式为核心,也就是说,MOLAP 使用多维数组存储数据。多维数据在存储中将形成"立方块(cube)"的结构,在 MOLAP 中对"立方块"的"旋转"、"切块"、"切片"是产生多维数据报表的主要技术。

③ HOLAP

HOLAP 表示基于混合数据组织的 OLAP 实现(hybrid OLAP)。如低层是关系型的,高层是多维矩阵型的。这种方式具有更好的灵活性。

2. 多维分析

多维分析是指对以多维形式组织起来的数据采取切片(slice)、切块(dice)、钻取(drill-down)和聚合(roll-up)、旋转(pivot)等各种分析动作,以求剖析数据,使用户能从多个角度、多侧面地观察数据库中的数据,从而深入理解包含在数据中的信息。

（1）切片和切块

切片和切块是在一部分维上选定值后，关心度量数据在剩余维上的分布。如果剩余的维只有两个，则是切片；如果多于两个，则是切块。

（2）钻取和聚合

钻取和聚合是改变维的层次，变换分析的粒度。聚合是在某一维上将低层次的细节数据概括到高层次的汇总数据，或者减少维数；而钻取则相反，它从汇总数据深入到细节数据进行观察或增加新维。

（3）旋转

旋转是变换维的方向，即在表格中重新安排维的放置（例如行列互换）。

习题

1. 简述数据库、数据库和数据仓库的区别有哪些。
2. 简述数据库设计流程。
3. 对数据集市的误区有哪些？如何正确理解数据集市？
4. 数据仓库有哪些实现方案？并简述这些实现方案的优缺点。
5. 通过一个商业案例，谈谈你对商业智能的理解。

参考文献

［1］chengzi823. 数据仓库系统的生命周期［EB/OL］.［2014 - 01 - 03］. http://www. doc88. com/p-1476813070722. html
［2］实地. BI 知识——数据仓库与数据集市［EB/OL］.［2011 - 12 - 03］. http://blog. sina. com. cn/s/blog_6e8965590100wtsd. html
［3］quanzhongr. 中国移动经营分析系统简介［EB/OL］.［2013 - 10 - 06］. http://www. docin. com/p-708373559. html
［4］admxz. 朗泽 SAP 培训：ETL 与模型设计（1）［EB/OL］.［2013 - 05 - 11］. http://www. doc88. com/p-2774718736000. html
［5］于同奎. 电子金融与支付［EB/OL］.［2004 - 8］. http://www. doc88. com/p-400982223452. html

第 6 章
商业数据分析方法

在商业信息中,结构化的商业数据是企业最重视、分析利用程度最高的类型。相比非结构化的商业信息,商业数据具有结构化、量化的特征,且有多种数据统计与分析工具、数据挖掘工具等的支持,因而其在商业分析中的关注度最高。美国运筹学与管理学研究协会(INFORMS)提出,商业分析有以下三种类型:

(1) 描述性分析:利用数据描述分析以前发生了什么;

(2) 预测性分析:利用数据预测将来会发生什么;

(3) 规范性分析:描述将产生最佳结果的最佳方法。

Roger H. L. Chiang(2012)在论文中指出:商业分析与智能专业的人才应该具备以下分析技术:

(1) 数据挖掘,包括关联规则挖掘、分类、聚类分析、神经网络;

(2) 变异分析和异常检测;

(3) 地域和时域分析;

(4) 网络分析和图表挖掘;

(5) 观点挖掘和情感分析;

(6) 优化和模拟;

(7) 统计分析,包括决策树、逻辑回归、预测、时间序列分析;

(8) 计量经济学;

(9) 文本挖掘和计算机语言。

Michael Minelli 等(2013)在其著作 *Big Data，Big Analytics* 中提出了商业分析与智能常用的分析和挖掘方法,具体如表 6-1 所示。

表 6-1　商业分析的方法

SQL 分析	描述性分析	数据挖掘	预测分析	模拟	优化
计数	单变量分布	关联规则	分类	蒙特卡洛	线性最优
平均数	中间趋势	聚类	回归	基于代理建模	非线性最优
联机分析	离差	特征提取	预测	事件分离建模	
			空间分布		
			机器学习		
			文本分析		

商业智能　　　　　　高级分析

　　数据挖掘的相关方法与技术在后面几章会详细论述。本章则主要介绍商业数据分析中常用的统计分析方法，包括线性回归分析、逻辑回归分析、时间序列分析，以及交叉影响分析等方法。

　　一个组织长远的成功很大程度上取决于其管理决策层能否预测未来并制定出合适的策略。而回归分析和时间序列方法可用于商业预测。本书中着重介绍一元和多元线性回归、逻辑(logistic)回归、时间序列分析等。

　　本章的数据分析用的软件为 SPSS 17.0 和 Teradata 分析软件。

本章主要内容

- 回归分析
- Logistic 回归
- 时间序列分析
- 交叉影响分析

6.1　回归分析法

6.1.1　回归分析介绍

回归分析是处理变量之间关系的一种统计方法和技术,其基本思想、方法以及"回归(regression)"名称的由来都要归功于英国统计学家 F. Galton(1822—1911)。回归分析寻求有关联的变量之间的关系,从一组样本数据出发,确定这些变量间的定量关系式,并对这些关系式的可信度进行各种统计检验,从影响某一变量的诸多变量中,判断哪些变量的影响显著,哪些不显著,利用求得的关系式进行预测和控制。回归分析侧重于考察变量之间的数量变化规律,并通过一定的数学表达式来描述变量之间的关系,进而确定一个或者几个变量的变化对另一个特定变量的影响程度。

回归分析主要解决以下几方面的问题:

(1) 通过分析大量的样本数据,确定变量之间的数学关系式。

(2) 对所确定的数学关系式的可信程度进行各种统计检验,并区分出对某一特定变量影响较为显著的变量和影响不显著的变量。

(3) 利用所确定的数学关系式,根据一个或几个变量的值来预测或控制另一个特定变量的取值,并给出这种预测或控制的精确度。

回归分析模型,按是否线性分为:线性回归模型和非线性回归模型;按自变量个数分为:简单的一元回归和多元回归。一元线性回归是最简单的类型。

6.1.2　一元线性回归分析

一元线性回归分析是在排除其他影响因素或假定其他影响因素确定的条件下,分析某一个因素(自变量)是如何影响另一事物(因变量)的过程,所进行的分析是比较理想化的。其实,在现实社会生活中,任何一个事物(因变量)总是受到其他多种事物(多个自变量)的影响。

一元线性回归模型的确定:一般先做散点图,以便进行简单的观测;如果散点图的趋势大概呈线性关系,就可以建立线性方程 $y = \beta_0 + \beta_1 x + \varepsilon$;如果不呈线性分布,则可考虑建立其他方程模型,并比较 R^2 来确定一种更优的回归模型(R^2 越大,模型的拟合优度越高)。同时,利用 t 检验和 F 检验分别检验回归系数和一元线性回归方程是否显著。如两者均显著,说明该数据可以用一元线性回归模型来拟合,否则要考虑其他模型。

6.1.3　回归模型的显著性检验问题

通过样本数据建立线性回归方程后,不能立即用于对某个实际问题的预测。因为应用最小二乘法求得的样本回归直线作为对总体回归直线的近似,这种近似是否合理必须通过各种统计检验。一般经常使用以下的统计检验。

1. 回归系数的显著性检验(t 检验)

所谓回归系数的显著性检验,就是根据样本估计的结果对总体回归系数的有关假设进行检验,也就是检验斜率。之所以对回归系数进行显著性检验,是因为回归方程的显著性检验只能检验所有回归系数是否同时与零有显著性差异,它不能保证回归方程中不包含不能较好解释说明因变量变化的自变量。回归系数的显著性检验是检验各自变量(X_1, X_2, …)对因变量 Y 的影响是否显著,从而找出哪些自变量对 Y 的影响是显著的,哪些是不显著的。因此,可以通过回归系数显著性检验对每个回归系数进行考察。回归系数的显著性检验,目的是判断变量之间到底是否存在线性关系。如果将两个不存在线性关系的变量进行回归,得到的是一条斜率为 0 的回归直线。

回归系数显著性检验的基本步骤为:

① 提出假设;

② 计算回归系数的 t 统计量值;

③ 根据给定的显著性水平 α 确定临界值,或者计算 t 值所对应的 p 值;

④ 作出判断。

以一元线性回归为例,回归模型为:

$$y = \beta_0 + \beta_1 x + \varepsilon \tag{6.1}$$

其中,x 为自变量,y 为因变量,β_0 为截距,β_1 为斜率(回归系数),ε 为误差变量。

指定 $H_0 : \beta_1 = 0$;备择假设为 $H_1 : \beta_1 \neq 0$。

检验统计量为:

$$t = \frac{b_1 - \beta_1}{s_{b_1}} \tag{6.2}$$

其中,s_{b_1} 是 b_1 的标准偏差(标准误差),$s_{b_1} = \dfrac{s_\varepsilon}{\sqrt{(n-1)s_x^2}}$($s_\varepsilon = \sqrt{\dfrac{SSE}{n-2}}$,为标准误差)。

如果误差变量服从正态分布,那么检验统计量服从自由度为 $n-2$ 的 t 分布。拒绝域为 $|t| > t_{\alpha/2, n-2}$。当原假设为真,就说明两个变量间没有线性关系;当备择假设为真,则两个变量存在某种线性关系。

在利用 SPSS 进行回归分析的实际操作中,我们只要关注 t 检验的显著性(Significance)值(sig 值)。一般将这个 sig 值与显著性水平 0.05 比较,当 sig 值小于 0.05,则认为存在显著差异,拒绝原假设;当 sig 值大于 0.05,则认为不存在显著差异,线性关系不成立。

2. 拟合优度检验

回归方程的拟合优度检验就是要检验样本数据聚集在样本回归直线周围的密集程度,从而判断回归方程对样本数据的拟合程度。回归方程的拟合优度检验一般用判定系数(coefficient of determination)实现,用 R^2 表示。该指标建立在对总离差平方和进行分解的基础之上。测定多元线性回归的拟合程度，与一元线性回归中的判定系数类似，使用调整后的判定系数。

$$R^2 = \frac{\left[\mathrm{cov}(x, y)\right]^2}{s_x^2 s_y^2} = 1 - \frac{SSE}{\sum (y_i - \bar{y})^2} \tag{6.3}$$

6.3 式中 y_i 和 $\bar{y}$ 的离差可以进一步分解为两部分，即：

$$(y_i - \bar{y}) = (y_i - \hat{y}_i) + (\hat{y}_i - \bar{y}) \tag{6.4}$$

y_i 和 $\bar{y}$ 的差值中有一部分是 $\hat{y}_i$ 和 $\bar{y}$ 的差值，而这个差值是由 x_i 和 $\bar{x}$ 之间的差值引起的，即 y 的部分差异可以用 x 的差值解释。然而，y_i 和 $\bar{y}$ 差值的另一部分是由 y_i 和 $\hat{y}_i$ 的差值引起的，这个差值就是离差，它在一定程度上表明了模型用其他方法不能解释的差异。也就是说，这部分差值是 x 的差值无法解释的。

如果对等式两边各项求平方，并把所有样本点加起来，进行一些代数运算可得：

$$\sum (y_i - \bar{y}) = \sum (y_i - \hat{y}_i)^2 + \sum (\hat{y}_i - \bar{y})^2 \tag{6.5}$$

方程的左边衡量了因变量 y 的差异。方程右边的第一项用 SSE 表示，为误差平方和，第二项用 SSR 表示，为回归平方和。也就是：

$$y \text{ 的差异} = SSE + SSR \tag{6.6}$$

因此将差异分解为两个部分：SSE 度量 y 中不可解释的差异部分；SSR 度量 y 中可以被自变量 x 的差异解释的差异部分。把这个分析过程整合到 R^2 的定义中去：

$$R^2 = 1 - \frac{SSE}{\sum (y_i - \bar{y})^2} = \frac{\sum (y_i - \bar{y})^2 - SSE}{\sum (y_i - \bar{y})^2} = \frac{SSR}{\sum (y_i - \bar{y})^2} = \frac{\text{可解释的差异}}{y \text{ 的总差异}}$$

$$\tag{6.7}$$

因此，R^2 衡量了 y 的差异中能够被 x 的差异解释的部分在总差异中所占的比例。一般来说，R^2 的值越大，模型拟合数据的效果就越好。

3. 回归方程的显著性检验（F 检验）

回归方程的显著性检验是对因变量与所有自变量之间的线性关系是否显著的一种假设检验。回归方程的显著性检验一般采用 F 检验，利用方差分析的方法进行。

原假设：$H_0 : \beta_1 = \beta_2 = \cdots = \beta_k = 0$；备选假设为：$H_1$：至少有一个 $\beta_i \neq 0$。如果原假设为真，自变量中没有一个与因变量相关，模型无效。如果备选假设为真，即至少有一个 $\beta_i \neq 0$，那么模型还是有一定的效果。

检验统计量为：

$$F = \frac{\dfrac{\left|\sum (y_i - \bar{y})^2\right|}{k}}{\dfrac{SSE}{n - k - 1}} \tag{6.8}$$

拒绝域为：$F > F_{a, k, n-k-1}$。

需要注意的是,前面提到过因变量的总差异可以分解为可解释的差异和不可解释的差异两个部分:

$$\sum (y_i - \bar{y})^2 = SSR + SSE \qquad (6.9)$$

$MSR = SSR$ 自变量的个数,$MSE = SSE/(n-k-1)$,而 $F = MSR/MSE$,因此,若 F 值较大,表明因变量的总差异中可被回归方程解释的部分所占的比例较大,回归模型有效。

在 SPSS 软件的实际操作中,我们也主要观察它的 F 值对应的 sig 值,只要 sig 值小于显著性水平 0.05,我们就认为回归方程是显著的。

6.1.4　多元线性回归分析

一元线性回归问题只涉及了一个自变量,但在实际问题中,影响因变量的因素往往有多个。例如,商品的需求除了受自身价格的影响外,还要受到消费者收入、其他商品的价格、消费者偏好等因素的影响;影响水果产量的外界因素有平均气温、平均日照时数、平均湿度等。因此,在许多场合,仅仅考虑单个变量是不够的,还需要就一个因变量与多个自变量的联系来进行考察,才能获得比较满意的结果。这就产生了测定多因素之间相关关系的问题。

在线性相关条件下,研究两个或两个以上自变量对一个因变量的数量变化关系,称为多元线性回归分析,表现这一数量关系的数学公式,称为多元线性回归模型。多元线性回归模型是一元线性回归模型的扩展,其基本原理与一元线性回归模型类似,只是在计算上更为复杂,一般需借助计算机来完成。多元线性回归模型的确定时常用逐步回归法。

逐步回归法是对全部的自变量$(X_1, X_2, \cdots, X_p)$对 Y 贡献的大小进行比较,并通过 F 检验法选择偏回归平方和显著的变量进入回归方程,每一步只引入一个变量,同时建立一个偏回归方程。当一个新变量被引入后,对原已引入回归方程的变量,逐个检验他们的偏回归平方和。如果由于引入一个新变量而使得已进入方程的变量变为不显著时,则及时将不显著变量从偏回归方程中剔除。在引入了两个自变量以后,便开始考虑是否有需要剔除的变量。只有当回归方程中的所有自变量对 Y 都有显著影响而不需要剔除时,再考虑从未选入方程的自变量中,挑选对 Y 有显著影响的新的变量进入方程。不论引入还是剔除一个变量都被称为一步。不断重复这一过程,直至无法剔除已引入的变量,也无法再引入新的自变量,逐步回归过程结束。

多元线性回归中还需要注意多重共线性问题。多重共线性指自变量间存在线性相关关系,即一个自变量可以用其他一个或几个自变量的线性表达式进行表示。多重共线性会有两个不利影响:一是估计回归系数时会产生较大的误差;二是会影响系数的 t 检验,使依据 t 检验做出的是否线性相关的推断发生错误。

几乎所有的多元回归模型中都存在多重共线性问题,但只有当两个或者多个自变量高度相关或当几个自变量联合在一起与其他的自变量高度相关时,共线性问题才比较严重。

为了避免或者修正多重共线性,我们采用两种方法:一是在建立模型时要尽可能确保自变量之间的相互独立性;另一个是逐步回归。只有当某个自变量能够改变模型的拟合效果时,才把它放在模型中。如果两个自变量强烈相关,那么要对自变量进行合并或将重复的自变量删除,才可以最小化多重共线性的影响。

实际运用中多重共线性主要有以下几种类型表现:

(1) 整个回归模型的方差分析检验结果为 $p < \alpha$(α 为显著性水平),但各自变量的偏回归系数的检验结果却是 $p > \alpha$;

(2) 专业上认为应该有统计学意义的自变量检验结果,却无统计学意义;

(3) 自变量的偏回归系数取值大小甚至符号明显与实际情况相违背,难以解释;

(4) 增加或删除一个自变量或一条记录,自变量偏回归系数发生较大变化。

以上情况最终使得所得到的线性回归模型,特别是其中的偏回归系数难以有合乎专业知识的解释。

对于多重共线性的识别,可以通过 SPSS 中 Statistics(统计量)子对话框中的 Collinearity Diagnostics(共线性诊断)复选框予以实现。复选框 Collinearity Diagnostics 提供以下统计量:

(1) 容忍度(Tolerance):某自变量的容忍度等于 1 减去以该自变量为反应变量、以 Independent(s)框中选入的其他自变量为自变量所得到的线性回归模型的决定系数。显然,容忍度越小,多重共线性越严重。有学者提出,容忍度小于 0.1 时,存在严重的多重共线性。

(2) 方差膨胀因子(Variance Inflation Factor,VIF):等于容忍度的倒数。显然,VIF 越大,多重共线性问题越大。一般认为 VIF 不应大于 10。

(3) 特征根(Eigenvalue):对模型中常数项及所有自变量计算主成分,如果自变量间存在较强的线性相关关系,则前面的几个主成分数值较大,后面的几个主成分较小,甚至接近 0。

(4) 条件指数(Condition Index):等于最大的主成分与当前主成分的比值的算术平方根。所以第一个主成分相对应的条件指数总为 1。同样,如果几个条件指数较大(如大于30),则提示存在多重共线性。

6.1.5　含虚拟自变量的回归分析

前面所讨论的回归模型中,因变量和自变量都是可以直接用数字计量的,即可以获得其实际观测值(如收入、支出、产量、国内生产总值等),这类变量称作数量变量、定量变量或数量因素。然而,在实际问题的研究中,经常会碰到一些非数量型的变量,如性别、民族、职业、文化程度、地区、正常年份与干旱年份、改革前与改革后等定性变量。在建立一个实际问题的回归方程时,经常需要考虑这些定性变量。例如,建立粮食产量预测方程就应考虑到正常年份与受灾年份的不同影响;建立空调的销售模型时,除了要考虑居民收入和商品价格这两个量的因素之外,还必须将"季节"这个质的因素,作为一个重要解释变量。由于受到质的因素影响,回归模型的参数不再是固定不变的。例如,在空调销售模型中,收入、价格与空调销售额的关系是随着季节变化而改变的,也就是说,在不同的季节回归模型的参数也会有所不同。再如,我国居民的消费行为在改革开放前后大不相同,因此消费函数的参数也会发生变化。显然,如果忽略质的因素,仍把模型中的参数看作是固定不变的,得到的参数估计量就不能正确描述经济变量之间的关系。

回归分析中,对一些自变量是定性变量的先作数量化处理,处理的方法是引进只取"0"和"1"两个值的虚拟自变量。当某一属性出现时,虚拟变量取值为"1",否则取值为"0"。例如,令"1"表示信用度高的客户,"0"则信用度不高的客户。再如,用"1"表示某人是男性,"0"则表示某人是女性。需要指出的是,虽然虚拟变量取某一数值,但这一数值没有任何数量大小的意义,它仅仅用来说明观察单位的性质和属性。

如果在回归模型中需要引入多个 0-1 型虚拟变量 D,虚拟变量的个数应按下列原则来确定:对于包含一个具有 k 种特征或状态的质因素的回归模型,如果回归模型没有常数项,则需引入 k 个 0-1 型虚拟变量 D;如果有常数项,则只需引入 $k-1$ 个 0-1 型虚拟变量 D;当 $k=2$ 时,只需要引入一个 0-1 型虚拟变量 D。

6.1.6　含调节变量的回归分析

如果因变量 Y 与自变量 X 有关系,并且这个关系受到第三个变量 M 的影响,那么变量 M 就是调节变量。调节变量所起的作用称为调节作用。调节变量影响自变量和因变量之间的关系,既可以是定性的(比如性别、受教育程度等),也可以是定量的(比如年龄、工资收入等),它影响自变量和因变量之间关系的方向(正负)和程度(强弱)。例如商品评论的有用性与评论深度之间的关系,受到产品类型的影响;商品价格和商品销量之间的关系,受到商品需求程度的影响。

当研究中有调节变量的时候,在研究假设中一定要清楚说明这个调节变量的作用是什么,具体怎样影响变量的关系;研究假设的提出要尽量明确,如"M 在 X 和 Y 的关系中起到了调节作用"应该具体说明 M 是怎样调节 X 与 Y 的关系,如"当 M 高的时候,X 会对 Y 有正面的影响,当 M 低的时候,X 会对 Y 有负面影响"。

在做调节效应分析时,通常要将自变量和调节变量做中心化变换。

简要模型

$$Y = aX + bM + cXM + \varepsilon \tag{6.10}$$

其中,Y 与 X 的关系由回归系数 $a+bM$ 来刻画,它是 M 的线性函数,c 衡量了调节效应(moderating effect)的大小。如果 c 显著,说明 M 的调节效应显著。

讨论调节变量的调节效应,可分为以下情况:

(1)当自变量是类别变量,调节变量也是类别变量时,用两因素交互效应的方差分析,交互效应即调节效应。

(2)当调节变量是连续变量时,自变量是连续变量,将自变量和调节变量中心化,使用 6.10 式做层次回归分析:①做 Y 对 X 和 M 的回归,得测定系数 R_1^2;②做 Y 对 X、M 和 XM 的回归,得 R_2^2,若 R_2^2 显著高于 R_1^2,则调节效应显著。或者,作 XM 的回归系数检验,若显著,则调节效应显著。

(3)当自变量是连续变量,调节变量是类别变量时,分组回归应按 M 的取值分组,做

Y 对 X 的回归。若回归系数的差异显著,则调节效应显著。当调节变量是连续变量时,同上做 6.10 式的层次回归分析。

6.1.7　多元线性回归分析的商业应用案例

电子商务网站上商品的用户评论往往会影响该产品的用户感知,甚至进一步影响用户的购买。因此企业如果想提高其用户评论对用户形成的影响,应该分析用户评论的有用性受到哪些因素的影响。

1. 模型构建和假设形成

通过分析,我们认为评论的有用性受到评论星级和评论深度的影响,并且这种关系受到商品类型、评论极性的调节。商品类型可分为搜索型商品和体验型商品。最终形成模型假设,并将模型进一步操作化,评论极性以用户的评分来体现,评论深度以评论的字数来体现(具体的变量介绍见 3. 变量的确定)。

将评论深度(字数)、评论极性(星级)、产品类型作为自变量,将评论有用性作为因变量,评论极性、商品类型作为调节变量进行多元线性回归分析。具体操作过程如图 6 - 1所示。

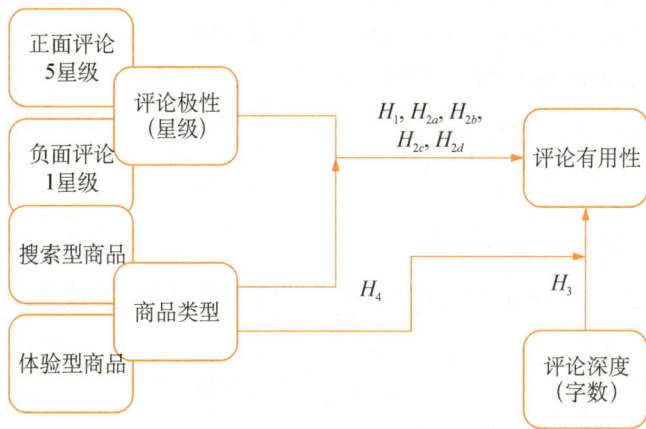

图 6 - 1　用户评论分析模型图

H_1:商品类型会为评论极性对评论有用性的影响起到显著的调节作用。对于体验型商品,中立评价的作用比极端评价更显著。

H_{2a}:负面评论的在线评论有用性大于正面评论。

H_{2b}:较体验型商品,正面评论对搜索型商品的有用性更高。

H_{2c}:较体验型商品,负面评论对搜索型商品的有用性更高。

H_{2d}:较搜索型商品,体验型商品的正面评论与负面评论的有用性差异更大。

H_3:评论深度对评论有用性具有显著的正向影响作用。

H_4:商品类型会为评论深度对评论有用性的影响起到显著的调节作用,与体验型商品相比,评论深度对有用性的正向影响在搜索型商品中更为明显。

2. 商业数据的采集

选择了卓越亚马逊(www. amazon. cn)作为数据来源,选择了体验型和搜索型两种商品类型中的 6 个大类下的 12 种商品作为研究样本。搜索型商品选择 U 盘、手机和路由器,体验型商品选择了音乐 CD、书籍和化妆品。选择这些商品是因为与其他商品相比,它们拥有大量的在线评论。先在卓越亚马逊上搜索这 6 类商品,排序方式为"人气",即在最近一段时间销量最大以便保证该商品有大量的在线评论数据,提高实验可信度。

继而对商品的基本信息和在线评论进行抓取,主要通过火车头采集器进行,共抓取约 2 210 个网页,超过 22 000 条评论。每条评论包括以下数据:①评论星级;②评论总投票数;③评论有用票数;④评论者;⑤评论时间;⑥评论文本内容。根据研究需求对采集到的在线评论进行筛选,首先保留包含有用性投票的评论,鉴于一些投票总数过低使得有用性比值具有很大偶然性,可能会对研究结果产生影响。同时剔除部分评论内容质量过低的评论,如一些只有"好"、"很好"、"差"等完全没信息量的评论。因此,剔除标准以有用性投票总数超过 3(包含 3),且评论内容字数超过 6(包含 6),共得到 2 157 条较高质量的在线评论。

3. 变量的确定

自变量:①评论星级(Star_Rating),指评论者对该商品的总体评价等级,数值范围为 1～5;②评论深度(Review_Depth),指评论文本内容所包含的信息量,用字数来衡量,是个连续值。

调节变量:①商品类型(Product_Type),0 表示体验型商品,1 表示搜索型商品;②评论极性(Review_Extremity),0 指 1 星级负面评论,1 指 5 星级正面评论。

因变量:评论有用性(Helpfulness%),用评论有用票数与总投票数的百分比值来度量,是一个 0～100 的连续值。例如,某评论共有 100 个投票,其中投有用的 40 票,则该评论的有用性为 40。

控制变量:投票总数(Total_Votes)。由于因变量是个百分比值,可能引起歧义,例如"4/10 人认为此评论有用"与"40/100 人认为此评论有用"会是不同的含义。

4. 回归方程

(1)检验 H_1、H_3、H_4 采用的回归方程:

$$
\begin{aligned}
\text{Helpfulness\%} = {}& \beta_0 + \beta_1 \text{Star\_Rating} + \beta_2 \text{Review\_Depth} + \beta_3 \text{Product\_Type} \\
& + \beta_4 \text{Total\_Votes} + \beta_5 \text{Star\_Rating} \times \text{Product\_Type} \\
& + \beta_6 \text{Review\_Depth} \times \text{Product\_Type} + \varepsilon
\end{aligned} \tag{6.11}
$$

(2)检验 H_{2a}、H_{2b}、H_{2c}、H_{2d} 采用的回归方程:

$$
\begin{aligned}
\text{Helpfulness\%} = {}& \beta_0 + \beta_1 \text{Product\_Type} + \beta_2 \text{Review\_Extremity} \\
& + \beta_3 \text{Review\_Extremity} \times \text{Product\_Type} + \varepsilon
\end{aligned} \tag{6.12}
$$

在利用 SPSS 17.0 进行数据分析,具体操作结果如图 6-2 所示,在"分析"中选择"回归",而后选择"线性",在弹出的"线性回归"窗口下对回归系数等按照图 6-3 所示进行勾选,确定即可。各指标模型输出结果如表 6-2 所示。

图 6 - 2　SPSS 中回归分析步骤图 1

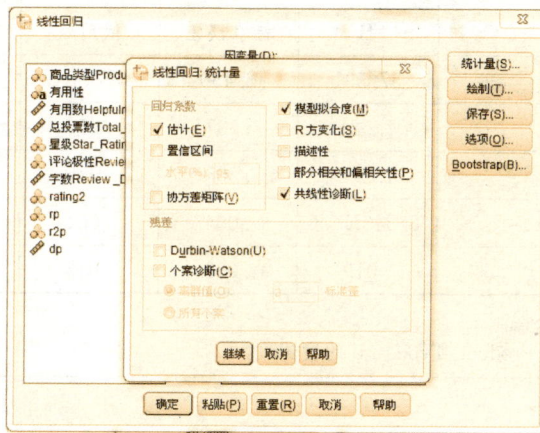

图 6 - 3　SPSS 中回归分析步骤图 2

表 6 - 2　各指标模型输出结果

模型		非标准化系数		标准系数	t	Sig.
		B	标准误差	试用版		
1	（常量）	57.502	2.916		19.719	.000
	Star_Rating	7.530	.642	.360	11.729	.000
	Star_Rating^2	1.196	.606	.366	1.974	.049
	Review_Depth	2.688E-5	.005	.001	0.006	.005
	Product_Type	26.340	3.855	.426	6.833	.000
	Total_Votes	.028	.019	.030	-1.450	.147
	Star_Rating×Product_Type	-9.004	.913	-.569	-9.866	.000
	Star_Rating^2×Product_Type	-1.574	.860	-.467	-1.831	.067
	Review_Depth×Product_Type	.017	.010	.042	1.603	.009

因变量：Helpfulness%

调整后的 $R^2 = 0.384$　p 值 = 0.000

由表 6-2 可知,调整后的 $R^2 = 0.384$,达到同类研究水平,方程拟合度一般,p 值 = 0.000 表明各指标对评论有用性存在显著的影响。

为检验 H_1,观察评论星级与商品类型的交互作用,可借助 Star_Rating $\times$ Product_Type,其值等于 0.000,表明商品类型会影响评论极性对评论有用性的作用。为进一步探究搜索型商品与体验型商品的具体调节作用,分别对其进行多元线性回归分析,结果见表 6-3、表 6-4。对于体验型商品,评论星级 Star_Rating($p = 0.000$)和 Star_Rating^2($p = 0.018$)对评论有用性有显著影响。而对于搜索型商品,其评论星级 Star_Rating($p = 0.069$)对评论有用性没有显著影响,而 Star_Rating^2($p = 0.035$)对评论有用性有显著影响。此时,假设 H_1 成立,即商品类型会使评论极性对评论有用性的影响起到调节作用,且对于体验型商品,中立评价的作用比极端评价更显著。

表 6-3   体验型商品回归结果

模型		非标准化系数		标准系数	t	Sig.
		B	标准误差	试用版		
1	(常量)	57.591	2.450		23.509	.000
	Star_Rating	7.521	.537	.356	14.014	.000
	Star_Rating^2	1.202	.505	.375	2.379	.018
	Review_Depth	8.243E−5	.004	.001	.022	.003
	Total_Votes	.019	.032	.015	.603	.547

a. 因变量:Helpfulness%
b. 仅选择那些对于其 Product_Type = 0 的案例

表 6-4   搜索型商品回归结果

模型		非标准化系数		标准系数	t	Sig.
		B	标准误差	试用版		
1	(常量)	83.787	3.154		26.563	.000
	Star_Rating	−1.463	.804	−.065	−1.818	.069
	Star_Rating^2	−.379	.753	−.103	−.503	.035
	Review_Depth	.017	.012	.051	1.419	.000
	Total_Votes	.031	.028	.040	1.123	.262

a. 因变量:Helpfulness%
b. 仅选择那些对于其 Product_Type = 1 的案例

为检验 H_3,从表 6-2、表 6-3 和表 6-4 中可看出不管是体验型商品还是搜索型商品,p 值<0.05,且系数均为正,表明评论长度越长,有用性越高,即评论深度会对评论有用性产生显著的正向影响,假设 H_3 成立。

为检验 H_4,从表 6-2 中 Review_Depth $\times$ Product_Type($p = 0.009$)可知商品类型使评论深度对评论有用性的影响起到显著调节作用,而其系数为正,则评论深度对评论有用性的正向影响作用在搜索型商品中更为明显,假设 $H4$ 成立。

商品类型与评论极性的交互影响会影响到在线评论的有用性,我们发现在体验型商品中,中立评价比极端评价(无论是正面评论还是负面评论)更有用。在线评论内容的多少能够反映评论所带有的信息量。字数越多,篇幅越长,对商品各方面的评价信息就会越多,消费者可以从中获得更加全面的信息,以便更好地做出购买决策。与体验型商品相比较,获取搜索型商品的客观信息对于消费者更加便利有用,消费者在浏览在线评论时会更多地关注字数较多的评论,从中达到了解商品优劣的目的。

6.2　Logistic 回归

6.2.1　Logistic 回归简介

线性回归中的因变量是定量变量,但是当因变量的取值为两个或两个以上的定性变量时,之前介绍的回归模型就无法解决了。而事实上,无论是在社会科学还是经济生活中,我们常常会遇到这种情况(男性还是女性?买还是不买?用户购买某商品是受何种因素影响:年龄?性别?收入水平?)。因为这些定性变量的误差项不呈现正态分布,不能够满足线性回归要求的正态分布假设,而且普通线性回归模型的预测值可能不在 0~1 之间,无法解释某件事件发生的概率。

能否建立类似于线性回归的模型,对这种数据加以分析?以最简单的二分类因变量为例来加以探讨,为了讨论方便,常定义出现阳性结果时因变量取值为 1,反之则取值为 0。例如当领导层出有女性职员、下雨、痊愈时反应变量 $y=1$,而没有女性职员、未下雨、未痊愈时 $y=0$。记出现阳性结果的频率为 $P(y=1)$,很显然,$0 \leqslant P \leqslant 1$。

为了研究各种定性因变量对结果的影响,预测在不同自变量的情况下,事件发生的概率(如用户购买概率、发病率等),我们可以采用逻辑回归(logistic regression)来分析自变量对结果的影响并进行预测。

Logistic 回归分析是对定性变量的回归分析。可用于处理定性因变量的统计分析方法还有:判别分析(discriminant analysis)、probit 模型和对数线性模型等。在社会科学中,应用最多的是 logistic 回归分析。logistic 回归分析根据因变量取值类别不同,又可以分为二元(binary)logistic 回归分析和多元(multinomial)logistic 回归分析。二元 logistic 回归模型中因变量只能取两个值 1 和 0(虚拟因变量),而多元 logistic 回归模型中因变量可以取多个值。

Logistic 回归属于多重变量分析的范畴,其实质是利用概率的形式,通过 logit 函数变换,将自变量与非连续性的因变量的关联转化为特定的对数线性关系。这种回归方法一方面避免了对变量类型和变量分布的严格限定,另一方面又能保留线性回归的直观性,从而更好地对因变量的影响因素进行分析和筛选,对因变量的产生进行描述和预测。

6.2.2 Logistic 回归的目的与用途

Logistic 回归的用途可归纳为三个方面：

（1）寻找影响因素：根据不同的研究目的，分析寻找影响研究结果的因素，即寻找影响定性因变量的自变量。

（2）预测：建立 logistic 回归模型，根据模型，预测在不同的因变量情况下，发生某些情况的概率有多大。如银行可以根据用户的年龄、性别、购房、贷款信息等预测客户还款情况。

（3）判别：实际上跟预测有些类似，也是根据 logistic 模型，判断人们可能的行为，还以银行还款为例，即根据模型判别该用户还款的几率有多大。

6.2.3 Logistic 回归模型

1. 二元 logistic 回归模型

假设某一事件 Y 可能有两种结果，发生 $(Y = 1)$ 和不发生 $(Y = 0)$，该事件成功的概率 $P = Pr(Y = 1)$ 可以用 logistic 模型表示为：

$$\ln(P/(1 - P)) = \beta_0 + \beta_1 X_1 + \beta_2 X_2 + \cdots + \beta_k X_k$$

上式可推出：

$$P = 1/(1 + \exp(-(\beta_0 + \beta_1 X_1 + \beta_2 X_2 + \cdots + \beta_k X_k))$$

β_0 为截距；X_j 和 $\beta_j = 1, 2, \cdots, k$ 是第 j 个自变量和该自变量的待估系数。回归系数的大小和符号可以揭示不同自变量与发生概率直接关系。

2. 多元 logistic 回归模型

当 $Y = 1, 2, 3, \cdots, n$ 时，使用如下模型：

$$\ln \frac{P}{1 - P} = \alpha + \sum_{j=1}^{k} \beta_j X_j$$

α 代表截距大小，β_j 为回归系数，X_j 代表独立变量。

6.2.4 Logistic 回归的分析步骤

1. 定义业务目标

定义业务目标是根据研究目的确定因变量和自变量。例如，与客户购买保险产品行为有关的因变量包括年龄、性别、文化程度、收入、健康状况、对风险的认识等，可以赋予这些因变量的值有 1 或 0。自变量是指那些对因变量有影响的变量，要根据经验和实际研究情况来确定，以客户购买保险产品行为为例，自变量可能是客户所处的行业、地区、宗教信仰等。

2. 估计回归系数

Logistic 回归系数一般由极大似然法(maximum-likelihood method)估算,以便估计的 P 当 $Y = 0$ 时接近 0, $Y = 1$ 时接近 1。自变量的取舍通常根据极大似然比(MLR)或者协方差近似估计(ACE)以逐步回归的方式进行。通常从数据中选取 60%～70% 的样本作为估计回归系数的建模样本,其余的作为检验模型拟合情况的验证样本。

3. 显著性检验

当回归系数不是很大时,可以用沃氏检验(Wald test)检验其显著水平。该统计量是建立在极大似然法估计的近似正态分布基础上,可用下式估算:

$$W = (\beta_j / s.e.(\beta_j))^2$$

β_j 是某个预测变量的 logistic 回归系数估计值, $s.e.(\beta_j)$ 是该系数的标准误差。Wald 统计量呈卡方分布,如果预测变量时定量变量,其自由度为 1,如果预测变量是分类变量,其自由度为类别数减 1。

实际上,也可以用参数估计值除以其标准误差计算 t 值,然后用 t 检验对参数为 0 的假设进行检验,其自由度为样本数减估计的参数个数。大样本时可以用 z 检验。

4. 解释结果

截距决定假设所有变量值为 0 时事件发生的概率。回归系数表示事件发生概率与 X_j 之间的关系。$\beta_j > 0$,表示 X_j 与事件发生概率正相关;$\beta_j < 0$,表示负相关;$\beta_j = 0$,表示 X_j 与事件发生概率无关。

6.2.5　Logistic 回归案例

1. 确定业务目标

Logistic 回归模型可用于解决银行对用户提前还贷款情况的预测。我们首先从企业业务视角定义业务目标:
(1) 预测房贷客户提前还款的可能性;
(2) 分析客户提前还款的特征;
(3) 减少客户提前还款率。

2. 定义目标变量

解决该问题的原理为,通过房贷的基本属性和客户历史行为预测客户未来提前还款的可能性。表现期为标识客户未来是否提前还款的时间段(3 个月)。模型目标为预测客户未来三个月大幅提前还款。

表6-5 目标变量及含义

分析维度	变量	统计口径
客户基本信息	客户号	
	房贷合同号	
	年龄	
	性别	
	地域	分行
	婚姻状况	
	教育背景	
	职业	
	公司类型	国有企业/外资/民营
	行业	
	工作年限	
	户籍性质(本地异地)	
财务信息	90天日均资产指数	
	AUM时点余额(含房贷)	
	AUM时点余额(不含房贷)	
	AUM月日均余额(含房贷)	
	AUM月日均余额(不含房贷)	
	AUM最近三个月月日均余额平均值(含房贷)	
	AUM最近三个月月日均余额平均值(不含房贷)	
	AUM最近六个月月日均余额平均值(含房贷)	
	AUM最近六个月月日均余额平均值(不含房贷)	
	个人月收入-房贷	
	个人月收入-信用卡	
	家庭年收入	
	供养人口	
	公积金月缴存金额	

续　表

分析维度	变量	统计口径
	补充公积金公积金月缴存金额	
	参贷人公积金月缴存金额	
	参贷人补充公积金月缴存金额	
	参贷人月收入	除主贷人外,月收入最高者
银行往来关系	开户时长	开立客户号到现在的时长
	交叉销售指数	零售数据集市 8 大类产品线
	拥有产品数	10 个产品
	拥有零贷产品数	个贷系统现有产品中客户持有的产品数量
	客户签约品牌	沃德/交银/快捷/其他
购房信息	是否首套房	
	是否首套房贷	
	房贷套数	客户号下所有房贷笔数,包括已结清和未结清
	未结清房贷套数	
	房屋面积	
	是否新房	是否一手房
	房龄	
	房屋类型	公寓/别墅
	抵押物评估价值	
贷款申请信息	房屋交易价格	
	贷款本金	
	首付金额	
	是否组合贷款	若"(贷款本金+首付金额)×1.01<房屋交易价格",则为组合贷款
	商业贷款金额占贷款总金额比率	
	贷款年限	
	贷款成数	
	初始利率	合同申请利率

共设计开发 182 个变量,涵盖客户基本信息、财务信息、银行往来关系、产品持有、签约信息、购房信息、贷款申请信息、还款信息、产品余额、产品交易、流动性资产结构等方面信息。

3. 建模算法

Logistic 回归模型的一般形式为:

$$\ln\left(\frac{P}{1-P}\right) = \alpha + \sum_{i=1}^{k} \beta_i X_i \tag{6.13}$$

其中 P 是流失概率,α 代表截距大小,β_j 为回归系数,X_i 代表独立变量。

因为该案例数据来源于某商业银行数据仓库,利用 logistic 回归分析的结果如表 6-6 所示:

表 6-6 Logistic 回归结果表

Parameter	DF	Estimate	Standard Error	Wald Chi-Square	Pr>ChiSq
Intercept	1	−1.654 1	0.057 2	834.983 8	<.000 1
年龄	1	−0.009 74	0.000 835	135.910 2	<.000 1
拥有账户数	1	−0.095 4	0.003 42	778.036 2	<.000 1
当月交叉销售率	1	−0.056 6	0.013 7	17.037 5	<.000 1
资产类产品当月借方交易金额相对于最近六个月借方交易金额平均值比率	1	0.046 2	0.007 35	39.574 1	<.000 1
非活存类资产最近一次贷方交易距今时长	1	0.031 9	0.001 99	258.328 2	<.000 1
沃德客户签约标识	1	−0.541 5	0.022 5	580.379 5	<.000 1
保有期限(月)	1	−0.003 16	0.000 232	186.33	<.000 1
基金最近一年借方交易次数占交易次数占比	1	0.690 3	0.055	157.757	<.000 1
三存最近一年借方交易金额占交易金额占比	1	−1.481 5	0.060 1	607.407 9	<.000 1
最近一个月活存取款金额大于次数	1	0.149 1	0.005 1	855.159	<.000 1
国债持有标识	1	−0.982 5	0.089 2	121.230 1	<.000 1
最近三个月产品销户数	1	0.493 2	0.028 8	292.731 1	<.000 1

Analysis of Maximum Likelihood Estimates

续　表

Analysis of Maximum Likelihood Estimates

Parameter	DF	Estimate	Standard Error	Wald Chi-Square	Pr>ChiSq
贵金属持有标识	1	−1.357 2	0.091 3	221.128 7	<.000 1
最近三个月转账,取现金额占 90 天日均资产比率	1	0.119 3	0.017 3	47.611 6	<.000 1
投资理财产品持有标识	1	−0.447 7	0.029 6	229.523 5	<.000 1
月日均资产大于 90 天日均资产 2 倍标识	1	0.636 3	0.038 3	276.488 4	<.000 1
月日均资产大于过去 12 个月月均资产 2 倍标识	1	1.046 5	0.023 2	2 035.714 5	<.000 1

根据表 6-6 可以看出,表中所有的变量均显著,即认为这些因素都会影响客户的还款。具体的指标解释如下:

表 6-7　指标解释

变量名	分析维度	业务解释
年龄	基本信息	年轻人流失概率较高
拥有账户数	银行相关信息	账户数,产品数越多,开户时间长的客户流失概率小
当月交叉销售率		
保有期限(月)		
沃德客户签约标识	客户签约信息	沃德签约客户流失概率较低
国债持有标识	持有标识	投资理财客户,国债、贵金属持有客户流失概率较低
贵金属持有标识		
投资理财产品持有标识		
月日均资产大于 90 天日均资产 2 倍标识	资产上升	最近一个月资产大幅上升的客户流失概率大
月日均资产大于过去 12 个月月均资产 2 倍标识		
资产类产品当月借方交易金额相对于最近六个月借方交易金额平均值比率	借方交易金额上升	借方交易额上升的客户流失概率大

续　表

变量名	分析维度	业务解释
基金最近一年借方交易次数占交易次数占比		
三存最近一年借方交易金额占交易金额占比		
非活存类资产最近一次贷方交易距今时长	最近一次贷方交易距今时长	贷方交易时间距今越长,越容易流失
最近一个月活存取款金额大于次数	跨行转账,取现,大额取款	跨行转账,大额取款的客户流失概率较大
最近三个月转帐,取现金额占 90 天日均资产比率		
最近三个月产品销户数	销户数	近期有销户行为的客户流失概率较大

从而可得到可能提前还款的用户特征为:

(1) 产品数和账户数较少;

(2) 开户时间较短,年龄偏小;

(3) 贷方交易不活跃;

(4) 借方交易次数较多;

(5) 大额资金转出或取现;

(6) 销户数增加。

可根据这些特征对用户采取挽留的措施。

6.3　时间序列分析

时间序列分析方法的目的是在历史资料中发现规律性的轨迹,然后将这个轨迹推到未来。时间序列分析方法主要用于预测。

6.3.1　时间序列的构成要素和分析步骤

1. 概念

时间序列,也叫时间数列,它是把不同时间状态下的统一指标按照时间的先后顺序排列得到的数列。时间序列中取值的时间间隔可以是年份、季度、月份、天或小时等其他时间形式。所取数值可以是瞬间值,我们称之为时点值,如某一天 12:00 时的网页点击量;也可以是某一阶段的累加值,即时期值,如超市的年营业额。

2. 时间序列的构成要素

时间序列数值随着时间的统计特性呈现出多样化的规律和特征。为了把握时间序列数值的规律,传统统计学在研究大量实例后发现,按其特点和综合影响结果将时间序列分为四种不同的成分。一个时间序列往往是这四种要素的叠加或耦合。

(1) 长期趋势(long-term trend, T)。即时间序列朝着一定的方向持续上升、下降或停留在某一水平上的倾向,它反映了客观事物的长期变化趋势。

(2) 季节变动(seasonal component, S)。是指时间序列在一年中或更短时间内呈现出的固定规则的变动。

(3) 循环变动(cyclical component, C)。通常是指周期为一年以上,由非季节因素引起的涨落起伏波形相似的波动。循环变动不同于趋势变动,它不是朝着单一方向的持续变动,而是涨落相间的交替波动;也不同于季节变动,季节变动有比较固定的规律,且变动周期多为一年,而循环变动则无固定规律,变动周期多在 1 年以上,且周期时间长短不一。

(4) 不规则变动/随机变动(irregular component, I)。通常分为突然变动和随机变动。所谓随机变动是指随机因素产生的影响。突然变动是指战争、自然灾害或是其他社会因素等意外事件引起的变动。

时间序列由以上四种成分根据其间的关系进行组合而成。组合的方式主要有两种,一种是加法模型,另外一种是乘法模型。

加法模式是假定时间序列是基于四种成分相加而成的,彼此不存在相互影响,如长期趋势并不影响季节变动。若以 Y 表示时间序列,则加法模型为:

$$Y = T + S + C + I \tag{6.14}$$

乘法模型的基本假设是,四个因素因不同的原因形成,但相互之间存在一定的关系。因此,时间序列中各观察值表现为各种因素的乘积。若以 Y 表示时间序列,则乘法模型为:

$$Y = T \times S \times C \times I \tag{6.15}$$

3. 时间序列分析的步骤

(1) 收集、整理历史资料,编成时间序列,并根据时间序列绘成统计图;

(2) 分析时间序列,确定时间序列的构成要素和组合模式;

(3) 选择合适的预测方法和预测模型,进行曲线拟合;

(4) 利用选定的模型进行预测;

(5) 测算预测误差。

6.3.2　时间序列分析预测方法

时间序列预测的方法可以分为倾向线的拟合和倾向线的逐步修正。倾向线的拟合可用公式 6.1 中提到的线性回归或曲线估计等方程去拟合时间序列数据,根据模型再进行预测;倾向线的逐步修正则是先对时间序列数据进行修匀,发现其中的波动,从而进行预测。倾向线的逐步修正方法主要包括算数平均法、移动平均法、指数平滑法,针对季节波动还有季节分解法。本节主要介绍指数平滑法和季节分解法。

1. 指数平滑法

(1) 指数平滑法简介

指数平滑法是生产预测中常用的一种方法。也用于中短期经济发展趋势预测,据平滑次数不同,指数平滑法分为:一次指数平滑法、二次指数平滑法和三次指数平滑法等。

当时间序列无明显的趋势变化,可用一次指数平滑预测。二次指数平滑是对一次指数平滑的再平滑,它适用于具线性趋势的时间数列。三次指数平滑预测是二次平滑基础上的再平滑。

一次平滑指数基本模式为:

$$\hat{Y}_{t+1} = \alpha Y_t + (1-\alpha)\hat{Y}_t \tag{6.16}$$

式中 $\hat{Y}_{t+1}$ 表示时间序列 $t+1$ 期趋势值,Y_t 表示时间序列 t 期的实际值,$\hat{Y}_t$ 表示时间序列 t 期的趋势值,α 为平滑系数($0<\alpha<1$)。在实际应用中,α 的值是根据时间序列的变化特征来选取的。若时间序列的波动比较平稳,α 的值应该取小一些,一般在 0.1~0.3 范围内;若时间序列具有迅速的变动倾向,则 α 应该取得大一些,在 0.6~0.9 之间。实际上 α 是一个经验值,可以通过多个 α 进行试算比较,哪个 α 的预测误差小就采用哪个。

(2) 指数平滑法案例

表 6-8 是一家制鞋公司在 2010 年~2012 年,皮鞋、雨鞋和胶鞋的销售量数据(单位:双)。由图 6-4、图 6-5、图 6-6 可知,各类鞋子的时间数列无明显的趋势变化,故本文将选用一次平滑指数计算皮鞋、雨鞋、和胶鞋在 2013 年一月的销售数量。这里的 α 值选定为 0.4。

表 6-8　某制鞋公司销售量

年	月	皮鞋	雨鞋	胶鞋
	1 月	3 621 727	131 620	548 698
	2 月	3 853 100	141 371	553 662
	3 月	5 349 094	149 476	518 149
	4 月	5 618 165	173 558	604 117
2010 年	5 月	3 507 220	138 156	544 275
	6 月	3 763 738	166 410	678 198
	7 月	3 001 728	125 304	470 635
	8 月	2 869 346	123 707	477 573

续　表

年	月	皮鞋	雨鞋	胶鞋
	9 月	3 034 814	114 782	418 091
	10 月	3 034 814	114 782	418 091
	11 月	2 284 113	77 327	356 185
	12 月	3 045 305	81 269	490 432
2011 年	1 月	1 495 710	48 551	245 323
	2 月	2 393 815	87 461	404 294
	3 月	3 235 161	102 035	479 018
	4 月	3 372 898	131 961	509 426
	5 月	4 294 588	134 739	551 142
	6 月	2 927 532	102 603	460 005
	7 月	1 762 303	76 021	325 710
	8 月	2 912 535	105 069	600 395
	9 月	3 078 660	115 867	555 577
	10 月	3 420 469	135 682	626 733
	11 月	3 780 676	143 497	628 116
	12 月	3 730 319	114 330	561 296
2012 年	1 月	4 649 011	183 160	706 615
	2 月	3 459 665	133 915	541 954
	3 月	6 843 754	232 563	613 897
	4 月	5 137 744	172 950	638 725
	5 月	4 178 520	173 264	759 090
	6 月	1 977 812	74 785	274 966
	7 月	5 400 369	215 275	958 602
	8 月	4 145 291	151 815	609 140
	9 月	4 319 709	156 592	867 657
	10 月	4 626 432	170 668	647 999
	11 月	4 116 106	131 881	560 998
	12 月	4 094 489	131 693	329 074

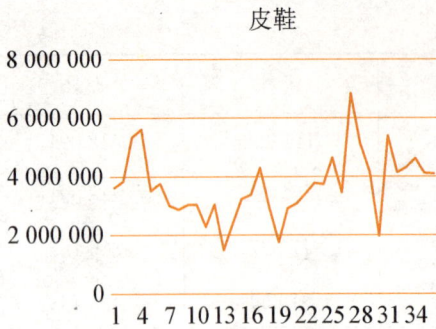

图 6-4　皮鞋的销售量

图 6-5　雨鞋的销售量

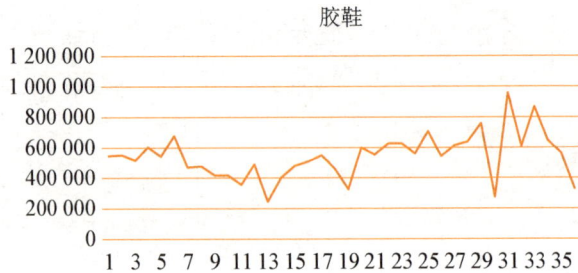

图 6-6　胶鞋的销售量

　　使用 SPSS 进行指数平滑的过程如下,首先需要定义时间序列,在菜单"Data"下选择"Define Dates",然后定义时间序列的格式,以及第一个数据对应的起始时间。然后采用序列图来看这三类鞋销量是否存在趋势,操作为:在菜单"analyze"下面选择"Forcasting"的"sequence chart",选择三种鞋类对应的变量,具体的序列图见图 6-7。

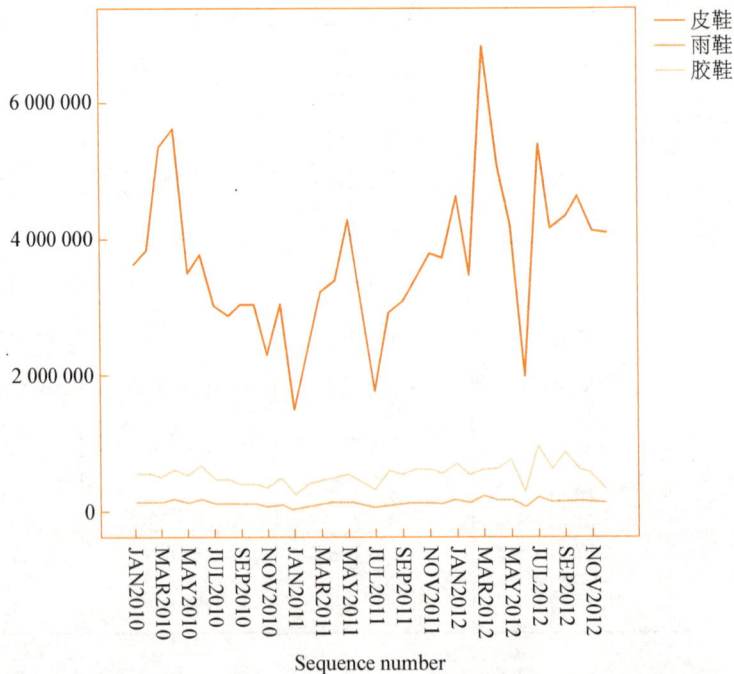

图 6-7　三类鞋销量序列图

　　观察三类鞋的销售波动,并没有发现时间序列数据存在明显的长期趋势波动或季节波动,因此我们可以直接用一次指数平滑来进行预测。具体的操作如下:在菜单"analyze"下面选择"Forcasting"的"create models",假如要预测皮鞋 2013 年 1 月的销量,可以选择变量"皮鞋"作为因变量,在下面的"method"部分选择"Exponential smoothing"(指数平滑法)。

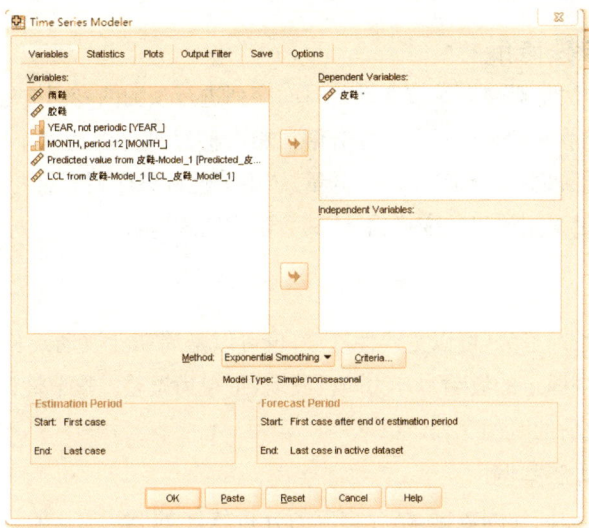

图 6 - 8　SPSS 指数平滑法的操作图

　　要对未来的销量进行预测,还需要在选项卡"save"和"options"中进行设置,在"save"中,要选择预测的值是单个值还是平均值,是点预测还是区间预测,在"options"中选择"First case after end of estimation period through a specified date",并在下面输入要预测的截至时间,则可在数据表中看到新增的预测数据。图 6 - 9 的最后一行为皮鞋销量的单个值预测结果,即 2013 年 1 月皮鞋的销量为 4 235 011 双。同样按上述步骤可得到雨鞋和胶鞋的预测值。根据需要还可以选择区间预测。

	皮鞋	雨鞋	胶鞋	YEAR_	MONTH_	DATE_	Predicted_皮鞋_Model_1
19	1762303.00	76021.00	325710.00	2011	7	JUL 2011	3219300.97
20	2912535.00	105069.00	600395.00	2011	8	AUG 2011	2761683.80
21	3078660.00	115867.00	555577.00	2011	9	SEP 2011	2809063.48
22	3420469.00	135682.00	626733.00	2011	10	OCT 2011	2893738.96
23	3780676.00	143497.00	628116.00	2011	11	NOV 2011	3059175.50
24	3730319.00	114330.00	561296.00	2011	12	DEC 2011	3285785.99
25	4649011.00	183160.00	706615.00	2012	1	JAN 2012	3425405.91
26	3459665.00	133915.00	541954.00	2012	2	FEB 2012	3809718.52
27	6843754.00	232563.00	613897.00	2012	3	MAR 2012	3699772.93
28	5137744.00	172950.00	638725.00	2012	4	APR 2012	4687241.52
29	4178520.00	173264.00	759090.00	2012	5	MAY 2012	4828736.34
30	1977812.00	74785.00	274966.00	2012	6	JUN 2012	4624514.94
31	5400369.00	215275.00	958602.00	2012	7	JUL 2012	3793232.58
32	4145291.00	151815.00	609140.00	2012	8	AUG 2012	4298005.57
33	4319709.00	156592.00	867657.00	2012	9	SEP 2012	4250040.64
34	4626432.00	170668.00	647999.00	2012	10	OCT 2012	4271922.23
35	4116106.00	131881.00	560998.00	2012	11	NOV 2012	4383267.45
36	4094489.00	131693.00	329074.00	2012	12	DEC 2012	4299356.79
37				2013	1	JAN 2013	4235011.46

图 6 - 9　SPSS 时间序列份分析中的预测结果

对于存在长期变动趋势的时间序列,可以在利用二次指数平滑和三次指数平滑的基础上建立线性模型进行预测。具体如图6-8中所示的在选择指数平滑法时,点击旁边的"criteria"可选择所需的模型。这里就不再赘述。

2. 季节分解法

(1) 季节分解法简介

季节趋势预测法是对包含季节变动的时间序列进行预测的专门方法。为此首先要研究时间序列中的季节变动规律。季节性分解法将时间序列分解为4个部分,或称为4个分量,即"趋势分量"、"季节分量"、"随机分量"、"季节性调整序列分量"。趋势分量采用多项式拟合,季节分量采用傅里叶变换估计,其数学表达式为:

$$Y_t = f(T_t, S_t, I_t) \tag{6.17}$$

式中 T_t 代表长期趋势(可以是线性趋势,也可以是周期性波动或长周波动),S_t 为季节因子(幅度和周期固定的波动),I_t 为随机波动,可视为误差。季节性调整序列分量是消除了季节性要素之后的时间序列。

(2) 季节分解法案例

本例以具体的时间序列数据,结合相应的分析软件 SPSS 17.0 的计算过程来展示季节分解的步骤,探讨季节变动中的规律,然后选用恰当的模型做季节趋势预测。

① 整理好的时间序列为某伞具公司 2009~2012 年 48 个月的销售数据

表 6-9   伞具公司销售数据

年份	月份	销售额(万元)	年份	月份	销售额(万元)	年份	月份	销售额(万元)
2009	1	477.9	2010	5	590	2011	9	703
2009	2	397.2	2010	6	604.8	2011	10	685.8
2009	3	207.3	2010	7	564.9	2011	11	703.3
2009	4	512.2	2010	8	575.9	2011	12	722.4
2009	5	527	2010	9	613.9	2012	1	681.9
2009	6	545	2010	10	614.7	2012	2	567.7
2009	7	494.7	2010	11	646.7	2012	3	737.7
2009	8	502.5	2010	12	655.3	2012	4	739.6
2009	9	536.5	2011	1	645.7	2012	5	759.6
2009	10	533.5	2011	2	565.4	2012	6	794.8
2009	11	553.6	2011	3	695.7	2012	7	719
2009	12	543.9	2011	4	712	2012	8	734.8
2010	1	518.6	2011	5	723.1	2012	9	776.2
2010	2	460.9	2011	6	743.2	2012	10	782.5
2010	3	563.7	2011	7	678.9	2012	11	816.5
2010	4	570.5	2011	8	676	2012	12	847.4

② 画出数据趋势图,粗略判断数据变动特点

依次单击菜单"分析—预测—序列图",打开"序列图"对话框,在打开的对话框中将"销售额"选入"变量"列表框,单击"OK"按钮,生成如图 6-10 所示的销售额趋势图。从趋势图可以明显看出,时间序列的特点为:呈线性趋势、有季节性变动,季节波动随着趋势增加而加大。

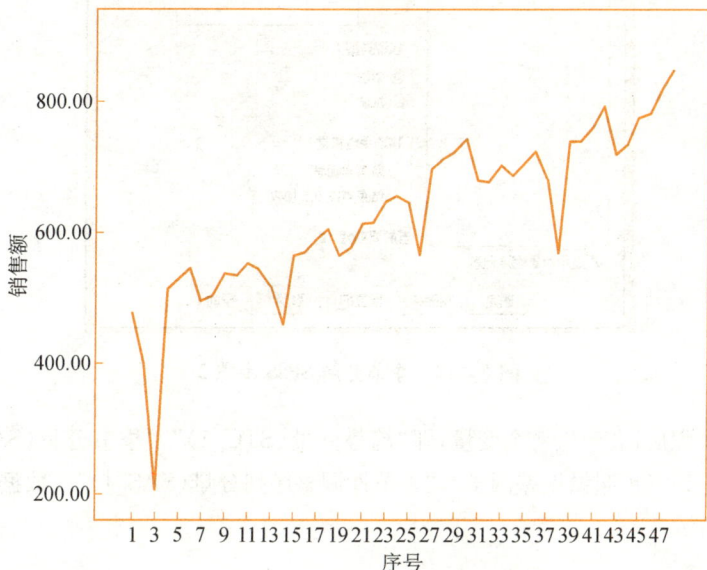

图 6-10　雨具公司销售趋势图

③ 模型估计——季节分解模型

根据时间序列的特点,我们对数据做季节性分解,包括定义日期、季节性分解、画出序列图和季节趋势预测四个步骤。

定义日期:在 SPSS 中依次单击菜单"数据—定义日期—年份、月度",在对话框的右侧定义数据的启示年份和月份,定义完毕后,单击"确定",在数据集中生成日期变量(图6-11)。

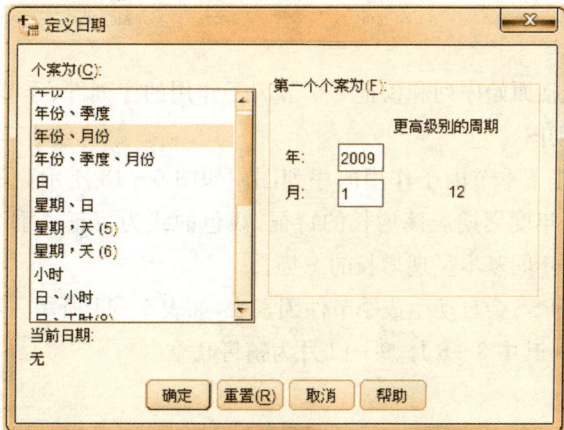

图 6-11　季节分解 SPSS 步骤 1

季节性分解：点击"分析—预测—季节性分解"，打开"季节性分解"对话框，进行如下设置，选择乘法模型，如图 6-12 所示。

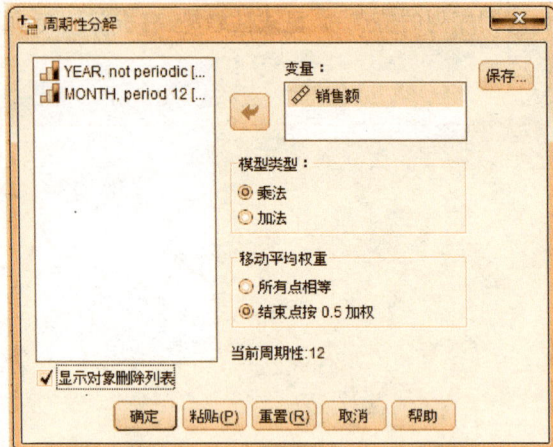

图 6-12　季节分解 SPSS 步骤 2

在这一步骤后，会产生 4 个变量，即"趋势分量（STC_1）"、"季节分量（SAF_1）"、"随机分量（ERR_1）"（也叫做误差因子），"季节性调整序列分量（SAS_1）"。数据文件的列表如表 6-10 所示。

表 6-10　季节分解 SPSS 步骤 3

	销售额	YEAR_	MONTH_	DATE_	ERR_1	SAS_1	SAF_1	STC_1
1	477.90	2009	1	JAN 2009	1.27874	494.51912	.96639	386.72225
2	397.20	2009	2	FEB 2009	1.21341	472.36739	.84087	389.29077
3	207.30	2009	3	MAR 2009	.50956	200.98581	1.03142	394.42782
4	512.20	2009	4	APR 2009	1.15511	500.22368	1.02394	433.05353
5	527.00	2009	5	MAY 2009	1.07625	507.19166	1.03905	471.25809
6	545.00	2009	6	JUN 2009	1.00356	508.08836	1.07265	506.28702
7	494.70	2009	7	JUL 2009	.98562	502.13791	.98519	509.46469
8	502.50	2009	8	AUG 2009	.99465	513.43526	.97870	516.19466
9	536.50	2009	9	SEP 2009	1.00670	528.52958	1.01508	525.01429
10	533.50	2009	10	OCT 2009	1.00777	536.02287	.99529	531.89195
11	553.60	2009	11	NOV 2009	1.00638	538.48574	1.02807	535.07257
12	543.90	2009	12	DEC 2009	.99059	531.49306	1.02334	536.54052
13	518.60	2010	1	JAN 2010	.99497	536.63447	.96639	539.34998
14	460.90	2010	2	FEB 2010	1.00689	548.12218	.84087	544.37215
15	563.70	2010	3	MAR 2010	.99277	546.53016	1.03142	550.51267

画出序列图：包括原始序列和校正了季节因子作用的序列图、季节因子图、趋势成分图以及随机成分波动图。

原始序列和校正了季节因子作用的序列图。如图 6-13 所示。深色的线为原始序列，体现了销售额呈年度周期震荡增长的特征，浅色的线为校正了季节因子作用的序列图，显示销售额在 4 年间基本呈现增长的态势。

季节因子图。SPSS 会自动生成季节性因素表，如表 6-11 所示。可发现销售额在每年内呈周期性波动。其中 3～6 月、9～12 月为销售旺季。

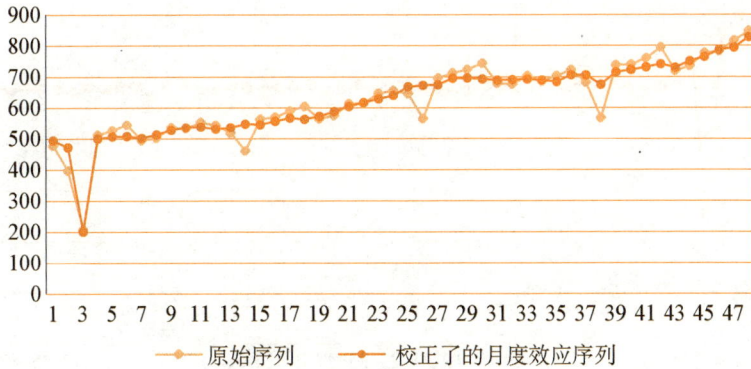

图 6-13　原始序列和校正了季节因子作用的序列图

表 6-11　季节性因素表

期间	季节性因素(%)	期间	季节性因素(%)
1	96.6	7	98.5
2	84.1	8	97.9
3	103.1	9	101.5
4	102.4	10	99.5
5	103.9	11	102.8
6	107.3	12	102.3

趋势成分图。图 6-14 为趋势成分图,趋势成分图反映公司销量在四年间呈稳步增长的状态,但增速缓慢。

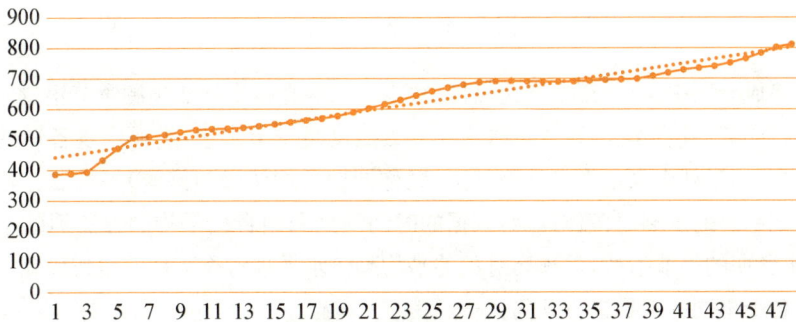

图 6-14　趋势成分图

随机成分波动图。如图 6-15 所示,随机成分波动图除了在 2009 年 3 月份出现较大落差外都呈现平稳态势,主要原因是 2009 年的 3 月份该雨具公司受到重大事件影响。

季节趋势预测:根据上述的季节性因素表和直观的原始序列图,可以判断销售数值受到季节变动的影响。可以使用季节趋势进行预测。

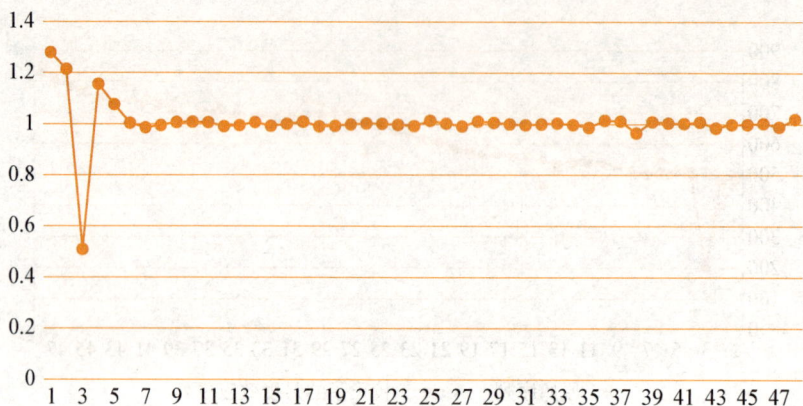

图 6-15　随机成分波动图

如图 6-16 所示,季节变动相对稳定,每个季节周期的同一个阶段,其规律特征基本不变。为此,季节预测中的季节因子一般采用同季的平均季节指数。

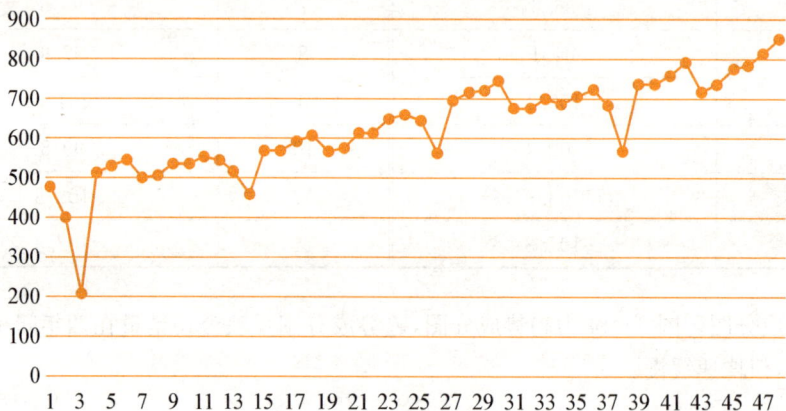

图 6-16　季节因子图

从趋势成分图中发现,销量增速缓慢,故本文采取直接平均法预测季节销量。直接平均法是通过同期(月或季度)数值直接平均的方法度量季节水平,进而求解各期的季节指数,预测出时间序列未来水平的预测方法,又称同期平均法、按月(季)平均法。这种方法不考虑长期趋势的影响,直接对原始数据的时间序列采用直接平均的方法消除不规则变动,计算出各期的季节指数,对预测对象的平均趋势水平进行季节性调整或预测。重点是对周期内各个不同的水平进行预测。

计算公式:

$$下一年第~k~期预测水平 = 年期平均水平 \times 第~k~期季节指数 \qquad (6.18)$$

计算 2013 年 3 月销售额 S:

$$S = \frac{207.3 + 563.7 + 695.7 + 737.7}{4} \times 103.1\% = 568(万元) \qquad (6.19)$$

6.4　交叉影响分析法

6.4.1　交叉影响分析法概述

交叉影响分析法，就是根据若干个事件之间的相互影响关系，分析当某一事件发生时，其他事件因受到影响而发生何种形式变化的一种方法。由于事件之间的相互影响关系通常用矩阵的形式来表达，而各个事件的变化程度又是用概率值来描述，故这种方法又可称为交叉影响矩阵法或交叉影响概率法。交叉影响分析法是美国学者戈登和海沃德于 1968 年在专家评分法和主管概率法的基础上创立的一种定性预测方法。它试图解决的核心问题是，是否有可能通过把握未来事件的相互影响来预测未来。这种方法通过主观估计每个事件在未来发生的概率，以及事件之间相互影响的概率，利用交叉影响矩阵考察预测事件之间的相互作用，进而预测目标事件未来发生的可能性。它的价值在于把大量可能结果进行有系统的整理，以此提高决策者对复杂现象的认识程度，从而提升有效制定计划和政策的能力。

若干个事件之间的相互影响关系通常分为有影响、无影响，有影响又可分为正影响、负影响。其中，有影响表示某一事件的发生会引起另一事件发生的概率发生变化；无影响表示某一事件的发生不引起另一事件发生的概率发生变化（或者变化极小，可以忽略不计）；正影响表示某一事件的发生会使受影响的另一事件发生的概率提高；负影响表示某一事件的发生会使受影响的另一事件发生的发生概率降低。

交叉影响分析法除了要定性地研究事件之间有影响或无影响、正影响或负影响外，还要定量研究事件之间影响的程度。交叉影响法是研究一系列事件 $E_j(E_1，E_2，\cdots，E_n)$ 及其概率 $P_j(P_1，P_2，\cdots，P_n)$ 之间的相互关系，其基本原理是：先对这一系列未来可能发生的事件 E_j 用两种不同概率进行描述，第一种概率是每一事件将会发生的概率 P_j，称为初始概率，第二种概率是任何一个事件的发生影响到其他事件发生的概率 P_{ij}（事件 E_i 对 E_j 的影响概率），称为交叉影响概率；其次，利用随机数字考察各事件是否发生，如发生，就根据戈登提出的经验公式计算已发生事件对其他诸事件的交叉影响而产生的过程概率 P_j'，全部事件均考察到为完成一次实验；通过多次试验，最后由试验中各事件发生的次数与试验总次数对比求得各事件在未来最终发生的概率 P_j^*，称为校正概率。试验次数越多，校正概率越稳定，预测效果就越理想。海量计算成为使用该方法的必要条件。人力和传统的计算工具都无法承担这项工作。该方法创立者的试验是通过一大堆的卡片和骰子来完成的，一个影响因素不多的应用也需要耗费长久的时间。最终，计算机的出现和普及使它有了实践应用的可能。海尔默于 1970 年代将现代计算机技术的算法引入到交叉影响分析中，使得交叉影响分析方法进行实证研究成为可能。

6.4.2　交叉影响分析法的实施步骤

第一步：确定目标事件中相互间存在重要影响关系的各事件及其相互之间的影响关系。以一个目标事件 E_1 受到两个相关事件 E_2、E_3 影响为例，将事件影响关系按照有利发生(+)、不利发生(-)及没有影响(/)分类,其影响关系矩阵如表6-12。

表6-12　各事件相互影响关系矩阵

事件	对其他事件的影响 A		
	E_1	E_2	E_3
E_1	/	+	-
E_2	-	/	+
E_3	+	+	/

第二步:评定各事件的初始概率 P_j,见表6-13。

表6-13　各事件相互影响关系及初始概率

事件	初始概率 P_j	对其他事件的影响 A		
		E_1	E_2	E_3
E_1	0.75	/	+	-
E_2	0.5	-	/	+
E_3	0.25	+	+	/

第三步:评定各事件的相互影响概率 P_{ij}。

比如将影响程度分为五等,分别赋以0~1之间的数值(S)(表6-14),结合之前确定的影响方法判定(A),可以计算出相互影响概率,从而得到完成的相互影响矩阵(表6-15)。

表6-14　影响程度赋值表

交叉影响程度分类	赋值 S	交叉影响程度分类	赋值 S
无影响	0	强影响	0.75
弱影响	0.25	极强影响	1
中影响	0.5		

表6-15　完整的相互影响关系矩阵

事件	初始概率 P_j	对其他事件的影响 AS		
		E_1	E_2	E_3
E_1	0.75	0	+0.5	-0.5
E_2	0.5	-0.25	0	+0.75
E_3	0.25	+0.5	+0.25	0

第四步:通过随机取样的方式进行试验,一次试验的完成过程如下:

(1) 从全部事件集合中随机抽取一个事件,如 E_1;

(2) 用随机数法确定事件 E_1 是否发生,即从0~99中随机抽取一数 i,与事件 E_1 的初始概率 P_1 相比较,如果 $i > 75$,则事件 E_1 不发生;如果 $i < 75$,则事件 E_1 将发生;

(3) 如果随机抽取的事件 E_1 不发生,将不影响其他事件,其他事件的初始概率均不改变。如果随机抽取的事件 E_1 发生,将影响其他事件,受其影响的各事件的概率将按照相互影响关系矩阵,利用公式计算过程 P'_j。过程概率 P'_j 将在该次试验中取代相互影响关系矩阵中的初始概率 P_j。

(4) 在没有被抽到的事件中重复上述三个步骤,直至全部事件都被随机抽取到,方完成一次试验。

第五步:将过程概率 P'_j 全部恢复为初始概率 P_j,进行下一次试验。通过多次反复试验,最后由各事件发生的次数与试验总次数相比,得到该事件的校正概率 P^*_j,用 P^*_j 代替 P_j,结合结论分析进行策略性决策。

6.4.3　交叉影响分析法应用实例

1. 工程项目风险事件等级的评定[①]

假设某个工程项目在开发建设阶段有以下五个风险事件:成本超支、工期延误、设计不当、劳资纠纷、施工效率低下。风险等级确定,根据行业经验确定风险事件等级的划分范围(表 6-16)。

表 6-16　风险事件的等级划分

序号	风险事件等级的概率	等级含义
1	0.8~1	严重风险
2	0.5~0.8	重要风险
3	0.3~0.5	一般风险
4	0.1~0.3	轻度风险
5	0~0.1	可忽略风险

根据管理人员的经验或其他相似工程项目失败的教训,确定每种风险事件的发生对于工程项目的影响(即风险影响程度),然后确定每一种风险事件发生的概率。在实际工作中,某种风险事件的发生概率很难定量、准确地描述,所以很多工程项目的风险管理依然沿用德尔菲法来确定每种风险事件可能发生的概率,即通过将项目背景和进展情况发给这一领域的专家,进行匿名的多轮征询,不同的专家会趋向于给出一致的各个风险发生的可能性,即风险事件发生的概率。假设根据德尔菲法,确定出了上述五种风险事件的发生概率,最后将每种风险事件发生的概率乘以该风险事件对于工程项目的影响程度,得到每种风险事件的风险等级(风险等级 = 风险发生概率 × 风险影响程度)。对应表 6-17、表 6-18 可以给出每个风险事件的等级含义以及风险事件发生的概率。

① 李永壮,范明. 基于交叉影响法的工程项目风险等级评定研究[J]. 现代管理科学,2010(12):90—92.

表 6 - 17   用德尔菲法确定每种风险的发生概率

风险事件	发生的概率	风险事件	发生的概率
成本超支	$P_1 = 0.8$	劳资纠纷	$P_4 = 0.4$
工期延误	$P_2 = 0.5$	施工效率低下	$P_5 = 0.2$
设计不当	$P_3 = 0.1$		

由表 6 - 18 可以看出,该工程项目有三个一般风险事件和两个轻度风险事件,假设项目决策方或风险管理人员看到了这个结果,则会认为该工程项目中没有特别重要的风险,而有可能忽略对于风险事件的防范和控制。

表 6 - 18   各事件的风险等级

风险事件	发生的概率	风险影响程度	风险等级	等级含义
成本超支	$P_1 = 0.8$	0.6	0.48	一般风险
工期延误	$P_2 = 0.5$	0.6	0.30	一般风险
设计不当	$P_3 = 0.1$	1	0.10	轻度风险
劳资纠纷	$P_4 = 0.4$	0.8	0.32	一般风险
施工效率低下	$P_5 = 0.2$	0.5	0.10	轻度风险

2. 引入交叉影响法

风险等级的确定是为了帮助项目管理人员从各种风险事件中甄别出对于项目来说最重要的风险,但是上面的风险等级评定过程,并没有考虑到风险之间的相互关系,或者说相互影响。例如,如为避免成本超支,加大成本控制,则由此可能导致原材料的进货渠道减少,工程质量降低等新的风险;又如,当发生设计不当的风险时,成本超支的概率不可能还稳定在 0.8 不变,它会由于重新设计方案而导致费用增加,从而成本超支的概率也增加;同理,当劳资纠纷的风险发生的情况下,工期延误和施工效率低下的概率都会上升(但不会大于或等于 1)。可见风险之间是相互影响的。

在确定风险等级的事件发生概率的过程中,应该考虑到每种风险事件之间相互影响。单纯运用德尔菲法不能满足这一要求,因此我们将交叉影响分析法引入风险等级的度量过程,这有可能更好地描述这种相互影响的作用。交叉影响分析法可以在某种程度上说是德尔菲法的改进,运用交叉影响矩阵来描述预测事件之间的相互作用,把大量可能的结果进行系统的整理,以加深对无法量化的复杂的预测事件的认知。

以工程项目风险事件为例,交叉影响法的运用流程如下:

(1) 确定五种风险的初始概率分别为 $P_1 = 0.8$,$P_2 = 0.5$,$P_3 = 0.1$,$P_4 = 0.4$,$P_5 = 0.2$。

(2) 假定用 KS 表示其中一种风险对其他风险的影响,其中 $K = +1$ 表示正影响,$K = -1$ 表示负影响,S 表示影响的程度大小,建立影响列表(表 6 - 19)。

表 6 - 19   交叉影响的方向和程度

交叉影响的程度	KS 值	交叉影响的程度	KS 值
无影响	0	中度负影响	−0.8
弱的正影响	+0.5	强的正影响	+1
弱的负影响	−0.5	强的负影响	−1
中度正影响	+0.8		

表 6 - 20   不同风险的相互影响矩阵

可能的风险	初始概率	对其他风险的影响				
		P_1	P_2	P_3	P_4	P_5
P_1	0.8	0	−0.8	−0.5	−0.5	−0.5
P_2	0.5	1	0	0	0.8	0.5
P_3	0.1	1	1	0	0.5	0.8
P_4	0.4	0.8	1	0	0	1
P_5	0.2	0.8	1	0	1	0

表 6 - 19、表 6 - 20 中的数值,可以通过德尔菲法由专家做出,即由专家测定交叉影响的程度。例如 P_1 与 P_2 交叉的 −0.8 代表的含义是:当成本超支的风险发生后,即当 $P_1 = 1$,对工期延长的风险有 80% 的负影响。

(3) 根据交叉影响法的经验公式,算出相互影响后的概率。

$$P_i^* = P_i + KS \times P_i(1 - P_i) \tag{6.20}$$

例如,当成本超支的风险已经发生时候,即 $P_1 = 1$,工期延误的风险概率变为:

$$P_2^* = P_2 + KS \times P_2(1 - P_2) = 0.5 + (-0.8) \times 0.5(1 - 0.5) = 0.3 \tag{6.21}$$

即成本超支反而降低了工期延误的风险,因为工期很有可能因为加大投资而缩短,同理有:

$$P_3^* = P_3 + KS \times P_3(1 - P_3) = 0.1 + (-0.5) \times 0.1(1 - 0.1) = 0.055$$
$$P_4^* = P_4 + KS \times P_4(1 - P_4) = 0.4 + (-0.5) \times 0.4(1 - 0.4) = 0.28$$
$$P_5^* = P_5 + KS \times P_5(1 - P_5) = 0.2 + (-0.5) \times 0.2(1 - 0.2) = 0.12$$

$$\tag{6.22}$$

可以看出,当成本增加后,其他建设期的风险都有所下降,依照这种方式,可以计算出当 $P_2 = 1$, $P_3 = 1$, $P_4 = 1$, $P_5 = 1$ 时其他风险的交叉概率,最后可以得到交叉影响概率的汇总表(表 6 - 21)。

表 6-21　相互影响发生后的概率矩阵

如果这个风险发生	P_1^*	P_2^*	P_3^*	P_4^*	P_5^*
P_1	0.8	0.3	0.055	0.27	0.12
P_2	0.96	0.5	0.1	0.52	0.28
P_3	0.96	0.75	0.1	0.52	0.328
P_4	0.928	0.75	0.1	0.4	0.36
P_5	0.928	0.75	0.1	0.64	0.2

这就是交叉影响后的概率,举例来说,当发生劳资纠纷时,即 $P_4 = 1$ 相应的成本超支的风险会增大到 0.928,工期延误的风险会增大到 0.75 等等。

3. 通过蒙特卡罗模拟随机实验得到校正概率

在实际运用蒙特卡洛模拟随机事件发生时,总是随机抽取可能发生的事件,然后算出一组交叉影响概率值(已不同于初始概率),然后再随机抽取发生的事件,然后以上一次已经影响的概率作为新的初始概率来测算第二次相互影响的概率。其顺序是这样的,依然以上面的五种风险为例:

(1) 在五种风险事件中随机抽取一种,假设抽中 P_2。

(2) 在 0~99 的随机数表中抽取随机数,按照蒙特卡罗模拟法则,用该数与第一步中选定的风险的初始概率比较,来确定事件是否发生。若抽取的数为 38,而初始概率 $P_2 = 0.5$,因为 38 < 50,所以可以认为工期延长的风险发生了。若抽中 50~99,则认为风险没有发生。

(3) 若模拟事件未发生,则初始概率不予调整,若发生,则按照经验公式来计算交叉影响后的概率。在本例中,表 6-20 就是按照经验公式计算出的第一次模拟后的交叉影响概率。

(4) 再从未被模拟的风险事件中,随机抽取一个事件,重复步骤 2 和步骤 3,如果第一次模拟已经调整过初始概率,则将步骤 3 中被调整后的交叉影响概率作为新的初始概率应用。

(5) 重复步骤 1 到 4,直到五种风险事件都被模拟一遍为止,也就是说,必须让这五种风险事件,或者"发生了"或者"没发生",这称之为一轮模拟。在本例中,相当于一轮模拟需要进行 5 次随机模拟。

(6) 将风险事件的概率调回最初的初始概率,再进行一轮一轮的模拟。经历多轮重复的模拟,统计每一风险事件发生的概率,即在模拟过程中某风险事件发生的次数与模拟总次数的比值,这个值就可以认为是交叉作用影响下每个风险事件将要发生的概率值,即校正概率,模拟的次数越多,校正概率就越逼近于真实值。即假设经过了 1 000 轮模拟,而 P_2 事件一共被模拟发生了 560 次(每一轮模拟中,工期延长的风险 P_2 都可能"发生",或者"不发生"),则校正概率为 560/1 000 = 0.56。

4. 用交叉影响法计算风险事件的概率

交叉影响法被广泛地运用在预测领域,将其移植到风险事件发生概率评定的方面,以帮助我们更好地预测风险事件的概率,但是如果想得到逼近于真实的概率,必须重复进行多次的模拟,这就必须借助于计算机来实现了。并进一步引入马尔科夫链的预测概念来帮助手工计算五种风险事件相互影响后的校正概率。最终我们得到运用交叉影响后的风险的事件为校正概率为:

$$P_1^* = 0.894, P_2^* = 0.464, P_3^* = 0.076, P_4^* = 0.388, P_5^* = 0.174 \quad (6.23)$$

由此可以看出,最终的校正概率比一开始用德尔菲法测定的风险事件概率要更精确,它考虑到了风险事件作为一个系统之后相互作用的结果,现在我们用这个校正后的风险事件概率来进行风险等级的计算,并对应表 6 - 16 来确定各个风险事件的等级和程度。通过对比可以发现,运用交叉影响法校正后的风险概率计算出的风险等级与表 6 - 18 中的风险等级有所不同。

表 6 - 22　运用交叉影响法后的风险等级的评定

风险事件	发生的概率	风险影响程度	风险等级	等级含义
成本超支	$P_1 = 0.894$	0.6	0.536	重要风险
工期延误	$P_2 = 0.464$	0.6	0.278	轻度风险
设计不当	$P_3 = 0.076$	1	0.076	可忽略风险
劳资纠纷	$P_4 = 0.388$	0.8	0.310	一般风险
施工效率低下	$P_5 = 0.174$	0.5	0.087	可忽略风险

从表 6 - 22 中可以看出,相对于原来的风险等级,运用交叉影响法后的风险等级都有了变化,其中成本超支这一风险事件已经由一般风险升高变为了重要风险,这意味着项目主体和风险管理人员在项目施工过程中要特别注重对于成本的控制,采取有针对性的应对措施,比如建立更完善的采购制度来避免浪费,提高施工质量来杜绝返工行为等,从而尽量避免成本超支的发生。

习题

1. 使用 SPSS 进行回归分析的过程有哪些?
2. 时间序列分析的主要用途是什么?
3. 交叉影响分析法的实施步骤是什么?

参考文献

[1] 樊茗玥,网络调查数据质量控制研究,2011,江苏大学.
[2] 钱欣,王德与孙烨,交叉影响分析在战略规划决策研究中的应用——以 TM 软件在南京战略规划研究应用为例[J]. 城市规划学刊,2009(02):69—74.
[3] 李永壮,范明,基于交叉影响法的工程项目风险等级评定研究[J]. 现代管理科学,2010(12):90—92.
[4] 沙勇忠,牛春华. 信息分析[M].北京:科学出版社,2009.

［5］张文彤,闫洁. SPSS 统计分析基础教程［M］. 北京:高等教育出版社,2004.

［6］Chiang，R.，Goes，P.，and Stohr，E. Business Intelligence and Analytics Education and Program Development：A Unique Opportunity for the Information Systems Disciple. ACM Transactions on Management Information System，2012.

［7］Minelli，M.，Chambers，M.，and Dhiraj，D. Big Data，Big Analytics. John Wiley & Sons Inc. 2013.

第 7 章
商业数据挖掘方法

本章导学

当前，市场竞争异常激烈，各企事业单位为了能在竞争中占据优势而费尽心思。数据挖掘技术能给企业带来新的生机和活力，同时它也被越来越广泛地应用于各个领域。例如美国著名的职业篮球联赛 NBA 的教练，利用 IBM 公司提供的数据挖掘工具决定临场替换队员。数据挖掘还能够深入股市，用来预测一只股票的走势，或者找出一只股票走势与另一只股票走势的潜在关联规律，比如数据挖掘曾经得到过这个结论："如果微软的股票下跌 4%，那么 IBM 的股票将在两周内下跌 5%"。既然数据挖掘能够为企事业单位带来巨大的价值，那么我们有必要来了解数据挖掘有哪些方法，这些方法的应用场景有哪些以及如何运用这些方法，这些都是本章要讨论的内容。

本章主要内容

- 数据挖掘相关概念
- 决策树
- 关联规则
- 聚类分析
- 高级数据挖掘应用

7.1　数据挖掘

7.1.1　产生

随着世界信息技术的迅猛发展,信息量也呈几何指数增长,特别是云时代的来临,海量数据发展到大数据(big data)已日益明显,现在许多单位与组织在日常运营中生成、累积的各种数据,规模非常庞大,已不能用 GB 或 TB 来衡量。例如,一天之中,互联网产生的全部内容可以刻满 1.6 亿多张 DVD;发出的邮件有 2 940 亿封之多(相当于美国两年的纸质信件数量);发出的社区帖子达 200 万个(相当于《时代》杂志 770 年的文字量);卖出的手机为 37.8 万台,高于全球每天出生的婴儿数量 37.1 万……①

截止到 2012 年,数据量已经从 TB(1 024GB＝1TB)级别跃升到 PB(1 024TB＝1PB)、EB(1 024PB＝1EB)乃至 ZB(1 024EB＝1ZB)级别。国际数据公司(IDC)的研究结果表明,2008 年全球产生的数据量为 0.49ZB,2009 年的数据量为 0.8ZB,2010 年增长为 1.2ZB,2011 年的数量更是高达 1.82ZB,相当于全球每人产生 200GB 以上的数据。而到 2012 年为止,人类生产的所有印刷材料的数据量是 200PB,全人类历史上说过的所有话的数据量大约是 5EB。IBM 的研究称,整个人类文明所获得的全部数据中,有 90％是过去两年内产生的。而到了 2020 年,全世界所产生的数据规模将达到今天的 44 倍。

如何从巨量、复杂的数据中获取有用的信息,成为了信息技术研究领域的热门课题。在这样的背景下,数据挖掘技术诞生并成为了近年来的研究热点。机器学习、数据库技术和数理统计是数据挖掘的三个技术支柱。今天,这些技术已经相当成熟,加上高性能关系数据库引擎、数据仓库、文档数据库和广泛的数据集成,让数据挖掘技术得到了广泛的实际应用。

目前数据挖掘相关研究文献越来越多,可用技术也层出不穷,数据挖掘的理论体系正在形成,相信很快就会成为一种主流信息技术。当然,数据挖掘面向应用领域要做的事还很多,比如需要开发更多的数据挖掘系统和产品,需要建立行业内的数据标准和通用挖掘平台,需要建立可交换信息和共享知识的通用数据仓库等。应该说,数据挖掘包含的内容很多,值得研究的方向也很多。但是,我们也注意到,就目前而言,注重多种策略和技术的集成,以及各个学科之间的相互渗透是目前的研究热点。传统机器学习技术一般使用研究者按照条件和结论事先组织好的数据,但是数据挖掘却需要面对现实的数据,通常具有不完整、带有噪音、数量大、甚至还不断增加等特点,因此传统机器学习方法需要改进后才能用于数据挖掘。所以,目前数据挖掘的研究重点应该是针对应用实践,综合借鉴交叉学科中的技术和方法,互相渗透,发现新的方法或进行多种策略和技术的集成。

7.1.2　概念

数据挖掘,顾名思义就是指从大量的数据中提取人们所感兴趣的、事先不知道的、隐

---

① 《中国青年报》,2012 年 4 月 11 日,11 版。

含在数据中的有用的信息和知识的过程,并且把这些信息和知识用概念、规则、规律和模式等方式展示给用户,从而解决信息时代"数据过量,知识不足"的矛盾。数据挖掘技术是从数据库中的知识发现(knowledge discovery in database,KDD)研究起步的,KDD 是随着数据库开始存储了大量业务数据,并采用机器学习技术分析这些数据,挖掘这些数据背后的知识而发展起来的。随着 KDD 研究的深入,越来越多的研究人员开始进入这一领域。目前,大多数研究还是主要集中在数据挖掘的算法和应用上。事实上,人们往往不严格区分数据挖掘中的知识发现和数据库中的知识发现这两个概念,常常将两者混淆使用。一般在科学研究领域中称为 KDD,而在工程应用领域则称为数据挖掘。数据挖掘是一门交叉学科,涉及机器学习、统计学、人工智能、模式识别、数据库、信息检索、信息可视化和专家系统等多个领域。

7.1.3 原理

1. 数据挖掘技术

数据挖掘任务有很多种,常见的有监督学习(或称为分类学习)、无监督学习(或称为聚类分析)、关联规则挖掘、预测、时序挖掘和偏差分析等等。

(1) 分类学习:分类就是找出一个类别的概念描述,它代表了这类数据的整体信息,即该类的内涵描述,并用这种描述来构造模型,一般用规则或决策树模式表示。分类是利用训练数据集通过一定的算法模型而求得分类规则。分类可被用于规则描述和预测。目前比较常见的分类算法有 k 最近邻居算法(k-nearest neighbor,KNN)、决策树算法、贝叶斯分类和支持向量机算法(support vector machine)等等。

(2) 聚类分析:聚类就是把数据按照相似性归纳成若干类别,同一类中的数据彼此相似,不同类中的数据相异。聚类分析可以建立宏观的概念,发现数据的分布模式以及可能的数据属性之间的相互关系。目前常见的聚类算法有基于划分的算法、基于层次的算法、基于密度的算法和基于网格的算法等等。

(3) 关联规则:两个或两个以上变量的取值之间存在某种规律性,就称为关联。关联规则即为描述这种关联的规则。数据关联是数据库中存在的一类重要的、可被发现的知识。关联分为简单关联、时序关联和因果关联。关联分析的目的是找出数据库中隐藏的关联网。一般用支持度和可信度两个阈值来度量关联规则的相关性,还不断引入兴趣度、相关性等参数,使得所挖掘的规则更符合需求。

(4) 预测:预测是通过历史数据找出变化规律,建立模型,并由此模型对未来数据的种类及特征进行预测。预测关心的是精度和不确定性,通常采用预测方差来度量。预测的主要方法有统计学中的回归分析等等。

(5) 时序模式:时序模式是指通过时间序列搜索出的重复发生概率较高的模式。与回归一样,它也是用已知的数据预测未来的值,但这些数据的区别是变量所处时间的不同。

(6) 偏差分析:在偏差分析中包括很多有用的知识,数据库中的数据存在很多异常情况,发现数据库中数据存在的异常情况是非常重要的。偏差检验的基本方法就是寻找观察结果与参照之间的差别。偏差分析也可称为异常检测或欺诈分析。

2. 数据挖掘过程

数据挖掘方法在数据挖掘过程中起着很重要的作用。但是,作为一个数据挖掘应用来说,数据挖掘仅仅是整个过程中的一个环节。数据挖掘项目的成功需要花费相当的心血,依照规范的流程进行操作。一般来说,数据挖掘需要经历以下过程:确定挖掘对象、收集数据、数据预处理、数据挖掘和信息解释。在整个数据挖掘过程中,信息可视化技术扮演着很重要的角色。下面详细介绍数据挖掘的各个步骤。

图 7 - 1   数据挖掘步骤图

(1)确定挖掘对象:定义清晰的挖掘对象,认清数据挖掘的目标是数据挖掘的第一步。数据挖掘的最后结果往往是不可预测的,但是要解决的问题应该是有预见性的、有目标的。在数据挖掘的第一步中,有时还需要用户提供一些先验知识。这些先验知识可能是用户业务领域的知识或是以前数据挖掘所得到的初步成果。这就意味着数据挖掘是一个过程,在挖掘过程中可能会提出新的问题,可能会尝试用其他的方法来检验数据,在数据的子集上展开研究。

(2)数据收集:数据是挖掘知识最原始的资料。"垃圾进,垃圾出",只有从正确的数据中才能挖掘到有用的知识。为特定问题选择数据需要领域专家参加。因此,领域问题的数据收集好之后,和目标信息相关的属性也可以确定。

(3)数据预处理:数据选择好以后,就需要对数据进行预处理。数据预处理包括:去除错误数据和数据转换。错误数据,在统计学中称为异常值,应该在此阶段发现并且删除,否则,它们将导致产生错误的挖掘结果。同时,需要将数据转换成合适的形式。例如,在某些情况下,将数据转换成向量形式。另外,为了寻找更多重要的特征和减少数据挖掘步骤的负担,我们可以将数据从一个高维空间转换到一个低维空间。

(4)数据挖掘:数据挖掘步骤主要是根据数据建立模型。我们可以在这个步骤使用各种数据挖掘算法和技术。然而,对于特定的任务,需要选择正确的合适的算法,来解决相应的问题。

(5)信息解释:首先,通过数据挖掘技术发现的知识需要专家对其进行解释,帮助解决实际问题。然后,根据可用性、正确性、可理解性等评价指标对解释的结果进行评估。只有经过这一步骤的过滤,数据挖掘的结果才能够被应用于实践。

(6)可视化:可视化技术主要用图形化的方式显示数据和数据挖掘的结果,从而帮助用户更好的发现隐藏在数据之后的知识。它可以被应用在数据挖掘的整个过程中,包括数据预处理、数据挖掘和信息解释。数据和信息的可视化显示对用户来说非常重要,因为它能够增强可理解性和可用性。

7.1.4　应用

1. 数据挖掘工具

目前国际上广泛应用的数据挖掘工具有很多,如 SAS 公司的 Enterprise Miner,SPSS 公司的 Clementine,Waikato 大学开发的 Weka 平台,SQL Server 的数据挖掘模块,IBM 公司的 DB Miner,开源软件 R 语言等。本书中应用 Clementine 和 R 语言进行了数据挖掘的相应研究。本书的附录中有 Clementine 和 R 语言的使用简介。

2. 数据挖掘应用场景

目前,数据挖掘在很多领域得到了广泛的应用。以客户为导向的应用有市场购物篮分析、获取客户、客户细分、客户保持、交叉销售、向上销售、客户终身价值分析等等;以运营为导向的应用有盈利分析、定价、欺诈发现、风险评估、客户流失分析、生产效率分析等等。除此之外,数据挖掘还在生物信息学、互联网、金融、电力等方面有着各种各样的应用。在未来的发展中,数据挖掘将被用于更多的领域。

数据挖掘在商业分析领域的一些应用如下:

(1) 市场分析与管理,数据源来自信用卡交易、会员卡、打折优惠券、顾客投诉电话等。

① 目标营销(target marketing),找出顾客群,他们具有相同特征,如兴趣、收入水平、消费习惯等。

② 确定顾客随时间变化的购买模式,个人账号到联合账号的转变,如结婚等。

③ 交叉销售分析(cross-selling analysis),产品销售之间的关联或相关,基于关联信息的预测。

④ 顾客分类(customer classification),数据挖掘能够告诉我们什么样的顾客买什么产品(聚类或分类)。

⑤ 识别顾客需求,满足不同顾客的需求,使用预测发现何种因素能够吸引新顾客。

⑥ 提供汇总信息,各种多维汇总报告。

(2) 法人分析与风险管理。

① 财经规划和资产评估:现金流分析和预测;临时提出的资产评估;交叉组合和时间序列分析(金融比率(financial-ratio),趋势分析)等。

② 资源规划,资源与开销的汇总与比较。

③ 竞争,管理竞争者和市场指导;对顾客分类和基于类的定价;在高度竞争的市场调整价格策略。

(3) 欺骗检测与管理,广泛用于医保、零售、信用卡服务、电讯(电话卡欺骗)等,使用历史数据建立欺骗行为模型,使用数据挖掘帮助识别类似的实例。

① 汽车保险:检测这样的人,他/她假造事故骗取保险赔偿。

② 洗钱:检测可疑的金钱交易。

③ 医疗保险:检测职业病患者医生有无骗保行为。

④ 检测不适当的医疗处置：澳大利亚健康保险会（Australian Health Insurance Commission）发现许多全面的检查是请求做的，而不是实际需要的。

⑤ 检测电话欺骗：从通话距离、通话时间、每天或每周通话次数中分析偏离期望的模式。

⑥ 零售：分析家估计，38%的零售业萎缩是由于不忠诚的雇员造成的。

7.2　决　策　树

在理解什么是决策树，决策树有什么作用之前，我们先给出一个决策树的基本结构（如图7-2所示，它反映的是客户是否会办理宽带的决策信息），它的形状是一棵倒置的树，包括节点和分支。有三种类型的节点：父节点、内部节点和叶节点。其中图7-2中的叶节点为客户是否会办宽带的信息。

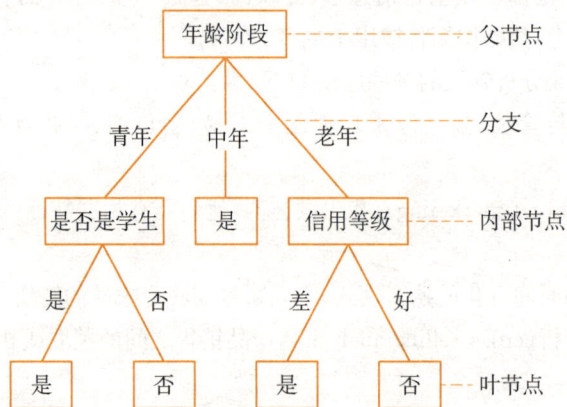

图7-2　决策树的基本结构示意图

7.2.1　定义

从图7-2可以看出，这个决策的分支很像一棵倒置的树的枝干，所以我们称它为决策树（decision tree）。决策树中每个内部节点表示在一个属性上的测试，属性的一个取值构成一个分支，每个分支代表一个测试的结果，叶节点代表分类结果或决策结果。从根节点到一个叶节点的路径描述了一条针对该叶节点的客户特征（数据记录的规则）。例如"年龄阶段"为青年，"是否是学生"为是，办理宽带则为"是"；而"年龄阶段"为青年，"是否是学生"为否，办理宽带则为"否"。通过决策树可以判断哪些类型的客户会办理宽带，哪些类型的客户不会办理宽带，从而为日常的商业决策提供依据。

决策树是一种以实例为基础的归纳学习算法，是一种从无次序、无规则的训练样本集中推理出决策树表示形式的分类规则的方法，它提供了一种展示类似在什么条件下会得到什么值这类规则的方法。

7.2.2　分类与作用

决策树主要应用于分类预测。分类预测的结果有定性和定量两种。例如,预测天气,定性有下雨或不下雨,定量则是下多少雨等具体的数值。在实际应用中,我们将定性的分类预测称为分类,用来确定类别属性;定量的分类预测称为预测,用来预测具体的数值。分类是一种重要的数据挖掘技术。分类的目的是根据数据集的特点构造一个分类函数或分类模型(也常常称作分类器),该模型能把未知类别的样本映射到给定类别中的某一个。因此,决策树可以分为两类:分类决策树,简称分类树,实现对分类型输出变量的分类;回归决策树,简称回归树,完成对数值型输出变量的预测。

因为决策树它是一个分类预测模型,它代表的是对象属性与对象值之间的一种映射关系,例如,可以应用于判断电信客户的分类,确定客户是否有潜在价值,也可帮银行工作人员判断借贷款的客户是否为可信任的客户等。

7.2.3　常用算法

决策树的两大核心问题:一是决策树的生长,即一棵决策树是如何长成的,在样本数据中选择哪一个属性作为根节点,然后如何分支,如何选择内部节点,直到生长出树叶,即到达叶节点,这一系列过程可称为决策树的分枝准则,即具体算法;另一核心问题是决策树的剪枝,即防止决策树生长过于茂盛,无法适应实际应用的需要。

常用的决策树算法分为两类:基于信息论的方法和最小 Gini 指标的方法。信息论的方法包括:ID 系列算法和 C4.5、C5.0,而最小 Gini 指标方法包括:CART、SLIQ 和 SPRINT 算法。决策树的剪枝方法有预剪枝(pre-pruning)和后剪枝(post-pruning)。

1. ID3 算法

1986 年,J. R. Quinlan 提出了 ID3(Iterative Dichotomiser 3)算法。该算法是以信息论为基础,运用信息熵理论,采用自顶向下的贪心搜索算法。其核心思想是在决策树中各级节点上选择分裂属性。用信息增益作为属性选择的标准,使每个非叶子节点测试时,能获得关于被测试例子最大的类别信息。使用该属性将训练样本集分成子集后,系统的信息熵值最小。

下面介绍一下什么是信息熵、信息增益和信息增益率。

(1) 信息熵与信息增益

信息论之父申农(C. E. Shannon)把信息中排除了冗余后的平均信息量称为“信息熵”,并给出了计算信息熵的数学表达式,他把信息熵定义为离散随机事件的出现概率。总而言之,信息熵的基本作用就是消除人们对事物的不确定性。

ID3 算法根据信息论,把划分后样本集的不确定性作为衡量划分好坏的标准,用信息增益度量,信息增益值越大,不确定性越小。因此,算法在每个非叶子节点选择信息增益最大的属性作为分裂属性。

设 S 为一个包含 n 个数据样本的集合，m 是类别属性不同的取值数，C_i，$i \in \{1, 2, 3, \cdots, m\}$，对应于 m 个不同的类别。假设 S_i 为类别 C_i 中的样本个数，那么要对一个给定数据对象进行分类所期望的信息量为：

$$I(S_1, S_2, \cdots, S_m) = \mathrm{Info}(D) = -\sum_{i=1}^{m} P_i \log_2(P_i) \tag{7.1}$$

其中，$P_i = S_i / S$ 为任意样本属于 C_i 的概率。如果以属性 A 作为决策树的根，设属性 A 取 v 个不同的值 $\{a_1, a_2, \cdots, a_v\}$，它将集合 S 划分为 v 个子集 $\{S_1, S_2, \cdots, S_v\}$，其中 S_j 为 S 中属性 A 取 a_j 的数据样本，若属性 A 被选为分裂属性，那么这些子集表示从代表样本 S 的节点生长出来的新节点。设 S_{ij} 表示在 S_j 中类为 C_i 的记录个数，那么利用属性 A 划分当前样本几个所期望的信息熵为：

$$E(A) = \mathrm{Info}_A(D) = \sum_{j=1}^{v} \frac{|D_j|}{|D|} \times \mathrm{Info}(D_j) \tag{7.2}$$

其中，S_{ij} 为子集 S_j 中属于 C_i 类别的样本集，$[(S_{1j} + S_{2j} + \cdots + S_{mj})/S]$ 表示第 j 个子集的权重，$S = |S|$。信息增益的计算公式基本形式为：

$$\mathrm{Gain}(A) = I(S_1, S_2, \cdots, S_m) - E(A) \tag{7.3}$$

简单举个例子：在表 7 - 1 的例子中，参考属性"年龄阶段"的信息熵，应该是它们的加权平均值（其中青年共出现 5 次，中年 4 次，老年 5 次；它们的信息量分别约为 0.971、0、0.971）：

$$E(年龄阶段) = \frac{5}{14} \times 0.971 + \frac{4}{14} \times 0 + \frac{5}{14} \times 0.971 = 0.694$$

按年龄阶段分枝前，样本数据对于目标属性"是否会办宽带"的信息熵为：

$$Info(是否会办宽带) = -\frac{5}{14} \log_2 \frac{5}{14} - \frac{9}{14} \log_2 \frac{9}{14} \approx 0.94$$

所以，参考属性"年龄阶段"的信息增益的值为：

$$Gain(年龄阶段) = Info(是否会办宽带) - E(年龄阶段) = 0.246$$

(2) 信息增益率

1993 年 J. R. Quinlan 提出信息增益率。信息增益率克服了在计算信息增益时偏向于选择取值较多的属性的缺点，能够在树的生成中或完成后对树进行剪枝。

信息增益率的计算公式如下式（7.4）

$$\mathrm{GainRatio}(A) = \frac{\mathrm{Gain}(A)}{\mathrm{Split}I(A)} \tag{7.4}$$

其中，$\mathrm{Split}I(A)$ 是属性 A 的信息熵。

简单举个例子：表 7 - 2 的例子中，若根据属性"年龄阶段"对样本集进行划分的信息增益为：

$$Gain(年龄阶段) = Info(是否会办宽带) - E(年龄阶段) = 0.246$$

$$\mathrm{Split}I(年龄阶段) = -\frac{\frac{5}{14}}{1} \log_2 \frac{\frac{5}{14}}{1} - \frac{\frac{4}{14}}{1} \log_2 \frac{\frac{4}{14}}{1} - \frac{\frac{5}{14}}{1} \log_2 \frac{\frac{5}{14}}{1} \approx 1.577$$

所以当前样本集所需要的信息增益率为：

$$\text{GainRatio(年龄阶段)} = 0.246 \div 1.577 \approx 0.156$$

同理可得：

$$\text{GainRatio(收入水平)} = 0.025$$
$$\text{GainRatio(是否是学生)} = 0.151$$
$$\text{GainRatio(信用等级)} = 0.049$$

(3) ID3 算法决策树生成步骤

① 选择具有最大信息增益的属性作为决策树的当前决策节点，并将该属性从候选属性中删除；

② 根据当前决策节点的不同取值将该样本数据集划分成若干个子集；

③ 重复上面步骤①、②，当满足以下条件之一时，决策树停止生成新的分支：①给定节点的所有样本属于同一类；②没有剩余属性可以用来进一步划分样本；③分支没有样本。

(4) ID3 算法举例

决策树的学习过程就是使决策树对划分的不确定程度逐渐减小的过程，ID3 算法采用了信息熵与信息增益作为测试属性的选择标准来分割训练样本集并最终生成决策树。

表 7-1 是在一次电信客户的推广会议上与会人员填写的记录样本。我们使用 ID3 算法进行数据挖掘获取决策规则。

表 7-1　某电信公司的会员信息样本

ID	年龄阶段	收入水平	是否是学生	信用等级	是否会办宽带
1	青年	高	否	差	否
2	青年	高	否	好	否
3	中年	高	否	差	是
4	老年	中	否	差	是
5	老年	低	是	差	是
6	老年	低	是	好	否
7	中年	低	是	好	是
8	青年	中	否	差	否
9	青年	低	是	差	是
10	老年	中	是	差	是
11	青年	中	是	好	是
12	中年	中	否	好	是
13	中年	高	是	差	是
14	老年	中	否	好	否

该样本共 14 条记录，目标属性为"是否会办宽带"，共有两个情况，是或者否。参考属性有 4 种情况，分别为"年龄阶段"、"收入水平"、"是否是学生"、"信用等级"。属性"年龄阶段"有 3 种取值情况，分别为青年、中年、老年；属性"收入水平"有 3 种取值情况，分别为高、中、低；属性"是否是学生"有 2 种取值情况，分别为是或者否；属性"信用等级"有 2 种取值情况，分别为差、好。

目标属性的信息熵计算如下：

$$\text{Info(是否会办宽带)} = -\frac{5}{14}\log_2\frac{5}{14} - \frac{9}{14}\log_2\frac{9}{14} \approx 0.94$$

其中,式中的 5 表示 5 个否,9 表示 9 个是,14 为总的记录数。

各个参考属性再取各自的值对应目标属性的信息量:

以属性"年龄阶段"为例,有 3 种取值情况,分别是青年、中年和老年。其中,青年共出现 5 次,3 次不会办宽带,2 次会办宽带,于是信息量:

$$\text{Info}(青年) = -\frac{3}{5}\log_2\frac{3}{5} - \frac{2}{5}\log_2\frac{2}{5} = 0.971$$

同理可得,

$$\text{Info}(中年) = 0$$
$$\text{Info}(青年) = 0.971$$

对于整个属性"年龄阶段"的信息熵,应该是它们的加权平均值:

$$E(年龄阶段) = \frac{5}{14}\times 0.971 + \frac{4}{14}\times 0 + \frac{5}{14}\times 0.971 = 0.694$$

信息增益:

$$\text{Gain}(年龄阶段) = \text{Info}(是否会办宽带) - E(年龄阶段) = 0.246$$

同理可得,

$$\text{Gain}(收入水平) = 0.029$$
$$\text{Gain}(是否为学生) = 0.151$$
$$\text{Gain}(信用水平) = 0.048$$

这里可以看出,年龄阶段的信息增益值最大,所以首先按照参考属性"年龄阶段"将数据分为 3 类,划分之后的样本集如图 7-3 所示。

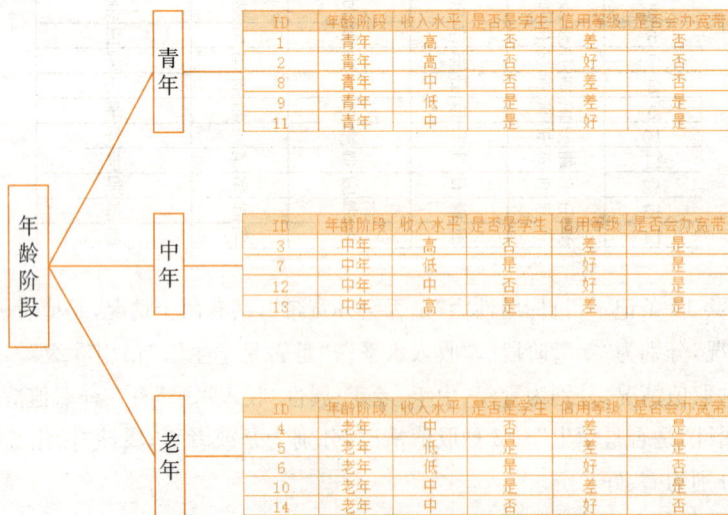

青年

ID	年龄阶段	收入水平	是否是学生	信用等级	是否会办宽带
1	青年	高	否	差	否
2	青年	高	否	好	否
8	青年	中	否	差	否
9	青年	低	是	差	是
11	青年	中	是	好	是

中年

ID	年龄阶段	收入水平	是否是学生	信用等级	是否会办宽带
3	中年	高	否	差	是
7	中年	低	是	好	是
12	中年	中	否	好	是
13	中年	高	是	差	是

老年

ID	年龄阶段	收入水平	是否是学生	信用等级	是否会办宽带
4	老年	中	否	差	是
5	老年	低	是	差	是
6	老年	低	是	好	否
10	老年	中	是	差	是
14	老年	中	否	好	否

图 7-3　年龄阶段作为分支节点的分支样本集示意图

然后分别按照上面的方法递归分类。

递归终止的条件是：

① 当分到某类时，目标属性全是一个值，如这里当年龄阶段取中年时，目标属性全是"是"。

② 当分到某类时，某个值的比例达到了给定的阈值，如这里当年龄阶段取青年时，有60％为"否"，当然实际的阈值远远大于60％。

从图7-3可以看到"年龄阶段"取"中年"时目标属性的类别相同，都为"是"，所以划分为一个叶子节点，并且标记为"是"。接下来继续对"年龄阶段"节点中不纯的分支节点用上述步骤继续进行类似的计算，直到递归终止，得到一颗完整的决策树，如图7-4所示。

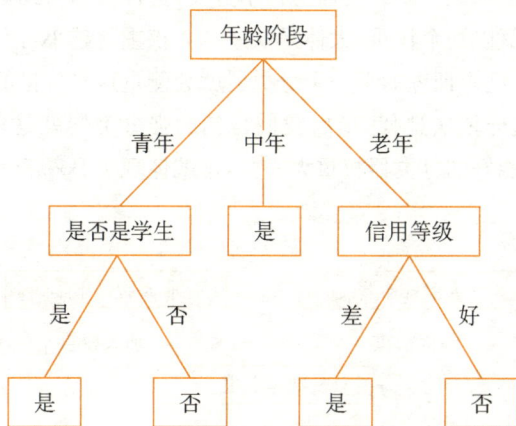

图 7 - 4   ID3 算法生成决策树示意图

由图中可以看出，年龄阶段为中年的人群，最有可能办宽带。他们在"是否会办宽带"一栏中，全部都为"是"。这样，我们在选取客户群的时候，就避免了盲目性。

2. C5.0 算法

C4.5算法在ID3算法的基础上进行了改进，增加了对连续属性的离散型的处理。对于预测变量的缺值处理、剪枝技术、派生规则等方面作了较大改进，既适合于分类问题，又适合于回归问题。而C5.0则是在C4.5的基础上改进了执行效率和内存使用的应用于大数据集的分类算法。它采用Boosting方式来提高模型准确率。

决策树用样本的属性作为节点，用属性的取值作为分枝的树结构。属性的度量标准有很多，如信息增益率、Gini指标、距离度量等。C5.0采用信息增益率作为属性的度量标准。

讲到这里，我们需要注意两个概念：信息增益率、Boosting技术。

（1）信息增益率

信息增益率的公式如下（见前面公式7.4）所示：

$$\mathrm{GainRatio}(A) = \frac{\mathrm{Gain}(A)}{\mathrm{Split}I(A)} \tag{7.4}$$

我们继续前面一节的例子，我们可以看到，属性"年龄阶段"的信息增益率最大，因此我们可以将"年龄阶段"作为生成树的根节点,分支后的样本集与图7-3相同,然后继续对"年龄阶段"的"青年"和"老年"用上述步骤进行类似的计算,最终得到的决策树与图7-4相同。

(2) Boosting 技术

Boosting 是一种提高任意给定学习算法准确度的方法,在 C5.0 中是用来提高模型准确度的。Boosting 中最基本的是 AdaBoost 算法,与其他算法的主要原理相差不多,只是实现手段或者说采用的数学公式不同。AdaBoost 算法在现实生活中的经典使用领域就是人脸识别。

步骤如下:首先对所有样本赋以一个抽样权重(一般开始的时候权重都一样,即认为均匀分布),在此样本上训练一个分类器对样本分类,这样可以得到这个分类器的误差率,我们根据这个误差率赋以一个权重,大体是误差越大权重就越小,针对这次分错的样本我们增大它的抽样权重,这样训练的下一个分类器就会侧重这些分错的样本,然后根据它的误差率计算权重,就这样依次迭代,最后我们得到的强分类器就是多个弱分类器的加权和。我们可以看出性能好的分类器权重大一些,这就体现了 Boosting 的精髓。(以人脸识别为例)

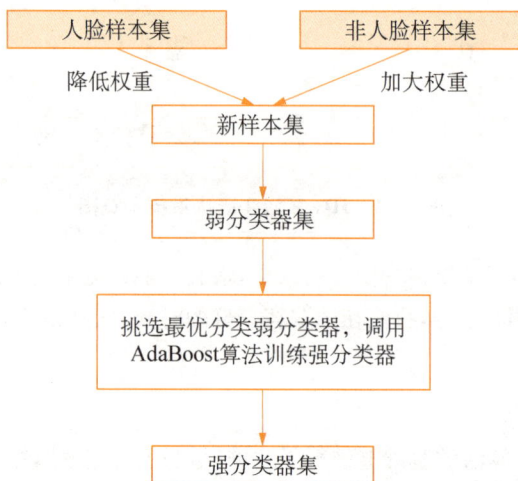

图 7-5 基于 AdaBoost 算法的人脸识别示意图

3. CART 算法

CART 算法是由统计学家 L. Breiman、J. Friedman、R. Olshen 和 C. Stone 在出版的著作《分类与回归树》(Classification And Regression Tree)中提出的一种产生二叉决策树分类模型的技术。它与前面 Quinlan 提出的 ID 系列算法和 C4.5 不同的是,它使用的属性度量标准是 Gini 指标。

(1) Gini 指标

Gini 指标主要是用来度量数据划分或训练数据集的不纯度。Gini 值越小,表明样本的"纯净度"越高。Gini 指标是用来纪念 20 世纪意大利统计学家和经济学家科拉多·基尼(Corrado Gini)。Gini 指标定义为如下式 7.5 所示:

$$\mathrm{Gini}(D) = 1 - \sum_{i=1}^{m} P_i^2 \tag{7.5}$$

其中 P_i 是类别 C_i 在 D 中出现的概率。

(2) Gini 指标的使用

那么,Gini 指标该在什么时候使用呢?

一般我们会使用在二叉树上。因为二叉树不易产生数据碎片,精确度往往也会高于多叉树。我们在分支节点上进行 Gini 值的测试,如果满足一定纯度则划分到左子树,否则划分到右子树,最终生成一棵二叉决策树。

在只有二元分裂的时候,对于训练数据集 D 中的属性 A 将 D 分成的 D_1 和 D_2,则给定划分 D 的 Gini 指标如下式 7.6 所示:

$$\mathrm{Gini}_A(D) = \frac{|D_1|}{|D|}\mathrm{Gini}(D_1) + \frac{|D_2|}{|D|}\mathrm{Gini}(D_2) \tag{7.6}$$

对于离散值属性,在算法中递归的选择该属性产生最小 Gini 指标的子集作为它的分裂子集。

对于连续值属性,必须考虑所有可能的分裂点。其策略类似于上面 ID3 中介绍的信息增益处理方法,可以用如下公式 7.7 所示:

$$\mathrm{Gini}_A(D) = \sum_{i=1}^{v} \frac{|D_i|}{|D|} \times \mathrm{Gini}(D_i) \tag{7.7}$$

(3) CART 算法的使用

CART 算法满足下列条件之一,即视为叶节点不再进行分支操作。

① 所有叶节点的样本数为 1;样本数小于某个给定的最小值或者样本都属于同一类的时候;

② 决策树的高度达到用户设置的阈值,或者分支后的叶节点中的样本属性都属于同一个类的时候;

③ 当训练数据集中不再有属性向量作为分支选择的时候。

(4) CART 算法举例

继续沿用上面表 7-1 的例子。

表 7-1   某电信公司的会员信息样本

ID	年龄阶段	收入水平	是否是学生	信用等级	是否会办宽带
1	青年	高	否	差	否
2	青年	高	否	好	否
3	中年	高	否	差	是
4	老年	中	否	差	是
5	老年	低	是	差	是
6	老年	低	是	好	否
7	中年	低	是	好	是
8	青年	中	否	差	否
9	青年	低	是	差	是
10	老年	中	是	差	是
11	青年	中	是	好	是
12	中年	中	否	好	是
13	中年	高	是	差	是
14	老年	中	否	好	否

首先,我们要考虑的是用 Gini 指标来测试样本的纯净度。

接下来,我们需要判断,我们给出的数据是什么样的分裂准则,是离散型的还是连续型的。对于离散性属性,选择该属性产生最小的 Gini 指标的子集作为它的分裂子集;对于连续值属性,必须考虑每个可能的分裂点,选择某一分裂点导致最小的 Gini 指标。

因此,需要计算每个属性的 Gini 指标。

从属性"收入水平"开始考虑,简称"收入"。假设我们考虑子集{低,中},这将样本中的元组二元划分,即一部分样本属于{低,中},另一部分样本不属于{低,中},即属于{高}。样本中的元组中 10 个元组满足条件"收入∈{低,中}",形成 D_1,其余的 4 个元组划分到 D_2,收入∈{高}。

D_1 中包含 7 个办宽带者,3 个不办宽带者,则:

$$\text{Gini}(收入 \in \{低,中\}) = 1 - \left(\frac{7}{10}\right)^2 - \left(\frac{3}{10}\right)^2 = 0.42$$

D_2 中包含 2 个办宽带者,2 个不办宽带者,则

$$\text{Gini}(收入 \in \{高\}) = 1 - \left(\frac{2}{4}\right)^2 - \left(\frac{2}{4}\right)^2 = 0.5$$

因此,以"收入水平"划分得到的 Gini 指标值为:

$$\text{Gini\_Gain} = \frac{10}{14} \times 0.42 + \frac{4}{14} \times 0.5 = 0.44$$

以此类推,分别按照属性"年龄阶段"、"是否是学生"、"信用等级"来计算 Gini 指标,得到最小的 Gini 值,最终生成的二叉树,如图 7-6 所示。

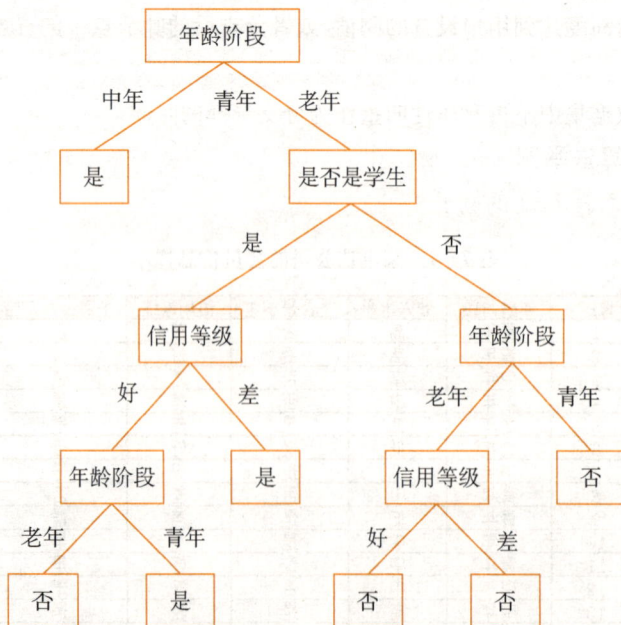

图 7-6 二叉树示意图

4. 其他算法

(1) CHAID 算法(卡方自动交叉检验)

CHAID 根据细分变量确定群体差异的显著性程度(卡方值)的大小顺序,将消费者分为不同的细分群体,最终的细分群体是由多个变量属性共同描述的,因此属于多变量分析。

(2) QUEST 算法

QUEST 算法将变量选择和分叉点选择分开进行,可以适用于任何类型的自变量,同时还克服了 CHIAD 算法的某些缺点,在变量选择上基本无偏。

(3) SPRINT 算法

SPRINT 算法采用了精确查找技术,这种技术要对整个训练集进行预排序,工作量很大。对于超大数据集,当属性含有大量的不同取值时,效率非常低。

7.2.4　决策树剪枝

现实世界的数据一般不可能是完美的,可能某些属性字段缺值;可能缺少必要的数据而造成数据不完整;可能数据不准确、含有噪声甚至是错误的。基本的决策树构造算法没有考虑噪声,因此生成的决策树完全与训练例子拟合。在有噪声情况下,完全拟合将导致过分拟合,即对训练数据的完全拟合反而使对现实数据的分类预测性能下降。剪枝是一种克服噪声的基本技术,同时它也能使树得到简化而变得更容易理解。

1. 预剪枝

预剪枝(pre-pruning)是提前停止树的构造而对树进行剪枝。如果一个结点对样本的划分将导致低于预定义阀值的分裂,则给定子集的进一步划分将停止。选取一个适当的阀值是很困难的,较高的阀值可能导致过分简化的树,较低的阀值可能使得树的简化太少。由于预剪枝不必生成整棵决策树,且算法相对简单,效率很高,适合解决大规模问题,所以这种方法得到了广泛的应用。

2. 后剪枝

后剪枝(post-pruning)首先构造完整的决策树,允许决策树过度拟合训练数据,然后对那些置信度不够的结点的子树用叶子结点来替代,这个叶子结点所应标记的类别为子树中大多数实例所属的类别。ID3 算法、C5.0 算法和 CART 算法都是先建树再剪枝,属于后剪枝。

后剪枝方法现在得到比较广泛的使用。常用的后剪枝算法有以下几种:CCP(Cost Complexity Pruning,代价复杂度剪枝)、REP(Reduced Error Pruning,错误率降低剪枝)、PEP(Pessimistic Error Pruning,悲观剪枝)、MEP(Minimum Error Pruning,最小错误剪枝)等。

(1) CCP 剪枝法

CCP 剪枝法是一种基于训练集的自下而上的剪枝法,也叫做 CART 剪枝法。剪枝过

程包括两步:

　　① 从原始决策树开始生成一个子树序列;

　　② 从第 1 步产生的子树序列中,根据树的真实误差估计选择最佳决策树。

　　(2) REP 剪枝法

　　REP 剪枝法由 Quinlan 提出,是一种自下而上的简单实用的剪枝方法。该方法的基本思路是,从训练集中提取一部分数据作为剪枝集,这部分数据不用来构建决策树,因此评估错误率时有较小的偏置。比较树 T_{max} 的子树对剪枝集的分类错误率,即将该子树变为叶子节点后的分类错误率。若前者大于后者,则将该子树剪枝为叶子结点,并以到该结点的多数实例所代表的类来标识。重复以上过程,直到继续剪枝会增加错误率为止。

　　(3) PEP 剪枝法

　　PEP 剪枝法由 Quinlan 提出,是一种自上而下的剪枝法。剪枝基于自由训练集得到的错误估计,因此不需要单独的剪枝数据。很明显,训练集上的错误率被乐观偏置,不能用来生成最优剪枝树,因此,Quinlan 引入了统计学上连续修正的概念来弥补这一缺陷,在子树的训练错误中添加一个常数,假定每个叶结点都自动对实例的某部分进行错误分类,这一部分一般取叶结点所覆盖的实例总数的 1/2。计算标准错误率时,连续修正遵循二项式分布。

　　(4) MEP 剪枝法

　　MEP 剪枝法也是一种自下而上的剪枝法,目的是在未知的数据集上产生最小预测分类错误率。

　　由于实际工作中各个样本数据集的收集完整程度和数据之间的关联程度存在差异,不同的剪枝方法适合于不同类型的样本数据集,具体选用哪种方法或哪几种方法的组合,要根据具体的情况而定。但一般来说,REP 方法是最简单的剪枝方法,但是它不适合于数据量较小的样本集;PEP 方法被认为是当前决策树后剪枝方法中精度最高的算法;CCP 方法所得到的树的规模比 REP 的要小;与 PEP 方法相比,MEP 产生的树的规模较大,精度较低。如果训练数据丰富,可以选用 REP 方法,如果训练数据较少,且要求剪枝的精度较高,则首选 PEP 方法。

7.2.5　案例

1. 用工具 Clementine 实现决策树

　　本案例使用的是 iris 数据集。iris 数据集以鸢尾花的特征作为数据来源,包含 150 个数据集,并按类别分为 3 类,每类 50 个数据,每个数据包含四个属性,这些属性包括萼片和花瓣的长度等。首先要把 iris 数据集存为 txt 文件,方便在 Clementine 中操作。

　　(1) 数据导入

　　首先打开 Clementine 软件,创建一个数据流。新建"可变文件(Var. File)"节点 ▣,双击"可变文件(Var. File)"节点,选择 iris. txt 作为数据源,如图 7 - 7 所示。

　　可在该节点后添加输出节点来观察数据集的内容。可以看出该数据集包含 150 条数据,如图 7 - 8 所示。

图 7-7　导入数据图

图 7-8　查看数据集

（2）数据处理

通过添加"类型（type）"节点 来对数据集进行处理。点击"读入值（Read Values）"按钮，可以自动生成每个字段的类型，也可以自定义这些字段的类型，在这里，因为是要按照花瓣的长度和宽度来区分莺尾花的种类，所以把 Number 设为无（None），把 Species 设为输出（Out），其他均设为输入（In），如图 7-9 所示。

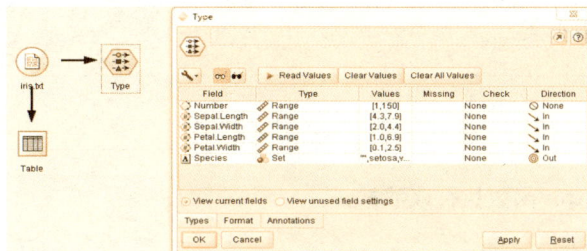

图 7-9　数据处理

(3) 建立模型

Clementine 中提供了很多用于决策树的模型，在这里我们选择 C&R 模型。首先我们使用"C&R 树(C&R Tree)"节点进行建模，其结果是在管理器的"模型(Models)"栏中显示一个与模型同名的节点，右键选择浏览该节点，可以看到决策树的结果，如图 7 - 10 所示。

通过图 7 - 10(b)我们明显可以看到花瓣的长度的小于 2.45 的为 setosa。当花瓣长度大于 2.45，并且花瓣宽度小于 1.75 时，versicolor 的数量占有绝对的优势，而当花瓣宽度大于 1.750 时就基本上全为 virgince 了。

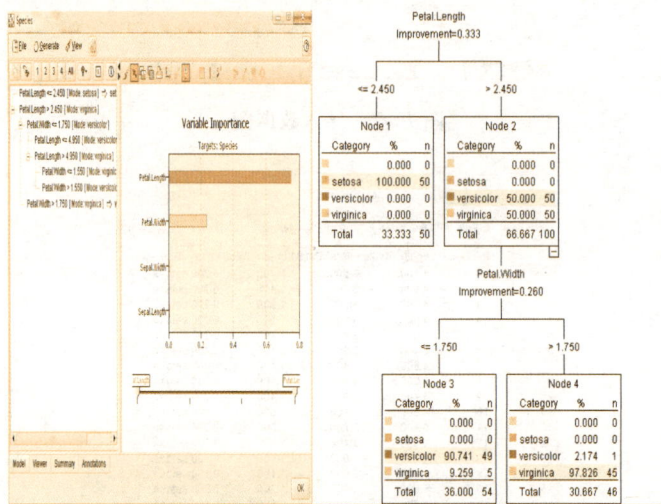

(a) 生成的模型(Model)　　(b) 查看树形结构(Viewer)

图 7 - 10　建立模型

2. 决策树的 R 语言实现※

在 R 语言中，要实现 CART 决策树算法需要使用 tree 扩展包。

(1) 首先安装并导入 tree 包：

```
install. packages('tree')
library(tree)
```

这里仍使用 R 语言自带的 iris 数据集进行实验。

(2) 引入 iris 数据集：

```
data(iris)
```

(3) 然后利用 tree 函数执行该数据：

※ 书中加※的内容建议本科学有余力的同学以及硕士研究生使用。

```
ir. tr<－tree(Species～. , iris)
summary( ir. tr)
```

得到结果如下：

Classification tree：

tree(formula＝Species～. , data＝iris)

Variables actually used in tree construction：

[1]"Petal. Length" "Petal. Width" "Sepal. Length"

Number of terminal nodes：6

Residual mean deviance：0. 1253 ＝ 18. 05/144

Misclassification error rate：0. 02667 ＝ 4/150

为了更直观的观测数据，这里利用 plot 函数对其可视化，结果如图 7－11 所示：

```
plot( ir. tr) ;text( ir. tr)
```

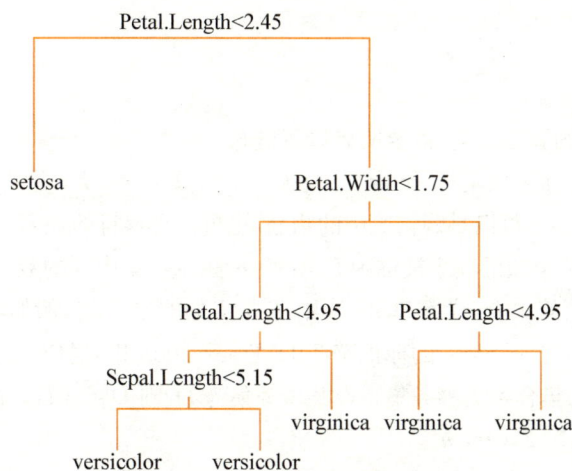

图 7－11　iris 的决策树

由图 7－11 可知，花瓣长度小于 2.45 的为 setosa 类，而当花瓣长度大于 2.45，并且花瓣宽度小于 1.75 时，可能为 versicolor 类或 virginica 类。

7.3　关联规则

关联规则主要用于发现大量数据之间有价值的相关联系。关联规则挖掘的一个典型例子是购物篮分析。市场分析员要从大量的数据中发现顾客放入其购物篮中的不同商品之间的关系。如果顾客买牛奶，他同时购买面包的可能性有多大？顾客多半会在一次购物时同时购买什么样的商品组合？

例如，买牛奶的顾客有 80% 也同时买面包，或买铁锤的顾客中有 70% 的人同时也买铁钉，这就是从购物篮数据中提取的关联规则。关联规则的表达方式为：前项→后项，例如用"牛奶→面包"来表示它们的关联，其中"牛奶"是这条关联规则的前项，"面包"是这条关联规则的后项，"→"是关联规则符。关联规则的分析结果可以帮助商店经理设计不同的商店布局。一种策略是经常一块购买的商品可以放近一些，以便进一步刺激这些商品一起销售，例如，如果顾客购买计算机又倾向于同时购买财务软件，那么将硬件摆放离软件近一点，可能有助于增加两者的销售。另一种策略是将硬件和软件放在商店的两端，可能诱发购买这些商品的顾客一路挑选其他商品。

除此以外，关联规则分析还可以应用于客户交叉营销、风险防范等方面。例如，为了高效率地营销信用卡业务，营销人员可以通过关联规则的分析，在众多银行产品客户中选择可信度较高的群体进行交叉营销，如基金客户、外汇交易客户等。这样不仅大大降低获得客户信息的成本和精力，而且提高了营销成功率，缩短了营销周期。同时，对于行内现有的信用卡客户，可以了解他们对于其他产品的喜爱程度，如对于基金产品或外汇交易产品等等，便于营销人员进行相关产品的捆绑营销，力争使每一个客户使用三种以上该金融机构的产品，最大限度地维系客户，以降低客户流失的风险。

7.3.1 定义

在介绍关联规则算法之前，需要明确以下概念：

项集：项的集合称为项集（itemset）。设 $I = \{I_1, I_2, \cdots, I_n\}$ 是所有项的集合，其中 $I_i (i = 1, 2, 3, \cdots, n)$ 可以是购物篮中的物品，也可以是银行的顾客。

K 项集：包含 K 个项的项集被称为 K 项集，K 表示项集中项的数目。

事务：事务是项的集合，设有事务 T，则 T 是 I 的非空子集，例如，事务 T 是一次交易，且每一个交易都与一个唯一的标识符 TID（Transaction ID）对应。

事务集：事务的集合称为事务集。设某事务集为 D，则 $D = \{T_1, T_2, \cdots, T_n\}$，$D = \{T_i \mid T_i \in D, i = 1, 2, \cdots, n\}$。

支持度和置信度是描述关联规则的重要属性。假设项集 A、B，$A \in I$，$B \in I$，$A \bigcap B = \varnothing$，支持度和置信度定义如下：

（1）支持度：$P(A \bigcup B)$，即 A 和 B 这两个项集在事务集 D 中同时出现的概率。例如在一个商场中，某天共有 1 000 笔业务，其中有 100 笔业务为同时买了牛奶和面包，则牛奶、面包关联规则的支持度为 10%。

（2）置信度：$P(B|A)$，即在出现项集 A 的事务集 D 中，项集 B 也同时出现的概率。如上面的例子中购买牛奶的顾客有 80% 也同时购买了面包。则牛奶、面包关联规则的置信度为 80%。

（3）最小支持度，关联规则必须满足的支持度的最小值称为最小支持度。

（4）最小置信度，关联规则必须满足的置信度的最小值称为最小置信度。

（5）频繁项集，满足最小支持度的项集称为频繁项集，例如频繁 2 项集，频繁 3 项集，频繁 K 项集，记作 L_K。

为了加深对上述概念的认识,我们来用简单的例子说明:表 7-2 是顾客购买记录的数据库(事务集)D,包含 4 个事务。项集 $I = \{A, B, C, D, E, F\}$。若给定的最小支持度为 50%,最小置信度为 50%,考虑关联规则(频繁二项集):

$A \rightarrow C$,事务 1、2、3 包含 A,事务 1、2 包含 C,则支持度 $= P(A \cup C) = \dfrac{2}{4} = 0.5$,置信度 $= P(C \mid A) = \dfrac{2}{3} \approx 0.67$。

$C \rightarrow A$,支持度 $= P(C \cup A) = \dfrac{2}{4} = 0.5$,置信度 $= P(A \mid C) = \dfrac{2}{2} = 1$。

由上述运算可知,$A \rightarrow C$ 和 $C \rightarrow A$ 的支持度和置信度都大于最小支持度和最小置信度,那么我们就认为商品 A 和 C 之间存在关联,其可视化形式如图 7-12 所示。

表 7-2   顾客购买记录

交易 ID	购买商品	交易 ID	购买商品
1	A, B, C	3	A, D
2	A, C	4	B, E, F

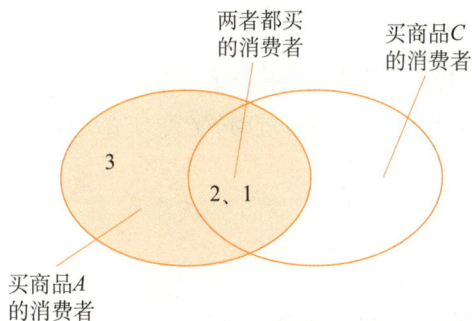

图 7-12   关联规则挖掘的可视化理解

从图 7-12 中可以很直观地理解商品 A、C 之间的关联关系,购买 A 商品的事务为交易 ID1、2、3,购买 C 商品的事务为交易 ID1、2,商品 A、C 同时购买的事务为交易 ID1、2,那么就很容易理解支持度与置信度的计算了。

7.3.2   分类

关联规则依据不同的分类标准,可以有以下的分类:

(1) 基于规则中处理变量的类型,关联规则可以分为布尔型和数值型。布尔型考虑的是项集的存在与否,而数值型则是量化的关联。

例如:　　　　　　　　性别="女"→职业="秘书"   (布尔型)

　　　　　　　　　　　性别="女"→收入="2 300"   (数值型)

(2) 基于规则中数据的抽象层次,可以分为单层关联规则和多层关联规则。

例如:IBM 台式机→Sony 打印机   (一个细节数据上的单层关联规则)

台式机→Sony 打印机　　　　（多层关联规则,此处台式机是 IBM 台式机的较高层次抽象）

(3) 基于规则中涉及的数据维数,可以分为单维关联规则和多维关联规则。

例如:啤酒→尿布　　　　　　　（单维关联规则）

性别＝"女"→职业＝"秘书"　（多维关联规则,包括性别和职业两个维度）

我们了解了关联规则的分类之后,就可以在具体的分析过程中考虑哪些具体方法适用于哪类规则的挖掘,哪类规则又可以用哪些方法进行处理。

7.3.3　算法原理

1. 原理

关联规则的挖掘就是在事务数据库 D 中找出具有用户给定的最小支持度(minsupport)和最小置信度(minconf)的关联规则。如果项集的支持度超过用户给定的最小支持度阈值,就称该项集是频繁项集或大项集。

2. 步骤

第一步:根据最小支持度阈值找出数据集 D 中所有频繁项目集。

第二步:根据频繁项目集和最小置信度阈值产生所有关联规则。

3. 基本算法

(1) 搜索算法

该类算法对每个事务计算所有候选集的支持度,因而只需要对数据库一次扫描即可得到所有的频繁项集。但对于项集数量较多的数据集进行计算时需要占用大量空间,因此只适合于项集数量相对较小的数据集中的关联规则挖掘。

(2) 分层算法(宽度优先算法)

Apriori 算法是这类算法的典型代表,该算法需扫描数据集的次数等于最大频繁项目集的项目数。Apriori 算法将在 7.3.4 中详细介绍。

(3) 深度优先算法

此类算法中最新最高效的是韩家炜等人提出的 FP-growth(frequent-pattern growth)算法。

(4) 划分算法

划分算法的基本思想是将整个数据集划分成可以存放在内存中进行处理的数据块,以节省访问外存的 I/O 开销。

(5) 抽样算法

抽样的基本思想是:选取给定数据库 D 的随机样本 S,然后在随机样本 S 中而不是在数据库 D 中搜索频繁项集。用这种方法,虽然牺牲了精度,但却换取了有效性。

7.3.4　常用算法

1. Apriori 算法

(1) Apriori 算法介绍

关于这个算法有一个非常有名的故事："尿布和啤酒"。故事是这样的：美国的妇女们经常会嘱咐她们的丈夫下班后为孩子买尿布，而丈夫在买完尿布后又要顺手买回自己爱喝的啤酒，因此啤酒和尿布在一起被购买的机会很多。将啤酒和尿布放置一处的举措使尿布和啤酒的销量双双增加，并一直为众商家所津津乐道。

Apriori 算法是一种最有影响的挖掘布尔关联规则频繁项集的算法。其核心是基于两阶段频集思想的递推算法。该关联规则在分类上属于单维、单层、布尔关联规则。在这里，所有支持度大于最小支持度的项集称为频繁项集，简称频集。

Apriori 算法的基本思路：Apriori 算法使用频繁项集的先验知识（称为逐层搜索的迭代方法），k 项集用于探索$(k+1)$项集。首先，通过扫描事务（交易）记录，找出所有的频繁 1 项集，该集合记做 L_1，然后利用 L_1 找频繁 2 项集的集合 L_2，再利用 L_2 找 L_3，如此下去，直到不能再找到任何频繁 k 项集。最后再在所有的频繁集中找出强规则，即产生用户感兴趣的关联规则。

Apriori 算法的两大缺点：一是可能产生大量的候选集，二为可能需要重复扫描数据库。

(2) 连接步和剪枝步

在上述的关联规则挖掘过程的两个步骤中，第一步往往是总体性能的瓶颈。Apriori 算法采用连接和剪枝两种方式来找出所有的频繁项集。

① 连接步

为找出 L_k（所有的频繁 k 项集的集合），通过将 L_{k-1}（所有的频繁 $k-1$ 项集的集合）与自身连接产生候选 k 项集的集合。候选集合记作 C_k。设 l_1 和 l_2 是 L_{k-1} 中的成员。记 $l_i[j]$ 表示 l_i 中的第 j 项。假设 Apriori 算法对事务或项集中的项按字典次序排序，即对于$(k-1)$项集 l_i，$l_i[1] < l_i[2] < \cdots < l_i[k-1]$。将 L_{k-1} 与自身连接，如果$(l_1[1] = l_2[1]) \&\& (l_1[2] = l_2[2]) \&\& \cdots \&\& (l_1[k-2] = l_2[k-2]) \&\& (l_1[k-1] < l_2[k-1])$，那认为 l_1 和 l_2 是可连接。连接 l_1 和 l_2 产生的结果是$\{l_1[1], l_1[2], \cdots, l_1[k-1], l_2[k-1]\}$。

② 剪枝步

C_k 是 L_k 的超集，也就是说，C_k 的成员可能是也可能不是频繁的。通过扫描所有的事务（交易），确定 C_k 中每个候选的计数，判断是否小于最小支持度计数，如果不是，则认为该候选是频繁的。为了压缩 C_k，可以利用 Apriori 性质：任一频繁项集的所有非空子集也必须是频繁的；反之，如果某个候选的非空子集不是频繁的，那么该候选肯定不是频繁的，从而可以将其从 C_k 中删除。

注意：为什么要压缩 C_k 呢？因为实际情况下事务记录往往是保存在外存储上，比如数据库或者其他格式的文件上，在每次计算候选计数时都需要将候选与所有事务进行比对，众所周知，访问外存的效率往往都比较低，因此 Apriori 加入了所谓的剪枝步，事先对候选集进行过滤，以减少访问外存的次数。

(3) Apriori 算法实例

表 7-3　某商场的交易记录集合

交易 ID	商品 ID 列表	交易 ID	商品 ID 列表
$T100$	$I1, I2, I5$	$T600$	$I2, I3$
$T200$	$I2, I4$	$T700$	$I1, I3$
$T300$	$I2, I3$	$T800$	$I1, I2, I3, I5$
$T400$	$I1, I2, I4$	$T900$	$I1, I2, I3$
$T500$	$I1, I3$		

表 7-3 为某商场的交易记录,共有 9 个事务,利用 Apriori 算法求得所有的频繁项集过程如图 7-13 所示。

详细介绍下候选 3 项集的集合 C_3 的产生过程:首先 $C_3 = \{\{I1, I2, I3\}, \{I1, I2, I5\}, \{I1, I3, I5\}, \{I2, I3, I4\}, \{I2, I3, I5\}, \{I2, I4, I5\}\}$($C_3$ 是由 L_2 与自身连接产生)。根据 Apriori 性质,频繁项集的所有子集也必须是频繁的,可以确定有 4 个候选集$\{I1, I3, I5\}, \{I2, I3, I4\}, \{I2, I3, I5\}, \{I2, I4, I5\}$ 不可能是频繁的,因为它们存在子集不属于频繁集的情况,因此将它们从 C_3 中删除。注意,由于 Apriori 算法使用逐层搜索技术,给定候选 k 项集后,只需检查它们的$(k-1)$个子集是否频繁。

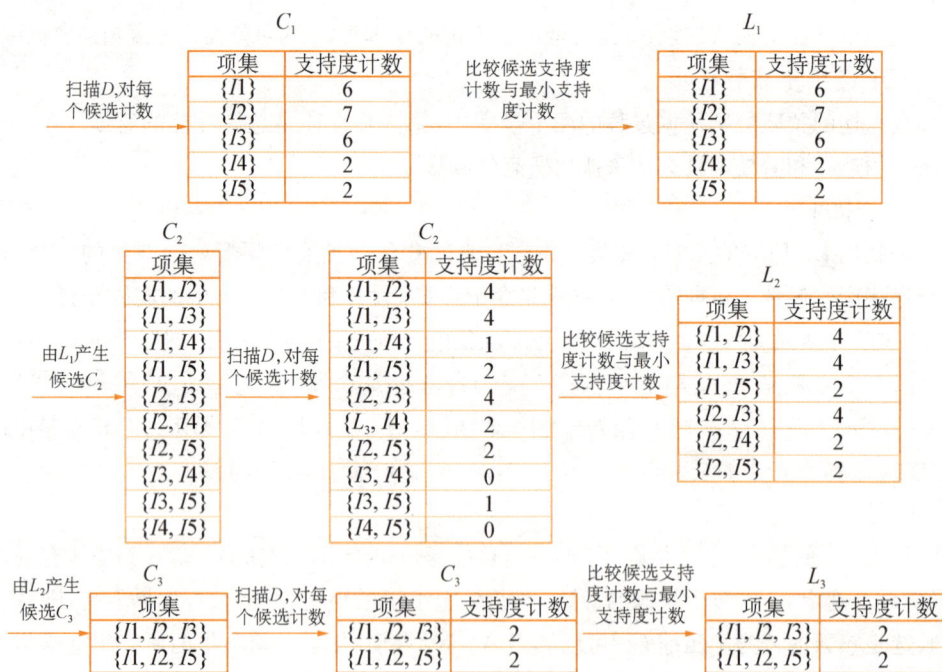

图 7-13　基于 Apriori 算法寻找频繁项集

2. FP-growth 算法

(1) FP-growth 算法介绍

FP-growth 算法是韩家炜等人在 2000 年提出的关联分析算法,它采取如下分治策略:将提供频繁项集的数据库压缩到一棵频繁模式树(FP-tree),但仍保留项集关联信息。该算法和 Apriori 算法最大的不同有两点:第一,不产生候选集;第二,只需要两次遍历数据库,大大提高了效率。

基本思路:不断地迭代 FP-tree 的构造和投影过程。

算法描述如下:

① 对每个频繁项,构造它的条件投影数据库和投影 FP-tree;

② 对每个新构建的 FP-tree 重复这个过程,直到构造的新 FP-tree 为空,或者只包含一条路径;

③ 当构造的 FP-tree 为空时,其前缀即为频繁模式;当只包含一条路径时,通过枚举所有可能组合并与此树的前缀连接即可得到频繁模式。

(2) FP-growth 实例

项目集如表 7-4 所示。

表 7-4　项目集

编号	项目集	编号	项目集
1	f, a, c, d, g, i, m, p	4	b, c, k, m, o, s
2	a, b, c, f, l, o	5	a, f, c, e, l, n, o, p
3	b, f, h, j, m, p		

第一步:扫描项目集,每个项目按频数递减排序,并删除频数小于最小支持度的商品(第一次扫描数据库)。

f:4, c:4, a:3, b:3, m:3, o:3, p:3　　(这里我们令 minsupport = 3)

以上结果就是频繁 1 项集,记为 F1。

第二步:对于每一个项目集,按照 F1 中的顺序重新排序(第二次也是最后一次扫描数据库)。

结果如表 7-5 所示。

表 7-5　整理后项目集

编号	整理后项目集	编号	整理后项目集
1	f, c, a, m, p	4	c, b, m, o
2	f, c, a, b, o	5	f, c, a, o, p
3	f, b, m, p		

第三步:把第二步得到的项目集插入到 FP-tree 中,如图 7-14 所示。

字母后面的数字表示在公共前缀出现的次数。根据该树可以回溯到最低节点,找到对应节点的频繁模式。例如对于 p 来说,有三个回溯路径:{f, c, a, m, p}、{f, c, a, o, p}、{f, b, m, p}。这三个为 p 的条件模式基,因为这三个条件只包含一个频繁节点<f:3>,所以产生的频繁模式为 fp:3。

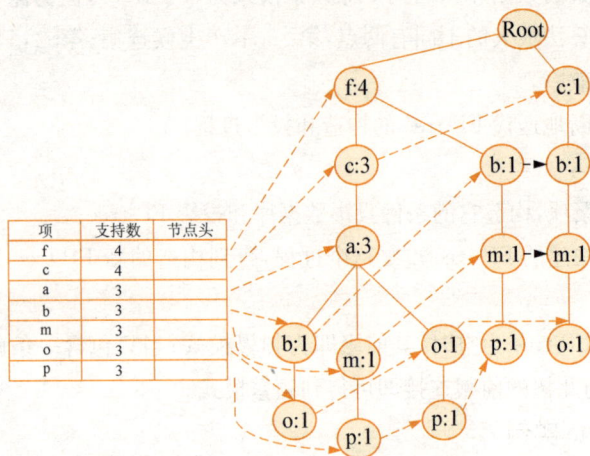

图 7-14   FP-tree 算法示意图

表 7-6 表示挖掘过程。

表 7-6   最终的频繁模式结果表

项	条件模式基	条件 FP-tree	频繁模式
p	{(fcam:1),(fcao:1),(fbm:1)}	<f:3>	fp:3
o	{(fcab:1),(fca:1),(cbm:1)}	<c:3>	co:3
m	{(fca:1),(fb:1),(cb:1)}	—	
b	{(fca:1),(f:1),(c:1)}		
a	{(fc:3)}	<fc:3>	fa:3,ca:3,fca:3
c	{(f:3)}	<f:3>	fc:4
f	—		

根据上述挖掘流程,最终生成的频繁模式 fp、co、fa、ca、fca、fc。

7.3.5 案例

1. 用工具 Clementine 实现关联规则

(1) 数据导入

本实例使用的数据是 titanic. raw 数据集,下载地址:http://www. rdatamining. com/ data. 该数据集包含了 2201 条有关泰坦尼克沉船事故中幸存情况的数据。数据下载完之后,要转存为 txt 格式,以方便我们在 Clementine 中操作。

首先打开 Clementine 软件,创建一个新流。新建"可变文件(Var. File)"节点 ⬚ ,双击"可变文件(Var. File)"节点,选择"Titanic. txt"作为数据源,如图 7-15 所示。

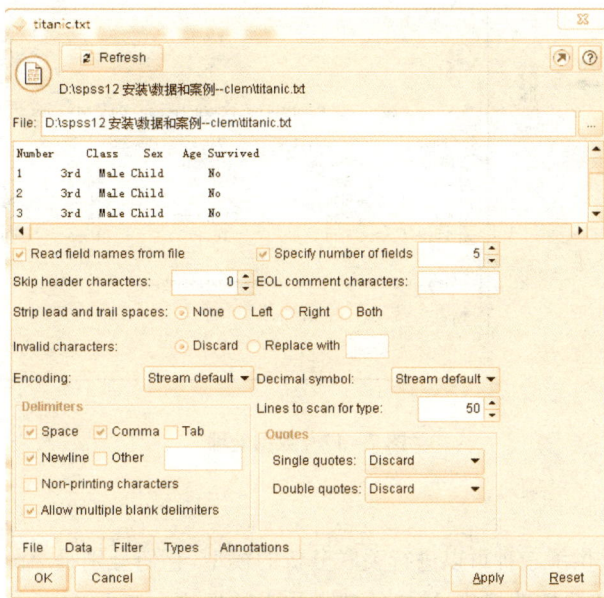

图 7 - 15　数据导入

可在该节点后添加输出节点来观察数据集的内容。可以看出数据集包含了船舱等级、年龄、性别和是否幸存字段，如图 7 - 16 所示。

图 7 - 16　查看数据集

(2) 数据处理

通过添加"类型（Type）"节点 来对数据集进行处理。点击"读入值（Read Values）"按钮，可以自动生成每个字段的类型，也可以自定义这些字段的类型，由于我们是分析遇难情况和性别、年龄、船舱等级之间的关系，与编号无关，所以双击"类型（Type）"节点将 Number 的"方向（Direction）"设为"无（None）"，把年龄（Age）、性别（Sex）、船舱等级（Class）设为"输入（In）"，把是否遇难（Survived）设为"输出（Out）"，如图 7 - 17 所示。

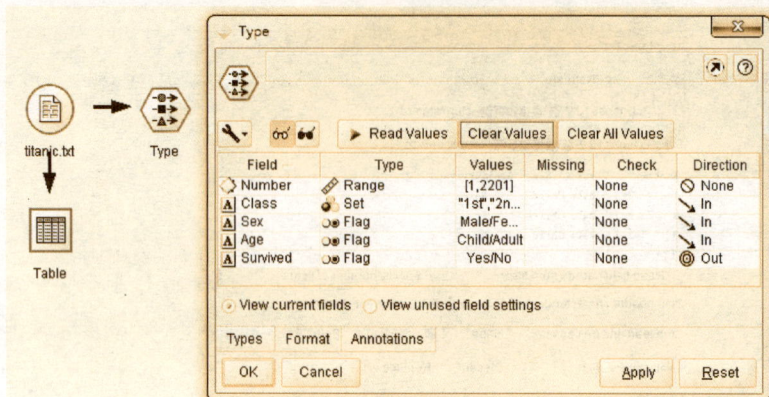

图 7 - 17　数据处理

(3) 建立模型

Clementine 提供了三种可以进行关联分析的模型,它们分别是 Apriori、GRI 和序列 (Sequence),在这里我们选择将 Apriori 节点加入数据流。双击 Apriori 节点,把"最低条件支持度(Minimum antecedent support)"设置为 1.0,"最小规则置信度(Minimum rule confidence)"设置为 50.0,如图 7 - 18 所示。执行该数据流,管理器的"模型(Models)"栏中会出现一个与模型同名的节点,右键选择浏览该节点,结果如图 7 - 19 所示。

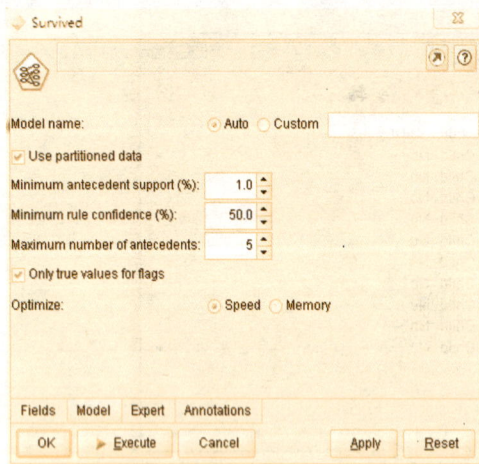

图 7 - 18　设置参数图

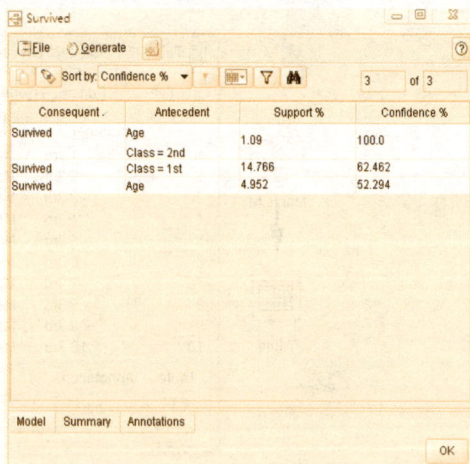

图 7 - 19　生成结果

因为我们采用的是泰坦尼克沉船事故幸存者数据,本来幸存者就非常少,所以我们不能设置太高的支持度,否则就会得不到有效的关联规则。由上面得出的结果可以看到船舱等级为 1,2 的儿童的幸存率会远远高于其他的人群。

2. 关联规则的 R 语言实现※

R 语言中实现关联规则主要通过两个算法:Apriori 和 Eclat,这两个算法在 arules 包中均有涉及。

首先安装并导入 arules 包。

在 R 语言软件界面输入如下代码：

```
install. packages("arules")
library(arules)
```

这里使用的仍是 titanic. raw 数据集，样本结构是船舱等级、年龄、性别和是否幸存。通过关联规则我们试图找到船舱等级、年龄、性别和是否幸存之间的关系。

我们首先使用 eclat 算法，生成频繁项集并查看频繁项集，代码清单如下：

```
frequentsets＝eclat(titanic. raw, parameter＝list(support＝0. 005，maxlen＝10))
```

parameter specification：

tidLists	support	minlen	maxlen	target	ext
FALSE	0. 005	1	10	frequent itemsets	FALSE

algorithmic control：

sparse	sort	verbose
7	－2	TRUE

eclat—find frequent item sets with the eclat algorithm

version 2. 6 (2004. 08. 16)　　(c)　2002—2004　Christian Borgelt

create itemset ...

set transactions ... [10 item(s)，2201 transaction(s)] done [0. 01s].

sorting and recoding items ... [10 item(s)] done [0. 00s].

creating bit matrix ... [10 row(s)，2201 column(s)] done [0. 00s].

writing ... [107 set(s)] done [0. 00s].

Creating S4 object ... done [0. 00s].

```
inspect(frequentsets[1:10])
```

	items	support
1	{Class＝2nd, Sex＝Female, Age＝Child, Survived＝Yes}	0. 005906406
2	{Class＝2nd, Age＝Child, Survived＝Yes}	0. 010904134
3	{Class＝2nd, Sex＝Female, Age＝Child}	0. 005906406
4	{Class＝3rd,	

          Sex=Female,
          Age=CHild,
          Survived=No}   0.007723762
5   {Class=3rd,
          Sex=Female,
          Age=Child,
          Survived=Yes}   0.006360745
6   {Sex=Female,
          Age=Child,
          Survived=No}   0.007723762
7   {Sex=Female,
          Age=Child,
          Survived=Yes}   0.012721490
8   {Class=3rd,
          Sex=Female,
          Age=Child}   0.014084507
9   {Class=3rd,
          Sex=Male,
          Age=Child,
          Survived=Yes}   0.005906406
10   {Class=3rd,
          Sex=Male,
          Age=Child,
          Survived=No}   0.015901863

可以看到,通过以上算法我们得出了 10 个频繁项集。

然后我们用函数 apriori 中的缺省设置来查找数据集 titanic. raw 中的关联规则,代码
清单如下:

```
rules <－apriori(titanic. raw)
```

parameter specification:
   confidence minval smax arem   aval originalSupport support minlen maxlen
        0.8   0.1   1 none FALSE   TRUE   0.1   1   10
   target   ext
   rules FALSE
algorithmic control:
   filter   tree   heap memopt   load sort verbose
    0.1 TRUE TRUE FALSE TRUE   2 TRUE
apriori—find association rules with the apriori algorithm
version 4.21(2004.05.09)   (c) 1996—2004   Christian Borgelt
set item appearances ...[0 item(s)] done [0.00s].

set transactions ... [10 item(s)，2201 transaction(s)] done [0.00s].

sorting and recoding items ... [9 item(s)] done [0.00s].

creating transaction tree ... done [0.00s].

checking subsets of size 1 2 3 4 done [0.00s].

writing ... [27 rule(s)] done [0.00s].

creating S4 object ... done [0.00s].

检查所返回的关联规则：

```
inspect(rules)
```

	lhs		rhs	support	confidence	lift
1	{}	=>	{Age=Adult}	0.9504771	0.9504771	1.0000000
2	{Class=2nd}	=>	{Age=Adult}	0.1185825	0.9157895	0.9635051
3	{Class=1st}	=>	{Age=Adult}	0.1449341	0.9815385	1.0326798
4	{Sex=Female}	=>	{Age=Adult}	0.1930940	0.9042553	0.9513700
5	{Class=3rd}	=>	{Age=Adult}	0.2848705	0.8881020	0.9343750
6	{Survived=Yes}	=>	{Age=Adult}	0.2971377	0.9198312	0.9677574
7	{Class=Crew}	=>	{Sex=Male}	0.3916402	0.9740113	1.2384742
8	{Class=Crew}	=>	{Age=Adult}	0.4020900	1.0000000	1.0521033
9	{Survived=No}	=>	{Sex=Male}	0.6197183	0.9154362	1.1639949
10	{Survived=No}	=>	{Age=Adult}	0.6533394	0.9651007	1.0153856
11	{Sex=Male}	=>	{Age=Adult}	0.7573830	0.9630272	1.0132040
12	{Sex=Female, Survived=Yes}	=>	{Age=Adult}	0.1435711	0.9186047	0.9664669
13	{Class=3rd, Sex=Male}	=>	{Survived=No}	0.1917310	0.8274510	1.2222950
14	{Class=3rd, Survived=No}	=>	{Age=Adult}	0.2162653	0.9015152	0.9484870
15	{Class=3rd, Sex=Male}	=>	{Age=Adult}	0.2099046	0.9058824	0.9530818
16	{Sex=Male, Survived=Yes}	=>	{Age=Adult}	0.1535666	0.9209809	0.9689670
17	{Class=Crew, Survived=No}	=>	{Sex=Male}	0.3044071	0.9955423	1.2658514
18	{Class=Crew, Survived=No}	=>	{Age=Adult}	0.3057701	1.0000000	1.0521033
19	{Class=Crew, Sex=Male}	=>	{Age=Adult}	0.3916402	1.0000000	1.0521033
20	{Class=Crew, Age=Adult}	=>	{Sex=Male}	0.3916402	0.9740113	1.2384742
21	{Sex=Male,					

			support	confidence	lift
	Survived=No}	=> {Age=Adult}	0.6038164	0.9743402	1.0251065
22	{Age=Adult,				
	Survived=No}	=> {Sex=Male}	0.6038164	0.9242003	1.1751385
23	{Class=3rd,				
	Sex=Male,				
	Survived=No}	=> {Age=Adult}	0.1758292	0.9170616	0.9648435
24	{Class=3rd,				
	Age=Adult,				
	Survived=No}	=> {Sex=Male}	0.1758292	0.8130252	1.0337773
25	{Class=3rd,				
	Sex=Male,				
	Age=Adult}	=> {Survived=No}	0.1758292	0.8376623	1.2373791
26	{Class=Crew,				
	Sex=Male,				
	Survived=No}	=> {Age=Adult}	0.3044071	1.0000000	1.0521033
27	{Class=Crew,				
	Age=Adult,				
	Survived=No}	=> {Sex=Male}	0.3044071	0.9955423	1.2658514

如果只想检查其他变量和乘客是否幸存的关系,那么需要提前设置变量

```
    rhs=c("Survived=No", "Survived=Yes")
rules <- apriori(titanic.raw,
        parameter = list(minlen=2, supp=0.005, conf=0.8),
        appearance = list(rhs=c("Survived=No", "Survived=Yes"),
                        default="lhs"),
        control = list(verbose=F))
```

然后根据关联结果中的提升度(life)进行降序排序并进行查看。

```
rules.sorted <- sort(rules, decreasing=TRUE, na.last=TRUE, by="lift")
inspect(rules.sorted)
```

	lhs	rhs	support	confidence	lift
1	{Class=2nd,				
	Age=Child}	=> {Survived=Yes}	0.010904134	1.0000000	3.095640
2	{Class=2nd,				
	Sex=Female,				
	Age=Child}	=> {Survived=Yes}	0.005906406	1.0000000	3.095640
3	{Class=1st,				
	Sex=Female}	=> {Survived=Yes}	0.064061790	0.9724138	3.010243
4	{Class=1st,				

	Sex=Female,					
	Age=Adult}	=>	{Survived=Yes}	0.063607451	0.9722222	3.009650
5	{Class=2nd,					
	Sex=Female}	=>	{Survived=Yes}	0.042253521	0.8773585	2.715986
6	{Class=Crew,					
	Sex=Female}	=>	{Survived=Yes}	0.009086779	0.8695652	2.691861
7	{Class=Crew,					
	Sex=Female,					
	Age=Adult}	=>	{Survived=Yes}	0.009086779	0.8695652	2.691861
8	{Class=2nd,					
	Sex=Female,					
	Age=Adult}	=>	{Survived=Yes}	0.036347115	0.8602151	2.662916
9	{Class=2nd,					
	Sex=Male,					
	Age=Adult}	=>	{Survived=No}	0.069968196	0.9166667	1.354083
10	{Class=2nd,					
	Sex=Male}	=>	{Survived=No}	0.069968196	0.8603352	1.270871
11	{Class=3rd,					
	Sex=Male,					
	Age=Adult}	=>	{Survived=No}	0.175829169	0.8376623	1.237379
12	{Class=3rd,					
	Sex=Male}	=>	{Survived=No}	0.191731031	0.8274510	1.222295

在上面的结果集中可以看到，规则 1 实际上已经包含了规则 2，因为规则 1 实际上告诉了我们，所有 2 等舱的儿童都幸存了，也就是说实际上规则 2 只是规则 1 的超集。一般来说它的提升度（lift）与规则 1 的提升度（lift）相等，甚至更低一些。由此可以认定规则 2 是冗余的。在下面我们会演示如何去掉冗余的规则。

生成一个关联规则的子集矩阵：

```
subset. matrix <- is. subset(rules. sorted, rules. sorted)
```

将矩阵对角线以下的元素置为空：

```
subset. matrix[lower. tri(subset. matrix, diag=T)] <- NA
```

将子集矩阵中每列元素之和大于或等于 1 的列找出来：

```
redundant <- colSums(subset. matrix, na. rm=T) >= 1
which(redundant)
```

[1] 2 4 7 8

从规则矩阵中去掉这些列：

```
rules. pruned <- rules. sorted[!redundant]
```

检查最终生成的结果集：

```
inspect(rules. pruned)
```

	lhs		rhs	support	confidence	lift
1	{Class=2nd,					
	Age=Child}	=>	{Survived=Yes}	0. 010904134	1. 0000000	3. 095640
2	{Class=1st,					
	Sex=Female}	=>	{Survived=Yes}	0. 064061790	0. 9724138	3. 010243
3	{Class=2nd,					
	Sex=Female}	=>	{Survived=Yes}	0. 042253521	0. 8773585	2. 715986
4	{Class=Crew,					
	Sex=Female}	=>	{Survived=Yes}	0. 009086779	0. 8695652	2. 691861
5	{Class=2nd,					
	Sex=Male,					
	Age=Adult}	=>	{Survived=No}	0. 069968196	0. 9166667	1. 354083
6	{Class=2nd,					
	Sex=Male}	=>	{Survived=No}	0. 069968196	0. 8603352	1. 270871
7	{Class=3rd,					
	Sex=Male,					
	Age=Adult}	=>	{Survived=No}	0. 175829169	0. 8376623	1. 237379
8	{Class=3rd,					
	Sex=Male}	=>	{Survived=No}	0. 191731031	0. 8274510	1. 222295

由上述结果我们可以看到，船舱等级高的女人和小孩基本都幸存了，而船舱等级为三的成员几乎都死亡了，另外男士的死亡率明显高于女士。我们可以了解当时的成员发扬了伟大的奉献精神，把逃生的机会让给了女士和小孩，但是同样作为弱势群体的3等级乘客不管是男士、女士还是小孩相比其他等级的船员比较难以幸存，这体现了当时存在一些阶级歧视。

7.4　聚类分析

7.4.1　定义

俗话说："物以类聚，人以群分"。在自然科学和社会科学中，存在着大量的聚类问题。

所谓类,通俗地说,就是指相似的元素的集合。聚类分析是对样品或指标进行分类的一种多元统计分析方法。聚类分析的起源是分类学,但是与分类不同的是,它要划分的类是未知的。聚类就是把整个数据集分成不同的"簇",并且要使簇与簇之间的区别尽可能的大,而簇内的数据之间的差异尽可能小。如图 7-20 就是一个聚类分析的结果。

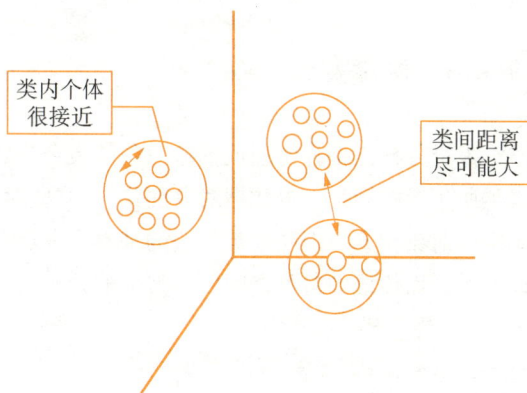

图 7-20　聚类分析示意图

7.4.2　聚类与分类的区别

上节我们提到聚类和分类的区别就是聚类的划分是未知的,即聚类分析中的"簇"不是预先定义的,而是根据实际数据的特征按照数据之间的相似性来定义的。

在分类问题中,训练样本的分类属性值是已知的,而在聚类问题中,需要根据训练样本的值来确定分类属性值。采用聚类分析技术,可以把无标识的数据样本自动划分为不同的类,并且可以不受人的先验知识的约束和干扰,从而获取数据集中原本存在的信息。

所以说,聚类是一种无指导学习(无监督学习),即从样本的特征向量出发,通过某种算法将特征相似的样本聚集在一起,从而达到区分具有不同特征的样本的目的。分类则是一种有指导学习(有监督学习),它具有先验知识(分类属性值,即分类标记),而无监督聚类学习并不具有这种先验知识。

7.4.3　应用领域

聚类分析在许多实际问题上都有应用,为便于理解,下面给出一些例子。

(1) 商务:聚类分析能够帮助分析师从客户资料库中发现不同的客户群,并且能够通过购买模式刻画出不同的客户群的特征。

(2) 生物:生物学家可以利用聚类分析来对动植物和基因进行分类,从而获取对种群固有结构的认识。

(3) 地理:聚类分析已经用来发现对陆地气候具有显著影响的极地和海洋大气压力模式,这有助于理解地球气候。

(4) 保险行业:聚类分析可以用来鉴定汽车保险单持有者的分组,同时根据住宅类型、价值、地理位置来鉴定一个城市的房产分组。

(5) 电子商务:聚类分析在电子商务中用于网站建设数据挖掘也是很重要的一个方面,通过分组聚类可以获得具有相似浏览行为的客户,通过分析每一类客户的共同特征可以帮助电子商务的用户更好地了解自己的客户,并向客户提供更合适的服务。

7.4.4 度量方法

聚类分析是指将物理或抽象对象的集合分成由类似的对象组成的多个类的过程。由聚类所生成的簇是一组数据对象的集合,这些对象与同一个簇中的对象彼此相似,与其他簇中的对象相异。因此聚类算法的基本出发点在于根据对象间的相似度将对象划分为不同的类。而传统的对象之间的相似度的计算通常是以对象间的距离来确定的。

1. 基于距离的相似度计算

假设给定的数据集 $x = \{x_m \mid m = 1, 2, \cdots, total\}$,$x$ 中的样本用 d 个描述属性 A_1,A_2,$\cdots$,A_d(维度)来表示。数据样本 $x_i = (x_{i1}, x_{i2}, \cdots, x_{id})$,$x_j = (x_{j1}, x_{j2}, \cdots, x_{jd})$,其中,$x_{i1}, x_{i2}, \cdots, x_{id}$ 和 $x_{j1}, x_{j2}, \cdots, x_{jd}$ 分别是样本 x_i 和 x_j 对应的 d 个描述属性 A_1, A_2,$\cdots$,A_d 的具体取值。样本 x_i 和 x_j 之间的相似度通常用它们之间的距离 $D(x_i, x_j)$ 来表示,距离越小,则样本 x_i 和 x_j 越相似,差异度越小;距离越大,样本 x_i 和 x_j 越不相似,差异度越大。常用的距离度量方法有:

(1) 欧几里德距离(欧氏距离),公式如式 7.8 所示:

$$D(x_i, x_j) = \sqrt{\sum_{k=1}^{d} (x_{ik} - x_{jk})^2} \tag{7.8}$$

其中,x_i、x_j 是两个数据对象,例如,用 $x_1 = (1, 9)$ 和 $x_2 = (5, 6)$ 表示两个对象。两点间的欧几里德距离为:

$$D(x_1, x_2) = \sqrt{(1-5)^2 + (9-6)^2} = 5$$

(2) 曼哈顿距离,其定义如式 7.9 所示:

$$D(x_i, x_j) = \sum_{k=1}^{d} |x_{ik} - x_{jk}| \tag{7.9}$$

同样,用 $x_1 = (1, 9)$ 和 $x_2 = (5, 6)$ 表示两个对象,两点间的曼哈顿距离为:

$$D(x_1, x_2) = |1-5| + |9-6| = 7$$

2. 常用算法分类

在得到了距离的值后,两个对象就可以被联系起来。目前产生了大量的聚类算法,大体上,可以划分为如下几类:

(1) 划分的方法(partitioning methods)

给定一个有 n 个对象的数据集,划分方法将构建 k 个分组,每个分组表示一个簇,并且 $k \leqslant n$。同时满足如下的要求:

① 每个组至少包含一个对象;

② 每个对象必须属于且只属于一个组。

给定分组为 k,算法首先创建一个初始的分组。然后采用一种反复迭代的方法改变初始分组,使得每一次改进之后的分组都比前一次要好。一个好的分组的一般准则是:同一个分组中的对象之间的距离尽可能的"接近",而不同分组中的对象之间的距离尽可能的"远离"。k-means 就是使用这种基本思想的算法。

(2) 层次的方法(hierarchical methods)

层次的方法需对给定数据集进行层次的分解,直至满足分解条件。根据层次的分解的形成条件,层次的方法可以分为凝聚的和分裂的。凝聚的方法,也称为自底向上的方法,一开始将每个对象作为单独的一个组,然后相继地合并相近的对象或组,直到所有的组合并为一个(层次的最上层),或者达到一个终止条件。分裂的方法,也称为自顶向下的方法,一开始将所有的对象置于一个簇中。在迭代的每一步中,一个簇被分裂为更小的簇,直到最终每个对象在单独的一个簇中,或者达到一个终止条件。

层次的方法的缺陷在于,一旦一个步骤(合并或分裂)完成,它就不能被撤消。这个严格规定是有用的,不用担心组合数目的不同选择,计算代价会较小。但是,该技术的一个主要问题是它不能更正错误的决定。

(3) 基于密度的方法(density-based methods)

绝大多数划分方法基于对象之间的距离进行聚类。这样的方法只能发现球状的簇,而在发现任意形状的簇时遇到了困难。随之提出了另一类基于密度的聚类方法,其主要思想是:只要临近区域的密度(对象或数据点的数目)超过某个阀值,就继续聚类。也就是说,对给定类中的每个数据点,在一个给定范围的区域中必须至少包含某个数目的点。这样的方法可以用来过滤"噪声"孤立点数据,发现任意形状的簇。

DBSCAN 就是一个典型的基于密度的方法,它根据一个密度阀值来控制簇的增长。

(4) 基于网络的方法(grid-based methods)

基于网络的方法把对象空间尽量化为有限数目的单元,形成一个网络结构。所有的聚类操作都在这个网络结构(即量化的空间)上进行。这种方法的主要优点是它的处理速度很快,其处理时间通常与目标数据库中的记录的个数无关,它只与把数据空间分成的单元数有关。

(5) 基于模型的方法(model-based methods)

基于模型的方法为每个簇假定了一个模型,然后寻找数据对给定模型的最佳匹配。一个基于模型的算法可能通过构建反映数据点空间分布的密度函数来定位聚类。它也基于标准的统计数字自动决定聚类的数目,考虑"噪声"数据或孤立点,从而产生健壮的聚类方法。

7.4.5 常用算法

1. k-means 算法

(1) k-means 算法流程

k-means 算法,也称 k 平均算法,用来根据样本属性值之间的相似度来对样本进行分组。其基本思路是,以 k 为参数,把 n 个对象划分为 k 个簇,从而使每个簇内具有较高的相似度,但不同的簇中的样本则相异。k-means 是一种迭代算法,初始的 k 个簇被随机地定义之后,这些簇将被不断地更新,并在更新中被优化,当无法再进一步优化(或者达到一定的迭代次数)时算法停止。

图 7 – 21 给出了 k-means 算法在聚类中的直观展示。我们可以看到在 k-means 算法中,每个簇有一个中心,称为"质心",k 个簇就相应地有 k 个质心。一个样本究竟要被划分到哪个簇,就要看它和哪个质心的相异度最小。在 k-means 算法中,衡量相异度的指标是距离。所以说,一个样本究竟被划分到哪个簇,就看它和哪个质心的距离最小。k-means 算法的具体流程如下:

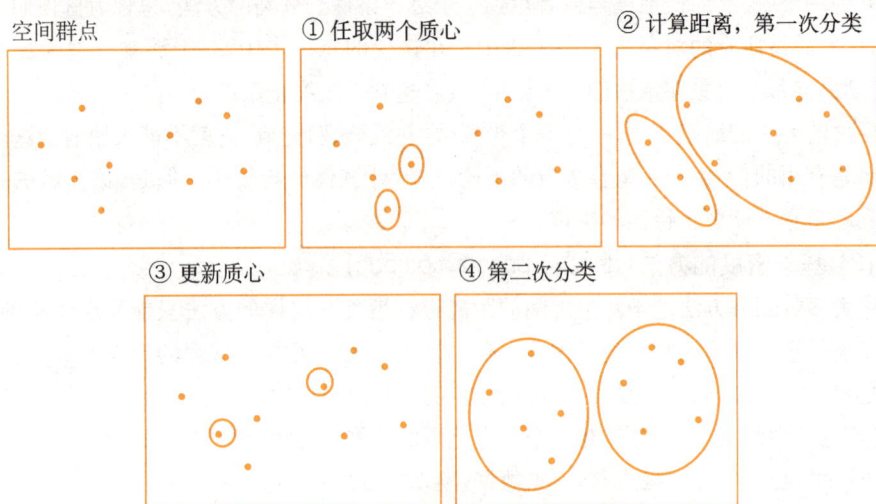

图 7 – 21　k-means 算法在聚类中的直观展示

① 从数据集中选择聚类的 k 个质心,作为初始的簇中心;

② 计算剩余的每个对象到各质心的距离,把对象指派给距离最小的簇;

③ 根据每个簇当前所拥有的所有对象更新质心;

④ 计算每个对象与各个簇中心的距离,将对象分配给最近的簇;

⑤ 然后回到③,重新计算每个簇的平均值。这个过程不断重复直到满足某个准则函数才停止。

注意:每个簇的平均值代表新的簇的质心。

(2) k-means 算法实例

下面通过一个具体的实例来认识 k-means 算法。

数据对象集合见表 7 – 7,作为一个聚类分析的二维样本,要求的簇的数量 $k = 2$。

表 7 – 7　数据对象集合样本

O	X	Y
1	0	0
2	0	1
3	2	1

① 选择 $O_1(0,0)$、$O_2(0,1)$ 为初始的簇中心，即 $M_1 = O_1 = (0,0)$，$M_2 = O_2 = (0,1)$。

② 对剩余的每个对象，使用式 7.8，计算其与各个簇中心的距离，将它赋给最近的簇：

$$d(M_1, O_3) = \sqrt{(0-2)^2 + (0-1)^2} = 2.236$$

$$d(M_2, O_3) = \sqrt{(0-2)^2 + (1-1)^2} = 2$$

显然 $d(M_2, O_3) \leqslant d(M_1, O_3)$，于是把 O_3 分配给了 c_2。

更新后得到的新簇为 $c_1 = \{O_1\}$，$c_2 = \{O_2, O_3\}$。

③ 计算新的簇中心 $M_1 = O_1 = (0,0)$，$M_2 = ((0+2)/2,\ (1+1)/2) = (1,1)$。

④ 重复①和②得到，O_1 分配给 c_1；O_2 分配给 c_2，O_3 分配给 c_2；

⑤ 中心为 $M_1 = (0,0)$、$M_2 = (1,1)$，由于在两次迭代中，簇中心不变，所以停止迭代过程，算法停止。

（3）k-means 算法的性能分析

k-means 算法是一种经典的算法，但是它只有在簇的平均值被定义的情况下才能使用，接下来我们就详细分析一下 k-means 的优缺点。

主要优点：

① 是解决聚类问题的一种经典算法，简单、快速。

② 对大数据集，该算法是相对可伸缩和高效率的。因为它的复杂度是 $o(n, k, t)$，其中，n 是所有对象的数目，k 是簇的数目，t 是迭代的次数。通常 $k < n$ 且 $t < n$。

③ 当结果簇是密集的，而簇与簇之间区别明显时，它的效果较好。

主要缺点：

① 在簇的平均值被定义的情况下才能使用，这对于处理符号属性的数据不适用。

② 必须事先给出 k（要生成的簇的数目），而且对初值敏感，对于不同的初始值，可能会导致不同结果。

③ k-means 算法对于"噪声"和孤立点数据是敏感的，少量的该类数据能够对平均值产生极大的影响。

2. 两步聚类算法

（1）两步聚类算法简介

两步聚类是一种探索性的聚类方法，是随着人工智能的发展而发展起来的智能聚类方法中的一种。它最显著的特点就是它分两步进行聚类，主要用于处理非常大的数据集，可以处理连续属性和离散属性。它只需遍历数据集一次。

两步聚类的特点：

① 具有同时处理离散变量和连续变量的能力；

② 自动选择聚类数；

③ 通过预先选取样本中的部分数据构建聚类模型；

④ 可以处理超大样本量的数据。

两步算法的基本原理分为以下两个步骤：

第一步：预聚类。遍历一次数据，对记录进行初始的归类，用户自定义最大类别数。

通过构建和修改特征树(CF tree)来完成;

第二步:聚类。对第一步完成的初步聚类进行再聚类并确定最终的聚类方案,使用层次聚类的方法将小的聚类逐渐合并成越来越大的聚类,这一过程不需要再次遍历数据。层次聚类的好处是不要求提前选择聚类数。许多层次聚类从单个记录开始聚类,逐步合并成更大的类群。

(2) 聚类特征 CF

聚类特征(clustering feature, CF)是 BIRCH 增量聚类算法的核心,CF tree 中的节点都是由 CF 组成,CF 是一个三元组,这个三元组就代表了簇的所有信息。给定 n 个 d 维的数据点 $\{x_1, x_2, \cdots, x_n\}$,CF 定义如下:CF $=$ (N, LS, SS)。

其中,N 是子类中节点的数目,LS 是 N 个节点的线性和,SS 是 N 个节点的平方和。CF 有个特性,即可以求和,具体说明如下:$CF_1 = (n_1, LS_1, SS_1)$,$CF_2 = (n_2, LS_2, SS_2)$,则 $CF_1 + CF_2 = (n_1 + n_2, LS_1 + LS_2, SS_1 + SS_2)$。

(3) 生成 CF 树

CF 树是在遍历数据集的过程中不断添加、更新条目及分裂节点来形成的。根据第一个样本即可建立根节点以及相应的条目,之后逐个地将后续的样本根据距离最小的原则指派到 CF 树中。

一个 CF 树有三个参数:$B=$分支系数,即中间节点的最大子节点数量;$T=$叶节点中类的半径或直径的阈值;$L=$叶节点的最大 CF 簇数量。树的规模是由分支因子(B 和 L)以及 T 共同决定的。树中每个节点最多包含 B 个子节点;一棵 CF 树是一个数据集的压缩表示,叶子节点的每一个输入都代表一个簇 C,簇 C 中包含若干个数据点,并且原始数据集中越密集的区域,簇 C 中包含的数据点越多,越稀疏的区域,簇 C 中包含的数据点越少,簇 C 的半径小于等于 T。构建 CF 树的过程中,一个重要的参数是簇半径阈值 T,因为它决定了 CF tree 的规模,从而让 CF 树适应当前内存的大小。如果 T 太小,那么簇的数量将会非常的大,从而导致树节点数量也会增大,这样可能会导致所有数据点还没有扫描完之前内存就不够用了。

7.4.6 异常检测

将聚类应用到异常检测中的主要优点就是无需系统或网络管理员提供关于各种攻击的类别的精确信息,就能够从审计数据中检测出入侵行为。聚类与孤立点分析(outlier analysis)结合得非常紧密,从聚类算法的角度来看,孤立点就是那些不处于簇中的数据,也就是指这些数据不符合数据的一般模型,与大多数数据差异较大。

基于聚类的异常检测至少有两种方法:一种是异常检测模型利用未标记的数据进行训练,这些数据包含了正常数据和攻击数据;另一种是模型仅利用正常数据进行训练,从而建立正常行为轮廓。前者需要一个前提——攻击数据在所有数据中所占的比重小,如果这个前提成立的话,那么就可以根据簇的容量(一个簇中所含的数据总量)来识别出异常或者攻击数据,评判准则:容量大的簇就是正常簇,其他的簇将被当作孤立点处理,即攻击。

Portnoy 等人提出了一种基于聚类的异常检测模型。该算法不需要已标记的训练数据,采用数理统计的思想对原始数据包进行标准化,对标准化的数据采用单链接(single-linkage)算法进行聚类(计算新数据与每个簇中心两者之间的欧式距离,选择最近的簇,如果距离小于给定的簇宽度阀值,那么就把新数据加入该簇中,否则就新建一个簇),从而利用预先定义的阈值来对各个簇进行检测。该算法建立在两个条件之上:

① 正常数据远远多于异常数据;

② 正常数据与异常数据的相似度很小。

然而,在真实网络环境中,突发性的大规模攻击会破坏第一个条件,因此,该模型遇到这种情况时,会产生极高的误报、漏报。

Yu Guan 等人克服了经典 k-means 的两个缺陷:依赖 k 的值和退化,提出了 Y-means 算法,通过实验定义分隔簇、合并簇的阈值,动态地对簇进行调整,表现出良好的性能。然而该算法也是建立在正常数据远远多于异常数据的条件上,同样不能检测出突发性的大规模攻击。

MINDS 是一个采用了数据挖掘技术的基于网络的异常检测模型,该模型为每个数据计算孤立度(称为局部孤立因子,即 local outlier factor),局部孤立因子越高则表示该数据越孤立,也就越有可能是异常数据。该模型的优点就是能够检测各种类型的孤立点,包含那些基于距离算法的异常检测方法所无法检测的孤立点。

表 7 - 8   三种异常检测模型的特征表

模型	特　征
Portnoy 等人的模型	采用数理统计的思想对原始数据包进行标准化,对标准化后的数据采用单链接法进行聚类,从而识别攻击簇
Y-means	改进经典 k-means 算法,不依赖 k 的值,动态地对数据进行聚类
MINDS	对数据进行聚类,利用基于密度的局部孤立点来检测入侵

我们认为经常存在一些数据对象,它们不符合数据的一般模型,这样的数据对象被称为异常点(outlier),它们与数据的其他部分不同或不一致。异常数据的可能来源有测量错误、计算机录入错误、执行错误、人为错误等。

异常点数据的挖掘包括异常点数据检测和异常点数据分析两部分。异常点数据的分析需要结合背景知识、领域知识等相关知识进行研究。异常点数据是与数据的一般行为或模型不一致的数据,它们是数据集中与众不同的数据,这些数据并非随机偏差,而是产生于完全不同的机制。异常点数据挖掘有着广泛的应用,如欺诈检测,用异常点检测来探测不寻常的信用卡使用或者电信服务;预测市场动向;在市场分析中分析客户的流失等异常行为;或者在医疗分析中发现对多种治疗方式的不寻常的反应等等;通过对这些数据进行研究,发现不正常的行为和模式,实现异常数据挖掘功能。

现在比较成熟的异常点检测方法主要有以下几类:

(1) 基于统计的方法

基于统计的异常检测方法对给定的数据集合假设了一个分布或者概率模型(例如一个正态分布),然后根据模型采用不一致检验来确定异常点。基于统计的方法对于有一定分布规律的数据集合效果是明显的,但是大多数情况下,数据的分布都是未知的。

（2）基于距离的方法

基于距离的异常点检测是根据数据或对象间的距离来探测不一致的对象。它根据在特定领域内某一对象所包含的邻居对象数目是否足够多来判断该对象是否异常。

（3）基于偏差的方法

基于偏离的异常点检测不采用统计检验或者基于距离的度量值来确定异常对象。相反，它通过检查一组对象的主要特征来确定异常点。与给出的描述"偏离"的对象被认为是异常点。常用的基于偏离的异常点检测技术有序列异常技术、OLAP 数据立方体技术等。

（4）基于密度的方法

基于密度的方法，通过计算数据集中的数据点的局部异常因子来检测局部异常数据点。

（5）高维数据的异常检测

高维数据的异常检测，通过把高维数据映射到低维子空间，根据子空间映射数据的稀疏程度来确定异常数据的存在。

7.4.7 案例

1. 用工具 Clementine 实现聚类

（1）数据导入

本案例使用的数据集仍为 iris，导入数据前需要把 iris 数据集转存到 txt 文件中以方便用 Clementine 进行操作。

首先打开 Clementine 软件，创建一个新流。添加一个"可变文件（Var. File）"节点，双击"可变文件（Var. File）"节点，选择已经准备好的 iris. txt 作为数据源。

可在该节点后添加输出节点来观察数据集的内容，如图 7-23 所示。

图 7-22 导入数据

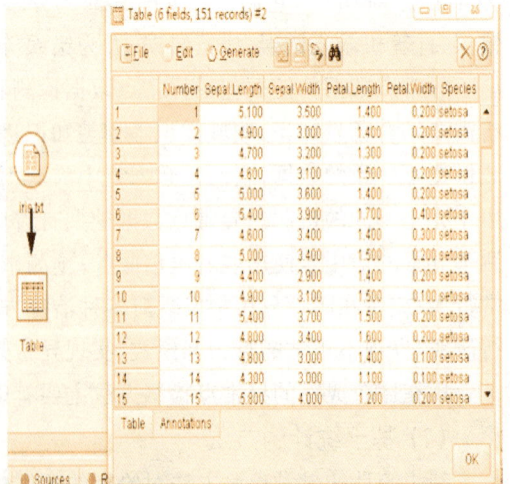

图 7-23 查看数据

(2) 数据处理

通过添加"类型(Type)"节点 来对数据集进行处理。点击"读入值(Read Values)"按钮,可以自动生成每个字段的类型,也可以自定义这些字段的类型,如图7-24所示。

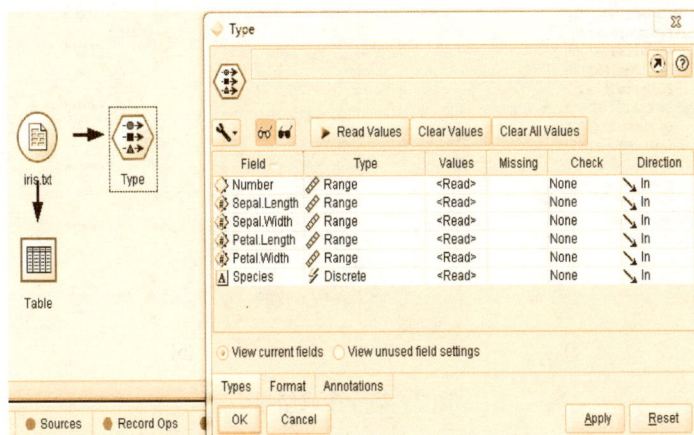

图 7-24　数据处理

(3) 建立模型

在 Clementine 中有很多用于聚类的模型,在这里我们使用 k-means 和两步法(TwoStep)进行聚类。

首先我们使用 k-means 节点进行建模,需要把"聚类数(Number of clusters)"设置为 3 类,如图7-25所示。

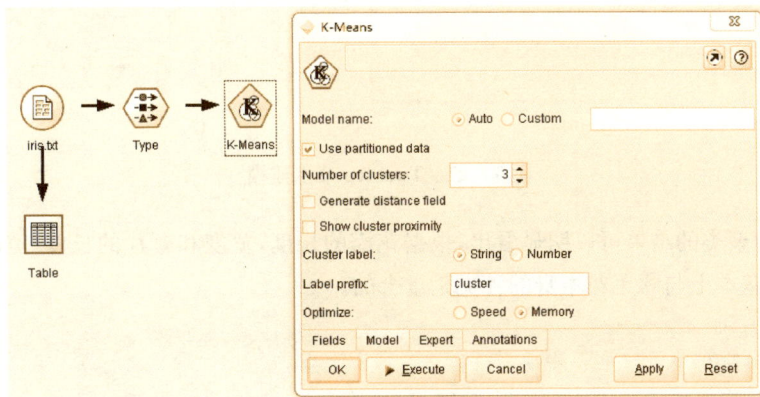

图 7-25　设置参数

执行之后,在管理器的"模型(Models)"栏中将会生成一个与模型同名的节点,右键选择浏览该节点。结果如图7-26所示,有两种查看聚类结果的方式,一是在模型(Model)面板中查看(图7-26(a)),另一是在查看器面(Viewer)板中更加直观地查看(图7-26(b)),并可以双击每一列(某一聚类)或双击每一行(输入变量)查看更详细的信息。

接下来我们使用 TwoStep 节点进行建模,需要双击将"两步(TwoStep)"节点添加到流中,并执行聚类,结果如图7-27所示。

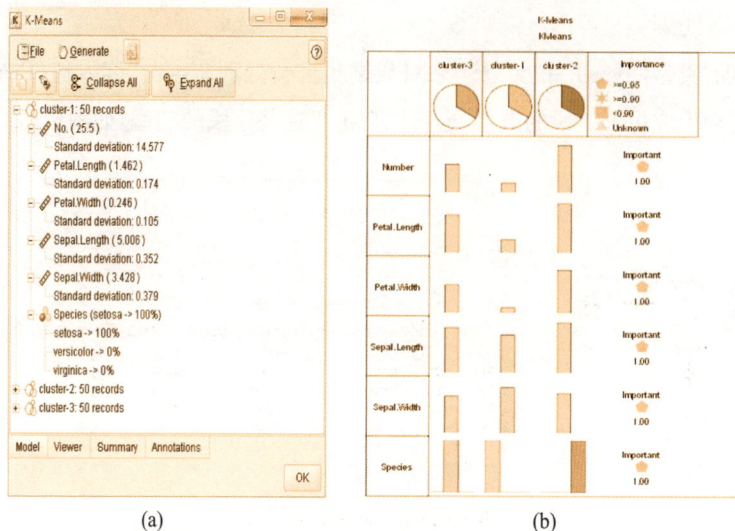

图 7-26 生成结果

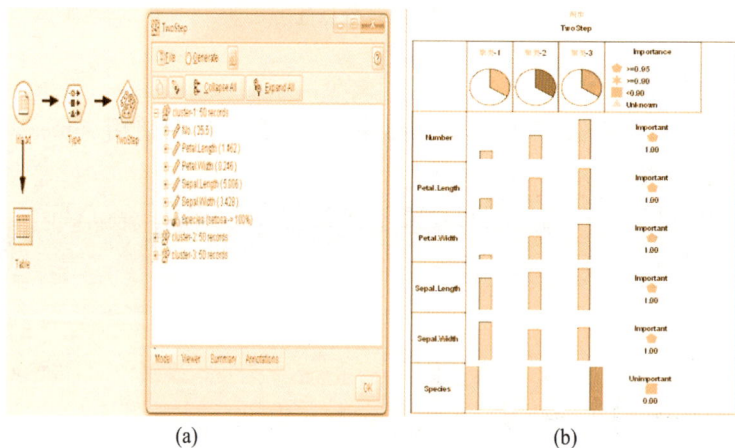

图 7-27 TwoStep 节点建模

由上面聚类的结果可以明显看出,根据花瓣的长度,宽度和萼片的长度,宽度聚成的三个大类,基本上与莺尾花本身的种类是重合的。

2. 聚类的 R 语言实现※

在 R 语言中实现聚类主要有两种方法,分别是 k 均值聚类(k-means)和凝聚层次聚类(Agglomerative hierarchical clustering)。

层次聚类方法主要使用 hclust()函数:

```
hclust(data, method, members)
```

其中 data 是要处理的数据,method 设置距离的计算方法,包括类平均法(average)、重心法(centroid)、中间距离法(median)、最长距离法(complete)、最短距离法(single)、离差平方和法(ward)等。

下面我们用 iris 数据集来进行聚类分析。

首先提取数据：

```
data＝iris[,－5]
```

然后计算其欧氏距离矩阵：

```
dist. e＝dist(data, method＝'euclidean')
```

接着通过 heatmap 函数绘制矩阵的热图：

```
heatmap(as. matrix(dist. e), labRow＝F, labCol＝F)
```

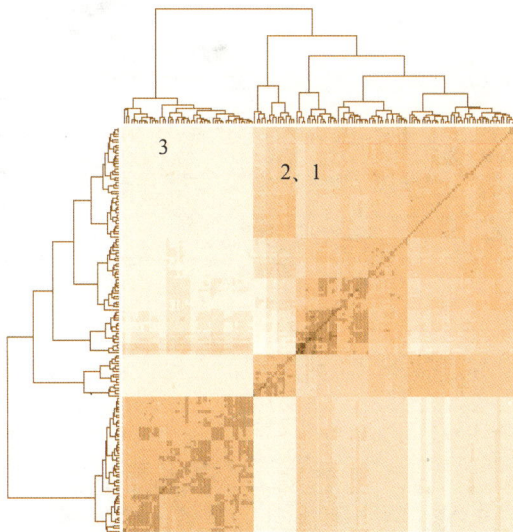

图 7－28　矩阵热图

如图 7－28 所示，颜色越深表示样本间距离越近，大致上可以区分出三到四个区块，其样本之间比较接近。

然后通过 hclust( )函数进行聚类，结果存在 model1 变量中，其中 ward 参数是将类间距离计算方法设置为离差平方和法。如果我们希望将类别设为 3 类，可以使用 cutree 函数提取每个样本所属的类别。

```
model1＝hclust(dist. e, method＝'ward')
result＝cutree(model1, k＝3)
```

　　为了显示聚类的效果,我们可以结合多维标度和聚类的结果。先将数据用 MDS 进行降维,然后以不同的形状表示原本的分类,用不同的颜色来表示聚类的结果。在这里引入包 ggplot2 对结果进行可视化,结果如图 7-29 所示。

```
mds=cmdscale(dist. e, k=2, eig=T)
x=mds $ points[, 1]
y=mds $ points[, 2]
library(ggplot2)
p=ggplot(data. frame(x, y), aes(x, y))
p+geom_point(size=3, alpha=0. 8, aes(colour=factor(result), shape=iri s $ Species))
```

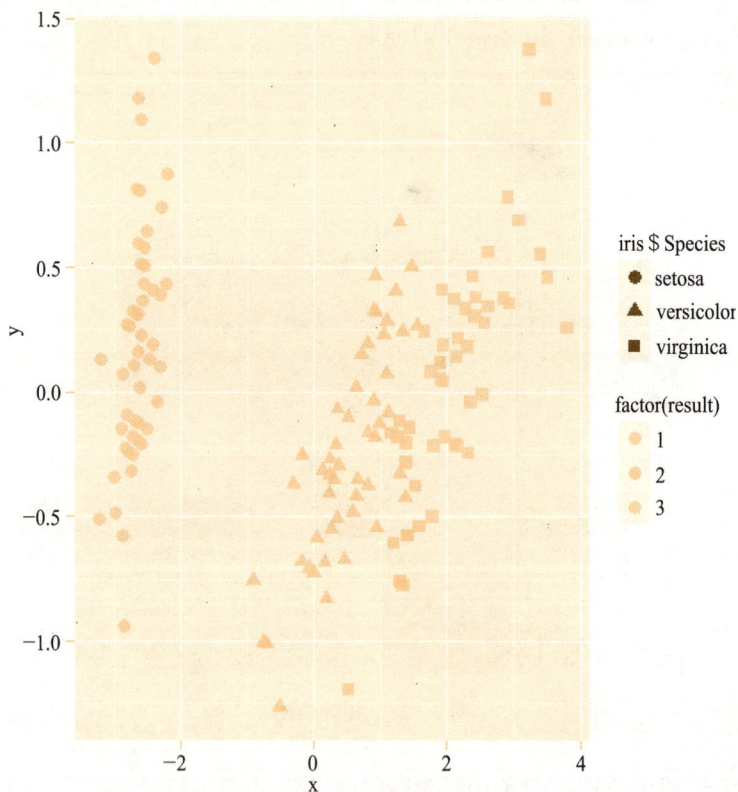

图 7-29　经过 MDS 降维后的聚类图

　　由图 7-29 可以看出,数据集 iris 通过聚类被分为了三类,setosa 品种聚类很成功,但有一些 virginica 品种的花错误地和 versicolor 品种聚类到一起。

　　在 R 中使用 K 均值聚类法需要 R 中自带的 kmeans 函数,这里仍然使用 iris 数据集进行实验。

　　首先引入 iris 数据集:

```
data(iris)
```

然后设置随机值,这是为了能够得到统一的结果:

```
df<-iris[,c(1:4)]
```

用 kmeans 函数对数据进行聚类,我们把要聚的类设置为 3(因为上面使用层次聚类时我们已经明显知道最后的结果为三类。当得到一组全新数据时,可以随便设置,然后再进行调试),设置取随机初始中心的次数为 2。

```
kmean<-kmeans(df,3,2)
```

查看利用 kmeans 函数进行聚类的结果:

```
kmean
```

结果如下所示:

K-means clustering with 3 clusters of sizes 62,38,50

Cluster means:

	Sepal.Length	Sepal.Width	Petal.Length	Petal.Width
1	5.901613	2.748387	4.393548	1.433871
2	6.850000	3.073684	5.742105	2.071053
3	5.006000	3.428000	1.462000	0.246000

Clustering vector:

```
  [1]  3 3 3 3 3 3 3 3 3 3 3 3 3 3 3 3 3 3 3 3 3 3 3 3
       3 3 3 3 3 3 3 3 3 3 3 3
 [37]  3 3 3 3 3 3 3 3 3 3 3 3 1 1 2 1 1 1 1 1 1 1 1 1
       1 1 1 1 1 1 1 1 1 1 1 1
 [73]  1 1 1 1 1 2 1 1 1 1 1 1 1 1 1 1 1 1 1 1 1 1 1 1
       1 1 1 2 1 2 2 2 2 1 2
[109]  2 2 2 2 2 1 1 2 2 2 2 1 2 1 2 1 2 2 1 1 2 2 2 2
       1 2 2 2 2 1 2 2 2 1 2
[145]  2 2 1 2 2 1
```

Within cluster sum of squares by cluster:

```
[1]  39.82097  23.87947  15.15100
```

（between_ss/total_ss=88.4%）

Available components:

```
[1]  "cluster"      "centers"     "totss"      "withinss"
[5]  "tot.withinss" "betweenss"   "size"       "iter"
[9]  "ifault"
```

7.5 高级应用

7.5.1 SVM

1. 定义

SVM(support vector machine)又称支持向量机。它是建立在统计学习理论中 VC 维(vapnik-chervonenkis dimension)和结构风险最小原理基础上的一种可训练的机器学习算法。

与传统统计学相比,统计学习理论是一种专门研究小样本情况下机器学习规律的理论。它建立在一套较坚实的理论基础之上,为解决有限样本学习问题提供了一个统一的框架。

VC 维是对函数类的一种度量,它衡量了问题的复杂程度,一个问题的 VC 维越高,它就越复杂。SVM 算法在解决问题时不关注样本的维数,而是关注 VC 维。

结构风险最小原理是统计学习理论中一个重要的原理。统计学习上引入泛化误差界的概念来量化分类器的真实风险,它包括分类器的经验风险和置信风险。经验风险反映了分类器在样本数据上分类的结果与真实结果之间的误差,用 $R_{emp}(w)$ 表示。置信风险则代表了分类器在未知文本上分类会产生的误差,它无法精确计算,所以只能给出一个估计的区间 $\Phi\left(\dfrac{h}{N}, \dfrac{\log(\eta)}{N}\right)$。泛化误差界的公式为:

$$R(w) \leqslant R_{emp}(w) + \Phi\left(\frac{h}{N}, \frac{\log(\eta)}{N}\right) \tag{7.10}$$

公式中 $R(w)$ 就是真实风险。统计学习的目标就是使经验风险和置信风险的和最小,即结构风险最小。SVM 正是一种努力最小化结构风险的算法。

SVM 算法正是对有限的样本信息,在模型的复杂性(即对特定训练样本的学习精度)和学习能力(即无错误地识别任意样本的能力)之间寻求最佳折中,以期获得最好的泛化能力的算法。

它在解决小样本、非线性及高维模式识别中表现出许多特有的优势,并能够推广应用到函数拟合等其他机器学习问题中。

2. 应用

SVM 方法由于其理论上的优势,已得到广泛应用。贝尔实验室率先将 SVM 应用到美国邮政手写数字识别研究方面,并取得了较大成功。此后,有关 SVM 的应用研究得到了很多领域学者的重视,并广泛应用于人脸检测、验证和识别、说话人/语音识别、文字/手写体识别、图像处理及其他应用研究领域。

SVM 的主要应用领域有表情识别、车辆行人检测、汉字识别、图像中的文本定位、图像复原、P2P 流量识别等。

此外,它在计算机视觉、网页或文本自动分类、基因分类、遥感图像分析、股市预测、计算机入侵检测等应用问题中也表现出了良好的性能。

3. 算法介绍

(1) 最大边缘超平面

图 7-30 中展示了一个数据集,其中包括两种不同类别的样本 C_1 和 C_2,分别用圆圈和方块表示。这个数据集是线性可分的,即可以找到一条直线将两类样本划分开来,使得所有圆圈都位于直线一侧,方块则全部位于直线另一侧。如果一个线性函数能够将样本完全正确地分开,则称这些数据是线性可分的,否则则为非线性可分的。

而划分类别的线性函数,在一维空间里则为一点,二维空间则为一条直线,三维空间为一个平面,忽略空间的维数,这些线性函数统一称为超平面。

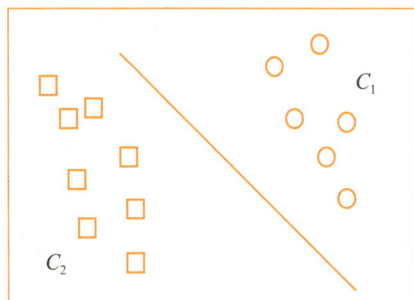

图 7-30　两种不同类别的数据集　　　　图 7-31　样本空间超平面

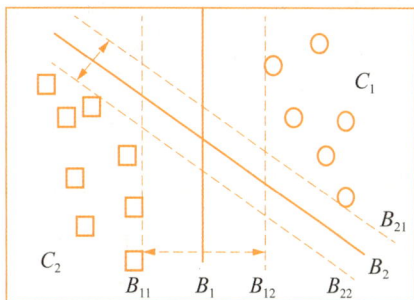

而对于一个样本空间,可以准确分类的超平面可能不止一个。图 7-30 中展示了该样本空间中的两个超平面 B_1 和 B_2,这两个超平面都能准确将样本划分到各自类中。每个超平面又对应了一对超平面,可以接触到两类样本中距离最近的点,B_1 对应的是 B_{11} 和 B_{12},B_2 对应 B_{21} 和 B_{22}。这对超平面之间的距离称为分类器的边缘。那么在众多超平面中选择哪一个来对样本进行分类呢?

样本空间中的超平面可以用方程表示为:

$$w^T x + b = 0 \tag{7.11}$$

对应于特征空间 R^n 中的一个超平面 S,其中 w 是超平面的法向量,b 是截距。令分类函数 $g(x) = w^T x + b$,当 $g(x) = 0$ 时,x 位于超平面上。当 $g(x) > 0$ 时,x 属于 C_1 类,当 $g(x) < 0$ 时,x 属于 C_2 类。在图 7-31 中,B_1 和 B_2 都为该特征空间中的超平面,分别对应分类函数 $g(x)$ 和 $g'(x)$,所有的圆圈对应于 C_1 类,该类中的点都满足 $g(x) > 0$ 和 $g'(x) > 0$,方块对应于 C_2 类,满足 $g(x) < 0$ 和 $g'(x) < 0$。

为了找到一个最好的超平面,可以引入分类间隔指标。我们把训练样本看成由一个 n 维向量 x 和一个标记 y 组成。记作 $D_i = (x_i, y_i)$。其中 x_i 的维度较高,可达上千甚至上万维。对于图 7-31 中的点而言,x_i 为二维向量,即为这些点的坐标向量。对于两分问题,y_i 可取 1 或 -1。定义函数间隔 $\delta_i = y_i(w x_i + b)$。当样本属于某个类别,$y_i$ 总与 $w x_i + b$ 同号(当 $w x_i + b > 0$ 时,$y_i = 1$;当 $w x_i + b < 0$ 时,$y_i = -1$),总有 $y_i(w x_i + b) > 0$,并且 $y_i(w x_i +$

$b)=|y_i|\times|wx_i+b|=1\times|wx_i+b|=|wx_i+b|$。

考虑到法向量有多种形式,我们将 w 和 b 除以法向量的范数(范数可以理解为向量长度的度量),归一化为 $\frac{w}{||w||}$ 和 $\frac{w}{||b||}$。那么函数间隔可以转化为 $\delta_i=\frac{1}{||w||}|g(x_i)|$,我们称之为几何间距。在二维情况下,这就是点 (x_0,y_0) 到直线 $ax+by+c=0$ 的距离 $d=\frac{|ax_0+by_0+c|}{\sqrt{a^2+b^2}}$。同理,推广到n维空间,几何间距 $\delta_{geo}=\frac{1}{||w||}|g(x_i)|$ 表示 n 维向量 x_i 到超平面 $g(x)=0$ 的距离(欧氏距离)。

几何间隔与样本的误分次数之间存在如下关系:

$$\text{误分次数}\leqslant\left(\frac{2R}{\delta}\right)^2 \tag{7.12}$$

其中,误分次数衡量了分类器的误差,R 为所有样本中向量长度最长的值,δ 为样本集合到分类面的间隔,从(7.12)式可以看出,误分次数由几何间隔决定。几何间隔越大,误差上界越小。因此,寻找最优的超平面就是寻找拥有最大几何间隔的超平面,也就是拥有最大边缘的超平面。

(2) 线性可分

根据上一节的介绍,我们已经知道寻找最大边缘的超平面就是寻找最大的几何间隔,即最大化 $\frac{1}{||w||}|g(x_i)|$。实际计算中一般固定最小函数间隔为1,因此可以将最大化几何间隔转化为最大化 $\frac{1}{||w||}$,即最小化 $||w||$。

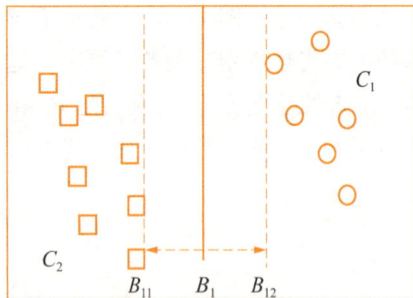

图 7-32 最小边缘的超平面

最小化 $||w||$ 又可以等价为 $\frac{1}{2}||w||^2$。后者更方便于后续的变换,特别是求导。但是若单纯求 $||w||$ 的最小值,则 $||w||$ 的最小值必然为0,此时几何间隔就无限大,对应于图7-32中的样本点,此时所有点都落在超平面 B_{11}、B_{12} 以内,就无法对这些点进行分类。因此要加入约束条件,由于样本点需要落在超平面的边缘以外,又因为设定了最小函数间隔为1,所以样本中的点的间隔都大于或等于1,即 $y_i(wx_i+b)\geqslant1$。

凡是求一个函数的最值问题都可以称为寻优问题,一个寻优问题包括目标函数和约束条件。在这里,我们寻优的目标就是最小的 $\frac{1}{2}||w||^2$,约束条件则为 $y_i(wx_i+b)\geqslant1$。

因此,这个问题可以表述为:

$$\min\frac{1}{2}||w||^2 \tag{7.13}$$

受限于　$y_i[(wx_i)+b]-1\geqslant0,\quad i=1,2,\cdots,N$

可以通过标准的拉格朗日乘子方法求解。下面简要介绍一下求解这个优化问题的主要思想。

在数学最优化问题中,拉格朗日乘子法(以数学家约瑟夫·路易斯·拉格朗日命名)是一种寻找变量受一个或多个条件所限制的多元函数的极值的方法。这种方法将一个有 n 个变量与 k 个约束条件的最优化问题转换为一个有 $n+k$ 个变量的方程组的极值问题,其变量不受任何约束。这种方法引入了一种新的标量未知数,即拉格朗日乘子。

在这里,首先必须改写目标函数,考虑施加在解上的约束。新目标函数称为该优化问题的拉格朗日函数:

$$L_p = \frac{1}{2} ||w||^2 - \sum_{i=1}^{N} \lambda_l (y_i(wx_i + b) - 1) \tag{7.14}$$

其中,参数 λ_i 称为拉格朗日乘子。拉格朗日函数中的第一项与目标函数相同,而第二项则反映了不等式约束。通过这种方式合并了目标函数和约束条件。这样,当函数违背了约束条件 $y_i[(wx_i)+b]-1 \geqslant 0$ 时解是不可行的,假定 $\lambda_i \geqslant 0$ 那么任何不可行解反而会增加拉格朗日函数的值。

可以通过对 w 和 b 求偏导,并令它们为 0 来最小化拉格朗日函数。

$$\frac{\partial L_p}{\partial w} = 0 \rightarrow w = \sum_{i=1}^{N} \lambda_i y_i x_i \tag{7.15}$$

$$\frac{\partial L_p}{\partial b} = 0 \rightarrow \sum_{i=1}^{N} \lambda_i y_i = 0 \tag{7.16}$$

由于拉格朗日乘子 λ_i 未知,我们仍无法得到 w 和 b 的解。如果前面的约束条件只包含等式约束,我们就可以利用等式约束和式(7.15)(7.16)求得 w、b 和 λ_i 的解。因此,我们可以将不等式约束转换为一组等式约束。通过限定拉格朗日乘子非负就可以完成这种转换,得出如下拉格朗日乘子约束:

$$\lambda_i \geqslant 0 \tag{7.17}$$

$$\lambda_i [y_i(wx_i + b) - 1] = 0 \tag{7.18}$$

从该约束中可以看出,除非训练实例满足 $y_i(wx_i + b) = 1$,否则 λ_i 必须为零。如果 $\lambda_i > 0$,则 $y_i(wx_i + b) = 1$,对应于图 7-32 中,这些点位于超平面 B_{11} 或 B_{12} 上,称为支持向量。不在超平面的点必然满足 $\lambda_i = 0$。通过偏导也能看出,w 和 b 仅依赖于这些支持向量。

此时,如何求得 w, b, λ_i 仍然是个问题。可以通过将拉格朗日函数转变为仅包含拉格朗日乘子的函数。将公式(7.15)带入(7.14)和(7.16)中,得到如下对偶拉格朗日函数:

$$L_D = \sum_{i=1}^{N} \lambda_i - \frac{1}{2} \sum_{i,j} \lambda_i \lambda_j y_i y_j x_i x_j \tag{7.19}$$

此时,对偶拉格朗日函数仅涉及了拉格朗日乘子和训练样本数据,且对偶拉格朗日函数中二次项前出现了负号,因此涉及拉格朗日函数 L_p 的最小化问题转换为涉及对偶拉格朗日函数 L_D 的最大化问题。

对于大型数据集,对偶优化问题可以使用数值计算求解,如可以使用二次规划。一旦找到一组 λ_i,就可以通过(7.15)、(7.18)求得 w, b。决策边界可以表示为:

$$\left(\sum_{i=1}^{N} \lambda_i y_i x_i * x\right) + b = 0 \tag{7.20}$$

b 可以通过(7.18)求得。为避免误差,可以使用 b 的平均值作为决策边界的参数。

(3) 线性不可分

在实际分类中,不一定能找到一个超平面恰好将两类分开,这就涉及线性不可分的问题。图 7-33 在图 7-31 的基础上又加了两个样本点,这两个样本点使得 B_1 误分了新样本,而 B_2 仍然正确分类了这些点。但这并不能说明 B_2 比 B_1 更好,因为如果这些点只是训练样本集的噪音,那么此时 B_1 就比 B_2 更可取。因此,我们就需要对上一节的公式进行修正,可以允许一定训练错误的决策边界。

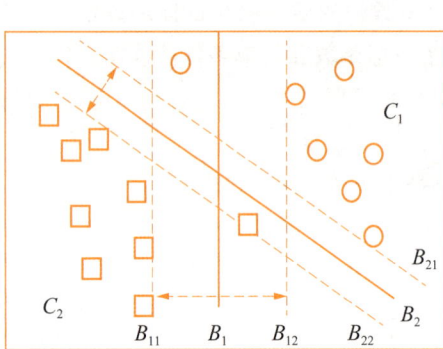

图 7-33　样本集合　　　　　　图 7-34　样本集合

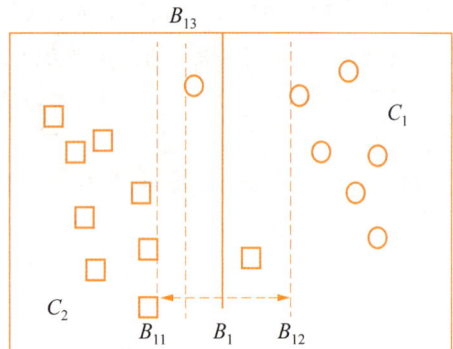

这里,就需要在上一节的优化问题的约束中引入正值的松弛变量 ξ 来实现,引入松弛变量后,约束条件就发生了改变:

$$wx_i + b \geqslant 1 - \xi_i \qquad y_i = 1 \tag{7.21}$$

$$wx_i + b \leqslant -1 + \xi_i \qquad y_i = -1 \tag{7.22}$$

其中,$\xi_i > 0$。

为了理解松弛变量 ξ,我们可以观察图 7-34 的 B_{13},B_{13} 代表的直线正是 $wx + b = 1 - \xi$,通过上述的约束条件,使得圆圈全部落在 B_{13} 的右边,而 B_{13} 与 B_{12} 之间的距离均为 $\dfrac{\xi}{||w||}$。因此,ξ 正是衡量了决策边界(对应图中 B_{12})在圆圈类异常点上的误差。

由于上述的约束条件增加了松弛变量,这就有可能导致最终的超平面虽然拥有较大的几何间距,但是却误分了许多样本点。为了防止这种情况,需要对目标函数进行修改,以惩罚松弛变量值很大的情况。

修改目标函数后,原来的优化问题就变成:

$$\min \frac{1}{2} ||w||^2 + C\sum_{i=1}^{1} \xi_i \tag{7.23}$$

受限于 $y_i[(wx_i) + b] \geqslant 1 - \xi_i (i = 1, 2, \cdots, I)$($I$ 为总样本树),其中 $\xi_i \geqslant 0$,C 为用户指定的参数,可以设置对误分样本的惩罚,称为惩罚因子,C 越大表示越重视这些误分

样本,越不愿意丢弃。

得到目标函数和约束条件就可以依据上一节的方法计算 w 和 b。

(4) 非线性 SVM

以上讨论的都是线性分类器,但是有时候,在对训练样本进行分类时,会发现这些样本是无法用线性函数进行分类的,如图 7-35 所示。

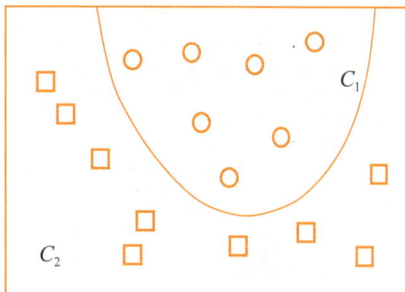

图 7-35 中的圆圈和方块无法找到一条直线将它们进行划分,因此线性分类器在这里是不可行的,但是却可以使用曲线进行划分。

假设上述曲线能表示为:$g(x) = c_0 + c_1 x + c_2 x^2$,

图 7 - 35   样本集

新建向量 y 和 a:

$$y = \begin{bmatrix} y_1 \\ y_2 \\ y_3 \end{bmatrix} = \begin{bmatrix} 1 \\ x \\ x^2 \end{bmatrix}, \quad a = \begin{bmatrix} a_1 \\ a_2 \\ a_3 \end{bmatrix} = \begin{bmatrix} c_0 \\ c_1 \\ c_2 \end{bmatrix}$$

这样就可以将 $g(x)$ 转化为 $f(y) = \langle a, y \rangle$,此时 $f(y)$ 就是一个线性函数,而 a 和 y 均是多维向量。这样一来,原本在二维空间中线性不可分的问题映射到四维空间中就变得线性可分。

因此,对于在二维空间中无法用线性分类器进行划分的样本,其中的关键就是找到 x 到 y 的映射函数。即能够找到 $K(w, x)$,使得在低维空间中输入 x 以后,$g(x) = K(w, x) + b$ 能够直接转化为 $f(x') = \langle w', x' \rangle + b$。

这个 $K(w, x)$ 就被称为核函数。核函数可以接受两个低维空间的向量,计算出经过某个变换后在高维空间里的向量内积值。

这样,我们在线性不可分的情况下,将问题比照线性可分的情况来计算,不同的是计算内积时要用选定的核函数来计算。核函数在选择时,通常径向基核函数和线性核函数被考虑得较多。

4. 案例

(1) SVM 的 Clementine 实现

① 数据导入

本实例使用 clementine 自带的数据集 cell_samples 来实现。该数据集包含了 699 条病人的细胞样本的特征,这些样本特征都被认为有可能使得病人患上癌症。实例通过 SVM 算法分析哪些特征有可能会影响病人患上癌症的概率,并可为预测病人所患癌症是阳性或阴性提供借鉴。

首先打开 clementine 软件,创建一个新流。新建"可变文件(Var. File)"节点 ，双击"可变文件(Var. File)"节点,选择 clementine 自带的"cell_samples. data"作为数据源。

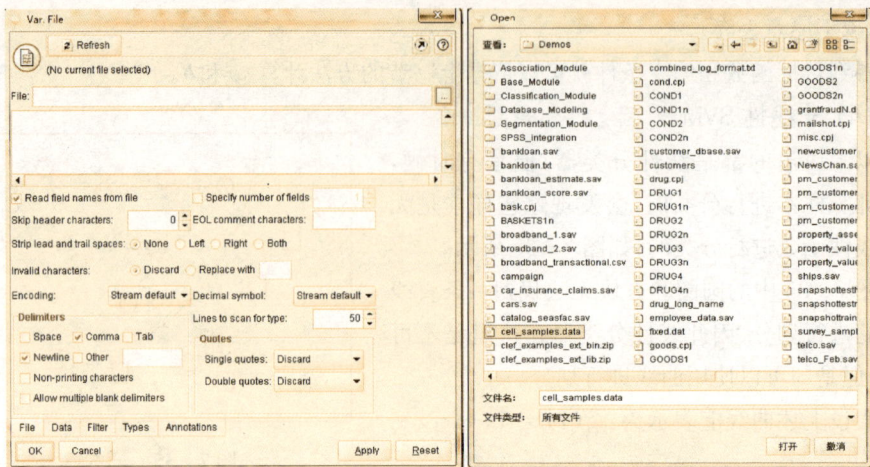

图 7 - 36　导入数据

可在该节点后添加输出节点来观察数据集的内容。可以看出数据集包含了多个细胞样本的特征,每个特征值从 1 到 10,特征值越小,代表该特征越接近于良性。

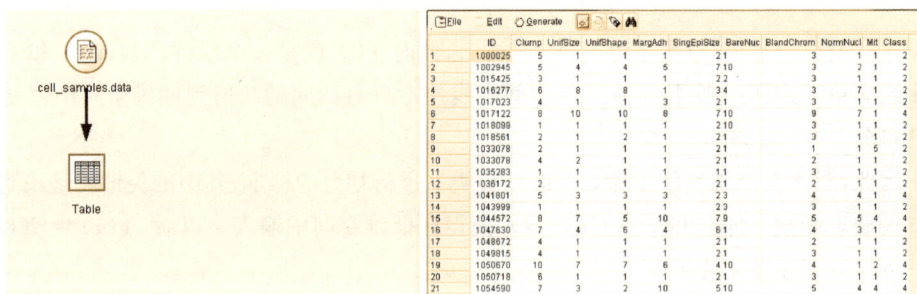

图 7 - 37　查看数据

② 数据处理

通过添加"类型(Type)"节点 来对数据集进行处理。点击"读入值(Read Values)"按钮,可以自动生成每个字段的类型,也可以自定义这些字段的类型,在这里,由于"class"是"输出(Out)"变量,并且只有两种可能的结果,因此将其类型改为"标志(flag)"型,并设其为输出变量。ID 不需要输入,所以可以设置为"无(None)"。

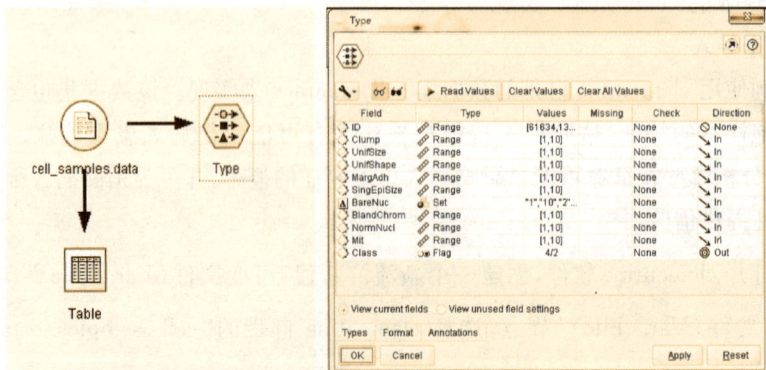

图 7 - 38　数据处理

③ 建立模型

Clementine 中的 SVM 节点提供了多种函数，由于我们无法事先知道哪种函数能更好地建立模型，因此我们可以建立多个模型，并通过比较来确定更好的模型。

首先我们使用默认的 RBF 函数进行建模。在这里，需要添加"SVM"节点 ⬠ ，并设置模型的名称。在"专家（Expert）"选项卡中选择"简单（simple）"，在"分析（Analysis）"选项卡中选择"计算变量的重要性（Calculate variable importance）"。点击"执行（execute）"，此时在右上角的"模型（Models）"中就会创建一个模型。双击该模型就可以看到各个样本特征的重要性排序。

通过在模型后添加一个输出节点，可以看到在原来的数据集后面又加上了两列，分别是使用该模型后产生的输出变量预测值和该预测值预测准确的概率。

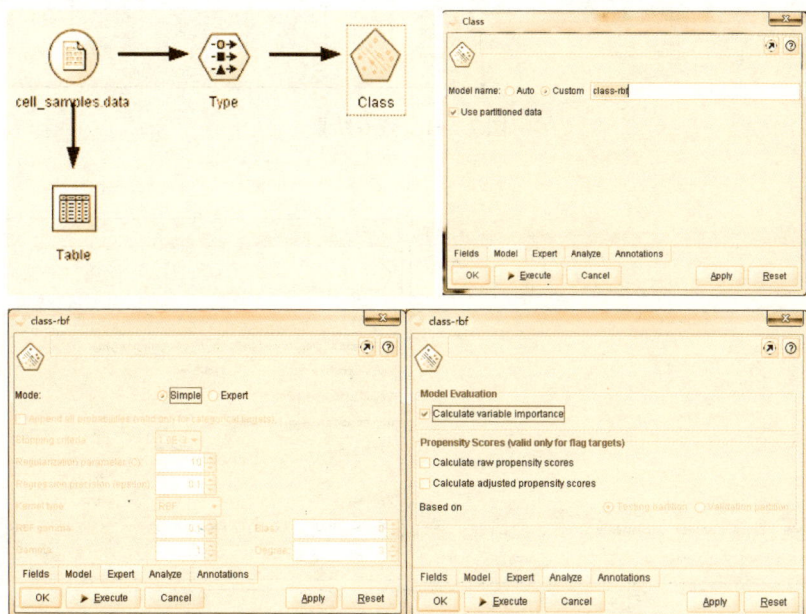

图 7-39　设置参数

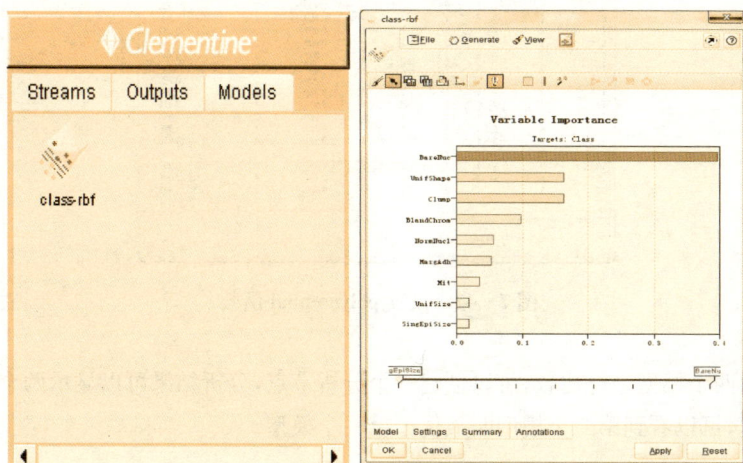

图 7-40　生成结果

为了比较不同的函数创建模型的优劣程度，可以使用"SVM"节点建立一个新的模型，仍然像之前一样对其进行设置，但是在"专家（Expert）"选项卡中，这里选择"多项式（polynomial）"函数，建立新的模型，可以看到最终结果也增加了两列，分别是使用该函数的预测值和预测准确率。

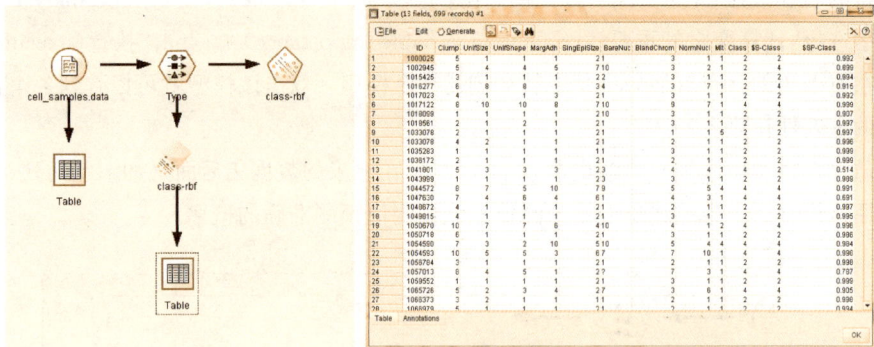

图 7‐41   查看结果

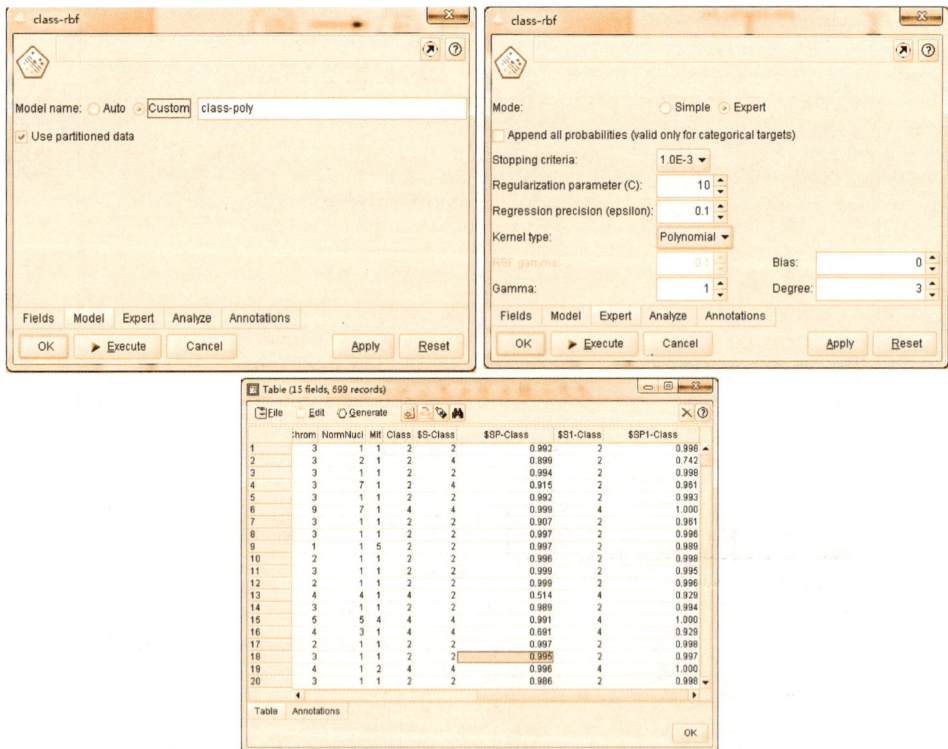

图 7‐42   设置 polyno-mial 函数

为了对两个模型进行比较，可以创建一个分析节点，分析结果可以显示两个模型预测的准确程度，可以看到第二个模型明显优于第一个模型。

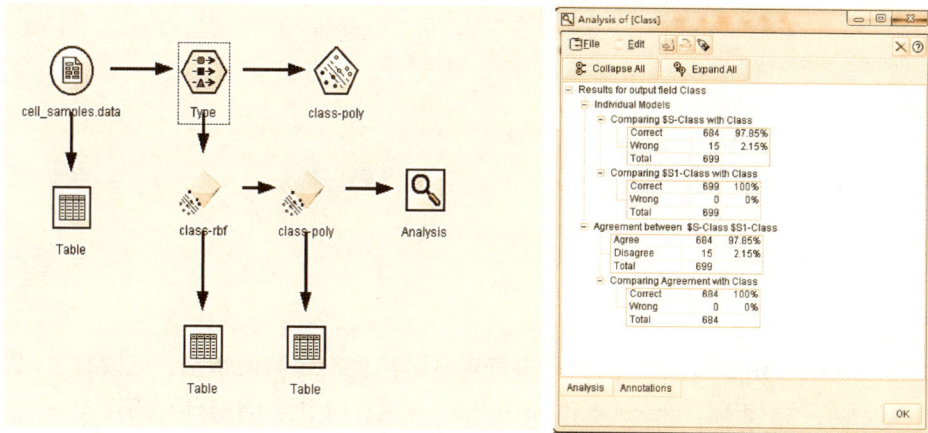

图 7 - 43   生成模型

(2) SVM 的 R 语言实现※

R 语言中实现 SVM 算法主要有两个扩展包可选：e1071 和 kernlab。这里以 e1071 为例来阐述如何在 R 语言中实现 SVM 算法。

首先安装并导入 class 和 e1071 包。

```
install. packages('e1071')
install. packages('class')
library(class)
library(e1071)
```

这里使用 R 语言自带的 iris 数据集进行实验。

首先引入 iris 数据集：

```
data(iris)
attach(iris)
```

分别提取出该数据集中的输入变量和输出变量，并使用 svm 函数进行建模：

```
x <- subset(iris, select = -Species)
y <- Species
model <- svm(x, y)
```

使用 print 函数和 summary 函数显示出分类的结果，包括在这里使用的 SVM 的类型、核函数类型等，也可以通过在 svm 函数中对这些参数进行设置，从而建立自定义的模型，可以看出在这里，模型将数据分成了三类。

```
print(model)
```

Call：

svm. default(x＝x, y＝y)

Parameters：

    SVM-Type： C-classification

    SVM-Kernel： radial

           cost：1

        gamma：0.25

Number of Support Vectors：51

使用 predict 函数和 table 函数可以直观显示出模型预测的情况。可以看出，其中 setosa 类全部预测正确，versicolor 和 virginica 类分别有两个样本被分错类别。

```
pred <- predict(model, x)
table(pred, y)
```

pred	y setosa	versicolor	virginica
setosa	50	0	0
versicolor	0	48	2
virginica	0	2	48

7.5.2　人工神经网络※

1. 简介

人工神经网络通过模仿人脑神经元行为特征来进行分布式并行信息处理。它具有以下优点：

（1）具有很强的鲁棒性和容错性，因为信息分布于网络内的神经元中；

（2）并行处理能力强；

（3）具有自学习、自组织、自适应性；

（4）可以充分逼近任意复杂的非线性关系；

（5）具有很强的信息综合能力，能同时处理定量和定性信息。

由于人工神经网络具有很多优点，它已广泛应用于各个领域，如图像处理、信号处理、模式识别、机器人控制、卫生保健、医疗等。

2. 常用算法

人脑主要由神经元组成，神经元相互连接形成神经网络，通过感觉器官和神经接受来自身体内外的各种信息，传至中枢神经系统，通过对信息进行分析和综合，再通过运动神经发出控制信息，以此来协调全身的机能。

如图 7-44 所示，神经元之间通过轴突连接起来，树突是神经元细胞体的延伸物，它将神经元连接到其他神经元的轴突。树突和轴突的连接点叫神经键。人的大脑通过在同一个脉冲反复刺激下改变神经元之间的神经键连接强度来进行学习。

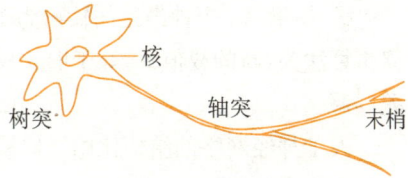

感知器是神经网络的最简单的模型。下面就通过分析感知器来介绍如何训练模型来进行分类。

图 7 - 44　神经元细胞结构图

(1) 感知器

感知器是由美国计算机科学家罗森布拉特(F. Rosenblatt)于 1957 年提出的。感知器可谓是最早的人工神经网络。单层感知器是一个具有一层神经元、采用阈值激活函数的前向网络。通过对网络权值的训练,可以使感知器对一组输入矢量的响应达到元素为 0 或 1 的目标输出,从而实现对输入矢量分类的目的。

图 7 - 45 展示了一个简单的神经网络结构——感知器。感知器包含两种结点:几个输入结点和一个输出结点。神经网络结构中的结点通常叫作神经元或单元。在感知器中,每个输入结点通过一个加权的链连接到输出结点。这个链用来模拟神经元间神经键连接的强度。因此,训练一个感知器就相当于不断调整链的权值,直到能拟合训练数据的输入与输出关系。

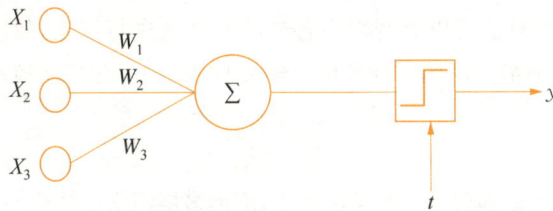

图 7 - 45　简单的神经网络结构——感知器

在感知器中,每个输入分量 x_i 都会通过权值分量 w_i 进行加权求和,作为阈值函数的输入。t 为偏置因子,y 为输出。因此,模型的输出计算公式如下:

$$y = \begin{cases} 1 & \sum_{i=1}^{d} w_i x_i - t > 0 \\ 0 & \sum_{i=1}^{d} w_i x_i - t < 0 \end{cases} \tag{7.24}$$

在感知器的训练阶段,需要不断调整权值 w 直到输出和训练样例的实际输出一致。对于输入分量 X,输出分量 Y,目标分量为 Y' 的感知器网络,感知器的学习规则是根据以下输出分量可能出现的几种情况来进行参数调整的。

① 如果第 i 个神经元的输出是正确的,即有:$y_i = y_i'$,那么与第 i 个神经元联接的权值 w_{ij} 和偏差值 t_i 保持不变;

② 如果第 i 个神经元的输出是 0,但期望输出为 1,即有 $y_i = 0$,而 $y_i' = 1$,此时权值修正算法为:新的权值 w_{ij} 为旧的权值 w_{ij} 加上输入分量 x_j;类似的,新的偏差 t_i 为旧偏差 t_i 加上它的输入 1;

③ 如果第 i 个神经元的输出为 1,但期望输出为 0,即有 $y_i = 1$,而 $y_i' = 0$,此时权值修正算法为:新的权值 w_{ij} 等于旧的权值 w_{ij} 减去输入分量 x_j;类似的,新的偏差 t_i 为旧偏差 t_i 减去 1。

人工神经网络的结构比感知器模型更复杂。除了输入层和输出层,人工神经网络还包括多个中间层,这些中间层称为隐藏层,其中的结点称为隐藏结点。这种结构称为多层神经网络。

在前馈神经网络中,各神经元接受前一层的输入,并输出给下一层,没有反馈。第 i 层的输入只能与第 $i-1$ 层的输出项链,在反馈型神经网络中,每个结点都有信息处理的功能,并且每个结点既可以从外界接受输入,同时又可以向外界输出。

(2) BP 算法

BP(back propagation)算法,即反向传播算法。由于这种算法在本质上是一种神经网络学习的数学模型,所以,有时也称为 BP 模型。

BP 算法是为了解决多层前向神经网络的权系数优化而提出来的,所以,BP 算法也通常暗示着神经网络的拓扑结构是一种无反馈的多层前向网络。故而,有时也称无反馈多层前向网络为 BP 模型。

在这里,并不要求过于严格地去争论和区分算法和模型两者的有关异同。感知机学习算法是一种单层网络的学习算法。在多层网络中,它只能改变最后权系数。因此,感知机学习算法不能用于多层神经网络的学习。1986 年,Rumelhart 提出了反向传播学习算法,即 BP 算法。这种算法可以对网络中各层的权系数进行修正,故适用于多层网络的学习。BP 算法是目前最广泛用的神经网络学习算法之一,在自动控制中是最有用的学习算法。

① 算法原理

BP 算法是用于前馈多层网络的学习算法,前馈多层网络的结构如图 7-46 所示。

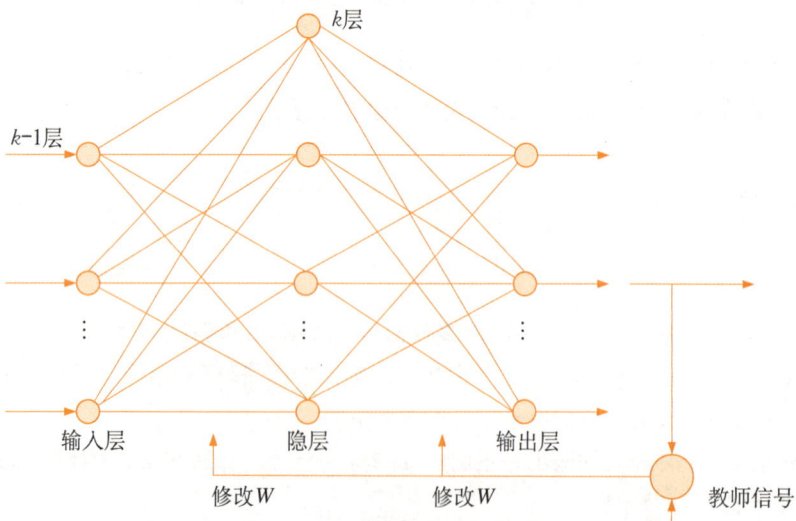

图 7-46 前馈多层网络的结构图

前馈多层网络中含有输入层、输出层以及处于输入输出层之间的中间层。中间层有单层或多层,由于它们和外界没有直接的联系,故也称为隐层。在隐层中的神经元也称隐单元。隐层虽然和外界不连接,但是它们的状态会影响输入输出之间的关系。这也是说,改变隐层的权系数,可以改变整个多层神经网络的性能。

设有一个 m 层的神经网络,并在输入层加有样本 X;设第 k 层的 i 神经元的输入总和表示为 Ui^k,输出 Xi^k;从第 $k-1$ 层的第 j 个神经元到第 k 层的第 i 个神经元的权系数为 W_{ij},各个神经元的激发函数为 f,则各个变量的关系可用下面有关数学式表示:

$$X_i^k = f(U_i^k) \tag{7.25}$$

其中,$U_i^k = \sum_j W_{ij} X_j^{k-1}$。

反向传播算法分二步进行,即正向传播和反向传播。这两个过程的工作简述如下。

正向传播:输入的样本从输入层经过隐单元一层一层进行处理,通过所有的隐层之后,则传向输出层。在逐层处理的过程中,每一层神经元的状态只对下一层神经元的状态产生影响。在输出层把现行输出和期望输出进行比较,如果现行输出不等于期望输出,则进入反向传播过程。

反向传播:反向传播时,把误差信号按原来正向传播的通路反向传回,并对每个隐层的各个神经元的权系数进行修改,以望误差信号趋向最小。

② 数学表达

BP 算法实质是求取误差函数的最小值问题。这种算法采用非线性规划中的最速下降方法,按误差函数的负梯度方向修改权系数。为了说明 BP 算法,首先定义误差函数 e。取期望输出和实际输出之差的平方和为误差函数,则有:

$$e = \frac{1}{2} \sum_i (X_i^m - Y_i)^2 \tag{7.26}$$

其中:Y_i 是输出单元的期望值,它在这里也用作教师信号;

X_i^m 是实际输出,因为第 m 层是输出层。

由于 BP 算法按误差函数 e 的负梯度方向修改权系数,故权系数 W_{ij} 的修改量 ΔW_{ij} 为:

$$\Delta W_{ij} \cong - \frac{\partial e}{\partial W_{ij}} \tag{7.27}$$

也可以写成:

$$\Delta W_{ij} \cong - \eta \frac{\partial e}{\partial W_{ij}}.$$

其中:η 为学习速率,即步长。

很明显,根据 BP 算法原则,求 $\dfrac{\partial e}{\partial W_{ij}}$ 是最关键的。下面求 $\dfrac{\partial e}{\partial W_{ij}}$,有:

$$\frac{\partial e}{\partial W_{ij}} = \frac{\partial e_k}{\partial U_i^k} \cdot \frac{\partial U_i^k}{\partial W_{ij}}$$

由于:

$$\frac{\partial U_i^k}{\partial W_{ij}} = \frac{\partial(\sum_l W_{il} X_l^{k-1})}{\partial W_{ij}} = X_j^{k-1} \mid_{l=j}$$

故而：

$$\frac{\partial e}{\partial W_{ij}} = \frac{\partial e_k}{\partial U_i^k} \cdot X_j^{k-1}$$

从而有：

$$\Delta W_{ij} = -\eta \frac{\partial e}{\partial W_{ij}} = -\eta \frac{\partial e_k}{\partial U_i^k} \cdot X_j^{k-1}$$

令：

$$d_i^k = \frac{\partial e_k}{\partial U_i^k}$$

则有学习公式：

$$\Delta W_{ij} = -\eta \cdot d_i^k \cdot X_j^{k-1} \tag{7.28}$$

其中：η 为学习速率，即步长，一般取 0～1 间的数。

从上面可知，d_i^k 实际仍未给出明显的算法公式，下面为求 d_i^k 的计算公式。

$$d_i^k = \frac{\partial e_k}{\partial U_i^k} = \frac{\partial e_k}{\partial X_i^k} \cdot \frac{\partial X_i^k}{\partial U_i^k} \tag{7.29}$$

$$\frac{\partial X_i^k}{\partial U_i^k} = f'(U_i^k) \tag{7.30}$$

为了方便进行求导，取 f 为连续函数。一般取非线性连续函数，例如 Sigmoid 函数。当取 f 为非对称 Sigmoid 函数时，有：

$$f(U_i^k) = \frac{1}{1 + \exp(-U_i^k)} \tag{7.31}$$

则有：
$$f'(U_i^k) = f'(U_i^k)(1 - f'(U_i^k)) \tag{7.32}$$
$$= X_i^k(1 - X_i^k)$$

再考虑式中的偏微分项 $\frac{\partial e_k}{\partial X_i^k}$，有两种情况需考虑：

如果 $k = m$，则该层是输出层，这时 Y_i 是输出期望值，它是常数。

$$\frac{\partial e_k}{\partial X_i^k} = \frac{\partial e_k}{\partial X_i^m} = (X_i^m - Y_i)$$

从而有 $d_i^m = X_i^m(1 - X_i^m)(X_i^m - Y_i)$。

如果 $k < m$，则该层是隐层。这时应考虑上一层对它的作用，故有：

$$\frac{\partial e}{\partial X_i^k} = \sum_l \frac{\partial e}{\partial U_l^{k+1}} \cdot \frac{\partial U_l^{k+1}}{\partial X_i^k}$$

$$\frac{\partial e}{\partial U_l^{k+1}} = d_l^{k+1}$$

$$\frac{\partial U_l^{k+1}}{\partial X_i^k} = \frac{\partial(\sum W_{lj} X_j^{k-1})}{\partial X_i^k} = W_{li} \mid_{j=i}$$

故而有:

$$\frac{\partial e}{\partial X_i^k} = \sum_l W_{li} \cdot d_l^{k+1}$$

最后有:

$$d_i^k = X_i^k(1 - X_i^k) \cdot \sum_l W_{li} \cdot d_l^{k+1}$$

从上述过程可知,多层网络的训练方法是把一个样本加到输入层,并根据向前传播的规则:

$$X_i^k = f(U_i^k)$$

不断一层一层向输出层传递,最终在输出层可以得到输出 X_i^m。

把 X_i^m 和期望输出 Y_i 进行比较。如果两者不等,则产生误差信号 e,接着按下面公式反向传播修改权系数:

$$\Delta W_{ij} = -\eta \cdot d_i^k \cdot X_j^{k-1}$$

其中

$$d_i^m = X_i^m(1 - X_i^m)(X_i^m - Y_i)$$
$$d_i^k = X_i^k(1 - X_i^k) \sum_l W_{li} \cdot d_l^{k+1}$$

在上面公式中,求取本层 d_i^k 时,要用到高一层的 d_i^{k+1}。可见,误差函数的求取是从输出层开始,到输入层的反向传播过程。在这个过程中不断进行递归求误差。

通过多个样本的反复训练,同时向误差渐渐减小的方向对权系数进行修正,以达最终消除误差。从上面公式也可以知道,如果网络的层数较多,所用的计算量就相当可观,故而收敛速度不快。

为了加快收敛速度,一般考虑上一次的权系数,并以它作为本次修正的依据之一,故而有修正公式:

$$\Delta W_{ij}(t+1) = -\eta \cdot d_i^k \cdot X_j^{k-1} + \alpha \Delta W_{ij}(t) \tag{7.33}$$

其中:η 为学习速率,即步长,η 取 0.1—0.4 左右

a 为权系数修正常数,取 0.7—0.9 左右。

上面也称为一般化的 Delta 法则。对于没有隐层的神经网络,可取

$$\Delta W_{ij} = \eta(Y_j - X_j) \cdot X_i \tag{7.34}$$

其中:Y_j 为期望输出;

X_j 为输出层的实际输出;

X_i 为输入层的输入。

这显然是一种十分简单的情况,也称为简单 Delta 法则。

在实际应用中,只有一般化的 Delta 法则式才有意义。简单 Delta 法则式只在理论推导上有用。

③ 执行步骤

在反向传播算法应用于前馈多层网络,采用 Sigmoid 为激发函数时,可用下列步骤

对网络的权系数 W_{ij} 进行递归求取。注意每层有 n 个神经元的时候,即有 $i=1,2,\cdots,n$;$j=1,2,\cdots,n$。对于第 k 层的第 i 个神经元,则有 n 个权系数 $W_{i,1}$,$W_{i,2}$,$\cdots$,$W_{i,n}$,另外取多一个 $W_{i,n+1}$ 用于表示阀值 θ_i;并且在输入样本 X 时,取 $X=(X_1,X_2,\cdots,X_n,1)$。

算法的执行的步骤如下:

1. 对权系数 W_{ij} 置初值;

对各层的权系数 W_{ij} 置一个较小的非零随机数,但其中 $W_{i,n+1}=-\theta$

2. 输入一个样本 $X=(X_1,X_2,\cdots,X_n,1)$,以及对应期望输出 $Y=(Y_1,Y_2,\cdots,Y_n)$;

3. 计算各层的输出;

对于第 k 层第 i 个神经元的输出 X_i^k,有:

$$U_i^k=\sum_{j=1}^{n+1}W_{ij}X_j^{k-1},\ X_{n+1}^{k-1}=1,\ W_{i,n+1}=-\theta$$

$$X_i^k=f(U_i^k)$$

求各层的学习误差 d_i^k。

对于输出层 $k=m$,有:

$$d_i^m=X_i^m(1-X_i^m)(X_i^m-Y_i)$$

对于其他各层,有:

$$d_i^k=X_i^k(1-X_i^k)\sum_l W_{li}\cdot d_l^{k+1}$$

修正权系数 W_{ij} 阀值 θ:

$$W_{ij}(t+1)=W_{ij}(t)-\eta\cdot d_i^k\cdot X_j^{k-1}$$

$$W_{ij}(t+1)=W_{ij}(t)-\eta\cdot d_i^k\cdot X_j^{k-1}+\alpha\Delta W_{ij}(t)$$

其中 $\Delta W_{ij}(t)=-\eta\cdot d_i^k\cdot X_j^{k-1}+\alpha\Delta W_{ij}(t-1)=W_{ij}(t)-W_{ij}(t-1)$

当求出了各层各个权系数之后,可按给定品质指标判别是否满足要求。如果满足要求,则算法结束;如果未满足要求,则返回 3 执行。

这个学习过程,对于任一给定的样本 $X_p=(X_{p1},X_{p2},\cdots X_{pn},1)$ 和期望输出 $Y_p=(Y_{p1},Y_{p2},\cdots,Y_{pn})$ 都要执行,直到满足所有输入输出要求为止。

3. 案例

(1) 人工神经网络的 Clementine 实现

在上一节中 SVM 的实例中,我们使用了 SVM 算法对 cell_samples 数据集进行了建模和预测,这一节,我们仍然使用该数据集来建立神经网络的模型。

打开上一节创建的数据流,增加"神经网络"建模节点 ⬖。设置模型的名称,设置神经网络层数,在这里,为了比较不同层数的神经网络模型的优劣程度,分别建立一个单层的网络和双层的网络。"专家(Expert)"选项卡中选择"简单(simple)"即可建立一个单层的神经网络,也可以通过"专家(Expert)"选项卡设置,选择建立两层甚至三层的神经网络,这里选择两层的神经网络。

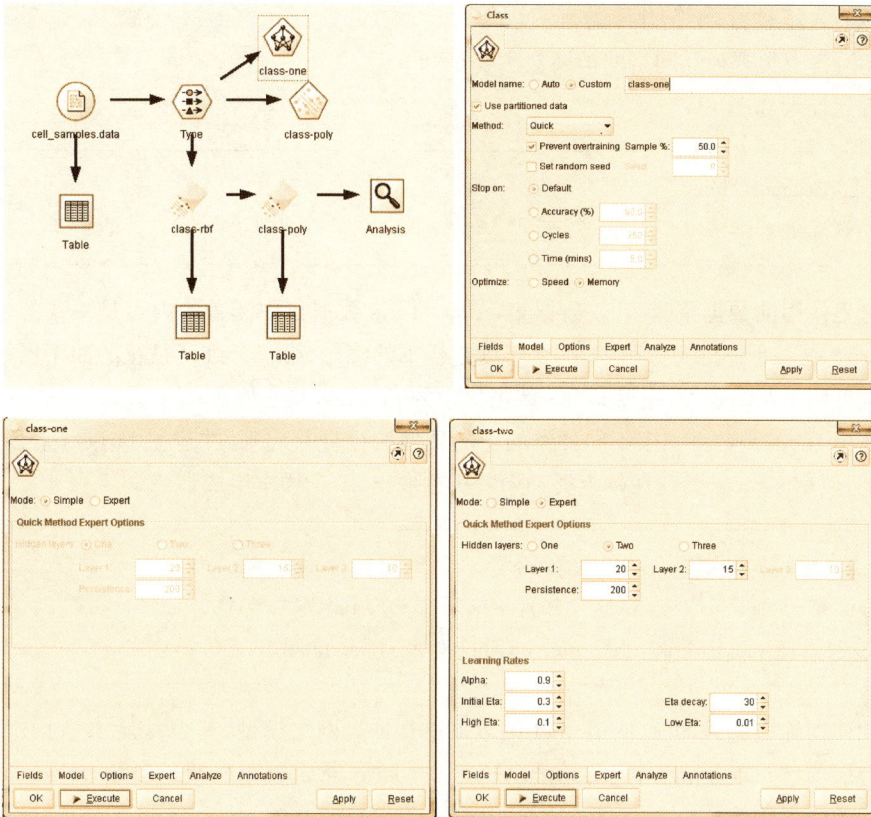

图 7 - 47　设置参数

最后按照上一节的步骤,添加一个"分析(Analysis)"节点,对这几个模型进行比较。可以看出双层的神经网络模型预测的准确性反而不如单层的神经网络模型的准确性高。可见,并不是层数越多,模型的准确性就一定越高。同样,在现实情况中,也并不是选择的模型越复杂,预测的效果就越好。选择不同的参数需要依据不同的情况而定。

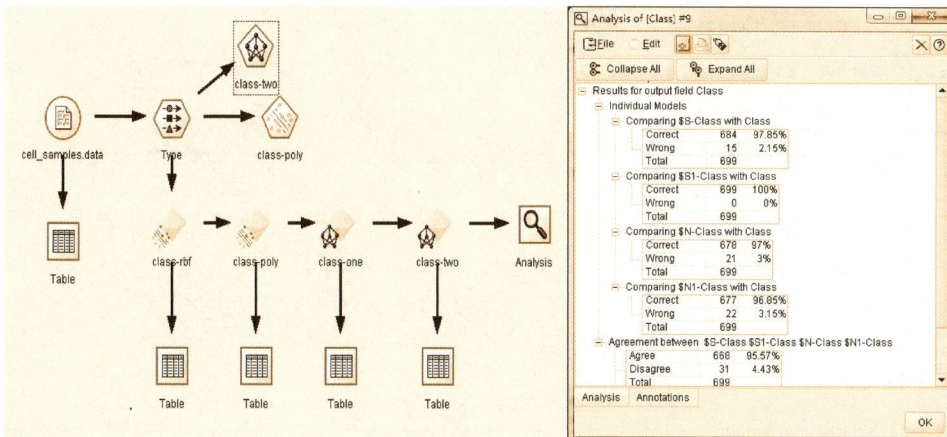

图 7 - 48　生成模型

(2) 人工神经网络的 R 语言实现※

R 语言中实现神经网络的扩展包主要是"nnet"。

首先导入 nnet 包：

```
install. packages("nnet")
library(nnet)
```

这里使用的数据集是 iris3 数据集，iris3 和 iris 数据集中涵盖的内容是一致的，不同的是 iris3 是一个三维的数组，第一个维度是样本的编号，第二个维度是花的四个属性，第三个维度则是花的种类，也就是 iris 数据集中的 Species，共三种。

使用 rbind 函数将三个不同种类的花的属性按行合并起来，并建立 targets 来存储花的类别，使用 sample 函数在每个类别中随机抽取出 25 个样本组成训练集。

```
ir <- rbind(iris3[,,1],iris3[,,2],iris3[,,3])
targets <- class. ind(c(rep("s", 50), rep("c", 50), rep("v", 50)))
samp <- c(sample(1:50,25), sample(51:100,25), sample(101:150,25))
```

创建训练集之后，可以使用 nnet 函数来建立神经网络模型，其中，size 参数指定该网络中隐层的单元数，rang 指定初始的随机权重，decay 指定权重衰减的参数，maximum 指定迭代的最大次数。

```
ir1 <- nnet(ir[samp,], targets[samp,], size=2, rang=0.1,decay=5e-4,maxit=200)
```

```
#   weights：     19
initial      value 56. 475844
iter  10    value 50. 004047
iter  20    value 39. 698467
iter  30    value 25. 124351
iter  40    value 24. 929766
iter  50    value 20. 189561
iter  60    value 18. 623688
iter  70    value 15. 591403
iter  80    value 7. 125541
iter  90    value 4. 198448
iter 100    value 3. 423573
iter 110    value 3. 281453
iter 120    value 3. 193129
iter 130    value 3. 175442
iter 140    value 3. 151734
iter 150    value 3. 140602
iter 160    value 3. 133598
```

iter 170　value　3.133273

iter 180　value　3.132389

iter 190　value　3.132032

iter 200　value　3.131865

final　value　3.131865

stopped after 200 iterations

　　最后通过创建一个测试模型的函数可以对模型进行评估。经评估,可以看出模型的准确度还是比较高的,在 75 个样本中成功预测了 74 个。

```
test. cl <− function(true, pred) {
        true <− max. col(true)
        cres <− max. col(pred)
        table(true, cres)
}
test. cl(targets[−samp,], predict(ir1, ir[−samp,]))
```

```
     cres
true 1   2   3
  1 25   0   0
  2  0  25   0
  3  1   0  24
```

7.6　小　　结

　　数据挖掘方法有很多种,常见的有监督学习(或称为分类学习)、无监督学习(或称为聚类分析)、关联规则挖掘、预测、时序挖掘和偏差分析等。

　　一般来说,数据挖掘需要经历以下过程:确定挖掘对象、收集数据、数据预处理、数据挖掘和信息解释。

　　决策树是一种自顶向下递归树算法,它使用一种属性选择度量为树的每个非叶结点选择属性测试。ID3、C5.0 和 CART 都是这种算法的例子,它们使用不同的属性选择度量。树剪枝算法试图通过减去反映数据中噪声的分枝,提高准确率。

　　关联规则挖掘首先找出频繁项集(项的集合,如 A 和 B,满足最小支持度,或任务相关元组的百分比),然后,由它们产生 $A \to B$ 的强关联规则。这些规则还满足最小置信度阀值(预定义的、在满足 A 的条件下满足 B 的概率)。可以进一步分析关联,发现项集 A 和 B 之间具有关联规则。

　　Apriori 算法是为布尔关联规则挖掘频繁项集的原创性算法。它逐层进行挖掘,利用先验性质:频繁项集的所有非空子集也是频繁的。在第 k 次迭代($k \geqslant 2$),它根据频繁($k-1$)项集形成 k 项集候选,并扫描事务(交易)记录一次,找出完整的频繁 k 项集的集合 L_k。

簇是数据对象的集合,同一个簇中的对象彼此相似,而不同簇中的对象彼此相异。将物理或抽象对象划分为相似对象的类的过程称为聚类。

聚类分析具有广泛的应用,包括商务智能、生物学、地理学、保险行业和 Web 搜索。聚类分析可以作为独立的数据挖掘工具来获得对数据分布的了解,也可以作为在检测的簇上运行的其他数据挖掘算法的预处理步骤。聚类是数据挖掘研究的一个富有活力的领域,它与机器学习的无监督学习有关。

支持向量机(SVM)是一种用于线性和非线性数据的分类算法。它把源数据变换到较高维空间,使用称做支持向量的基本元组,从中发现分离数据的超平面。

反向传播算法也称 BP 算法。它在本质上是一种神经网络学习的数学模型,有时也称为 BP 模型。BP 算法是为了解决多层前向神经网络的权系数优化而提出来的,所以,BP 算法也通常暗示着神经网络的拓扑结构是一种无反馈的多层前向网络。

习题

1. 简述什么是数据挖掘,它的应用场景有哪些。
2. 给出决策树的构造过程,给出若干构造节点的方法,并简述各自的特点。
3. 指出 SPSS Clementine 在决策树挖掘算法上有哪些功能及不足。
4. 简述在电子商务领域中,关联规则算法对决策的支持作用。
5. 给出基于 Apriori 算法的具体实现流程。
6. 下表是山东省 2008 年各市居民家庭平均每人全年消费性支出,利用 R 语言所给数据对各市进行系统聚类。

山东各市居民家庭平均每人全年消费性支出(元/人)

地区	食品	衣着	居住	设备用品	交通通讯	文化教育	医疗保健	其他
济南	1 628.16	252.86	790.11	285.64	634.83	355.54	394.37	43.9
青岛	1 999.61	523.76	901.56	297.76	595.34	618.12	260.17	106.42
淄博	1 691.6	372.21	844.44	300.46	494.67	580.6	370.84	102.16
枣庄	1 370.59	272.95	614.3	227.52	454.73	245.93	220.88	84.2
东营	1 580.86	234.17	813.58	253.12	532.19	432.05	275.3	39.1
烟台	1 673.19	337.92	719.28	201.3	414.08	497.57	286.03	77.11
潍坊	1 516.36	299.67	1 327.72	243.72	583.04	494.65	269.82	92.95
济宁	1 375.4	287.17	722.05	282.16	380.68	412.42	218.11	56.94
泰安	1 412.44	225.66	567.66	257.96	411.98	450.57	177.02	70.07
威海	1 684.64	517.59	759.36	227.12	424.41	565.75	444.31	77.48
日照	1 451.12	351.21	562.91	208.81	457.2	332.16	182.2	37.69
莱芜	1 516.22	198.94	624.72	207.03	464.06	469.35	256.53	36.33

续　表

地区	食品	衣着	居住	设备用品	交通通讯	文化教育	医疗保健	其他
临沂	1 339.69	212.36	625.26	191.34	409.39	314.9	156.01	63.31
德州	1 114.47	173.88	553.14	169.23	319.41	220.45	137.97	42.2
聊城	1 146.53	182.53	566.92	186.05	317.48	332.64	155.94	54.31
滨州	1 177.49	179.96	979.01	206.88	451.85	407.49	298.7	47.51
菏泽	1 265.03	170.85	550.68	143.11	329.99	349.41	193.59	82

山东各市居民家庭平均每人全年消费性支出(元/人)

7. 比较 k-means 聚类算法和层次聚类算法的异同。

8. 研究支持向量机分类方法,并与神经网络分类方法进行比较。

9. GOODS1n 是 clementine 自带的有关零售商品的数据文件(在 clementine 安装文件的 Demos 目录下)。请利用神经网络算法对 GOODS1n 进行分析,以预测促销对销售的影响。

10. 利用一些标准数据集,测试支持向量机和神经网络算法的性能,包括学习建模的速度、预测准确率等。

参考文献

[1] 大数据营销[EB/OL].[2013 - 06 - 21].http://wenku.baidu.com/view/d00734678e9951e79b892780.html.

[2] SAS 数据挖掘实战[EB/OL].[2010 - 9 - 12].http://welbo.com/biloud.pdf.

[3] bicloud.(连载)数据挖掘概述[EB/OL].[2010 - 10 - 18].http://blog.sina.com.cn/s/blog_61c463090100lwyo.html.

[4] SAS 数据挖掘[EB/OL].[2013 - 09 - 16].http://down.51cto.com/data/947444.

[5] 张俊妮.数据挖掘与应用[M].北京:北京大学出版社,2009.

[6] 韩家炜.数据挖掘:概念与技术[M].范明,孟小峰译.北京:机械工业出版社,2001.

[7] 朱明.数据挖掘导论[M].合肥:中国科学技术大学出版社,2012:44.

[8] Quinlan J. R. Induction of decision trees[J]. Machine Learning,1986(1):81 - 106.

[9] 元昌安,邓松,李文敬,刘海涛.数据挖掘原理与 SPSS Clementine 应用宝典[M].北京:电子工业出版社,2009.

[10] 李如平.数据挖掘中决策树分类算法的研究[J].东华理工大学学报:自然科学版,2010,33(2):192 - 196.

[11] 周老师科研学习.Apriori 算法例子[EB/OL].[2012 - 10 - 15].http://blog.csdn.net/zjd950131/article/details/8071414.

[12] 周妍,孔晓玲,张然.数据挖掘中聚类算法研究[J].福建电脑,2007(8):9 - 10.

[13] 建模手.三、聚类分析[EB/OL].[2011 - 12 - 15].http://blog.sina.com.cn/s/blog_93fda64f0100yy8k.html.

[14] yangrui099.数据挖掘——学习笔记(聚类算法分类)[EB/OL].[2012 - 04 - 09].http://www.cnblogs.com/yangmier/archive/2012/04/09/2438459.html.

[15] TWOSTEP 两步法聚类详解分析[EB/OL].[2012 - 10 - 10].http://www.docin.com/p-674830059.html.

[16] Zhang T, Ramakrishnan R, Livny M. BIRCH: an efficient data clustering method for very large databases[C]//ACM SIGMOD Record. ACM, 1996,25(2):103-1.

[17] 朱小栋,徐欣. 数据挖掘原理与商务应用(普通高等院校电子商务十二五规划重点教材)[M]. 上海:立信会计出版社,2013.

[18] Pang-Ning Tan, Michael Steinbach, Vipin Kumar. 数据挖掘导论[M]. 北京:人民邮电出版社,2006. 150-168.

[19] 曹志宇,张忠林,李元韬. 快速查找初始聚类中心的 K-means 算法[J]. 兰州交通大学学报,2009,28(6).

[20] 熊平. 数据挖掘算法与 Clementine 实践[J]. 北京:清华大学出版社,2011.

[21] richielice. K-means 聚类算法[EB/OL]. [2011-05-04]. http://www.docin.com/p-194617663.html.

[22] 在知识海洋遨游. 聚类分析(数学建模)[EB/OL]. [2011-12-02]. http://www.docin.com/p-299486456.html.

[23] qll125596718. BIRCH 算法学习[EB/OL]. [2011-10-21]. http://blog.csdn.net/qll125596718/article/details/6895291.

[24] 童德利. 数据挖掘中异常点检测技术的研究[D]. 南京:南京大学,2004.

[25] 嘉士伯的 JAVA 小屋. SVM 入门(一)至(三)Refresh[EB/OL]. [2009-02-13]. http://www.blogjava.net/zhenandaci/archive/2009/02/13/254519.html.

[26] zhouchengyunew. BP 算法[EB/OL]. [2011-03-22]. http://blog.csdn.net/zhouchengyunew/article/details/6267193.

[27] Robert I. Kabacoff. R 语言实战[M]. 高涛,肖楠,陈钢译. 北京:人民邮电出版社,2013.

[28] xugang. 数据挖掘经典案例[EB/OL]. [2009-06-20]. http://xg4013.blog.163.com/blog/static/10711308200952011341136/

第 8 章
商业中的非结构化信息分析

本章导学

　　互联网数据中心（IDC）研究表明，数字领域当前存在着 1.8 万亿 GB 的数据。在这之中，除了传统数据库的结构化数据，还有像文件、文献、表单、影像等无以计量的非结构化数据。相较于记录了生产、业务、交易和客户信息等的结构化数据，非结构化的信息涵盖了更为广泛的内容，包括了如合约、发票、书信与采购记录等营运内容；如文书处理、电子表格、简报档案与电子邮件等部门内容；如 HTML 与 XML 等格式信息的 Web 内容；以及如声音、影片、图形等媒体内容。解决非结构化数据的分析困难，能够有效挖掘这些数据背后的价值，克服逐渐攀升的数据量和复杂性对企业生产发展的重大阻碍，驱动企业价值提升。例如，通过对购物网站的评论进行分析，可以获得消费者观点的关键词，并以图形化的形式（云图）直观地显示出来，这样可以帮助购物网站调整销售策略，增大效益。

本章主要内容

- 内容分析法
- 文本挖掘
- 社会网络分析
- 多维、异构信息分析

8.1　内容分析法

对文献内容的分析,是情报研究工作中的核心部分。所谓"内容分析法",正是对文献内容进行剖析的一种方法,是一种典型的情报分析方法。这种方法对研究对象的内容进行深入分析,是一种透过现象看本质的科学方法。

8.1.1　定义

早在上世纪初,就有人尝试在常规阅读文献的途径以外,采用一些半定量的方法来对文献所包含的内容作进一步的分析。此后几十年里,在社会调查、心理研究和战时情报工作等领域中对这种半定量方法的雏形不断加以改进,并从实践和理论两方面加以总结和提高,从而成为一个比较完整的方法群,称为内容分析法(content analysis)。

传播学的观点认为,内容分析法是一种对于传播内容进行客观、系统和定量的描述的研究方法,其实质是对传播内容所含信息量及其变化的分析,即由表征的有意义的词句推断出准确意义的过程。内容分析的过程是层层推理的过程。

而商业情报分析认为,内容分析法是一种对文献内容作客观系统的定量分析的专门方法,其目的是弄清或测验文献中本质性的事实和趋势,揭示文献所含有的隐性情报内容,并对事物发展作情报预测。它实际上是一种半定量研究方法,其基本做法是把媒介上的文字、非量化的有交流价值的信息转化为定量的数据,建立有意义的类目分解交流内容,并以此来分析信息的某些特征。

不同学科对内容分析法有不同角度的定义,在此基础上,再考虑到商业信息情报研究的特点,我们将内容分析法概括为:内容分析法是获取以文献为主的情报内容的一种定量与定性相结合的方法,其基本特点是系统性和客观性,优点在于非接触性和揭示隐性内容。

8.1.2　分类

内容分析法是一个方法群,根据不同的观察角度,可以进行细分。

1. 研究内容分析法

通过对交流内容单元的框架分析、对内容发布者的意图、对内容接受者的效果影响进行推测研究。

2. 专业内容分析法

从传播学角度,调查文献传输的有效性以及传输过程中的增益。

3. 咨询内容分析法

研究人员根据用户要求,帮助用户分析他所接收到的内容信息。国外在商业谈判中有时借助专家进行这种分析。

另有按媒介划分,包括一般意义上的文字型资料和包括画面、照片、口头语言、动作和举止的非文字型资料。

8.1.3 类型演变

1. 解读式内容分析法

解读式内容分析法(hermeneutic content analysis)是一种通过精读、理解并阐释文本内容来传达意图的方法。"解读"的含义不只停留在对事实进行简单解说的层面上,而是从整体和更高的层次上把握文本内容的复杂背景和思想结构,从而发掘文本内容的真正意义。这种高层次的理解并非线性,而是具有循环结构,单项内容只有在整体的背景环境下才能被理解,反过来对整体内容的理解则是对各个单项内容理解的综合结果。

这种方法强调真实、客观、全面地反映文本内容的本来意义,具有一定的深度,适用于以描述事实为目的的个案研究。但因在解读过程中存在不可避免的主观性和研究对象的单一性,其分析结果往往被认为是随机的、难以证实的,因而缺乏普遍性。

2. 实验式内容分析法

实验式内容分析法(empirical content analysis)主要指定量内容分析与定性内容分析相结合的方法。

定量内容分析法将文本内容划分为特定类目,计算每类内容元素出现频率,并描述明显的内容特征。该方法具有三个基本要素,即客观、系统、定量。计数单元在文本中客观存在,其出现频率也是明显可查的,但这并不能保证分析结果的有效性和可靠性。一方面是因为,统计变量的制定和对内容的评价分类仍是由分析人员主观判定,难以制定标准,操作难度较大;另一方面是因为,计数对象也仅限于文本中明显的内容特征,而不能对潜在含义、写作动机、背景环境、对读者的影响等方面展开来进行推导,这无疑限制了该方法的应用价值。

定性内容分析法主要对文本中各概念要素之间的联系及组织结构进行描述和推理性分析。举例来说,有一种常用于课本分析的"完形填空式"方法,即将同样的文本提供给不同的读者,或不同的文本提供给同一个人,文本中被删掉了某些词,由受测者进行完形填空。通过这种方法来衡量文本的可读性和读者的理解情况。与定量方法直观的数据化不同的是,定性方法强调通过全面深刻的理解和严密的逻辑推理,来传达文本内容。

而单纯的定性方法缺乏必要的客观依据,存在一定主观性和不确定性,说服力有限。因此,很多学者倡导将定性方法与定量方法结合起来,取长补短,相得益彰。定性与定量相结合的内容分析法应具备以下几个要点:

(1)问题有必要的认识基础和理论推导;

（2）客观地选择样本并进行复核；

（3）在整理资料过程中发展一个可靠而有效的分类体系；

（4）定量地分析实验数据，并做出正确的理解。

3. 计算机辅助内容分析法

计算机技术的应用极大地推动了内容分析法的发展。无论是在定性内容分析法中出现的半自动内容分析（computer-aided content analysis），还是在定量内容分析法中出现的计算机辅助内容分析（computer-assisted content analysis），都只存在术语名称上的差别，实质上正是计算机技术将各种定性和定量研究方法有效地结合起来，博采众长，使内容分析法取得了迅速推广和飞跃发展。互联网上也已出现了众多内容分析法的专门研究网站，还提供了不少可免费下载的内容分析软件，相关论坛在这方面的讨论也是热火朝天。

8.1.4 分析步骤

运用内容分析法进行研究大致可分为六个步骤，其中有的步骤可作调整与合并。

1. 确定研究的问题和目的

根据不同情况，有的能十分具体地确定分析目的，有的能提出一个理论假设，希望通过分析加以检验，还有的对象情况很不清楚，只能抽象地提出弄清情况的目标。无论具体还是抽象，一开始的意图要明确，因为以后每一步骤的设定均取决于分析目的。

2. 选择样本

首先选择信息源，应选择最有利于分析目的的样本对象。一般来说，应考虑情报含量大、具有连续性、内容体例基本一致和报道性的文献。在实际工作中，应考虑研究人员对文献的熟悉程度，以及文献本身保存是否完整，使用是否方便等。

3. 定义分析单元

分析单元是实际计算描述或解释的最小元素，是内容分析具体统计的对象，其关系重大，也是最难解决的问题。分析单元可以查找专业词表、主题字索引以及分类类目表或通过分析基本文献来确定，它可以是词语、句子或整篇文章等。注意的是分析单元应当独立和彼此排斥，它们合在一起应能反映研究课题的基本思想内容。

4. 对要分析的内容进行分类

这是内容分析的核心工作，常见的一些分类标准是题材（如图书馆学可分为理论图书馆学、应用图书馆学）、倾向性（如对某问题持赞成、中立、反对态度）、价值观、主题等。分类类目要能回答研究的问题或验证假设，方便研究要分析的问题，此外还可以借鉴别的研究标准。

5. 统计频数，对内容评分

量化系统通常包括"定序尺度"和"比率尺率"等，采取何种量化方法也要依据具体的问题，有时会采用两种或两种以上的标准，以便取长补短。评分时一般要制定表格，认真填好分析单位分布表，对表中所列内容不能主观臆断，特别是那些隐含的观察单位，一定要搞清含义再归类计数。频数统计不单包括计数和累加，还包括对数据的数学处理，经常采用的有数理统计方法和定量预测方法等。

这个步骤中要对统计分析结论的有用性和可靠性进行分析。更重要的是把数据统计分析的结论与定性的判断结合起来，给出研究人员自己的观点和结论。依照量化系统的特性，确定资料处理分析方法。一般可采用描述性统计分析，然后对下列问题作出解释：结果具有什么意义，有没有其他不同解释，解释的理论与事实根据是什么等等。

8.1.5　优点

作为一种情报研究的工具，内容分析法有以下优点：

1. 提供信息量化的新方式

情报内容的分析之所以难以采用定量方式，主要困难在于量化，而内容分析法却提供了一种量化的途径。通过将情报内容消化、整理、有序化等艰难步骤，使分析工作达到了一定的系统性和客观性。内容分析法增加了一个新的观察问题的角度。

2. 有助于定性分析的系统化

进行内容分析的过程，特别是进行框架设计，迫使研究人员更全面和系统地理解内容和思考问题。内容分析法是一种定性和定量分析结合得十分紧密的方法，其结果决不仅仅是频数统计值，而得出定量数据的过程，正是对文献内容进行透彻的理解和分解的过程。内容分析法并不试图取代定性的经验分析，相反，它促进了定性分析的系统化，使之达到一个新的水平。

8.1.6　应用

内容分析法的适用范围非常广泛。就研究材料的性质而言，它可适于任何形态的材料，包括文字记录形态类型的材料和非文字记录形态类型的材料（如广播与演讲录音、电视节目、动作与姿态的录像等）；就研究材料的来源而言，它既可以对其他目的的许多现有材料（如学生教科书、日记、作业）进行分析，也可以对为某一特定的研究目的而专门收集的有关材料（如访谈记录、观察记录、句子完成测验等）进行评判分析；就分析的侧重点讲，它既可以着重于材料的内容，也可以着重于材料的结构，或对两者都予以分析。

内容分析法的适用范围虽然较广，但适用的内容一般应具有能重复操作、被人感观体验、意义明显、可以直接理解等特征。通常不具备这样特点的潜在的深层的内容不适于采用内容分析进行研究,否则很难保证结果的准确性和客观性。

我国科技情报研究界首先是通过奈斯比特的《大趋势》一书了解到内容分析方法的。钱学森教授在谈到情报研究工作时曾对该书中的情报收集分析作过精辟的评价。近来,内容分析法已经引起了越来越多人的注意和重视,相信随着情报研究的综合性和战略性不断加强,随着更多的人了解这种方法,内容分析法在情报研究中将大有用武之地。如用于消费者行为研究中,用于参考咨询服务中,用于市场情报研究中,用于提供深层次的情报咨询服务等。下面介绍了两个应用内容分析法进行分析的成功案例——营销能力分析和经营策略分析。

1. 营销能力分析

通过对对手企业 Web 站点上发布的营销信息、广告和其他促销材料的一定容量样本的内容分析,可以发现他们营销的强度、侧重点等。美国北卡罗莱纳州贝尔克商业管理学院营销系的 Charles D. Bodkin 和加利福尼亚州立大学商业与经济学院营销系的 Monica Perry,以 1999 年财富杂志 500 强企业中的 152 家零售企业的网站页面为对象进行了内容分析。该研究首先选取了财富 500 强中的 50 家企业的 Web 页面进行分析,识别出 63 个与营销相关的 Web 页面信息要素,共归为 9 大类(advertising, company specific, customer service, prices, public relations, sales promotions, shareholder information, visuals, web-specific),建立起分析框架。然后对 152 家零售企业的 Web 页面进行编码,并统计出使用了 9 大类中某一页面要素的企业所占的比例。其编码一致性检验为 94%。然后以该统计为基础,检验了营利能力愈强的零售企业愈有可能利用公司细节、股东信息、Web 细节及客户服务等有关营销的 Web 页面信息要素的假设。此案例是应用内容分析法研究营销侧重点和手段的典型。

2. 经营策略分析

竞争对手在经营活动中少不了通过广告与市场交流信息,这些信息就包含着经营意图。通过广告,运用内容分析法来分析企业的产品和促销策略,是一种有效的手段。曾经有人运用内容分析法研究日本企业打进美国市场的广告战略。研究人员以美国《商业周刊》和《新闻周刊》一段时期内所刊登的日本产品广告为对象,验证了其广告战略的 4 阶段假设:日本产品在美国知名度还很低时,不突出产品而强调该企业在日本国内的优越地位;企业知名度提高后,就强调产品的价格、质量和外形等;进入与美国企业竞争阶段时,就强调优于对手产品的特点;当产品进入世界市场,就突出其产品在世界上的地位。

此外,通过竞争对手的招聘广告来分析其人力资源战略也是内容分析法可以有所作为的领域。

可见,内容分析法这个传统的情报方法在商业分析领域是大有可为的。

8.1.7 与其他学科的关系

内容分析法是以行为科学、传播学、语言学和计算机科学等理论和方法作为基础的。

内容分析法首先是建立在人类的各种符号行为(语言、文字或动作等)的基础之上。即使是描述性内容分析,也必须在一定程度上联系信息发送者和接受者的行为。

其次是传播学,内容分析的对象绝大多数是传播媒介,它的部分理论就是在传播学中发展起来的。

内容分析在深层次上同现代语言学结合得很紧密,有许多专家认为"语言学"为内容分析提供了一种"转换器"。

60 年代后计算机开始进行内容分析,它不仅发挥了一个辅助工具的作用,还在实质上影响了内容分析的发展方向和速度。例如,在计算机目录数据库不够先进的条件下,主题词分析应用比较频繁,而篇幅分析、非主题词的词频分析应用则受到很大限制,而当全文数据库广泛使用时,后两者极可能成为主要的应用方向。

8.2 文本挖掘

8.2.1 概述

1. 背景

随着信息技术与互联网的发展,可利用的数据与信息越来越多地在互联网中产生并以数字化形式存储。Web 中 99％的可分析信息都是以文本形式存在的,一些机构内 90％的信息也是以文本形式存在的,如数字化图书馆、数字化档案馆、数字化办公等。社交媒体的兴起让互联网的信息更加丰富,不仅有一般媒体的新闻、企业的信息还有用户产生的内容,这其中都隐藏着可能有价值的信息和知识。大数据时代到来,数据的海量增长使得人工处理变得不现实,越来越需要相关技术进行处理分析和挖掘。

2. 定义

文本挖掘是指从大量文本数据中发现知识,抽取隐含的、未知的、潜在有用的模式的过程。文本挖掘实际上是数据挖掘中的一个研究领域,只是数据挖掘的研究对象大多是结构化的数据,而文本挖掘的研究对象是非结构化或半结构化的信息,包括新闻、研究论文、书籍、会议报告、专利说明书、政府出版物、企业公开信息以及互联网上的博客、用户评论、Web 网页等。由于这些文档是人类的自然语言,涉及语义、语法等计算机很难处理的内容,传统的数据挖掘方法无法满足如今海量文本数据的挖掘需求,因此文本挖掘成为近年来数据挖掘的研究热点。文本挖掘是一个多学科混杂的领域,涵盖了多种技术,包括数据挖掘技术、信息抽取、信息检索、机器学习、自然语言处理、计算语言学、统计数据分析、线性几何、概率理论甚至还有图论。

3. 文本挖掘的一般过程

文本挖掘主要处理过程有对大量文档集进行预处理、特征抽取和特征集缩减、模式发

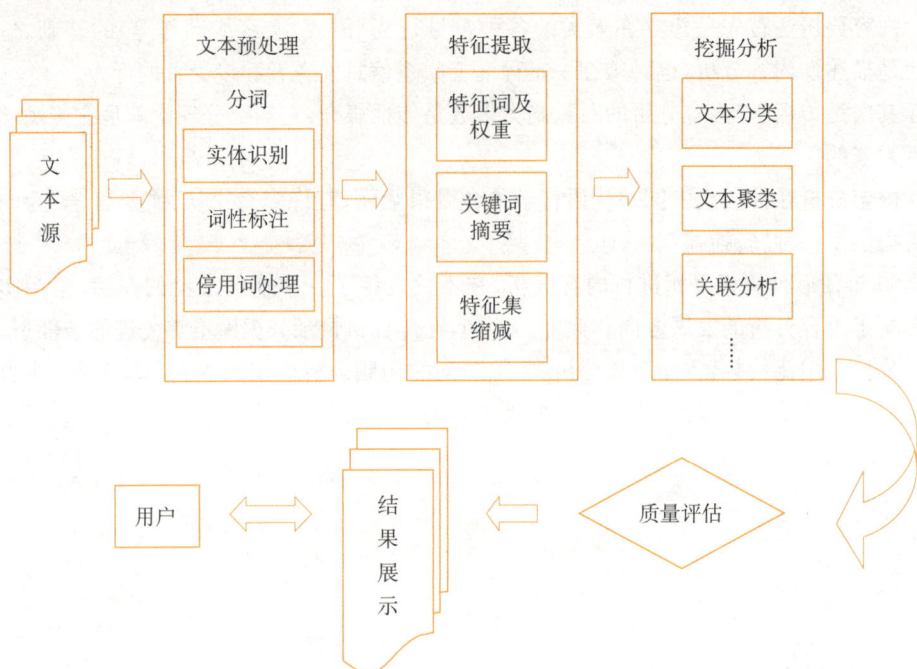

图 8-1 文本挖掘的一般过程

现、模式质量评价、结果可视化等,如图 8-1 所示。

(1) 文本预处理

由于处理的是非结构化的文本,计算机是无法直接理解和处理的,且其中包含一些不需要的信息,因此需要将采集的文本源进行一定的预处理,相当于数据挖掘的数据清理,包括进行分词、去停用词、词性标注等。

(2) 特征提取及特征集缩减

为了能让计算机进行处理和计算,需要从文本中提取适当的能代表其特征的特征集,并用结构化的形式保存起来。而自然语言文本集中往往包含大量的词汇,如果把这些词都作为特征,其特征维数会相当高,这些特征并不一定都是必要的、有价值的,且会大大增加计算机计算的时间,因此有必要去掉一些冗余以降低维数。

(3) 模式发现

对文本进行了一系列处理之后就可以利用计算机进行各种算法的机器学习,面向特定的应用目的进行模式发现。这些算法与数据挖掘的一般方法大致相通,包括文本分类、文本聚类、关联规则等。

(4) 模式质量评价

进行算法学习和挖掘后产生的结果不一定是理想的效果,完全可信的、有用的,需要利用已经定义好的评估指标对获取的知识或模式进行评价。如果评价结果符合要求,就存储该模式以备用户使用;否则返回到前面的某个环节重新调整和改进,然后再进行新一轮的发现。

(5) 结果可视化

挖掘产生的结果及模式解读通常是用一些可视化工具进行展示,便于用户更好地理解。

8.2.2　文本预处理

文本预处理的目的是改变自然语言文本中包含的各种元素,将它们从一种不规范的和隐含的结构表示转换为明确的结构表示,以便计算机能够处理和计算。而自然语言中存在大量字词、短语、句子等不同元素,这些元素在不同语境和不同组合中会产生许多不同的含义。文本挖掘的一项基本任务就是识别文本特征的一个最简单子集,用以表示特定的文本,我们把这样的一组特征称为文本特征。

1. 分词

字词是文本组成的基本单位,分词是指将语句文本分割成词或词组,并按照一定的规范重新组合词序列的过程。在英文中,单词之间以空格作为分隔符,而中文的词语却没有形式上的分隔符,虽然英文也同样存在短语的划分问题,但在词这一层次上,中文要比英文复杂得多、困难得多。中文分词(Chinese word segmentation)指的是将一个汉字序列切分成一个一个单独的词。分词是对文本进行计算机处理的基础工作,是文本深层次分析的前提。词的划分与识别对人来说是比较简单的问题,但复杂的语义语法对于计算机来说,却是比较困难的,主要的难点有歧义识别、未登录词识别等。

歧义是指同样的一句话,可能有两种或者更多的切分方法。主要的歧义有两种:交集型歧义和组合型歧义,例如:表面的,因为"表面"和"面的"都是词,那么这个短语就可以分成"表面"、"的"或"表"、"面的",这种称为交集型歧义(交叉歧义)。"化妆和服装"可以分成"化妆"、"和"、"服装"或者"化妆"、"和服"、"装"。由于没有人的知识去理解,计算机很难知道到底哪个方案正确。组合型歧义较交集型歧义则更加复杂,必须根据整个句子来判断。例如,在句子"这个门把手坏了"中,"把手"是个词,但在句子"请把手拿开"中,"把手"就不是一个词;在句子"将军任命了一名中将"中,"中将"是个词,但在句子"产量三年中将增长两倍"中,"中将"就不再是词。

命名实体(人名、地名)、新词,专业术语称为未登录词,即在分词词典中没有收录,但又确实能称为词的那些词。最典型的是人名,人可以很容易理解。句子"王军虎去广州了"中,"王军虎"是个词,因为是一个人的名字,但要是让计算机去识别就困难了。

目前分词方法主要有基于词典的分词、基于统计的分词、基于理解的分词三种。

(1) 基于词典的分词方法

基于词典的分词方法又称为机械分词法,是将文本切分后的一小段与一个词典里的词进行比较,如果存在,则划分为一个词。此方法对词典有很大依赖性,对词典的要求比较高。主要算法有正向最大匹配算法、逆向最大匹配算法、双向最大匹配算法等。下面以正向最大匹配算法为例介绍一下流程,图 8 - 2 为流程图。

① 初始化待切分字符串 S1 并输出字符串 S2,S2 为空;

② 找出分词词典中最长的词条,并设该词条所含汉字个数为 M;

③ 取待处理文本当前字符串 S1 中的 M 个字作为匹配字段,查词典。若词典中有这样的一个 M 字词,则匹配成功,将匹配成功的词 W 赋给 S2,并在该匹配字段后加一个切分标志,然后继续处理接下来的句子;

④ 如果分词词典中查找不到这样一个 M 字词,则匹配失败;

⑤ 上步中的匹配字段去掉最后一个汉字;

⑥ 重复③～⑤,直到 S1 为空,输出 S2。

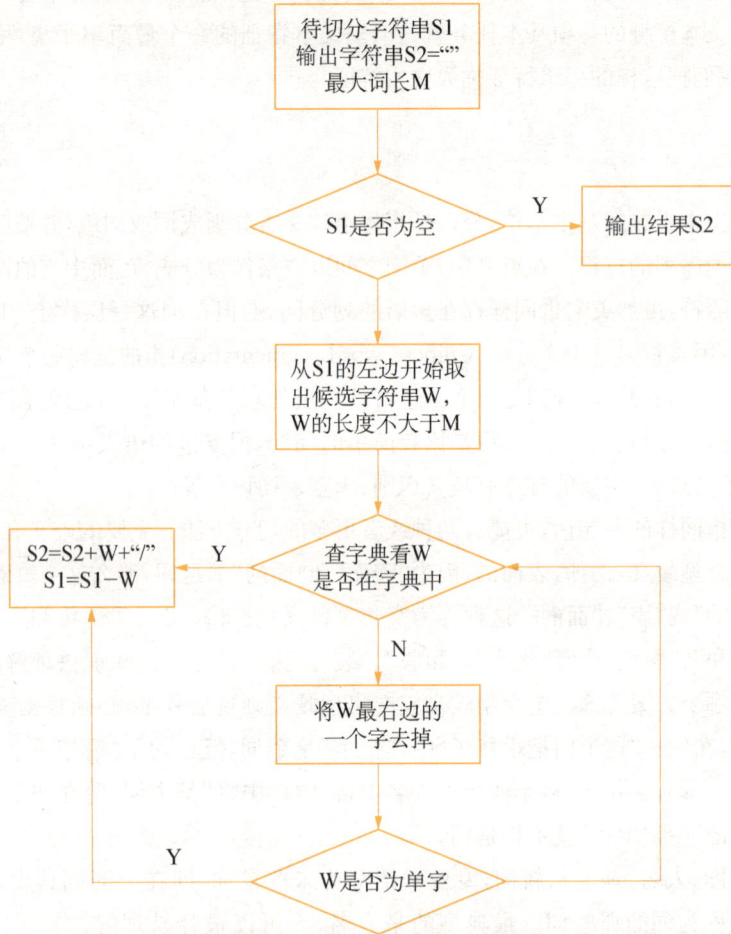

图 8 - 2 正向最大匹配算法的流程图

基于词典的分词方法实现起来比较简单,但太依赖词典的规模,词典越大分词的正确率越高,但实际上词典不可能包含所有的切分词。而且机械分词方法不能很好地处理歧义问题。实际操作中,通常把机械分词法作为一种初分的手段,后续处理中还需要利用各种其他分词方法进一步提高切分的准确率。

(2)基于统计的分词方法

基于统计的分词方法的思想是:找出输入字符串的所有可能的切分结果,对每种切分结果利用能够反映语言特征的统计数据计算它的出现概率,然后从结果中选取概率最大的一种。

从形式上看,词是稳定的单字组合,上下文中,相邻的字同时出现的次数越多,就越有可能构成一个词。因此,字与字相邻共现的频率或概率能较好地反映词的可信度。可通过对语料中相邻共现的各个字的组合频率进行统计,计算它们的互现信息。互现信息反映了汉字之间结合关系的紧密程度。当紧密程度高于某个阈值时,便可认为此字组可能构成一个词。这个方法的好处是不需要词典,但也有一定局限性,对于长于二字的词的处理延伸,没有很有效的方法,另外会经常抽出一些共现频度高但并不是词的常用字组,如"之一"、"有的"、"我的"等,并且对常用词的识别精度差。实际应用中的分词系统一般会选择使用一部基本的分词词典(常用词词典)进行匹配分词,同时使用统计方法识别一些新词,将串频统计和串匹配结合起来,既发挥基于词典分词切分速度快、效率高的特点,又利用统计分词结合上下文识别生词、自动消除歧义的优点。

近年来,基于统计模型的分词方法成为分词研究方法的热点,如基于隐马尔科夫的分词方法、基于最大熵模型的分词方法、基于条件随机场的分词方法等,这些方法都能取得不错的分词精度,且能实现词性标注、命名实体识别等功能。

(3) 基于理解的分词方法

基于理解的中文分词方法是让计算机模拟人对中文的理解,根据人的习惯,将句子进行切分。它的基本思想就是利用句法、语义的分析来处理中文分词中的歧义切分,其过程就是模拟了人对句子的理解过程。这种分词方法需要使用大量的语言知识和信息,而由于汉语语言知识非常复杂,因此目前基于理解的分词方法还处在试验阶段。

(4) 常用分词工具

① ICTCLAS(Institute of Computing Technology, Chinese Lexical Analysis System)是中国科学院计算技术研究所在多年研究工作积累的基础上研制出的汉语分词开源系统,主要功能包括中文分词、词性标注、命名实体识别、新词识别,同时支持用户词典。目前已经升级到了 ICTCLAS 3.0。ICTCLAS 3.0 分词速度为单机 996 KB/s,分词精度为98.45%,API 不超过 200 KB,各种词典数据压缩后不到 3M,是当前世界上最好的汉语词法分析器。ICTCLAS 全部采用 C/C++编写,支持 Linux、FreeBSD 及 Windows 系列操作系统,支持 C、C++、C♯、Delphi、Java、Python 等主流开发语言。

② IKAnalyzer 是一个开源的轻量级的中文分词工具包。从 2006 年 12 月推出 1.0版开始,IKAnalyzer 已经推出了 4 个大版本。最初,它是以开源项目 Lucene 为应用主体的,结合词典分词和文法分析算法的中文分词组件。从 3.0 版本开始,IKAnalyzer 发展为面向 Java 的公用分词组件,独立于 Lucene 项目,同时提供了对 Lucene 的默认优化实现。Lucene 是一个开放源代码的全文搜索引擎工具包,提供了完整的查询引擎、索引引擎以及部分文本分析引擎。IKAnalyzer 采用了特有的"正向迭代最细粒度切分算法",在特定系统环境中具有 160 万字/秒的高速处理能力。采用了多子处理器分析模式,支持英文字母(IP 地址、Email、URL)、数字(日期、常用中文数量词、罗马数字、科学计数法)、中文词汇(姓名、地名处理)等分词处理,兼容韩文、日文字符,支持用户词典扩展定义。最新版本中,词典支持中文、英文、数字混合词语。IKAnalyzer 基于 Java 语言开发,可以跨平台运行。

③ SCWS(Simple Chinese Words Segmentation)是一套基于词频词典的机械中文分词

引擎,它能将一整段的中文文本基本正确地切分成词。在分词算法上采用的是自行采集的词频词典,并辅以一定程度上的专有名词、人名、地名、数字年代等规则集来达到基本分词。SCWS 采用标准 C 开发,以 Unix-Like OS 为主要平台环境,无第三方库函数依赖。支持的中文编码包括 GBK、UTF - 8 等。此外还提供了 PHP 扩展模块,可在 PHP 中快速而方便地使用分词功能。

④ Jieba 是目前最好的 Python 中文分词组件。Jieba 分词器不仅支持繁体中文分词和用户自定义词典,还提供了精简模式、全模式、搜索引擎模式三种不同的分词模式,以满足用户不同的应用需求。

⑤ 庖丁解牛分词器(Paoding Analysis)是个完全基于 Lucene 的中文分词系统,采用完全面向对象设计,它提供了两种分词模式:queryMode 和 writeMode。queryMode 将内容按最大的词进行切分,即若是最大的词中包含小的词,则小词将被忽略,writeMode 则大词、小词都会切分出来,默认采用 writeMode。Paoding 支持不限制个数的用户自定义词典,词典名称不限,所在目录不限,只要是纯文本格式、一行一词且文件以 dic 作为扩展名均可作为词典,程序编译时使用后台线程检测词库的更新,自动编译更新过的词库到二进制版本并加载。Paoding 基于 Java 开发,可结合到 Lucene 应用中,为互联网、企业内部网使用。

其他分词工具还有盘古分词、HTTPCWS、MMSEG4J、CC - CEDICT 等,大部分为开源项目,可根据需要选择合适的工具。

2. 文本表示

为了使文本便于计算机处理和计算,在文本预处理阶段需要将文本进行形式化处理,即文本表示。不同的文本表示模型有不同的特点,需要根据不同文本特点和文本处理要求选择合适的文本表示模型。目前比较常见的文本表示模型有布尔逻辑模型、向量空间模型、概率模型等。

(1) 布尔逻辑模型

布尔逻辑模型是最简单的检索模型,它建立在经典的集合论和布尔代数的基础上,是其他检索模型的基础。在布尔逻辑模型中,将文本文档看作是由一组词条向量(t_1, t_1, $\cdots$, t_n)构成。将文本中出现的词用"1"表示,没出现的词用"0"表示。即如果 $t_i = 1$,表示词在文档中出现过,否则说明词没有出现。

布尔逻辑模型原理简单,易理解,容易在计算机上实现,并具有检索速度快的优点。但是最终给出的查询结果没有相关性排序,不能全面反映用户的需求,功能不如其他的检索模型。

(2) 向量空间模型

向量空间模型(vector space model, VSM)把对文本内容的处理简化为向量空间中的向量运算,并且以空间上的相似度表达语义的相似度,直观易懂。当文档被表示为文档空间的向量,就可以通过计算向量之间的相似性来度量文档间的相似性。在这个模型中,每个文本被表示为高维空间中的一个向量 $d = (t_1, t_2, t_3, \cdots, t_n)$,其中 t_k 是项,$1 \leqslant k \leqslant n$。然后根据各项 t_k 在文本中的重要性赋予一定的权重 w_k,文本 d 就可以被记为($t_1:w_1$, $t_2:$

w_2, $\cdots$, $t_n:w_n$）。图8-3为一个向量空间模型，包括 T_1、T_2、T_3 三个维度，D_1 表示在 T_1、T_2、T_3 方向上分别2、3、5个单位长度，即 $D_1 = 2T_1 + 3T_2 + 5T_3$，同理，$D_2 = 3T_1 + 7T_2 + T_3$，$D_3 = 0T_1 + T_2 + 2T_3$。

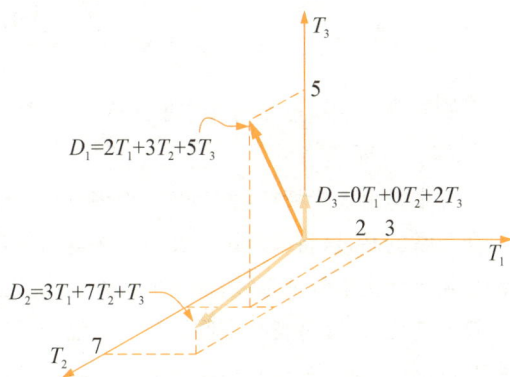

图 8 - 3　向量空间模型

权值计算主要由布尔权值和 tf/idf 权值等。

① 布尔权值

布尔权值建立在经典的集合论和布尔代数的基础上。w_k 取值 0 或 1，表示第 k 个特征项在文本 d 中是否出现。如果特征对文本内容表示有贡献则赋值为 1，否则为 0。查询语句则是由特征变量和操作符 and、or、not 组成的表达式。匹配函数遵循布尔逻辑的规则。布尔权值的优点是速度快，易于表示同义关系和词组；缺点是不能表示特征相对文本的重要性，并且不能表示模糊匹配。

② tf/idf 权值

tf-idf(term frequency-inverse document frequency)是一种统计方法，用以评估一字词对于一个文件集或一个语料库中的其中一份文件的重要程度。在一份给定的文件里，词频(term frequency，tf)指的是某一个给定的词语在该文件中出现的次数。这个数字通常会被归一化，以防止它偏向长的文件。(同一个词语在长文件里可能会比短文件有更高的词频，而不管该词语重要与否。)逆文本频率(inverse document frequency，idf)是一个词语普遍重要性的度量。某一特定词语的 idf，可以由总文件数目除以包含该词语的文件的数目，再将得到的商取对数得到。$W_{i,j}$ 表示特征集合 T 中的第 i 个特征 t_i 在文本集合中的第 j 个文本 dj 中的特征权重。$W_{i,j}$ 的计算方法为：

$$W_{i,j} = tf_{i,j} \times idf_i \tag{8.1}$$

$$idf_i = \log\left(\frac{N}{df_i}\right) \tag{8.2}$$

其中，$tf_{i,j}$ 表示 t_i 在文本 d_j 中的词频，idf_i 表示 t_i 的逆文本频率，N 表示文本总数。

例如一篇文件的总词语数是 100 个，而词语"母牛"出现了 3 次，那么"母牛"一词在该文件中的词频就是 3/100 = 0.03。一个计算文件逆文本频率(idf) 的方法是测定有多少份文件出现过"母牛"一词，然后除以文件集里包含的文件总数。所以，如果"母牛"一词在 1 000 份文件出现过，而文件总数是 10 000 000 份的话，其逆向文件频率就是 lg(10 000 000/1 000) = 4。最后的 tf-idf 的权值为 0.03×4 = 0.12。

其他还权值算法还包括 tfc 权值、itc 权值等。

(3) 概率模型

概率模型考虑词与词的相关性，把文本集中的文本分为相关文本和无关文本。以数学中的概率论为原理，通过赋予特征词某种概率值来表示这些词在相关文本和无关文本之间出现的概率，然后计算文本间相关的概率。概率模型采用的贝叶斯定理为：

$$P(A \mid B) = \frac{P(B \mid A) \cdot P(A)}{P(B)} \tag{8.3}$$

概率模型的缺点是对文本集的依赖性过强,而且处理问题过于简单。

(4) 特征选择

文本是由大量特征组成的,如果将分词后的每个特征都用来表示文本,那么模型的维数会非常的高,这将大大影响文本挖掘的效果,也会给计算机处理计算带来困难。因此我们必须进行文本特征选择,即根据某种准则从原始特征中选择部分最有区分类别能力、最有效的特征,以降低特征空间维数。自然语言文本另一个典型特征称为"特征稀疏"。在所有可能的特征中,只有很小百分比的特征会出现在所有单个文本里。也就是说,当文本用二值特征向量表示时,几乎所有向量的值为 0,元组的维数是稀疏的,一些特征经常出现在少数文本中,这意味着模式的支持度非常低。目前常用的文本特征选择方法有:文档频率(DF)、信息增益(IG)、互信息(MI)、χ^2 统计量(CHI)、期望交叉熵(ECE)等。

下面简要介绍一下文档频率、信息增益、互信息和 χ^2 统计量。

① 文档频率

文档频率(document frequent,DF)为在训练语料库中出现的特征词条的文档数,其基本思想:首先设定最小和最大文档频率阈值,然后计算每个特征词条的文档频率,如果该特征词条的文档频率大于最大文本频率阈值或小于最小文档频率阈值,则删除该词条,否则保留。文档频率过小,表示该特征词条是低频词,没有代表性;相反如果特征词条文档频率过大,则表示该特征词条没有区分度,这样的特征词条对分类都没有多大影响,所以删除它们不会影响分类效果。

这种特征选择方法比较简单,但也有一定的缺点。首先,该方法在选择特征词时,认为低频词不含有或含有很少的类别信息,因此将它们删除不会影响分类效果,这一假设是存在缺陷的。实际上部分低频词虽然文档频数低,但能很好地反映类别信息,如果删除该特征词会影响分类效果。其次,基于文档频率的方法仅考虑特征词是否在文档中出现,忽略了特征词在文档中出现的次数这一重要信息。

② 信息增益

信息增益(information gain,IG)是一种基于熵的评估方法,表示某特征词在文本中出现前后的信息熵之差。其基本思想是计算每个特征词条的信息增益,然后按照信息增益值的大小对特种词条进行降序排列,再通过选择预定义的特征词条个数的特征,或通过删除信息增益值小于预定义信息增益阈值的特征来实现特征选择操作。假定 c 为文本类变量,C 为文本类的集合,f 为特征,其信息增益记为 $IG(f)$,计算公式如下:

$$\begin{aligned}
IG(f) &= H(C) - H(C \mid f) \\
&= -\sum_{c \in C} P(c)\log(P(c)) + P(f)\sum_{c \in C} P(c \mid f)\log(P(c \mid f)) + \\
&\quad P(\bar{f})\sum_{c \in C} P(c \mid \bar{f})\log(P(c \mid \bar{f}))
\end{aligned} \tag{8.4}$$

其中,$P(c)$ 是指类别 c 中文本在预料中出现的概率,$P(f)$ 表示预料中特征词 f 出现的概率,$P(c \mid f)$ 表示特征词 f 在类别 c 中出现的概率,$P(c \mid \bar{f})$ 表示特征词 f 不在类别 c 中出现的概率。

信息增益是目前最常用的文本特征选择方法之一,该方法只考察特征词对整个分类的区分能力,不能具体到某个类别上,是一种全局的特征选择方法。

③ 互信息

互信息(mutual information,MI)在统计模型中被广泛使用。如果用 A 表示包含词条 t 且属于类别 c 的文档频数,B 为包含词条 t 但是不属于 c 的文档频数,C 表示属于 c 但是不包含 t 的文档频数,N 表示语料中文档的总数,t 和 c 的互信息可由 8.4 式计算。

$$MI(t, c) \approx \log \frac{A \times N}{(A+c) \times (A+B)} \tag{8.5}$$

如果 t 和 c 无关,即 $P(tc) = P(t) \times P(c)$,$MI(t, c)$ 值自然为零。为了将互信息应用于多个类别,与 CHI 统计的处理类似,由 8.5 式计算 t 对于 c 的互信息:

$$MI_{max}(t) = \max_{i=1}^{m} I(t, c_j) \tag{8.6}$$

其中 m 为类别数。

将低于特定阈值的词条从原始特征空间中移出,降低特征空间的维数,保留高于阈值的词条。

④ χ^2 统计量

χ^2 统计量(CHI-Squared,CHI)源于统计学中的卡方分布。χ^2 统计量也用于表征两个变量的相关性,与互信息相比,它同时考虑了特征在某类文本中出现和不出现时的情况。χ^2 度量两者相关性程度,χ^2 越大,相关性越大,携带的类别信息也就越多。

χ^2 统计量计算公式如下:

$$CHI(t_i, c_j) = \frac{N \times (AD - BC)^2}{(A+C) \times (B+D) \times (A+B) \times (C+D)} \tag{8.7}$$

A 表示包含特征词条 t_i 且属于类别 c_j 的文本频率;B 表示包含 t_i 不包含 c_j 的文本频率;C 表示不包含 t_i 属于 c_j 的文本频率;D 表示不包含 t_i 也不属于 c_j 的文本频率;$N = A+B+C+D$ 为总的文本数。特征词条的计算方法有两种:①计算特征词条 t_i 相对于每个类的 χ^2 统计量值,然后取最大的值为该词条的最终 χ^2。②计算特征词条 t_i 相对于每个类的 χ^2 统计量值,然后计算这些值的平均值作为该特征词条的最终 χ^2。

8.2.3　文本分类

文本分类(text categorization)是指在给定分类体系下,根据文本内容自动确定文本类别的过程。20 世纪 90 年代以前,占主导地位的文本分类方法一直是基于知识工程的分类方法,即由专业人员手工进行分类。人工分类非常费时,效率非常低。90 年代以来,众多的统计方法和机器学习方法应用于自动文本分类,文本分类技术的研究引起了研究人员的极大兴趣。目前国内也已经开始对中文文本分类进行研究,并在信息检索、web 文档自动分类、数字图书馆、自动文摘、分类新闻组、文本过滤、单词语义辨析以及文档的组织和管理等多个领域得到了初步的应用。

文本分类一般包括了文本的表达、分类器的选择与训练、分类结果的评价与反馈等过

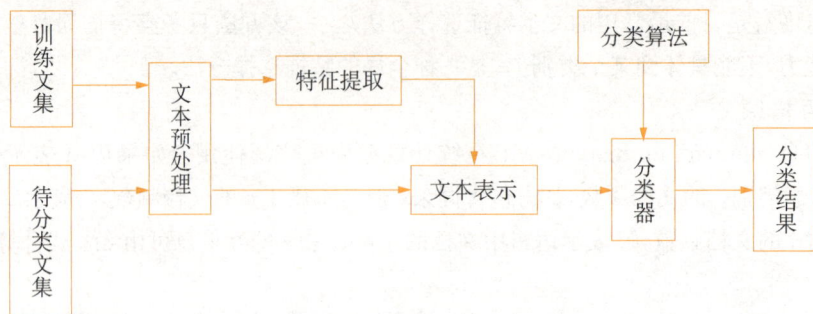

图 8-4　文本分类流程图

程。文本分类一般流程为(见图 8-4):

(1) 预处理:将原始语料格式化为统一格式,便于后续的统一处理;

(2) 索引:将文档分解为基本处理单元,同时降低后续处理的开销;

(3) 统计:词频统计,项(包括单词、概念)与分类的相关概率;

(4) 特征抽取:从文档中抽取出反映文档主题的特征;

(5) 分类器:分类器的训练;

(6) 评价:分类器的测试结果分析。

文本预处理包括分词、特征选择等前面已经介绍过,这里不再赘述,下面主要介绍一下文本分类算法。

1. 文本分类算法

(1) 朴素贝叶斯算法

朴素贝叶斯算法(naive bayesian,NB)是一种典型的概率模型算法,根据贝叶斯公式算出文本属于某特定类别的概率。它的基本思路是假设文档中每个词对于类别的影响是独立的,在此前提下利用贝叶斯定理计算文本属于类别的概率,该类别概率等于文本中每一个特征词属于类别的概率的综合表达式,而每个词属于该类别的概率又在一定程度上可以用这个词在该类别训练文本中出现的次数(词频信息)来粗略估计。基于贝叶斯理论类计算待定新文本 d_j 的后验概率用 $P(c_i|d_j)$ 表示:

$$P(c_i \mid d_j) = \frac{P(c_i)P(d_j \mid c_i)}{P(d_j)} \tag{8.8}$$

其中,c_i 为第 i 个类别;d_j 为待定新文档;$P(c_i|d)$ 为在给定条件下,文档属于类别 c_i 的概率;$P(c_i)$ 为类别 c_i 的先验概率,通常假设所有类别是等概率的,或者可以通过训练得到 $P(c_i)$ 的值;$P(d_j)$ 为待定文档的先验概率,它对计算结果无影响,因此可以不计算;$P(d_j|c_i)$ 为在给定类别 c_i 的条件下,产生文档 d_j 的概率。假定文本集中每一个样本可用一个 n 维特征向量 $d_j = (t_{j1}, t_{j2}, t_{j3}, t_{j4}, \cdots t_{jn})$ 表示,贝叶斯方法的基本假设是词项之间的独立性,于是:

$$P(d_j \mid c_i) = P(t_{j1}, t_{j2}, \cdots, t_{jn} \mid c_i) = \prod_{k=1}^{n} P(t_{jk} \mid c_i) \tag{8.9}$$

类别的先验概率 $P(c_i)$ 和条件概率 $P(t_{jk}|c_i)$ 在文本训练集用下面的公式来估算:

$$P(c = c_i) = \frac{n_i}{N} \tag{8.10}$$

$$P(t_{jk} \mid c_i) = \frac{n_{ik} + 1}{n_i + r} \tag{8.11}$$

其中,n_i 表示属于类;c_i 表示训练文本数目;N 表示训练文本总数;n_{ik} 表示类 c_i 中出现特征词 t_k 的文本数目;r 表示固定参数。

朴素贝叶斯算法的优点是原理清晰,逻辑简单,易实现,分类过程中时空开销小,算法稳定。它的不足之处在于,在实际情况下,类别总体的概率分布和各类样本的概率分布函数(或密度函数)常常是未知的,为了获得它们,需要足够多的样本。另外,贝叶斯算法建立在文本中词与词之间相互独立的假设上,这在实际生活中很难成为现实。

(2) Rocchio 算法

Rocchio 算法又称类中心向量法,是基于向量空间模型和最小距离的算法。它的基本思路是用简单的算术平均为每类中训练集(m 个)生成一个代表该类向量的中心向量 C_j(W_{i1},W_{i2},$\cdots$,W_{in}),分类时,将待分类文本 T 表示成 n 维向量的形式(W_{j1},W_{j2},$\cdots$,W_{jn}),然后计算测试新向量与每类中心向量之间的相似度,将相似度最大的类判断为文本所属的类。

$$P(T) = \max_{j=1}^{m} \mathrm{sim}(c_j, T) \tag{8.12}$$

向量相似性的度量一般常采用夹角余弦、向量内积或欧氏距离。

① 夹角余弦:

$$\mathrm{sim}(c_i, T) = \cos(\theta) = \frac{\sum_{k=1}^{n} W_{ik} \times W_{jk}}{\sqrt{\sum_{k=1}^{n} W_{ik}^2 \sum_{k=1}^{n} W_{jk}^2}} \tag{8.13}$$

夹角余弦表示一篇文本相对于另一篇文本的相似度。相似度越大,说明两篇文本相关程度越高,反之相关程度越低。

② 向量内积:

$$\mathrm{sim}(c_i, T) = c_i \cdot T = \sum_{k=1}^{n} W_{ik} W_{jk} \tag{8.14}$$

向量内积表示一篇文本相对于另一篇文本的相似度。与夹角余弦相同,当相似度越大时,说明两篇文本相关程度越高,反之相关程度越低。

③ 欧氏距离:

$$D(c_i, T) = \sqrt{\sum_{k=1}^{n} (W_{ik} - W_{jk})^2} \tag{8.15}$$

欧式距离越小,两篇文本的相关程度就越高,反之,相关程度越低。

在 Rocchio 算法中,训练过程是为了生成所有类别的中心向量,而分类阶段中,系统采用最近距离判别法把文本分配到与其最相似的类别中,从而判别文本的类别。所以,如果类间距离比较大而类内距离比较小的类别分布情况,使用此方法能达到较好的分类效果,反之效果较差。但由于其计算简单、迅速、容易实现,所以通常用它来实现衡量分类系统性能的基准系统,而很少采用这种算法解决具体的分类问题。

(3) k 最近邻算法

k 最近邻算法(k-nearest neighbor，KNN)是一个理论上较为成熟的方法。算法的基本思路是：在给出待定新文本后，计算出训练文本集中与待定文本距离最近(最相似)的 k 篇文本，依据这 k 篇文本所属的类别判断新文本所属的类别。具体步骤如下：

① 根据特征项集合对训练文本向量进行表示，当目标文本输入时，根据特征项集合对目标文本进行分词，确定其特征项向量表现结果；

② 在训练文本集中选出与目标文本距离最近的 k 个文本，可以使用夹角余弦、向量内积或欧氏距离计算出 k 篇最相似文本；

③ 在目标文本的 k 个最近的邻居中，计算每个类别的分数：

$$P(\bar{x}, C_j) = \sum_{d_i \in KNN} \text{sim}(\bar{x}, \bar{d_i}) y(\bar{d_i}, C_j) \tag{8.16}$$

其中，$\bar{x}$ 为目标文本的特征向量；C_j 为第 j 类训练文本；$\text{sim}(\bar{x}, \bar{d_i})$ 为文本间的相似度；$y(\bar{d_i}, C_j)$ 为类别属性函数，如果 $\bar{d_i}$ 属于类别 C_j，那么函数值为 1，反之为 0；

④ 比较所有类别的分数，将文本划分到分数最高的类别中。

⑤ 而决策规则在于统计 k 篇训练样本中属于每一类的文本数，最多文本数的类即为待分类文本的类。

KNN 算法虽然在原理上也依赖于极限定理，但在类别决策时只与极少量的 k 个相邻样本有关，因此这种算法能较好地避免样本分布不平衡的问题。另外，由于 KNN 算法主要靠周围有限的邻近样本，而不是靠判别类域的方法来确定所属类别的，因此对于类域的交叉或重叠较多的待分样本集来说，KNN 算法较其他方法更为适合。

该算法的缺点是，当样本不平衡时，如一个类的样本容量很大，而其他类样本容量很小时，有可能导致当输入一个新样本时，该样本的 k 个邻居中大容量类的样本占多数。另外，判断一篇新文本的类别时，需要把它与现存所用训练文本都比较一遍，计算量较大，目前常用的解决方法是对已知样本点进行剪辑，事先除去对分类作用不大的样本。

(4) 决策树

决策树(decision tree)是以实例为基础的归纳学习算法。基本思路是建立一个树形结构，其中每个节点表示特征，从节点引出的每个分支表示该特征上的测试输出，而每个叶节点表示类别。其核心问题是选取测试属性和决策树的剪枝。除了常用的信息增益法，选择测试属性的依据还有熵、距离度量、G 统计、卡方统计和相关度等度量方法。决策树实际上是一种基于规则的分类器，其含义明确，容易理解，因此它适合采用二值形式的文本描述方法。但当文本集较大时，规则库会变得非常大，数据敏感性会增强，容易造成过适应问题。另外，在文本分类中，与其他方法相比基于规则的分类器性能相对较弱。

(5) 神经网络算法

人工神经网络(artificial neural networks，ANNs)是一种按照人脑的组织和活动原理而构造的一种数据驱动型非线性模型。它由神经元结构模型、网络连接模型、网络学习算法等几个要素组成，是具有某些智能功能的系统。在文本分类中，神经网络是一组连接的输入输出神经元，输入神经元代表词条，输出神经元代表文本的类别，神经元之间的连接都有相应的权值。训练阶段,通过某种算法,如正向传播算法和反向修正算法,调整权值,使得测试文本能够根据调整后的权值正确地学习,从而得到多个不同的神经网络模型,然后令一篇未知类别的文本依次经过这些神经网络模型,得到不同的输出值,通过比较这些输出值,最终确定文本的类别。

(6) 支持向量机

支持向量机(support vector machine,SVM)是建立在统计学习理论基础上的机器学习方法。在几何方面,一个二值 SVM 分类器可以看作是特征空间超平面,一侧代表了正例,而另一侧代表了反例。分类超平面是两类边界间隔最大的超平面。边界间隔是分类超平面到最近的正例和反例之间的距离。

SVM 方法有很坚实的理论基础,SVM 训练的本质是解决一个二次规划问题(quadruple programming),指目标函数为二次函数,约束条件为线性约束的最优化问题,得到的是全局最优解,这使它有着其他统计学习技术难以比拟的优越性。

SVM 分类器的文本分类效果很好,是最好的分类器之一。其优点在于通用性较好、分类精度高、分类速度与训练样本个数无关,在查准和查全率方面都优于 KNN 及朴素贝叶斯方法。

(7) 算法小结

在几种分类算法中,支持向量机算法具有最高性能,精确度也最高,但处理大量数据时,所需的时间开销也比较大;KNN 算法精度其次,在训练集增大时,它的计算量线性增加;朴素贝叶斯算法具有很强的理论背景,运算速度最快;神经网络方法提供了比较容易的方式预测非线性系统,但训练过程很慢,不能适应大数据量的学习;决策树算法不适应大规模的数据集,此种情况下决策树的构造会变得效率低下;Rocchio 算法简单易行,运行速度尤其是分类速度较快。对于中文文本数据,由于分词的困难,使得算法性能普遍低于同等规模下在英文数据集上的性能。算法受训练集规模的影响很显著,扩大训练集可以提高分类精度,但手工分类训练集费时低效,无法任意扩大已分类训练集的规模,而如何在保证精度的同时,减少手工分类的文档是改进算法的一个重要方向。

2. 分类性能评估

分类器性能评估通常采用评估指标来衡量,评估指标是在测试过程中所使用的一些用来评价分类准确度的量化指标,文本分类中常用的性能评估指标有查全率又称召回率(recall)、查准率又称准确率(precision)和 F1 标准。

查全率是衡量所有实际属于某个类别的文本中被分类器划分到该类别的比率,查全率越高表明分类器在该类上可能漏掉的分类越少,它体现系统分类的完备性。计算方法如下:

$$查全率 = \frac{分类的正确文本数}{应有的文本数} \tag{8.17}$$

查准率是衡量所有被分类器划分到该类别的文本中正确文本的比率,查准率越高表明分类器在该类上出错的概率越小,它体现系统分类的准确程度。计算方法如下:

$$查准率 = \frac{分类的正确文本数}{实际分类的文本数} \qquad (8.18)$$

F1 标准既考虑了查全率，又考虑了查准率，将两者看作同等重要。计算方法如下：

$$F1 = \frac{查准率 \times 查全率 \times 2}{查准率 + 查全率} \qquad (8.19)$$

8.2.4　文本聚类

文本聚类主要是依据假设：同类的文档相似度较大，而不同类的文档相似度较小。作为一种无监督的机器学习方法，它在给定的某种相似性度量下把对象集合进行分组，使彼此相近的对象分到同一个组内。文本聚类根据文档的某种联系或相关性对文档集合进行有效的组织、摘要和导航，方便人们从文档集中发现相关的信息。文本聚类方法通常先利用向量空间模型把文档转换成高维空间中的向量，然后对这些向量进行聚类。由于中文文档没有词的边界，所以一般先由分词软件对中文文档进行分词，然后再把文档转换成向量，通过特征抽取后形成样本矩阵，最后再进行聚类，文本聚类的输出一般为文档集合的一个划分。聚类由于不需要训练过程，以及不需要预先对文档手工标注类别，因此具有一定的灵活性和较高的自动化处理能力。文本聚类中很重要的一点是进行文本相似度计算，在向量空间模型下，文本相似度主要是通过向量相似度来计算，欧氏距离、余弦夹角等计算方法上文已给出，这里不再赘述。下面主要介绍几种文本聚类算法。

1. 文本聚类算法

文本聚类大致可以分为划分的方法、层次的方法、基于密度的方法、基于网格的方法以及基于模型的方法等。

（1）划分的方法

给定一个有 n 个元组或纪录的数据集，分裂法将构造 k 个分组，每一个分组就代表一个聚类，$k<n$。而且这 k 个分组满足下列条件：每一个分组至少包含一个数据记录；每一个数据记录属于且仅属于一个分组（注意：这个要求在某些模糊聚类算法中可以放宽）。对于给定的 k，算法首先给出一个初始的分组方法，以后通过反复迭代的方法改变分组，使得每一次改进之后的分组方案都较前一次好。而所谓好的标准就是：同一分组中的记录越近越好，而不同分组中的记录越远越好。使用这个基本思想的算法有：k - means 算法、k - MEDOIDS 算法、CLARANS 算法。以 k - means 为例，文本聚类的过程为：

① 任意选择 k 个文本作为初始聚类中心；

② 计算输入文本与簇之间的相似度，将文本分配到最相似的簇中；

③ 更新簇中心向量；

④ 计算每个文本与簇之间的相似度，将文本分配到最相似的簇中；

⑤ 重复③、④，直到簇中心不再发生变化。

（2）层次的方法

基于层次的聚类算法将数据对象组织成一棵聚类的树。根据层次分解是自底向上还是自顶向下形成,层次的聚类算法可以进一步分为凝聚的(agglomerative)和分裂的(divisive)层次聚类。凝聚的层次聚类,首先将每个文本对象作为一个簇,然后将这些原子簇合并为越来越大的簇,直到所有对象都在一个簇中,或者终止条件满足。分裂的层次聚类,与凝聚的层次聚类相反,它首先将所有对象置于一个簇中,然后逐渐细分为越来越小的簇,直到每个对象自成一簇,或者终止条件满足。

对于给定的文档集合 $d = \{d_1, \cdots, d_i, \cdots, d_n\}$ 层次凝聚法的过程如下:

① 将 d 中的每个文本 d_i 看作是具有单个成员的类 $c_i = \{d_i\}$,这些类构成了 d 的一个聚类 $c = \{c_1, \cdots, c_i, \cdots, c_n\}$;

② 计算 c 中每对类 (c_i, c_j) 之间的相似度 $\mathrm{sim}(c_i, c_j)$;

③ 选取具有最大相似度的类对,并将 c_i 和 c_j 合并为一个新的类 c_k,从而构成了 d 的一个新的聚类 $c = \{c_1, \cdots, c_i, \cdots, c_{n-1}\}$;

④ 重复上述步骤,直到 c 中剩下一个类为止。

该算法的优点是能够生成层次化的嵌套类,准确度高。缺点是速度慢,不适合大文本集的聚类。

(3) 基于密度的方法

基于密度的聚类算法认为,类别是向任意方向按相同密度扩张的连通区域。因此基于密度的聚类算法可以发现任意形状的类别,同时此算法对噪声有自然的抵制作用。这种算法主要需要考虑数据空间的密度、连通性与边界区。对于非凸的、不规则的形状,算法往往难以处理,然而基于密度的算法却能很好地处理此类问题。代表算法有:DBSCAN算法、OPTICS算法、DENCLUE算法等。算法的缺点是随着数据量的增大,需要很大的内存支持与开销。由于没有考虑数据密度和类别距离大小的不均匀性,往往很难得到高质量的聚类结果。

(4) 基于网格的方法

这种方法首先将数据空间划分成有限个单元(cell)的网格结构,所有的处理都是以单个的单元为对象的。这么处理的一个突出的优点就是处理速度很快,通常这是与目标数据库中记录的个数无关的,它只与数据空间分为多少个单元有关。代表算法有:STING算法、CLIQUE算法、WAVE-CLUSTER算法。

(5) 基于模型的方法

基于模型的方法给每一个聚类假定一个模型,然后去寻找一个能很好地满足这个模型的数据集。这样一个模型可能是数据点在空间中的密度分布函数或者其他。它的一个潜在的假定就是:目标数据集是由一系列的概率分布所决定的。通常有两种尝试方向:统计的方案和神经网络的方案。

2. 聚类质量评价

文本聚类的质量评价可以采用两种常用的指标:纯度和 F 值。采用的数据一般是人工分好类的文档集合。

① 纯度

对于类别 r 的纯度定义如下:

$$P(Sr) = \frac{1}{n_r}\max(n_r^i) \tag{8.20}$$

整体聚类结果的纯度定义为：

$$\text{Purity} = \sum_{r=1}^{k} \frac{n_r}{n}P(Sr) \tag{8.21}$$

这里，n_r^i 是属于预定义类 i 且被分配到第 r 个聚类的文档个数，n_r 为第 r 个聚类类别中的文档个数。

②F 值

F 值的定义则参照信息检索的评测方法，将每个聚类结果看作是查询的结果，对于一个聚类类别 r 和原来的预定类别 i，有如下定义：

$$\text{recall}(i, r) = \frac{n(i, r)}{n_i} \tag{8.22}$$

$$\text{precision}(i, r) = \frac{n(i, r)}{n_r} \tag{8.23}$$

$n(i, r)$ 是聚类 r 中包含类别 i 中的文档的个数，n_r 是聚类形成的类别个数，n_i 是预定义类别的个数。则聚类 r 和类别 i 之间的 F 值计算如下：

$$f(i, r) = \frac{2 \cdot \text{recall}(i, r) \cdot \text{precision}(i, r)}{\text{precision}(i, r) + \text{recall}(i, r)} \tag{8.24}$$

整体聚类结果的 F 值定义为：

$$F = \sum_i \frac{n_i}{n}\max\{f(i, r)\} \tag{8.25}$$

这里 n 是所有测试文档的个数。

8.2.5 应用

文本挖掘具有广泛的应用前景，它不仅可以用于企业有决策需求的业务部门，而且可以用于提供综合信息服务的网站。从企业角度来看，任何一个企业都不能再只关注企业内部的情况，必然要关心竞争对手、合作伙伴、市场变换等企业外部环境，而文本挖掘是获取这些非结构化或半结构化信息的最好途径。具体说来，文本挖掘的应用可以概括成以下几个方面：

1. 在信息检索系统中的应用

文本挖掘在信息检索系统中的应用主要包括基于内容的信息检索、智能信息代理、信息表现等。

基于内容的信息检索：通常仅用几个关键词难以充分描述具有丰富内涵的信息，而且关键词的选取也有很大的主观性，因此，检索结果往往不全面。文本挖掘技术采用区别于传统检索手段的技术，即基于内容进行信息检索，它可以从文本信息中抽取一些更为详细的、经过特殊加工的特征信息，从而大大提高检索的全面性和准确性。

信息智能代理：主要是在分布式信息网络环境下的信息查询服务，信息智能代理使用户可以不知道所要检索信息的具体形式，存储于何处、何介质中，只需要用户提出查找要求即可。文本挖掘技术会自动把各种信息源中各种形式的相关信息检索出来，供用户使用，使用户可以立即获得较为满意的检索结果。

信息表现：信息挖掘技术关心的是信息的方方面面，从多角度表现信息的本质和特征。文本挖掘技术能动态地、实时在线地表现信息的相关属性，使用户及时发现信息，及时更新信息并及时发现信息的演变方向。

从以上内容可以看出，传统的信息检索系统，通常是用户从信息库中找他想要的信息，而应用文本挖掘技术则可以智能地从信息库中检索出符合用户需求的信息。

2. 在主动信息服务中的应用

主动信息服务，即当领域中有新理论、新技术、新产品、新发展方向出现时，主动服务体系应能根据用户的需求和用户所关心的领域，及时向用户提供并主动推送相应的信息机构服务，从而实现一种个性化的主动服务模式。

信息服务机构可以使用文本挖掘技术围绕课题检索的要求，在已知文本数据（如新闻文章、研究论文、电子邮件等）的基础上分析数据的内在特征，从而实现在文本数据库中有目的的信息搜索和信息获取，并以直观的方式（如直方图、折线图方式）将信息模式、数据的关联趋势主动提供给用户，用户可以在此基础上进行数据分析。

使用文本挖掘工具还能够帮助信息服务机构解决一些很消耗人工时间的问题，因为它们能够快速地浏览整个数据库，找出一些用户不易察觉的极有用的信息，也可以挖掘出大量数据中项集之间的相关联系。

在主动服务系统中还可将文本挖掘技术应用到 web 日志、文档集合、Internet 上的博客主页和提供信息服务机构的主页。分析 web 日志，可以得到客户感兴趣的信息以及客户是否有了新的信息需求，增强对最终用户的 Internet 的信息服务质量，改进 Web 服务器系统的性能；分析 Internet 上博客的主页，可以更全面地了解作者的研究方向等，将挖掘出来的知识与客户兴趣比较，可以为客户提供与之研究兴趣相近的信息资料。

3. 在企业竞争情报中的应用

文本挖掘可以为企业收集和分析数据，以识别出现的威胁或问题。跟踪新闻稿、专利公布、合并与收购活动可以帮助确认由于竞争对手、供应商、顾客或合作伙伴的策略变化而导致的潜在威胁。监控和分析新闻组和邮件列表中顾客张贴的内容和对呼叫中心的投诉可以帮助发现市场动态和品牌观念的趋势。

除此之外，文本挖掘还可应用于文档管理、市场研究、专利分析等方面，方便管理统计，提高工作效率。

8.2.6　常用工具

大部分商业文本挖掘工具都对多语言、多格式的数据提供了良好的支持，且数据的前期处理功能都比较完善,支持结构化、半结构化和完全非结构化数据的分析处理。开源文本挖掘工具一般会有自己固有的格式要求,国外开源文本挖掘工具对中文的支持欠佳,而且大部分开源工具仍然停留在只支持结构化和半结构化数据的阶段。另外,在算法方面,商业文本挖掘工具较开源文本挖掘工具更为齐全。

目前文本挖掘还处于探索发展的阶段,其中商业文本挖掘工具的发展要快于开源文本挖掘工具。不过,任何事物都有其两面性,大部分商业软件由于其高质量和稀缺性而非常昂贵,不适合小企业和科研机构。优秀的开源文本挖掘工具则能在最大程度地满足相关需求,并且还能够支持加载使用者自己扩充的算法,或者直接嵌入到使用者自己的程序当中去。

1. 商业文本挖掘工具

(1) Intelligent Miner for Text

Intelligent Miner for Text 是 IBM Intelligent Miner 系列中文本挖掘的部分,允许企业从文本信息中获取有价值的客户信息。文本数据源可以是 web 页面、在线服务、传真、电子邮件、Lotus Notes 数据库、协定和专利库。它扩展了 IBM 的数据采集功能,可以从文本文档和数据源获取信息。其功能包括识别文档语言,建立姓名、用语或其他词汇的词典,提取文本的涵义,将类似的文档分组,并根据内容将文档归类。新版本中还包括一个全功能的先进文本搜索引擎和非常高效的 web 文本搜索功能。系统支持的服务器平台包括 AIX、Windows NT、OS/390 和 Sun Solaris。

Intelligent Miner for Text 挖掘结果展现能力较强,系统具有可扩展性,但是缺乏统计方法,限制了其本身的挖掘能力。在连接除 DB2 以外的数据库时,需要安装中间件。图形界面不友好且操作复杂,适合专业人员。

(2) Text Miner

Text Miner 是 SAS 公司开发的文本挖掘系统。算法齐全,360°数据视图展示,提出 SEMMA 方法论,用户界面灵活友好,但是操作复杂,分析结果难以理解,适合专业人员。

(3) Text Mining

Clementine 是 SPSS 公司的一个数据挖掘平台,Clementine 结合商业技术可以快速建立预测性模型,进而应用到商业活动中,帮助人们改进决策过程。其中 Text Mining 模块可以进行一些基本的文本挖掘,图形界面非常友好,易于操作,支持脚本功能,应用领域广泛且维护和升级成本较低。但目前缺少最新的统计方法,且分析结果与其他软件的交互性较弱。

(4) 方正智思

方正智思,全称为:方正智思知识管理平台软件。该软件是北大方正技术研究院挟多年积累的中文信息处理的技术精华,研发推出的一个中文智能信息挖掘与知识管理的软件开发包与服务系统。它提供对海量文档、图片、音视频等数字化内容进行智能检索、智能分析以及智能自动处理的功能。支持二次开发,具有良好的可扩展性。框架设计灵活,模块功能相对独立。

(5) TRS 文本挖掘软件

TRS 文本挖掘软件由北京拓尔思(TRS)信息技术有限公司开发。它基于统计原理的自动分类和基于语义规则的规则分类、自动过滤、政治常识校对以及标准的文本挖掘技术。系统性能高,文本分析速度快。

2. 开源文本挖掘工具

(1) Weka

Weka 的全名是怀卡托智能分析环境(Waikato Environment for Knowledge Analysis),是一款免费的、非商业化的、基于 JAVA 环境下开源的机器学习以及数据挖掘软件。Weka 作为一个公开的数据挖掘工作平台,集合了大量能承担数据挖掘任务的机器学习算法,包括对数据进行预处理、分类、回归、聚类、关联规则以及在新的交互式界面上的可视化。

在功能方面,Weka 支持噪音消除、分词、去停用词、词频分析、支持自定义词库、特征表示和特征提取,可以实现多种文本分类、文本聚类、关联规则和回归的算法,可访问数据库,并有二次开发接口。Weka 在自动分类领域使用频次较高,但是大部分只针对结构化的数据,如图书馆的流通挖掘和读者借阅行为分析等,都是以数据库里规范的数据为分析对象,缺少以非结构化数据为处理对象的应用。

(2) Lingpipe

Lingpipe 是 alias 公司开发的一款自然语言处理软件包,功能强大,文档详细,不仅方便使用,还非常适合模型的学习。

在功能上,Lingpipe 包含中文分词、拼写检查、词性标注、命名实体识别、词频统计、情感分析、语音辨别、特征表示、特征提取、奇异值分析,还可以实现主题分类、聚类,另外支持字符语言建模、访问数据库和二次开发接口。Lingpipe 的相关研究几乎都是基于算法改进的,实际应用较少。

(3) ROSTCM

ROSTCM 是武汉大学虚拟学习团队开发的基于内容挖掘的人文社会科学数字化研究平台,是一组功能联系紧密、可相互智能协作、无缝互操作的软件及插件包,最终形成能够依据一定范式进行人文社科智能化学术研究的数字化研究平台。ROSTCM 在各大高校应用面非常广,对中文的支持最好。

在功能上,ROSTCM 支持分词、去停用词、词频分析、情感分析、社会网络与语义网络分析、相似性分析、支持自定义词库以及语音辨别和特征提取。ROSTCM 情感分析和社会网络分析功能使用者众多,但是分类和聚类等常规的文本挖掘算法却乏善可陈,因此相关的应用寥寥无几。

(4) R 语言

R 是一套完整的数据处理、计算和制图软件系统。其功能包括数据存储和处理、数组运算(其向量、矩阵运算方面功能尤其强大)、完整连贯的统计分析、优秀的统计制图,其简便而强大的编程语言可操纵数据的输入和输出,可实现分支、循环,用户可自定义功能。使用 R 里面 tm 包进行文本挖掘,对于中文环境还有一些包来处理中文字符。

在功能上,R 语言支持中文分词、去停用词、词频统计等,可以实现多种文本分类、文本聚类、关联规则和回归的算法。本节的案例采用 R 语言进行编写,关于 R 语言更多的介绍见附录。

8.2.7　案例[※]

下面介绍使用 R 语言进行文本分类和文本聚类的方法。

1. 文本分类

文本分类采用 KNN 算法,实验数据来源于 sougou 实验室数据,后经处理成 train. csv 文件,并把每个文件文本数据处理为 1 行,包括汽车、财经、IT、健康等十类文本数据。在去掉停用词一步需要用到停用词表即 stopword. txt,需要从存储路径下读取,本例中存储路径为 D 盘下的 R 目录。用 R 语言进行文本分类,其代码清单如下。

（1）读取数据

```
setwd("d:\\R")
csv<—read. csv("train. csv",header=T,stringsAsFactors=F)
```

（2）数据预处理

数据预处理包括分词、建立语料库、去停用词、创建词条—文档矩阵等步骤。

分词之前首先加载包,这里用到 tm 包、rJava 包和 rmmseg4j 包:

```
library(tm)
library(rJava)
library(rmmseg4j)
```

分词:

```
tmp<—as. character(csv[[2]])
tmp<—mmseg4j(tmp)
```

建立语料库:

```
ovid<—Corpus(VectorSource(tmp))
```

去停用词:

```
stop<—c()
data_stw=read. table(file="d:/R/txtmining/stopword. txt",colClasses="character")
for(iin1:dim(data_stw)[1]){
    stop=c(stop,data_stw[i,1])
    }
ovid<—tm_map(ovid,removeWords,stop)
```

创建词条—文档矩阵：

```
sample.dtm<-DocumentTermMatrix(ovid,control=list(wordLengths=c(2,Inf)))
```

(3) 文本分类

```
sample_matrix=as.matrix(sample.dtm)
rownames(sample_matrix)<-csv $ type
```

把数据随机抽取 90％作为学习集，剩下 10％作为测试集。实际应用中应该进行交叉检验，这里简单起见，只进行一次抽取。

```
n<-nrow(csv)
set.seed(100)
zz1<-1:n
k<-length(u1nique(csv $ type))
zz2<-rep(1:k,ceiling(n/k))[1:n]
zz2<-sample(zz2,n)
train<-sample_matrix[zz2<10,]
test<-sample_matrix[zz2==10,]
trainC1<-as.factor(rownames(train))
```

KNN 分类：

```
library(class)
sample_knnC1<-knn(train,test,trainC1)
trueC1<-as.factor(rownames(test))
```

查看预测结果：

```
(nnTable<-table("1-NN"=sample_knnC1,sample=trueC1))
```

结果如下：

1-NN	education	finance	IT	jobs	military	sports	travel
					sample		
auto	0	0	0	0	0	0	0
culture	0	0	0	0	0	0	0
education	0	0	0	0	0	0	0
finance	0	0	0	0	0	0	0
health	0	0	0	0	0	0	0
IT	1	2	2	1	0	1	1

jobs	0	0	0	0	1	0	0
military	0	0	0	0	1	0	0
sports	0	0	0	0	0	0	0
travel	0	0	0	0	0	0	0

查看测试效果:

```
sum(diag(nntable))/nrow(test)
```

结果为 0.1,表明文本分类结果可以选用其他分类方法再进行优化。

2. 文本聚类

我们从新浪微博抓取中国政府网 100 条微博,然后对这 100 条微博进行分词处理,之后建立文档矩阵,再进行文本聚类并查看文本聚类效果。

(1) 处理数据

读取数据:

```
data<-read. table("D:\\weibo. txt",header=F,stringsAsFactors=F,fill=TRUE)
```

(2) 数据预处理

数据预处理包括分词、建立语料库、去除数字、去除停用词、去除多余空白、创建词条—文档矩阵等步骤。

分词之前首先加载包,这里用到 tm 包、rJava 包和 Rwordseg 包:

```
library(tm)
library(rJava)
library(Rwordseg)
```

分词:

```
tmp<-as. character(data[[1]])
tmp<-segmentCN(tmp)
```

建立语料库:

```
ovid<-Corpus(VectorSource(tmp))
```

去除数字:

```
ovid<-tm_map(ovid,removeNumbers)
```

去除停用词：

```
stop<-c()
data_stw=read.table(file="d:/R/txtmining/stopword.txt",colClasses="character")
for(iin1:dim(data_stw)[1]){
stop=c(stop,data_stw[i,1])
}
ovid<-tm_map(ovid,removeWords,stop)
```

去除多余空白：

```
ovid<-tm_map(ovid,stripWhitespace)
```

创建词条—文档矩阵：

```
dtm<-DocumentTermMatrix(ovid,control=list(wordLengths=c(2,Inf)))
```

(3) 文本聚类

```
data<-as.data.frame(inspect(dtm))
data.scale<-scale(data)
d<-dist(data.scale,method="euclidean")
fit<-hclust(d,method="ward")
plot(fit)
```

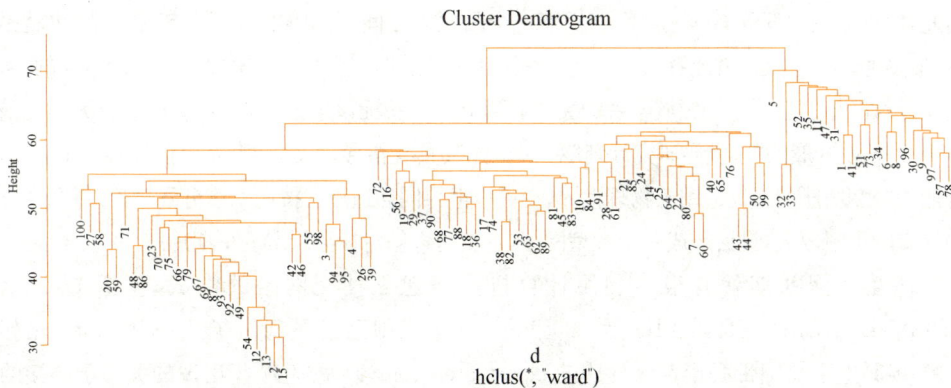

图 8-5　文本聚类结果

8.3　社会网络分析

8.3.1　SNS

1. 概述

　　要对 SNS 进行研究,首先要确定 SNS 的基本概念。SNS 的定义有很多,随着网络的发展也在不断地演化。从广义上讲,SNS 专指旨在帮助人们建立社会网络的互联网应用服务。维基百科上对于 SNS 的定义是:用户基于共同的兴趣爱好、活动,利用软件在网络平台上建筑的一种社会关系网络。在互联网领域 SNS 有三层含义:社交网络服务(social network service)、社交网络软件(social network software)、社交网络网站(social network site)。一般来说,人们使用"社交网络(SNS)"来指代 SNS 的三层含义,即服务、软件和网站;有时,"社交网络(SNS)"也单指 social network service。同时,用社交软件代指 social network software,用社交网站代指 social network site。

　　六度分隔理论(six degrees of separation)是 SNS 发展史上最早提出的概念。1967 年,哈佛大学的心理学教授斯坦利·米尔格拉姆(Stanley Milgram)设计了一个连锁信件实验:将一套连锁信件随机发送给居住在内布拉斯加州奥马哈的 160 个人,信中放了一个波士顿股票经纪人的名字,信中要求每个收信人将这封信寄给自己认为是比较接近那个股票经纪人的朋友,朋友收信后照此办理。最终,大部分信在经过五六个步骤后都抵达了该股票经纪人。由此,他创立了六度分隔理论:"你和任何一个陌生人之间所间隔的人不会超过 6 个,也就是说,最多通过 6 个人你就能够认识任何一个陌生人。"虽然它至今仍然只停留在备受争议的"假说"阶段,但却引起了各个领域学者的关注和研究。为验证该理论,2002 年哥伦比亚大学瓦茨(Watts)教授开展的"小世界研究计划"对 SNS 尤其具有指导意义,其媒介由信件转为 E-mail,验证了"六度分隔"不仅适用于物理世界,在虚拟世界同样适用。按照六度分隔理论,每个个体的社交圈不断放大,最后形成一个大型网络,这就是人们对社会网络的早期理解。

　　在互联网初期就有很多利用计算机网络建立社交网络的尝试,包括 Usenet、ARPANET、LISTSERV、BBS 等。20 世纪 90 年代则已经显现出了 SNS 的雏形,比如 1995 年诞生于美国带有校友录性质的 classmates.com,以及 1997 年出现的关注于链接的 SixDegrees.com。用户创造个人的形象,在自己的页面上显示个人的信息以及朋友的列表,这样其他的成员可以在这些描述中找到志趣相投的朋友,建立联系,即希望通过这种方式来反映六度分隔理论在社交上的作用。虽然这些形式之前就存在于一些以婚恋等为主要内容的网站上,但是 SixDegrees.com 首次将这些功能元素整合起来,实现了新的发展。可惜由于技术和盈利模式的不足,网站最终以关闭告终。

　　在 1997 年到 2001 年之间,这类社交网络工具大量涌现出来,支持各种不同的链接。它们在技术上的革新不仅仅包括与朋友的联系方式,还给用户提供了更多控制自己内容和联通性的权利。以社区为代表的强调人际交互的社会化网络成了用户对互联网服务更核心的需求,而 SNS 作为 web2.0 阵营中的一个典型技术应用架构,实际上已经远远超出单纯的社交网络服务的概念——通过参与者自主创造的内容与平台体系,其应用已经能够扩展到互联网上的多个层面。因而当 SNS 这种新兴的网络社交方式一出现,就迅速风靡世界,例如北美最著名的 Myspace、Facebook,欧洲流行的 Bebo、Myspace、Skyrock Blog、Facebook、Hi5 等,以及占据亚洲市场的 Orkut、Friendster 和 Cyworld,国内的人人网、开心网等。有报告显示,截止到 2012 年 10 月,Facebook 用户量已突破 10 亿。而当前的 SNS,除了整合原有的 SNS 基本功能(如好友、分享、博客等)外,更加注重的是平台的开放和第三方应用的获取。

加州大学伯克利分校信息学院 Danah M. Boyd 教授及密西根州立大学 Nicole B. Ellison 教授合作撰写题为"Social Network Sites:Definition,History,and Scholarship"的文章,文中制作了一张主要社交网站发展简史图表(其中 Cyworld 应该成立于 1999 年),见表 8-1,此表能让我们更清楚地认识全球社交网站的发展历程。

表 8-1　SNS 发展历程

年份	站点名称	年份	站点名称
1997	SixDegrees. com	2004	Orkut, Dogster Flickr, Piczo, Mixi, Facebook(仅限哈佛) Multiply, aSmallWorld Dodgeball, Care2 Catster Hyves
1999	LiveJournal AsianAvenue BlackPlanet	2005	Yahoo! 360 YouTube, Xanga Cyworld(中国) Bebo Facebook(高校网络) Ning AsianAvenue, BlackPlanet(重新上市) 校内网(xiaonei. com)
2000	LunarStorm MiGente	2006	QQ(重新上市) Facebook(企业网络) Windows Live Spaces Cyworld(美国) Twitter MyChurch, Facebook(每个人)
2001	Cyworld Ryze	2007	QQ 空间 4.0 版本退出
2002	Fotolog Friendster Skyrock Blog	2008	开心网(kaixin001. com)
2003	Couchsurfing LinkedIn MySpace Tribe. net, Open BC/Xing Last. fm Hi5	2009	校内网更名为人人网(renren. com) 新浪微博上线 t. sina. com

续　表

年份	站点名称	年份	站点名称
2010	新浪微博退出 API 开放平台 人人网推出开放平台 腾讯推出微博服务	2011	Google＋上线 新浪微博更换域名为 weibo.com

2. 特征与功能

(1) 特征分析

SNS 通常是建立在"深度交友"的基础上,即个人通常要以"真实姓名"的方式登录,并发布本人照片、兴趣爱好等,以取得他人的信任和了解。于是,用户之间形成了一个显而易见的相互关联的社会网络,从而为陌生用户之间提供了一个可能的社交平台。个体之间的网络连接不是最终目的,为线下建立联系提供一种潜在的可能才是 SNS 的真正价值所在。

SNS 维系了空间的概念。博客也有空间的概念,但是博客之中,人与人之间的交互是基于(依附于)帖子的。也就是说,有能力记录博客的人占有更多的社会关系,其他沉默的大多数则不拥有明显的社会关系。而大多数 SNS 是基于现实社交关系发展出来的,同时也拥有更多种的交互行为来维持社会关系。

SNS 维系了"以人为中心"的多维空间,而博客或者论坛维系的是"以话题或者事件为中心"的一维空间。

SNS 使用一些小游戏将社交的乐趣体现出来,例如微信提供了打飞机等组件。SNS 设计的关键是要把"好友"们的各种动态广播出来,例如微信的朋友圈功能。好友喜欢玩的东西,有可能也会刺激我们去玩。好友参与过的事情,有可能也会刺激我们去参与。

SNS 的传播性很强。博客发布后传递性非常低,系统没有提供加速用户信息传递的机制,而 SNS 可以通过广播动态来对用户的各种行为进行传递。同时,SNS 与传统的交友网站的区别是,传统的交友网站模式通常是个人对个人,通过一点向外辐射,例如 QQ 群。而 SNS 则是通过朋友去认识朋友,遵循六度分隔理论,以一种传递的模式形成一个个私人圈子。

因此,将 SNS 的特征总结如下:以人为核心、以关系链为基础、利用各种行为对用户之间的链接进行维系和巩固。

由此又引申出,SNS 可以看作是一套信息协议和规则,包括信息的传递、信息的产生与共享。然后依靠这种协议和规则将人与人联系起来,如 Facebook 的开放 API。

(2) 功能分析

SNS 是一个能够提供各种社交业务的多维空间,而社交网站平台则是这个多维空间的载体,希望还原一种虚拟的"社会"。这种虚拟的"社会"在一定程度上反映了人的现实生活状况,同时也将人与人的社交关系具体化,使人们能够在这个虚拟的"社会"圈子里进行各种活动。另外,许多简单的主题形式、清晰的小应用使社交活动游戏化,是 SNS 发展的一个很重要的特征。SNS 网站建设的最核心的目的应该是建立和维系关系链接,一切的产品功能和应用都应该围绕着这个目标去设计。根据用户的不同需求,SNS 网站先后派生出很多能够聚集人气的服务产品,如图 8-6 所示。

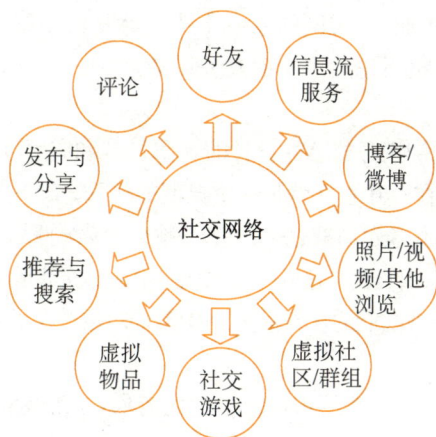

图 8 - 6   SNS 的基本功能

① 好友

在 SNS 中,最为根本的就是建立好友关系这一功能。SNS 的病毒式传播与分享特性正是基于好友关系产生的。好友关系是社交的核心和基础,如何建立、管理和维系好友关系,以及如何在好友关系的基础上进行各种交互是 SNS 的关键。在 SNS 网站中,人脉和关系的建立主要有以下途径:陌生好友申请、通过好友去添加好友的朋友、通过 IM 或邮件等方式邀请朋友。在 SNS 中双方认可的关系才是有效的关系,建立和维系有效的关系才有意义,因此在 SNS 中好友关系的建立是双向的。

② 信息流服务

SNS 提供给用户信息流的功能,其中最重要的体现是向好友通报自己的最新动态。信息流服务满足了人们第一时间记录、发表、分享和沟通的需求,不仅能让用户和好友保持联系、彼此关注,还是获得未知信息的渠道。与 RSS 技术相比,SNS 信息流服务的推送方式更容易被用户接受。

③ 博客、微博

博客目前已经成为个人发表言论的重要平台。SNS 将 Blog 日志功能引入,能够提供撰写内容的平台,同时也可以方便用户与好友进行分享和互动。用户在发表日志之后,系统就会通过信息流服务将信息推送给其好友。这种应用的交互,比独立的博客更有效率。

SNS 中的微博是从 Twitter 发展而来的。最早出现的形式为 QQ、MSN 的数字签名。SNS 将这种信息的微博引入到了平台功能中,成了 SNS 信息流的重要组成部分。

④ 照片、视频或其他浏览

照片与视频如同文字一样,也是一种与好友分享生活、观点的重要形式。SNS 平台都将相册作为基本功能之一,有些平台对视频分享也进行了整合。用户每上传一张照片或一段视频,也同样会通过信息流进行好友间的推送和传递。

⑤ 虚拟社区、群组

群组也是 SNS 不可或缺的组成部分,它为用户提供了对某个事物进行讨论的空间。SNS 的小组论坛与传统的论坛在形式上基本一致,同样具备发帖和跟帖的功能。但就仅关注某个特定领域的垂直主题类 SNS 平台而言,小组功能尤为重要。依据兴趣加入的不同群组,不仅促进了用户的个性社交,还可对用户的爱好等进行分析,进行相应内容(如商品和广告)的推送活动。例如,豆瓣网的社会化特性就是由小组论坛发展而来的,因此其关系链接的方向也是先小组讨论后产生朋友关系链。

⑥ 社交游戏

偷菜、抢车位等一系列利用开放 API 设计的 SNS 游戏和应用,是聚合用户的关键部分,也是各个 SNS 网站的特殊所在。开心网就是一个典型的例子。SNS 的游戏功能将网游的娱乐性做到了相对的极致。同时,通过游戏这个纽带,我偷你的菜,你贴我的车,形成了繁杂的交互,达到了 SNS 中关系链接维系的目的。这种交互比现实生活的交往成本低很多,但是效果丝毫没有降低。SNS 网站通过对游戏功能的投入粘住了用户,同时也增强了嵌入式广告的宣传效果。

⑦ 虚拟物品

越来越多的 SNS 网站为了满足用户的个性化需求,在游戏和交互环节增加了虚拟物品互赠、兑换、买卖的环节。用户在 SNS 网站游戏中可以兑换和赠送获得的虚拟商品,同时根据特定的需要可以利用虚拟货币等价买卖虚拟商品。虚拟商品的引入,一方面提供给商品一个新颖的广告平台;另一方面,这也成为 SNS 网站盈利的又一新方式。

⑧ 推荐与搜索

基于用户已有的社交关系信息,社交网络为用户推荐可能成为他们好友的人。比较简单的方式就是利用用户好友的好友来进行推测:如用户 A 的 9 位好友都添加用户 B 为他们的好友,那么用户 B 可能也和用户 A 认识,是用户 A 朋友圈中的一员,系统就把用户 B 作为可能好友推荐给用户 A。

基于用户的社交关系,也衍生出了带有社交特性的搜索,即社交搜索(Social Search),包括好友的搜索、内容的搜索等。社交搜索考虑的是如何利用用户的社交关系对搜索结果进行定向和优化,与普通的搜索存在一定的差别。

除此之外,还有发布与分享、评论等基本功能来维持好友关系。

3. 分类

根据功能的不同,SNS 可以分为综合性和垂直型的网站,综合性的网站主要是指 Facebook、MySpace、人人网、开心网、朋友网这类网站,垂直型 SNS 网站主要指专注于某一类特定应用的网站,可以分为商务类、婚恋类、兴趣类、校友类等,主要有 LinkedIn(商务)、世纪佳缘(婚恋类)、豆瓣(兴趣类)等。此外,随着时间发展,很多 web 2.0 的应用,例如微博、内容社区,论坛等也都逐渐加入了 SNS 的元素,各类应用之间的界限逐渐模糊,其分类也有待于进一步探究。

8.3.2　社会网络分析

通常对 SNS 的研究主要集中在对其网络特性的分析,即社会网络分析(social networking analysis, SNA)。它是由社会学家根据数学方法、图论等发展起来的定量分析方法,是社会学领域比较成熟的分析方法。

1. 发展

社会网络分析问题起源于物理学中的适应性网络,通过研究网络关系,有助于把个体间关系、"微观"网络与大规模的社会系统的"宏观"结构结合起来。社会网络分析方法通过引入图论和计算机技术而日臻成熟。它作为一种独特的理论和研究方法从 20 世纪 60 年代兴起,70 年代快速发展,80 年代成熟,到 90 年代长盛不衰,历时近四十年,成为社会学、心理学、人类学、数学、通信科学等领域的一个研究分支。

2. 相关概念

网络指的是各种关联,而社会网络可简单地称为社会关系所构成的结构。故从这一方面来说,社会网络代表着一种结构关系,它可反映行动者之间的社会关系。

构成社会网络的主要要素有:

行动者:这里的行动者不单指具体的个人,还可指一个群体、公司或其他集体性的社会单位。每个行动者在网络中的位置被称为"结点"。

关系纽带:行动者之间相互的关联为关系纽带。人们之间的关系形式是多种多样的,如亲属关系、合作关系、交换关系、对抗关系等,这些都构成了不同的关系纽带。

二人组:由两个行动者所构成的关系。这是社会网络的最简单或最基本的形式,是我们分析各种关系纽带的基础。

三人组:由三个行动者所构成的关系。

子群:指行动者之间的任何形式关系的子集。

群体:指关系得到测量的所有行动者的集合。

从社会网络的角度出发,人在社会环境中的相互作用是基于关系的一种模式或规则,而基于这种关系的有规律模式反映了社会结构,这种结构的量化分析是社会网络分析的出发点。对社会网络的关系结构及其属性加以分析的一套规范和方法,叫做社会网络分析方法,又被称结构分析法。

3. 分析原理

社会网络分析家 B·韦尔曼(Barry Wellman)指出,作为一种研究社会结构的基本方法,社会网络分析具有如下基本原理:

(1) 关系纽带经常是不对称地相互作用着的,在内容和强度上都有所不同。

(2) 关系纽带间接或直接地把网络成员连接在一起,故必须在更大的网络结构背景中对其加以分析。

(3) 社会纽带结构产生了非随机的网络,因而形成了网络群、网络界限和交叉关联。

(4) 交叉关联把网络群以及个体联系在一起。

(5) 不对称的纽带和复杂网络使稀缺资源的分配不平等。

(6) 网络产生了以获取稀缺资源为目的的合作和竞争行为。

4. 方法

数学和图形技术通常用来以系统性的方式来描述社交网络,而且数学技术通常转化为能用于海量数据的计算机运算法则。事实上,计算机运算法则不仅用于海量数据处理,还用于网络测量指标及个体关系测量的精确计算。汉尼曼(Hanneman)描述了从使用形式化方法到呈现一个社交网络的一些收获。

　　社会网络分析按照研究群体的不同可分为两种基本的类型:自我中心网络(ego-centered networks)分析和整体网络(whole networks)分析。自我中心网络是从个体的角度来界定社会网络,以特定的行动者为研究中心,只考虑与该行动者相关的联系,以此来研究个体行为如何受到其人际网络关系的影响。而整体网络关注的焦点是网络整体,即一个社会体系中角色关系的综合结构或群体中不同角色的关系结构。这两种类型的社会网络采用不同的分析方法,其指标如表8-2所示:

表8-2　社会网络分析指标

网络类型	研究内容	具体指标
自我中心网络	网络特性及结构分析	网络规模(Size)
		网络密度(Density)
		网络构成(Composition)
		网络趋同性(Homophily)
		网络异质性(Heterogeneity)
整体网络	网络基本特性分析	点连接度(Vertex Connectivity)
		点间距离(Distance)
		网络直径(Diameter)
		密度(Density)
		可达性(Reachability)
	中心性分析	点度中心性(Vertex Centrality)
		中间中心性(Betweenness Centrality)
		接近中心性(Closeness Centrality)
		特征值中心性(Eigenvector Centrality)
		权力指数等
	凝聚子群分析	成分(Component)
		n-派系(n-cliques)
		n-宗派(n-clans)
		k-丛(k-plexs)
		k-核(k-cores)
		Lambda 集合(Lambda Set)
	位置角色分析(主要是对等性分析)	结构对等性(Structural Equivalence)
		自同构对等性(Automorphic Equivalence)
		正则对等性(Regular Equivalence)
	其他(如与复杂网络有关的分析等)	平均路径长度(Average Path Length)
		聚类系数(Clustering Coefficient)
		幂指数(Power Index)
		度分布(Degree Distribution)

　　这里主要介绍一下中心性分析和子群分析。

（1）中心性分析

"中心性"是社会网络分析的重点之一。个人或组织在其社会网络中具有怎样的权力，或者说居于怎样的中心地位，这一思想是社会网络分析者最早探讨的内容之一。个体的中心度测量个体处于网络中心的程度，反映了该点在网络中的重要性程度。因此一个网络中有多少个行动者/节点，就有多少个个体的中心度。除了计算网络中个体的中心度外，还可以计算整个网络的集中趋势（可简称为中心势）。与个体中心度刻画的是个体特性不同，网络中心势刻画的是整个网络中各个点的差异性程度，因此一个网络只有一个中心势。根据计算方法的不同，中心度和中心势都可以分为 3 种：点度中心度/点度中心势，中间中心度/中间中心势，接近中心度/接近中心势。

① 点度中心性。在一个社会网络中，如果一个行动者与其他行动者之间存在直接联系，那么该行动者就居于中心地位，在该网络中拥有较大的"权力"。在这种思路的指导下，网络中一个点的点度中心度，就可以用网络中与该点之间有联系的点的数目来衡量，这就是点度中心度。网络中心势指的是网络中点的集中趋势，它是根据以下思想进行计算的：首先找到图中的最大中心度数值，然后计算该值与任何其他点的中心度的差，从而得出多个"差值"，再计算这些"差值"的总和，最后用这个总和除以各个"差值"总和的最大可能值。

② 中间中心性。在网络中，如果一个行动者处于许多其他两点之间的路径上，可以认为该行动者居于重要地位，因为他具有控制其他两个行动者之间的交往能力。根据这种思想来刻画行动者个体中心度的指标是中间中心度，它测量的是行动者对资源控制的程度。一个行动者在网络中占据这样的位置越多，就越代表它具有很高的中间中心性，就有越多的行动者需要通过它才能发生联系。中间中心势也是分析网络整体结构的一个指数，其含义是网络中中间中心性最高的节点的中间中心性与其他节点的中间中心性的差距。该节点与别的节点的差距越大，则网络的中间中心势越高，表示该网络中的节点可能分为多个小团体而且过于依赖某一个节点传递关系，该节点在网络中处于极其重要的地位。

③ 接近中心性。点度中心度刻画的是局部的中心指数，衡量的是网络中行动者与他人联系的多少，没有考虑到行动者能否控制他人。而中间中心度测量的是一个行动者"控制"他人行动的能力。有时还要研究网络中的行动者不受他人"控制"的能力，这种能力就用接近中心性来描述。在计算接近中心度的时候，我们关注的是捷径，而不是直接关系。如果一个点通过比较短的路径与许多其他点相连，我们就说该点具有较高的接近中心性。对一个社会网络来说，接近中心势越高，表明网络中节点的差异性越大，反之，则表明网络中节点间的差异越小。

三种计算方法的区别：中间中心度测量的是一个行动者"控制"他人行动的能力。有时还要研究网络中的行动者不受他人"控制"的能力，这种能力就用接近中心性来描述。在计算接近中心度的时候，我们关注的是捷径，而不是直接关系。如果一个点通过比较短的路径与许多其他点相连，我们就说该点具有较高的接近中心性。对一个社会网络来说，接近中心势越高，表明网络中节点的差异性越大，反之，则表明网络中节点间的差异越小。

（2）凝聚子群分析

当网络中某些行动者之间的关系特别紧密，以至于结合成一个次级团体时，这样的团体在社会网络分析中被称为凝聚子群。分析网络中存在多少个这样的子群，一个子群的成员与另一个子群成员之间的关系特点等就是凝聚子群分析。由于凝聚子群成员之间的关系十分紧密,因此有的学者也将凝聚子群分析形象地称为"小团体分析"。

凝聚子群根据理论思想和计算方法的不同,存在不同类型的凝聚子群定义及分析方法。

① 派系

在一个无向网络图中,"派系"指的是至少包含 3 个点的最大完备子图。这个概念包含 3 层含义:一个派系至少包含三个点;派系是完备的,根据完备图的定义,派系中任何两点之间都存在直接联系;派系是"最大"的,即向这个子图中增加任何一点,将改变其"完备"的性质。

② n-派系

对于一个总图来说,如果其中的一个子图满足如下条件,就称之为 n-派系。在该子图中,任何两点之间在总图中的距离(即捷径的长度)最大不超过 n。

③ n-宗派

所谓 n-宗派是指满足以下条件的 n-派系,即其中任何两点之间的捷径的距离都不超过 n。可见,所有的 n-宗派都是 n-派系。

④ k-丛

一个 k-丛就是满足下列条件的一个凝聚子群,即在这样一个子群中,每个点都至少与除了 k 个点之外的其他点直接相连。也就是说,当这个凝聚子群的规模为 n 时,其中每个点至少都与该凝聚子群中 $n-k$ 个点有直接联系,即每个点的度数都至少为 $n-k$。

总体而言,就技术方法来说,网络分析主要采用专门的社会网络分析软件对中心性、子群、位置角色等方面进行分析,并通常会借助可视化技术来对网络进行探索分析。而自我中心网络分析主要运用 SPSS、R、Stata 等统计软件中的线性相关分析、协方差分析等模块来实现网络特性与结构分析,一般不涉及网络可视化分析。

5. 特征

社会网络分析作为社会结构研究的一种独特方法,B·韦尔曼总结出了它的五个方面的方法论特征:

(1)它是根据结构对行动的制约来解释人们的行为,而不是通过其内在因素(如对规范的社会化)进行解释,后者把行为者看作是以自愿的、有时是目的论的形式去追求所期望的目标。

(2)它关注于对不同单位之间的关系分析,而不是根据这些单位的内在属性(或本质)对其进行归类。

(3)它集中考虑的问题是由多维因素构成的关系形式如何共同影响网络成员的行为,故它并不假定网络成员间只有二维关系。

(4)它把结构看作是网络间的网络,这些网络可以归属于具体的群体,也可不属于具体群体。它并不假定有严格界限的群体一定是形成结构的阻碍。

(5)其分析方法直接涉及的是一定社会结构的关系性质,目的在于补充甚至是取代主流的统计方法,这类方法要求的是独立的分析单位。

所以,按照社会网络分析的思想,行动者的任何行动都不是孤立的,而是相互关联的。他们之间所形成的关系纽带是信息和资源传递的渠道,网络关系结构也决定着他们的行动机会及其结果。

6. 意义

这种结构分析的方法论意义是社会科学研究的对象应是社会结构,而不是个体。通过研究网络关系,有助于把个体间关系、"微观"网络与大规模的社会系统的"宏观"结构结合起来。故英国学者 J·斯科特指出:"社会网络分析已经为一种关于社会结构的新理论的出现奠定了基础。"

传统上对社会现象的研究存在着个体主义方法论与整体主义方法论的对立。前者强调个体行动及其意义,认为对社会的研究可以转换为对个体行动的研究。如韦伯明确指出,社会学的研究对象就是独立的个体的行动。但整体主义方法论强调只有结构是真实的,认为个体行动只是结构的派生物。

尽管整体主义方法论者重视对社会结构的研究,但他们对结构概念的使用也有很大的分歧。其实,在社会学中,社会结构是在各不相同的层次上使用的。它既可用以说明微观的社会互动关系模式,也可说明宏观的社会关系模式。也就是说,从社会角色到整个社会,都存在着结构关系。

通常,社会学家们是在如下几个层次上使用社会结构概念的:

(1) 社会角色层次的结构(微观结构):

社会角色层次的结构是最基本的社会关系是角色关系。角色常常不是单一的、孤立的,而是以角色丛的形式存在着。它所体现的是人们的社会地位或身份关系,如教师—学生。

(2) 组织或群体层次的结构(中观结构):

是指社会构成要素之间的关系,这种结构关系不是体现在个体活动之间。如职业结构,它所反映的是人们之间在社会职业地位及拥有资源等方面的关系。

(3) 社会制度层次的结构(宏观结构):

是指社会作为一个整体的宏观结构。如阶级结构,它所体现的是社会中主要利益集团之间的关系,或者是社会的制度特征。

因此,社会结构有多重含义。但从新的结构分析观来说,社会结构是社会存在的一般形式,而非具体内容。所以,许多结构分析的社会学家都主张社会学的研究对象应是社会关系,而非具体的社会个体。因为作为个体的人是千差万别、变化多端的,而惟有其关系是相对稳定的。故有人主张,社会学首先研究的是社会形式,而不是研究这些形式的具体内容。网络分析研究的就是这些关系形式,它类似于几何学。例如,运用社会网络分析我们可以研究人们社会交往的形式、特征,也可以分析不同群体或组织之间的关系结构。这有助于我们认识不同群体的关系属性及其对人们的行为的影响。

8.3.3 案例※

我们用 R 语言进行社会网络分析。我们从新浪微博抓取中国政府网 206 条微博,然后对这 206 条微博进行分词处理,之后建立词频矩阵,并绘制社会网络图形,数据清单如下。

(1) 处理数据

读取数据:

```
data<-read. table("D:\\weibo. txt". header=F. stringsAsFactors=F. fill=TRUE)
```

(2) 数据预处理

数据预处理包括分词、建立语料库、去除数字、去除停用词、去除多余空白、创建词条—文档矩阵等步骤。

分词之前首先加载包,这里用到 tm 包、rJava 包和 Rwordseg 包:

```
library(tm)
library(rJava)
library(Rwordseg)
```

分词:

```
tmp<-as. character(data[[1]])
tmp<-segmentCN(tmp)
```

建立语料库:

```
ovid<-Corpus(VectorSource(tmp))
```

去除数字:

```
ovid<-tm_map(ovid,removeNumbers)
```

去除停用词:

```
stop<-c()
data_stw=read. table(file="d:/R/txtmining/stopword. txt",colClasses="character")
for(iin1:dim(data_stw)[1]){
stop=c(stop,data_stw[i,1])
}
ovid<-tm_map(ovid,removeWords,stop)
```

去除多余空白:

```
ovid<－tm_map(ovid,stripWhitespace)
```

创建词条—文档矩阵：

```
dtm<－DocumentTermMatrix(ovid,control＝list(wordLengths＝c(2,Inf)))
```

删除稀疏词条：

dtm<－removeSparseTerms(dtm,sparse＝0.9)

查看部分数据：

inspect(dtm[1:5,1:20])

									Docs											
Terms	1	2	3	4	5	6	7	8	9	10	11	12	13	14	15	16	17	18	19	20
安全	0	0	0	0	1	0	0	1	0	0	0	0	0	0	0	0	0	0	0	0
发展	0	0	1	0	0	0	0	1	0	0	0	0	2	0	0	0	1	0	0	0
改革	0	0	0	0	0	0	0	2	0	0	0	0	0	0	0	0	1	0	0	0
工作	2	0	0	0	0	0	0	0	0	0	1	0	0	0	0	0	1	1	0	0
管理	0	0	0	0	0	0	0	0	0	0	0	0	1	0	0	0	0	3	0	0

(3) 转化为邻接矩阵

dtm<－as.matrix(dtm)

转换为布尔矩阵：

dtm[dtm>＝1]<－1

转化为邻接矩阵：

termMatrix<－dtm%＊%t(dtm)

查看部分数据：

termMatrix[1:5,1:20]

					Terms					
Terms	安全	发展	改革	工作	管理	国家	国务院	加强	建设	李克强
安全	21	2	2	12	5	4	6	6	3	4
发展	2	30	18	5	7	7	8	4	8	8
改革	2	18	34	7	7	9	13	6	5	11
工作	12	5	7	45	9	7	16	10	2	10
管理	5	7	7	9	24	5	8	7	3	4
国家	4	7	9	7	5	27	6	6	6	9
国务院	6	8	13	16	8	6	48	6	7	13
加强	6	4	6	10	7	6	6	21	6	2
建设	3	8	5	2	3	6	7	6	23	4
李克强	4	8	11	10	4	9	13	2	4	43

(4) 绘制社交网络图形

```
library(igraph)
g<-graph.adjacency(termMatrix,weighted=T,mode="undirected")
g<-simplify(g)
setlabelsanddegreesofvertices:
V(g)$label<-V(g)$name
V(g)$degree<-degree(g)
V(g)$label.cex<-1.5*V(g)$degree/max(V(g)$degree)+0.2
V(g)$label.color<-rgb(0,0,.2,.8)
layout1<-layout.fruchterman.reingold(g)
plot(g,layout=layout1)
```

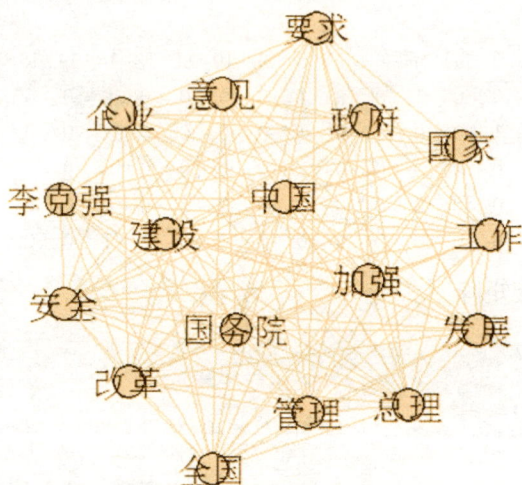

图 8-7 社交网络图

8.4 多维、异构信息分析※

8.4.1 多维数据分析

维是人们观察客观事物的角度,是一种类型的划分方法。年龄、地区、时间等属性都可以作为一个维度存在。同一份数据,从不同的角度,也就是从不同的维来看,我们得出的结论可能会有很大差异。

多维,即多种维度的组合。这是最常见的数据形式,复杂的多维数据往往超过几十种维度。简单来说多维数据,也就是具有多种维度的数据集。

多维数据可视化的主要动机是方便人们能够快速吸取大量可视化信息,并发现大量数据中的模式。人眼可识别一维二维三维空间,当数据属性较少的时候,一般的可视化和统计方法可以实现。但当多维数据在进行可视化时，尤其是维度超过 10，再用之前的一般统计和可视化方法会有很大挑战，通常在二维、三维空间中我们可以加入的元素（点、线、面、图形、颜色、透明度等）往往有限，过多的元素可能会干扰人们对信息的获取和理解。所以在进行多维数据可视化之前，需要进行数据降维操作。

数据降维，就是将 M 维度数据投射到 N 维度内（$M \gg N$）。这样做的好处是，可以专注于有限的维度，识别其中的信息和模式，加深对数据的理解。缺点在于，数据降维往往会导致数据失真的问题。即使降维后的数据在低维度上进行可视化后，也不能保证对原始多维数据准确理解，就好比高清图像在经过压缩处理后损失图片的清晰度。因此，如何确保降维后的数据能够尽可能的解释多维空间中的重要信息和模式是数据降维方法的重点，也是难点。

目前多维数据降维方法主要有如下几种：多维标度分析（MDS）、主成分分析（PCA）、等距映射算法（ISOMAP）、局部线性嵌套（LLE）和非负矩阵分解（NMF）等，本节介绍前四种分析方法。

1. 多维标度分析法

(1) 简介

多维标度分析法（multi dimensional scaling，MDS）是研究对象的相似性或差异性的一种多元统计方法。利用 MDS 可以对多维数据进行可视化。在可视化后的低维空间（通常是在二维或三维空间）中点之间的距离反映了这两个点之间的相似性或差异性。

多维标度分析法是一种将多维空间的研究对象简化到低维空间从而进行定位、分析和归类，同时又保留对象之间原始关系的数据分析方法。核心是保持相近的数据点始终靠在一起，远离的数据点依旧远离。MDS 研究的目的一般是求出源对象集在低维度空间中（一般是二维或者三维）的标度，进行聚类或维度内含分析，从而得到这组对象间的整体关系。

多维标度分析法是信息可视化、商业分析、统计学等领域的常规降维方法，其基本原理是根据数据集（记录）的相似度或相异度计算各个数据点在 n（n 小于源数据集的维度）维空间中的位置。其中关键的一步是如何定义数据点的距离函数。总而言之，确保降维后的数据点尽可能靠近其在原始多维空间中的相似程度，减少降维过程中导致的数据失真。

(2) 应用

在 MDS 方法的应用过程中，数据集中值的大小应该能够反应两个被研究对象的相似性或差异性，这种数据通常称为近邻数据。数值越大表示对应研究对象差异就越大，而数值越小表示对应研究对象越相似，例如，两个城市之间的距离，两种品牌的消费者心理测量。另外两个商品之间相似性或差异度也可以反映出两种商品一起出售的可行性，从而可以实施捆绑销售，进行套餐组合。

利用美国各大城市之间的航空距离表现各大城市在坐标中的位置，是 MDS 应用中最为经典的案例，其计算得到的结果和实际地图保持一致，降维效果十分明显。同时 MDS 广泛应用于企业，比如利用 MDS 分析企业客户，根据客户数据进行间距的计算，得到差异矩阵，并进行多维标度分析，并评估聚类的结果，可以初步将客户细分。

另外目前金融产品同质化十分严重，无法满足消费者多样化的需求。利用 MDS 可以进行金融产品差异性的研究，以便金融机构实施产品差异化战略。对不同的用户群体提供具有差别于其他公司或者差别于本公司的其他产品的个性化金融产品,满足消费者的多元化需求。这里 MDS 使用的数据集可以是消费者对某些商品差异程度的评分,通过低维空间展示多个研究商品之间的联系,利用平面距离来反映研究对象之间的相似程度,最后将研究结果生成图形,从图形上感知这些商品之间的相互关系。

主成分分析(PCA)同样也是把观察的数据集用较少的维度来表示,但 MDS 和 PCA 不同之处在于,MDS 方法是利用样本间的相似性(比如两个城市之间的距离),目的是利用这个信息去构建合适的低维空间,以方便样本在此低维空间的距离和高维度空间中的样本相似性尽可能保持一致。

MDS 根据样本是否可计量又分为:计量多维标度法(metric MDS)和非计量多维标度法(nonmetric MDS)。

计量多维标度法,以样本间相似度作为实际输入,优势是精确,可以根据多个准则评估样本间的差异;缺点是计算代价很高,而且往往这些数据的获得难度也比较大。

非计量多维标度法,是为了解决应用中样本不可计算的问题,该方法接受样本的顺序尺度作为输入,并以此计算相似度。简单方便、直观、应用广;缺点也很明显,对于结果的可信度难以评估,最终效果也并不是很理想。

(3) 计算步骤

MDS 方法的计算过程主要分为两个步骤:

① 数据点之间的距离计算

MDS 中,相异度或相似度可以用空间距离来表示,最常用计算方式为欧式距离,也可以用明考斯基算法。低维度或多维度空间中的两个点 a 和 b 之间的欧氏距离 d 可以由如下公式定义:

$$d(a, b) = \sqrt{\sum_{k=1}^{n} (a_k - b_k)^2} \tag{8.26}$$

其中,n 表示维度数目,a_k 和 b_k 表示 a 和 b 的第 k 个属性值。

对于输入数据来说,非计量 MDS 运用单调正解转换法求研究对象之间的实际距离,计量 MDS 采用线性转换方法求研究对象之间的实际距离。

② 输出结果评估

输出结果的评估是 MDS 中一个重要的环节,判断 MDS 分析结果的优劣,就是看输入数据(相似程度矩阵)与输出结果(空间结构)之间的吻合度。输入数据计算出来的研究对象之间距离与分析结果中空间内相应的点际之间的距离的差异程度,也就是压力系数(Stress),这是衡量 MDS 分析结果优劣的指标。压力系数的一般计算公式如下:

$$\text{Stress} = S = \sqrt{\frac{\sum_{ij} (\delta_{ij} - d_{ij})^2}{\sum_{ij} d_{ij}^2}} \tag{8.27}$$

δ_{ij} 表示研究对象 i 和 j 之间的相似程度(由输入数据所得出的实际距离),d_{ij} 表示研究对象在 MDS 分析结果空间结构中的距离。由公式可以看出,如果两者两种距离完全相同,则压力系数为零。压力系数值越小,表示分析结果越好。一般来说,压力系数小于 0.1 表示分析结果非常好,如果压力系数大于等于 0.15 时表示分析结果就不可以接受。

通常情况下增加维度可以提高分析结果和实际数据之间的拟合程度,但空间的维度越多,空间就变得越复杂,越难以解释。所以需要在维度和压力系数之间做好权衡。

多维标度分析方法是一项实用度高,操作简便,应用范围广泛的统计分析方法。前分析结果以直观的图形展示,可读性高。多数统计软件都有该功能模块,比如 SPSS,SYSTAT 等。

2. 主成分分析法

(1) 简介

主成分分析法(principal components analysis,PCA)属于一种降维技巧,它能将大量相关变量转化为一组很少的不相关变量,这些无关变量作为主成分。例如使用 PCA 将 20 个相关的环境变量转化为 5 个无关的成分变量,并且尽可能地保留原始数据集的信息。其基本思想就是用一组相互独立的综合指标代表数据的统计性质。其中每一项综合指标都可能包含初始数据的多个属性。具体做法如下:用 D_1(选取的第一个线性组合)的方差来表示,即 $\mathrm{Var}(D_1)$ 越大,表示 D_1 包含的信息量越多,就越能解释原本所有指标的信息。因此所有的线性组合中选取的 D_1 应该是方差最大的,为第一主成分。如果第一主成分还无法解释原来的所有指标的信息,在考虑选取第二个综合指标 D_2,且 D_1 中已有的信息不需要出现在 D_2 中,即要求 $\mathrm{Cov}(D_1,D_2)=0$,以此类推得出 D_3、D_4、D_5 等等。

图 8-8 为主成分分析模型,展示了可观测变量(X_1,X_2,X_3,X_4,X_5)、主成分(PC_1、PC_2)。其中主成分是观测变量的线性组合。形成线性组合的权重都是通过最大化各主成分所解释的方差来获得的,同时还要保证各个主成分间不相关,也就是相互垂直。PCA 的目标是用一组较少的不相关变量代替大量相关变量,同时尽可能保留初始变量的信息,这些推导所得的变量成为主成分,它们是观测变量的线性组合。如第一主成分为:

$$PC_1 = a_1X_1 + a_2X_2 + \cdots + a_kX_k \qquad (8.28)$$

图 8-8　主成分分析模型

它是 k 个观测变量的加权组合,对初始变量集的方差解释性最大。第二主成分也是初始变量的线性组合,对方差的解释性排行第二,同时与第一主成分正交。后面每一个主成分都是最大化它对方差的解释程度,同时与之前所有的主成分正交。通常情况下我们会用较少的主成分来尽可能的解释所有变量集。

(2) 常见步骤

① 数据预处理。这是做主成分分析的第一步,在处理成合适的格式后,由于计算的需要,确保数据中没有缺失值。

② 判断要选择的主成分数目。判断主成分的个数可以参考以下准则。

a. 根据先验经验和理论知识判断主成分个数。

b. 根据要解释变量方差的积累值的阈值来判断需要的主成分数。

c. 通过检查变量间 $k \times k$ 的相关系数矩阵来判断保留的主成分数。

通常我们会使用基于特征值的方法。每个主成分都与相关系数矩阵的特征相关联,第

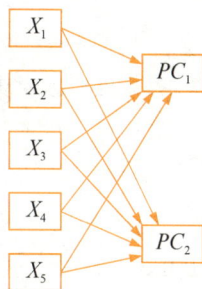

一主成分与最大的特征值相关联，第二主成分与第二大的特征值相关联，以此类推。通常我们建议保留特征值大于 1 的主成分。因为特征值小于 1 的成分所解释的方差比包含在单个变量中的方差更少。

③ 选择主成分，根据计算结果可以选择合适的项作为主成分。

④ 旋转主成分。旋转是一系列将成分载荷阵变得更容易解释的数学方法，他们尽可能地对成分去噪。有两种方法使选择的成分保持不相关（正交旋转）或变得相关（斜交旋转）。目前比较流行的正交旋转式方差极大旋转，这个方法试图对载荷阵的列进行去噪，使得每个成分知识由一组有限的变量来解释。

⑤ 计算主成分得分。因为 PCA 分析的最终目标是用一组较少的变量替换一组较多的相关变量，因此我们还需要获取每个观测在成分上的得分。

(3) 计算步骤

① 原始指标数据的标准化采集 p 维随机向量 $x = (x_1, x_2, \cdots, x_p)^{\mathrm{T}}$，$n$ 个样品 $x_i = (x_{i1}, x_{i2}, \cdots, x_{ip})^{\mathrm{T}}$，$i = 1, 2, \cdots, n, n > p$，构造样本阵，对样本阵元进行如下标准化变换：

$$Z_{ij} = \frac{x_{ij} - \bar{x}_j}{S_j} \tag{8.29}$$

其中，$i = 1, 2, \cdots, n$；$j = 1, 2, \cdots, p$；$\bar{x}_j = \dfrac{\sum\limits_{i=1}^{n} x_{ij}}{n}$；$S_j^2 = \dfrac{\sum\limits_{i=1}^{n} (x_{ij} - \bar{x}_j)^2}{n-1}$，得标准化阵 Z。

② 对标准化阵 Z 求相关系数矩阵：

$$R = [r_{ij}]_p x_p = \frac{Z^{\mathrm{T}} Z}{n-1} \tag{8.30}$$

其中 $r_{ij} = \dfrac{\sum Z_{kj} \cdot Z_{kj}}{n-1}$，$i, j = 1, 2, \cdots, p$。

③ 解样本相关矩阵 R 的特征方程 $|R - \lambda I_p| = 0$，得到 p 个特征根。对每个 λ_j，$j = 1, 2, \cdots, m$，解方程组 $Rb = \lambda_j b$ 得单位特征向量 b_j。

④ 将标准化后的指标变量转换为主成分：

$$U_{ij} = Z_i^{\mathrm{T}} b_j \tag{8.31}$$

其中 $j = 1, 2, \cdots, m$，U_1 称为第一主成分，U_2 称为第二主成分，$\cdots$，U_p 称为第 p 主成分。

对 m 个主成分进行加权求和，记得最终评价值，权数为每个主成分的方差贡献率。

主成分分析是比较常见的分析方法，其应用十分广泛，如人口统计学、数学建模等。大多数统计分析软件都内置了这个分析方法，如 SPSS、R、MATLAB 等。主成分分析方法是目前应用最广泛的特征提取方法之一，也是一种统计学方法，在模式识别、数字图像处理等领域得到广泛应用。有研究利用主成分分析法提取人脸的特征，用于人脸图像的识别。PCA 的基本思想是提取出空间原始数据中的主要特征，减少数据冗余，使得数据在一个低维的特征空间被处理，同时保持原始数据的绝大部分的信息，以解决数据空间维数过高的问题。

3. 等距映射算法

(1) 简介

等距映射算法(isometric mapping，ISOMAP)是对多维标度分析的扩展，其出发点与经典 MDS 方法一致，也是寻求保持数据点之间距离的低维表示。差异在于距离的选取上不同。MDS 通常采用两点之间的欧式距离，而等距映射法则采用测地距离来描述两点间的差异。一般而言，等距映射法第一步需要计算出数据点之间的测地距离，第二步是基于生成的距离矩阵使用经典 MDS 分析法获取低维空间的投影。

该算法采用能够有效描述数据全局几何结构的测地距离对经典 MDS 算法进行了非线性扩展，能较好地对嵌入在多维欧氏空间中的低维非线性流形数据记录进行可视化，受到广泛关注。

流形：直线或者曲线是一维流形，而平面或者球面是二维流形，以此类推到多维流形。直观来说流形就好比 m 维空间在 n 维空间汇总被扭曲的结果，$m < n$。MDS 的目的就是使得降维后的数据点，两两之间的距离不变，也就是和在原始空间中对应的两点之间的距离要差不多。但 MDS 是针对欧式空间用欧氏距离完成设计的。如果数据分布在上面提到的流形上，欧氏距离就明显不再使用了，往往会采用测地距离代替欧氏距离。

ISOMAP 近来成为非线性降维的一个主要方法，该方法是对 MDS 的扩展，也是寻求保持数据点之间距离的低维表示。算法的基本思想是利用样本向量之间的欧氏距离计算出样本之间的测地距离，在此之后使用经典的 MDS 算法来获取相应的低维投影。这样做的好处是可以减少样本点之间欧氏距离和测地距离带来的误差，最大程度上保持高维数据内在的非线性几何结构，通过低维数据的分析来获得相应的高维数据特性，从而达到简化分析，获取数据有效特征以及进行数据可视化的目的。如图 8-9 中的两个数据点，它们之间的欧氏距离不足以解释其实际距离关系。比如从北极到南极，欧氏距离的计算的是南极北极的直线距离，也就是地球这个球体的直径。而测地距离是沿地球表面到达的距离，也就是地球周长的一半。

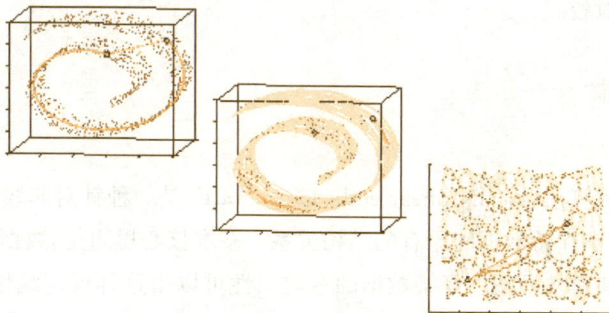

图 8-9　等距映射算法模型

ISOMAP 算法求解最短路径的方法是：如果两点邻接，则两点间的距离即为两点的连线距离；如果两点不邻接，则两点间的距离设置为无穷大。

(2) 计算步骤

算法的假设前提：①多维数据所在的低维流形与欧氏空间的一个子集是整体等距的；

②与数据所在的流形等距的欧氏空间的子集是一个凸集。

计算两个数据点之间测地距离的方案：①如果两点离得很近，测地距离就用欧氏距离代替；②如果两个点离得较远，其间的测地距离用最短路径来逼近。

算法的主要详细步骤如下：

① 构建近邻图。计算每个样本点 x_i 同其余样本点之间的欧氏距离。当 x_j 是 x_i 的最近的 k 个点中的一个时，认为它们是相邻的，即图 G 有边 $x_j x_i$（这种邻域称为 $k-$ 邻域）。设边 $x_j x_i$ 的权为 $d(x_i, x_j)$，对于 $p=1, \cdots, N$ 有：

$$d(x_i, x_j) = \sqrt{\mid x_{i1} - x_{j1} \mid^2 + \mid x_{i2} - x_{j2} \mid^2 + \cdots + \mid x_{ip} - x_{jp} \mid^2} \qquad (8.32)$$

② 计算任意两个样本向量之间的最短路径。在图 G 中，设任意两个样本向量 x_i 与 x_j 之间的最短距离 $d_G(x_i, x_j)$。如果 x_i 和 x_j 之间存在连线，$d_G(x_i, x_j)$ 的初始值设为 $d(x_i, x_j)$，否则令 $d_G(x_i, x_j)$ 为无穷大。接下来依次更新 $d_G(x_i, x_j)$ 的数值：

$$d_G(x_i, x_y) = \min_{1 \leqslant p \leqslant N} \{ d_G(i, j), d_G(i, p) + d_G(p, j) \} \qquad (8.33)$$

在经过多次迭代，样本向量间最短路径矩阵 $D_G = \{ d_G^2(x_i, x_j) \}$ 便可收敛。

③ 使用经典 MDS 方法，将样本向量压缩到 d 维，并使得压缩之后样本向量之间的欧氏距离尽可能接近已求出的最短路径。

等距映射算法（ISOMAP）的优点是可以检测非线性的数据关系，其算法简单，只需要在给出表述近邻点关系的一个参数，并且具有全局优化的特点。

运用等距映射算法（ISOMAP）应注意：ISOMAP 是非线性的，适合用于处理内部平坦的低维流形，而处理具有较大内在曲率的流形并不适合。需要注意近邻数的选择，方式可以是指定具体距离，或者也可指定近邻点数目，近邻数目应该足够大，以便减少在路径长度和测地距离之间的不同，另一方面近邻点数目过大会导致"短路"现象，可以多次试验评估计算结果的质量，做好权衡。如果构成的图不是连通的，也可以采用两种方法处理，一种是放宽邻接点转正的限制，另一种是对于每一连通部分分别使用 ISOMAP 算法，分别对不同的数据集部分做降维。总体来说，测地距离的计算要比欧氏距离更加复杂，所以程序计算的时间相对较高。

4. 局部线性嵌入算法

(1) 简介

局部线性嵌入算法（locally linear embedding，LLE）是一种针对非线性数据的降维方法，其分析结果能够保持数据间原有的结构关系。基本核心思想是，数据集是由许多相互邻接的局部线性块拼接而成。高维数据的本质属性可以由这种局部线性领域描述，该方法因为可以获取高维数据的根本特征，所以被广泛用于文字识别、图像识别、可视化、分类聚类等领域。

(2) 计算步骤

局部线性嵌入法认为每一个数据点都可以由其近邻点的线性加权组合获得。算法可以归结为三步：①寻找每个样本点的 k 个近邻点；②由每个样本的近邻点计算出该样本点的局部重建权值矩阵；③由该样本点的局部重建权值矩阵和其近邻点计算出该样本点的输出值。具体步骤如下：

① 计算或寻找数据点 X_i 近邻数据点。

对于多维空间中的每个样本点 $X_i(i = 1, 2, \cdots, N)$，计算它与其他 $N-1$ 个样本点之间的距离，根据距离远近，找到与 X_i 最近的 K 个近邻点。可以采用欧式距离来计算距离。如下：

$$d_{ij} = \| X_i - X_j \| \tag{8.34}$$

② 计算重建权值 W。

权值 W_{ij} 说明第 j 个数据点对重构第 i 个数据点所做出的贡献。为了得到合适的权值，根据下面两个条件，对成本函数进行最小值计算。一个条件是，每个数据点只能通过其近邻数据点来构造，并且当某个数据点不属于所重构数据点的近邻数据点时，$W_{ij} = 0$；另外一个条件是，权值矩阵每行的所有元素的总和等于 1，也就是满足 $\sum\limits_{i=1}^{N} w_{ij} = 1$。最优权值 W_{ij} 将通过计算其最小平方得到。公式表示如下：

$$\min \varepsilon(w) = \sum_{i=1}^{N} \| x_i - \sum_{j=1}^{N} w_{ij} x_j \|^2 \tag{8.35}$$

$$s.t \sum_{I=1}^{N} w_{ij} = 1 \tag{8.36}$$

其中：$X_{ij}(j = 1, 2, \cdots, k)$ 为 X_i 的 k 近邻点；W_{ij} 是 X_i 与 X_{ij} 之间的权值。

在限制条件下，通过最小化重构得到的最优权值遵循如下对称特性，即对于特定的数据点，在其本身和其邻居数据点有选择、缩放、平移操作时，将保持其原有性质不变。由于这种对称性，重构权值能够表征每一个近邻数据点的集合属性，而不是依据特定的参考框架的属性。

③ 计算低维向量 Y_i。

利用权值矩阵 W 计算低维嵌入 Y。由于目标是在低维空间尽可能保持高维空间中的局部线性结构，而权重 W_{ij} 又代表着局部信息，因此将权重值固定，最小化如下函数：

$$\min \Phi(Y) = \sum_{i=1}^{N} \| Y_i - \sum_{j=1}^{N} w_{ij} Y_i \|^2 = tr(Y^{\mathrm{T}} M Y) \tag{8.37}$$

其中 $\sum\limits_{i=1}^{N} Y_i = 0, \frac{1}{N} \sum\limits_{i=1}^{N} Y_i Y_i^{\mathrm{T}} = I, M = (I-M)^{\mathrm{T}}(I-M)$。使得上面公式最小化的解为由矩阵 M 的最小几个特征值所对应的特征向量构成的矩阵。将 M 的特征值从小到大排列，第一个特征值几乎接近于零，通常会舍去第一个特征值，而是取第 2 到 $m+1$ 之间的特征值所对应的特征向量作为输出结果。

5. 算法小结

MDS、ISOMAP、LLE 三种方法都有比较好的计算效率，较少的自由参数，成本函数容易实现。主要区别在于，首先 LLE 是一种局部方法，它试图保持数据的局部集合特征，而 ISOMAP 方法是一种全局方法，它试图保持整个数据的几何特征，将流形的近邻点映射到低维空间的近邻点。将流形的远点映射到低维空间的远点。MDS 采用的是欧氏距离,以此来描述两个数据点之间的关系,这个方法的缺点在于很难发现流形的本质维数,而 ISOMAP 的一大优势是引入测地距离来描述高维数据中两数据点之间的关系,更有利于发现流形的本质维数。另外 LLE 的一个优势在于不需要进行局部优化,这个问题只存在其他几个方法之中。

除了这些算法之外,还有很多其他的降维算法,比如 LPP、SOM 等,另外针对各自算法的缺陷,以及处理特定问题,大量研究者对几个典型的算法进行了改进。

8.4.2　异构数据处理

当前互联网快速发展,人们获得数据的途径在增加,包括数据库、网络。不同的数据库中数据存储关系、数据格式的差异,不同的网络来源的差异都可造成数据的异构。异构数据基本分为这三种类型:结构化数据(数据库中的数据一般都可以称为结构化数据)、半结构化信息、非结构化信息。

结构化信息是指信息经过分析后可分解成多个相互关联的组成部分,各组成部分由明确的层次关系,一般使用数据库进行管理,有必要的操作规范。其数据信息结构字段含义确定、清晰,典型的如数据库中的表结构。

半结构化信息:具有一定的结构,但语义不够明确,典型的如 HTML 网页,有些字段是确定的,但部分字段又不确定。

非结构化信息:杂乱无章的数据,很难按照一个概念去进行抽取,无规律,较为典型的有文章、新闻报道等文本信息。

研究者对异构信息这一概念的认识主要有两种:

一种观念认为异构信息是指信息来源不同。信息源可以是传统结构化的关系型数据库系统和面向对象数据库系统,也可以是半结构化的 XML 文件,或者是彼此间查询接口各不相同的网络信息源。对于异构信息的集成,需要解决如何进行异构信息的一体化表示和描述的问题,在这个基础上再根据不同的应用目的对信息进行合理有效的组织、管理和利用。比如不同类型的数据库中的数据,如何将这些数据进行整合加以利用是这类研究者的主要任务。这种异构具体体现在以下几个方面:

计算机硬件上的异构:数据库可以运行在大型机、小型机、工作站、PC 或嵌入式系统中。

操作系统的异构:目标比较流行的操作系统有 Unix、Windows、Linux 等。

数据库系统本身也存在异构:不同的数据库管理系统有 Oracle、SQL Server、MySql 等,不同的数据库数据类型有关系型、网状型等。

另一种观念认为异构信息是指信息的组成结构不同,即半结构化、结构化、非结构化。这类研究者的主要任务在于研究如何结合不同结构的信息做分析研究。

异构信息是指以非结构化的文本形式存在的互联网信息以及以结构化、定量的形式存在的实时量化数据,他们除了信息的表现形式上完全不同以外,信息来源、可靠度、信息的深层分析难度都不同。目前来看结构化的数据应用要比非结构化信息以及半结构化信息广泛和成熟,基于量化信息的时间序列分析发展比较成熟,已广泛应用在金融行业辅助决策。非结构化的信息是指信息的存在形式相对不固定,往往信息的内部结构无规律,存储形式多种多样,比如文档、电子邮件、网页、视频文件、网民发表的评论等。文件格式繁多,如 TEXT、HTML、XML、RTF、MSOffice、PDF、PS2/PS 等,但非结构化信息的作用不可忽视,国家发布的档案、专家分析报告等都对行业有很大的影响,目前主要基于此的研究还是以快速获取语义分析、情感分析、文本挖掘等为主。随着互联网在各行各业中的普及,企业和个人可获取,需要处理的信息量呈爆发式增长,而且其中绝大部分数据都是半结构化以及非结构化的数据。为了满足用户需求获取,处理这些类型数据的手段亟待提高。

针对上面的两种观念,本文认为处理异构信息有两种主流方式:

一种是将不同的数据来源的异构信息整合集成起来用于共享和处理。目前数据来源格式复杂,利用该方式处理难度仍非常的大,处理过程比较复杂。

现状:目前研究的异构信息整合的方案非常多,但基本方法可以归为两类:

(1) 仓库法,建立一个数据仓库,将参加集成各种数据源的数据副本存储到数据仓库中。之后所有的操作都直接基于数据仓库进行即可。优点是数据副本存储在数据仓库,可以不断与原数据源同步更新。用户在使用数据时无需访问真正的数据源,因此访问速度要快。缺点比较明显,数据多存储了一次,数据量足够大的时候会耗费大量的存储资源,同时更新比较困难,同步度不好,不能及时反映出数据源中的信息情况。

(2) 虚拟法,在这种形式下,数据依然存储在各自独立的数据源,用户针对全局模式突出查询,有查询引擎对用户的全局查询进行查询解析、重写和分解;然后各个数据源根据查询要求进行分别处理,再用中间件将各个查询结果踢出去来集成后返回给用户。它实际上是利用了中间件来处理用户的操作,解析操作后发送给相关数据源执行,然后负责将不同的数据源处理结果整合,最终反馈给用户。这种方式的好处是,无需重复存储大量的数据,同时数据更新及时,适用于对于实时数据处理要求较高的业务。

另一种是两种信息分别处理,将两种不同数据源或者不同格式的数据结合起来处理,往往以一方的结果去辅助另一方处理。

结构化的数据和非结构化的数据构成了异构信息,正对这两种信息的处理方式都各不相同。结构化的数据分析方法相对要成熟。实际应用十分广泛,包括股票、金融、交易、推荐算法等。而非结构化数据仍处于研究和探索状态,目前也出现了部分实用的案例,比如淘宝的用户评价内容分析。所以目前研究往往以结构化数据分析结果为主,非结构化数据分析结果为辅。将两种结合起来,目前有人做了如何利用结构化的股票数据以及非结构化的新闻媒体报告信息来发现金融事件热点。

1. 文本与图片可视化处理

如何将文本和图片进行可视化,"Visualization of Heterogeneous Data"一文中从维基百科中获取到美国各州参议员的姓名、照片以及各州的地图,然后将各州参议员的信息集成到地图上自己所属区域,效果如图 8 - 10。可以很直观地传递出全国参议员的分布以及参议员的个人信息。

图 8 - 10　图片来自于"Visualiza-tion of Het-erogeneous Data"，p2

2. 文本与数据可视化处理

比较具有代表性的就是词云（wordcloud），根据文章中的字词频率构造出能够表征文章内容特征的图片。从直观的角度来观察繁杂无序的文本信息。

（1）文本处理

中文的处理需要经过分词这一环节。

处理后的文本往往还有很多的干扰词，停用词，这些都是无意义的，所以需要排除掉。

（2）可视化映射

文本处理之后，会形成一些特征，比如频率、共现次数等。可以将这些特征通过合适的编码机制或者空间排布映射到图形上去，最终呈现出可以描述文本特征的图片。

（3）文本可视化

通过以上这些步骤，我们可以形成文本的可视化，比较具有代表性的就是词语。其中出现频率高的重要词汇将以最大的字体以及显眼的色彩显示在中心位置，相反出现频率低的字词则字体较小，或者被剔除掉。显示效果如下：

图 8 - 11　文本可视化结果

8.4.3 案例

我们主要用 R 语言的 psych 包中提供的函数,对主成分进行分析。

1. 安装并导入 psych 包

```
install. packages('psych')
library(psych)
```

这里使用 R 语言自带的 attitude 数据集进行实验。attitude 数据集是在某大型金融机构内,对随机地从 30 个部门中抽 35 名员工进行的问卷调查。数据框包含了 30 个观测,7 个变量。第一个变量是各部门员工对该公司的综合评分,剩余 6 个变量是对该公司评分的 6 种参考指标。我们如何用较少的变量来替换这 6 种变量(从 complaints 到 advance)评估指标呢? 我们的目标是简化数据,可以使用 PCA。

2. 判断主成分的个数

利用 fa. parallel()函数,你可以同时对三种特征值判别准则进行评价,代码如下:

```
fa. parallel(attitude[,−1],fa="PC",n. iter=100,show. legend=FALSE,main="Scree plot with patallel analysis")
```

代码生成图形见图 8 – 12,展示了基于观测特征值的碎石检验(由线段和 x 符号组成)、根据 100 个随机数据矩阵推导出来的特征值均值(虚线),以及大于 1 的特征值准则(y=1 的水平线)。我们通常保留特征值大于 1 的主成分,从图 8 – 12 可以看出我们只需保留一个主成分即可。

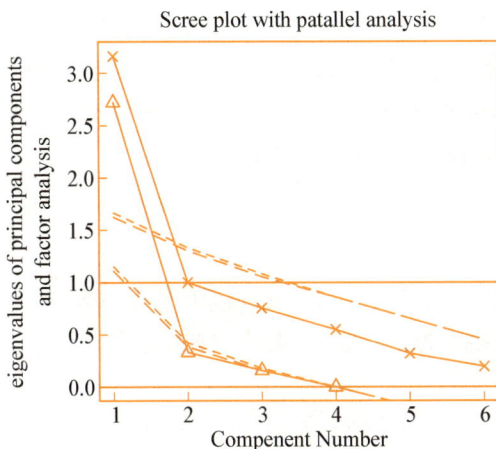

图 8 – 12   评价公司评分中要保留的主成分个数

3. 提取主成分

我们用 principal() 函数做主成分分析。代码如下:

```
pc<-principal(attitude[,-1],nfactors=1,rotate="none")
pc
```

其中:attitude[,-1]:指输入的是没有 rating 变量的原始数据;nfactors=1:指设定主成分的个数为 1;rotate="none":指定获取一个未旋转的主成分。

Principal Components Analysis
Call:principal(r=attitude[,-1],nfactors=1,rotate="none")
Standardized loadings (pattern matrix)based upon correlation matrix

	PC1	h2	u2
complaints	0.78	0.61	0.39
privileges	0.70	0.49	0.51
learning	0.82	0.67	0.33
raises	0.88	0.77	0.23
critical	0.40	0.16	0.84
advance	0.68	0.46	0.54

	PC1
SS loadings	3.17
Proportion Var	0.53

PC1 栏包含了成分载荷,指观测变量与主成分的相关系数。如果提取不止一个主成分,那么还将会有 PC2、PC3 等栏。h2 栏指成分公因子方差——主成分对每个变量的方差解释度。u2 栏指成分唯一性——方差无法被主成分解释的比例(1-h2)。例如:我们从结果可以看出,晋升空间(Advance)46%的方差都可用第一主成分来解释,54%不能。

SS loadings 行包含了与主成分相关联的特征值,指的是与特定主成分相关联的标准化后的方差值。Proportion Var 行表示的是每个主成分对整个数据集的解释程度。此处可以看到,第一主成分解释了 6 个变量 53% 的方差。

4. 获得主成分得分

对某金融公司综合评分的例子中,我们根据原始数据中的 6 个评分变量提取了一个主成分。利用 principal() 函数,你很容易获得每个调查对象在该主成分上的得分,代码如下:

```
pc<-principal(attitude[,-1],nfactors=1,score=TRUE)
head(pc $ scores)
```

PC1
[1,]-0.9256655

[2,]−0.1205877
[3,]1.1626400
[4,]−0.7510724
[5,]0.8350716
[6,]−1.3606018

8.5　小　　结

内容分析法是获取以文献为主的情报内容的一种定量与定性相结合的方法,其基本特点是系统性和客观性,优点在于非接触性和揭示隐性内容。

(1) 内容分析法是一个方法群,根据不同的观察角度,可以进行细分为:研究内容分析法、专业内容分析法、咨询内容分析法。

(2) 内容分析法的类别演变过程是解读式内容分析法、实验式内容分析法、计算机辅助内容分析法。

(3) 内容分析法的分析步骤包括:确定研究的问题和目的、选择样本、定义分析单元、对要分析的内容进行分类、统计频数、对内容评分。

(4) 内容分析法具有提供信息量化的新方式和有助于定性分析的系统化的优点。

(5) 内容分析法的应用范围非常广泛,包括营销能力分析和经营策略分析。

文本挖掘是指从大量文本数据中发现知识,抽取隐含的、未知的、潜在有用的模式的过程,它的研究对象是非结构化或半结构化的信息。一般过程有对文本预处理、特征抽取和特征集缩减、模式发现、模式质量评价、结果可视化等。

中文分词方法主要有基于词典的分词、基于统计的分词、基于理解的分词三种。

文本表示为了使文本便于计算机处理和计算,在文本预处理阶段需要将文本进行形式化处理,即文本表示。目前比较常见的文本表示模型有布尔逻辑模型、向量空间模型、概率模型等。

特征选择根据某种准则从原始特征中选择部分最有区分类别能力、最有效的特征,即为特征选择,它的目的是降低特征空间维数。目前常用的文本特征选择方法有:文档频率、信息增益、互信息、χ^2 统计量等。

文本分类是指在给定分类体系下,根据文本内容自动确定文本类别的过程。主要算法有朴素贝叶斯算法、Rocchio 算法、k 最近邻算法、决策树、神经网络算法以及支持向量机算法等。性能评估指标有查全率、查准率和 $F1$ 标准。

文本聚类是一种无监督的机器学习方法,它在给定的某种相似性度量下把对象集合进行分组,使彼此相近的对象分到同一个组内。主要算法有基于划分的方法、基于层次的方法、基于密度的方法、基于网格的方法、基于模型的方法等。质量评价可以采用纯度和 F 值。文本挖掘具有广泛的应用,如在信息检索系统中的应用、在主动信息服务中的应用、在企业竞争情报中的应用。

社交网站的最核心目的是建立和维系关系链接,因此它的功能包括:好友、信息流服务、博客/微博、照片/视频/其他浏览、虚拟社区/群组、社交游戏、虚拟物品、推荐与检索、发布与分享、评论等。

社会网络分析是对 SNS 的网络特性的分析,按照研究群体的不同可分为两种基本的类型:自我中心网络分析和整体网络分析,其中中心性分析和凝聚子群分析属于整体网络分析。

数据降维,就是将 M 维度数据投射到 N 维度内($M \gg N$),主要方法有多维标度分析、主成分分析、等距映射算法、局部线性嵌套等。

异构信息,研究者对异构信息这一概念的认识主要有两种:一种认为异构信息是指信息的来源不同,另一种认为是指信息的组成结构不同。

习题

1. 概括内容分析法的优缺点与特点。
2. 概括内容分析法的特征。
3. 给出文本挖掘的应用案例,简述其应用过程。
4. 使用 R 语言编译代码,给出一个文本挖掘中中文分词的算法实现。
5. 使用 Clementine 中的 Text Mining,给出一个文本挖掘的算法实现。
6. 调研商业文本挖掘工具的功能、特点及不足。
7. 调研开源文本挖掘工具的功能、特点及不足。
8. 社会网络分析法的分析角度是什么?
9. 社会网络分析法在情报学领域如何应用?
10. 试一试用 MDS 分析中国主要省会城市之间航空距离的分布。

参考文献

[1] 包昌火. 情报研究方法论[M]. 北京:科学技术文献出版社,1990.
[2] 张寒生. 当代图书情报学方法论研究[M]. 合肥:合肥工业大学出版社,2006.
[3] 黄晓斌,成波. 内容分析法在企业竞争情报研究中的应用[J]. 中国图书馆学报,2006,03:28—31.
[4] 程显毅,朱倩. 文本挖掘原理[M]. 北京:科学出版社,2010.
[5] 蒋盛益,李霞,郑琪. 数据挖掘原理与实践[M]. 北京:电子工业出版社,2011.
[6] Ronen Feldman, James Sanger. The text mining handbook: advanced approaches in analyzing unstructured data [M]. Cambridge University Press, 2007.
[7] 熊泉浩. 中文分词现状及未来发展[J]. 科技广场,2009,11:222—225.
[8] 肖建国. 试论文本挖掘及其应用[J]. 图书馆学研究,2008(4):22—24.
[9] 杨霞,黄陈英. 文本挖掘综述[J]. 科技信息,2009(33):82—82.
[10] 蒋良孝,蔡之华. 文本挖掘及其应用[J]. 现代计算机(专业版),2003,02:29—31.
[11] 吴启明,易云飞. 文本聚类综述[J]. 河池学院学报,2008,28(2):86—91.
[12] 张征杰,王自强. 文本分类及算法综述[J]. 电脑知识与技术:学术交流,2012,8(2):825—828.
[13] 张雯雯,许鑫. 文本挖掘工具述评[J]. 图书情报工作,2012,56(8):26—55.
[14] 卢苇,彭雅. 几种常用文本分类算法性能比较与分析[J]. 湖南大学学报(自然科学版),2007,

06:67—69.

［15］　ICTCLAS 汉语分词系统.［EB/OL］.［2014 - 3 - 23］. http://www. ictclas. org/ictclas_ user. html

［16］　SCWS 中文分词.［EB/OL］.［2014 - 3 - 23］. http://www. xunsearch. com/scws/

［17］　Python 中文分词组件 jieba.［EB/OL］.［2014 - 3 - 23］. http://www. oschina. net/p/jieba

［18］　中文分词库 Paoding.［EB/OL］.［2014 - 3 - 23］. http://www. oschina. net/p/paoding/

［19］　Boyd D M, Ellison N B. Social network sites: definition, history, and scholarship［J］. Engineering Management Review, IEEE, 2010,38(3):16 - 31.

［20］　Wasserman S. Social network analysis: Methods and applications［M］. Cambridge university press, 1994.

［21］　林聚任. 社会网络分析:理论、方法与应用［M］. 北京:北京师范大学出版社,2009.

［22］　Tsvetovat M, Kouznetsov A. Social Network Analysis for Startups: Finding connections on the social web［M］. "O'Reilly Media, Inc.", 2011.

［23］　戴维·诺克,杨松. 社会网络分析［M］. 李兰译. 上海:格致出版社,2012:17—23.

［24］　王胜利,王科欣. ISOMAP 在中文文本聚类分析中的应用［J］. 微型电脑应用,2009,8:013.

［25］　Kingting12. 社会网络分析法的分析角度.［EB/OL］.［2014 - 3 - 23］. http://blog. sina. com. cn/s/blog_62f865e90100o6rk. html

［26］　罗芳琼. LLE 流形学习的若干问题分析［J］. 现代计算机:上半月版,2012(3):13—16.

［27］　孙伟伟,刘春,施蓓琦等. 等距映射降维用于高光谱影像低维流形特征提取［J］. 武汉大学学报:信息科学版,2013,38(6):642—647.

［28］　赵守盈,吕红云. 多维尺度分析技术的特点及几个基础问题［J］. 中国考试,2010(4):13—19.

［29］　谭璐. 高维数据的降维理论及应用［D］. 长沙:国防科技大学,2005.

［30］　刘卓. 高维数据分析中的降维方法研究［D］. 国防科学技术大学硕士学位论文,2002.

［31］　张方杰,高向艳. 基于多维尺度分析的个人金融产品差异性研究［J］. 金融论坛,2005,10(6):39—42.

［32］　Bin 的专栏. 机器学习降维算法三:LLE(Locally Linear Embedding)局部线性嵌入［EB/OL］.［2014 - 03 - 11］. http://www. Cnblogs. com/xbinworld.

［33］　Cammarano M, Dong X, Chan B, et al. Visualization of heterogeneous data［J］. Visualization and Computer Graphics, IEEE Transactions on, 2007,13(6):1200—1207.

［34］　袁景凌,徐丽丽,苗连超. 基于 XML 的虚拟法异构数据集成方法研究倡导［J］. 计算机应用研究,2009,26(1).

［35］　刘立博. 基于异构信息的金融事件发现［D］. 哈尔滨工业大学,2010.

［36］　张宇,蒋东兴,刘启新. 基于元数据的异构数据集整合方案［J］. 清华大学学报:自然科学版,2009,49(7):1037—1040.

［37］　肖颖. 面向信息集成的异构信息描述方法研究［D］. 国防科学技术大学,2003.

［38］　陈海敏. 异构信息集成系统研究［J］. 情报科学,2009(12):1902—1907.

［39］　顾世山. 非结构化数据分析:大数据时代新价值.［EB/OL］.［2014 - 3 - 23］. http:// soft. chinabyte. com/ 308/ 12848808. shtml

第 9 章
商业信息可视化

一个好的可视化作品就如同一部好电影或者电视剧。众所周知,一部好的电影或者电视剧必然包括以下要素:1)好剧本(也就是一个好故事,而且要适合在银幕上展现);2)好导演;3)好演员(并非一定是大演员,而是合适的演员);4)巧妙的讲故事手法。举个例子,最近热播的 *Last Report*(中文名叫做《终极审判》)就具有了一部好片子的潜力。首先它要讲的故事很扣人心弦(核导弹危机,正义官兵和邪恶政客,印度洋一个美丽的小岛,高科技武器,多角关系),演员阵容非常适合这个故事(饰演 Marcus 舰长的演员相当到位),巧妙的讲故事手法(各种插叙,倒序等),唯一的导演因为不是特别了解所以暂且不表。

用数据讲故事也是如此。当然这里的故事显然要比电影或者电视剧的故事简单很多,但是仍然包括以下要素:1)场景,也就是这个故事的背景,范围是什么;2)主题,为什么要讲这个故事或者讲这个故事要说明什么,有些时候主题必须要明确,有些时候可以留个读者自己总结;3)情节,如何叙述这个故事。接下来你就必须挑选合适的演员,也就是数据,让他们来叙述这个故事。再次你必须找到合适的可视化方式,例如用什么图形,什么颜色,什么风格的图表,来创新的展示数据。

本章主要内容

- 数据可视化的定义、分类及工具
- 根据类别分别阐述了数据可视化的方法和具体实现过程
- 多维信息可视化的定义、分类及实现

9.1　概　　述

数据可视化的处理对象是数据。依照所处理的数据对象,数据可视化包含科学可视化与信息可视化两个分支。广义上,科学可视化面向科学和工程领域数据,如含空间坐标和几何信息的三维空间测量数据、计算机模拟数据和医学影像数据等,重点探索如何以几何、拓扑和形状特征来呈现数据中蕴含的规律。信息可视化是以非结构化、非几何的抽象数据为处理对象的可视化,包括金融交易、社交网络和文本数据,其核心挑战是针对大尺度高维复杂数据如何减少视觉混淆对有用信息的干扰。

信息可视化技术通过对数据进行交互的可视化表达,以增强认知,并从中发现规律和获取知识。针对复杂和大尺度的数据,已有的统计分析或数据挖掘方法往往是对数据的简化和抽象,隐藏了数据集的真实结构,而信息可视化则可还原乃至增强数据中的全局结构和具体细节,并减少视觉混淆对有用信息的干扰。

传统的信息可视化起源于统计图形学,与信息图形、视觉设计等现代技术相关,其表现形式通常在二维空间,因此关键问题是在有限的展现空间中以直观的方式传达抽象信息。在数据爆炸时代,信息可视化面临巨大的挑战:在海量、动态变化的信息空间中辅助人类理解、挖掘信息,从中检测预期的特征,并发现为预期的知识。

信息可视化按照数据变量进行分类,可以分成单变量数据可视化、双变量数据可视化以及多变量数据可视化。其中单变量数据可视化的关注点是数据分布的总体情况、分布比例与密度,主要有柱形图、条形图、饼图、面积图、直方图、核密度图、箱线图等;双变量数据可视化主要关注两个变量之间是否存在某种关系以及这种关系的具体形式。主要有折线图、散点图等;当处理三维变量或多维变量数据时,可以使用散点图等。

信息可视化按照应用场景进行分类,可以分成基于比较的可视化、基于关系的可视化、基于组合的可视化以及基于分布的可视化。其中基于比较的可视化,注重对不同时间或各项数据进行比较,有柱形图、条形图和折线图;基于关系的可视化,强调变量之间的关系,有散点图和气泡图;基于组合的可视化,较适合强调部分占总和中的比例,有(完全)堆砌柱形图、(完全)堆砌条形图,还有要重点介绍的饼图和面积图;基于分布的可视化,用于将变量的分布作可视化展示,有直方图、核密度图以及箱线图等。

另外,还有多维数据的可视化以及文本与文档的可视化将分别在第三节和第四节进行介绍,它们不属于以上分类,是特殊图形的可视化。

信息可视化的工具有很多,常用的有 Axiis、CiteSpace、D3、Excel、Flare、Flot、Gephi、Loggly、Many Eyes、Processing、R、Tableau、Weka、Visual. ly、XmdvTool 等。本章主要介绍 Excel 和 R 两种工具的绘图方法。

9.2　基本信息可视化与应用

信息可视化的常用类型有柱形图、折线图、饼图等,本节按应用场景对其介绍,这样有助于读者选择合适的类型进行绘图,本节主要介绍基于比较的绘图、基于分布的绘图、基于组合的绘图、基于关系的绘图以及基于时间的绘图。

9.2.1　基于比较的绘图

用来比较的变量通常是条目相关或者是时间相关的变量。对于条目相关变量,较适合使用柱形图或条形图;对于时间相关变量,较适合使用柱形图或折线图。

1. 柱形图

(1) 柱形图基础

柱形图用来显示不同时间内数据的变化情况,或用于对各项数据进行比较,是最普通的商用图表种类。柱形图主要由图表标题、坐标轴标题、图例、主体等构成。

柱形图中的分类位于横轴,数值位于纵轴,如图 9-1 所示。

柱形图的种类很多,按形状分,可以分为二维柱形图、三维柱形图、圆柱图、圆锥图以及棱锥图等;按功能分,柱形图包括簇状柱形图、堆积柱形图、百分比堆积柱形图等。

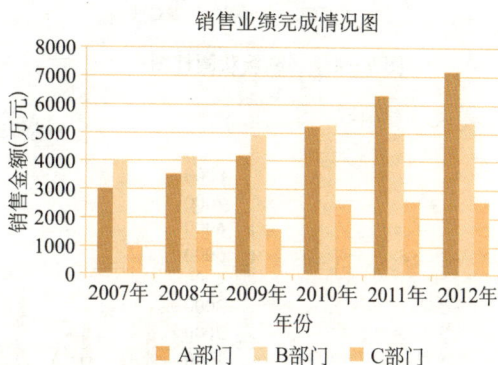

图 9-1　簇状柱形图

每种类型示例:

① 簇状柱形图

如图 9-2 所示的簇状柱形图主要用于比较各个时间、各个类别的数值,它以二维垂直矩形显示数值。除二维簇状柱形图外,簇状柱形图还可以用三维格式显示,如图 9-3 所示。

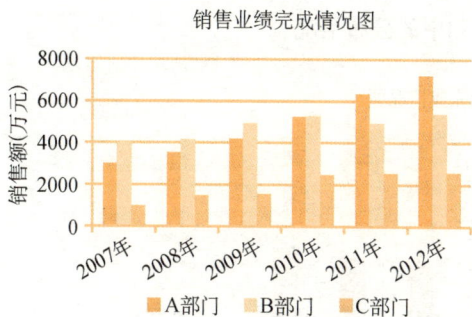

图 9-2　簇状柱形图

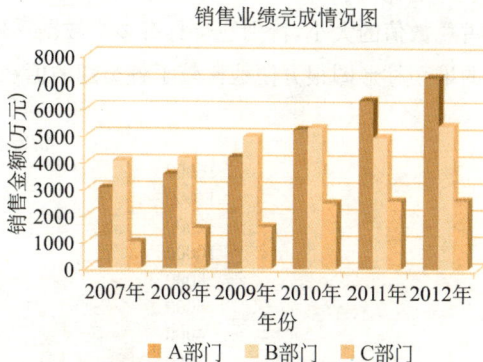

图 9-3　三维簇状柱形图

三维簇状柱形图可以变形为三维簇状圆柱图(见图 9-4)、三维簇状圆锥图(见图 9-

5)和三维簇状棱锥图(见图 9-6)几种形式。可以看到,这几种图只是在图形外观上有一定的差异。

销售业绩完成情况图

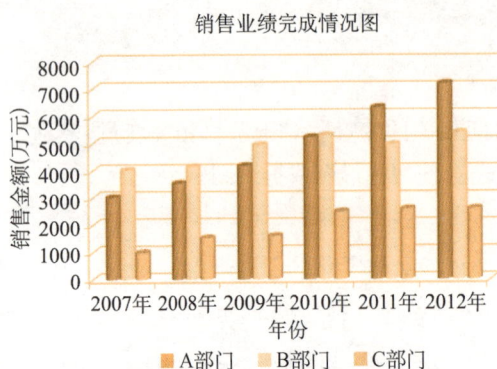

图 9-4　三维簇状圆柱图

销售业绩完成情况图

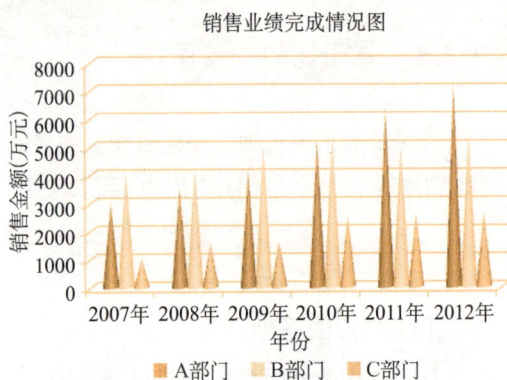

图 9-5　三维簇状圆锥图

销售业绩完成情况图

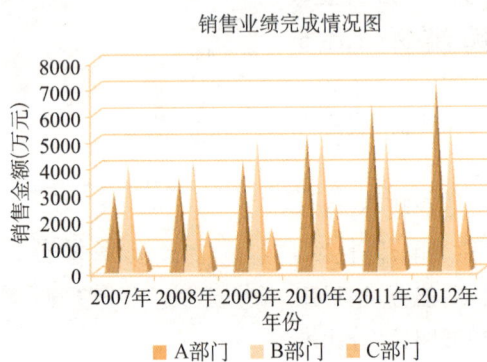

图 9-6　三维簇状棱锥图

② 堆积柱形图和三维堆积柱形图

堆积柱形图将每个类别的所有系列在单个柱形中堆积显示。每个柱形的高度由相应类别的所有序列值的总和确定。

堆积柱形图用于表征单个项目和整体之间的关系,能够比较每个类别的每个数值所占总数值的大小,特别适合具有多个数据系列且希望强调总数值的场合。如图 9-7 所示的堆积柱形图很方便地比较了各类别的值在总和中的分布情况。

销售业绩完成情况图

图 9-7　堆积柱形图

堆积柱形图也可以用三维效果的形式显示,包括三维堆积柱形图、三维堆积圆柱图、三维堆积圆锥图和三维堆积棱锥图四种形式,如图 9-8 至 9-11 所示。

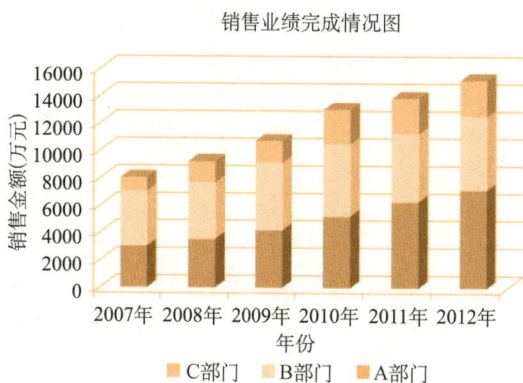

销售业绩完成情况图

图 9-8   三维堆积柱形图

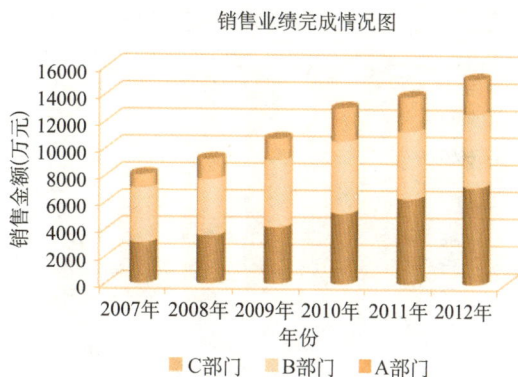

销售业绩完成情况图

图 9-9   三维堆积圆柱图

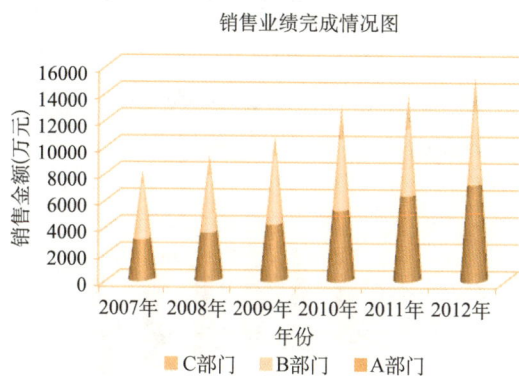

销售业绩完成情况图

图 9-10   三维堆积圆锥图

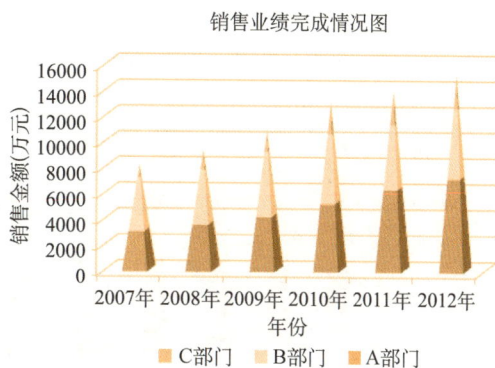

销售业绩完成情况图

图 9-11   三维堆积棱锥图

③ 百分比堆积柱形图和三维百分比堆积柱形图

百分比堆积柱形图将每个类别的所有序列在单个柱形中堆积显示,每个柱形始终与图表等高,其序列值按每个柱形的百分比形式显示,如图 9-12 所示。

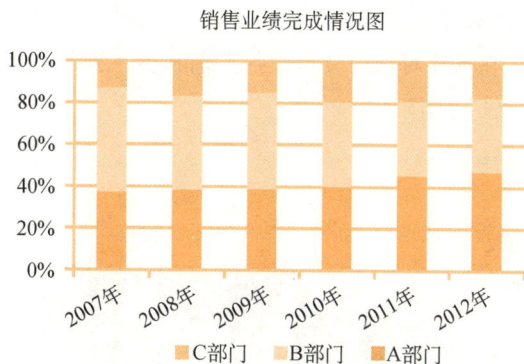

销售业绩完成情况图

图 9-12   百分比堆积柱形图

百分比堆积柱形图以百分比形式比较各类别的值在总和中的分布情况,这种图表也可以以三维效果显示，包括三维百分比堆积柱形图、三维百分比堆积圆柱图、三维百分比堆积圆锥图、三维百分比堆积棱锥图四种形式。如图 9-13 至 9-16 所示。

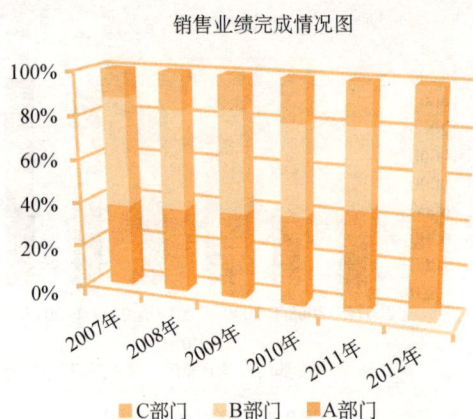

图 9-13   三维百分比堆积柱形图

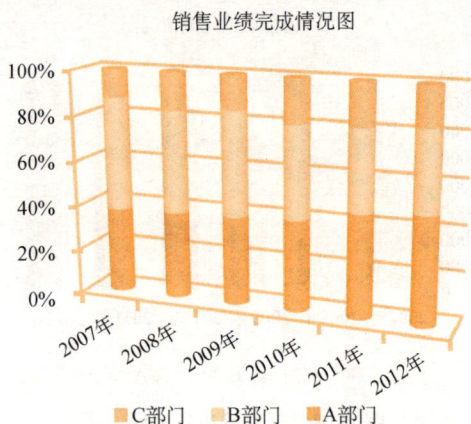

图 9-14   三维百分比堆积圆柱图

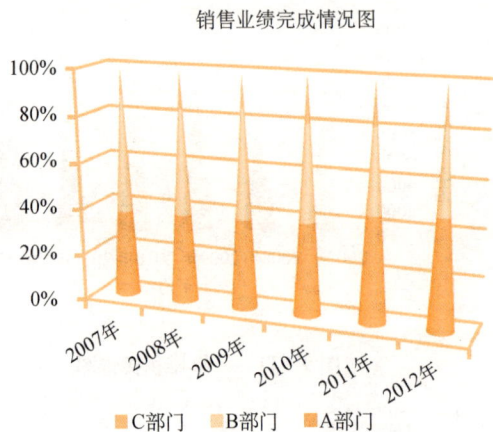

图 9-15   三维百分比堆积圆锥图

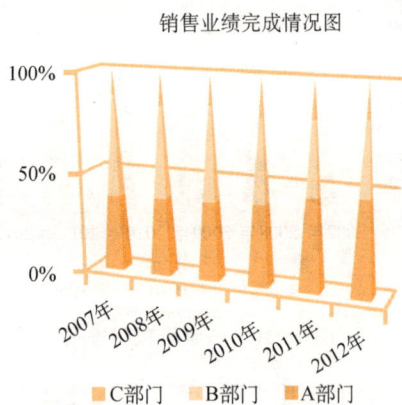

图 9-16   三维百分比堆积棱锥图

④ 三维柱形图

三维柱形图使用可修改的三个轴（水平轴、垂直轴、深度轴），来对沿水平轴和深度轴分布的数据进行比较。在需要对均匀分布在各类别和各系列的数据进行比较时，可以使用如图 9-17 所示的三维柱形图。

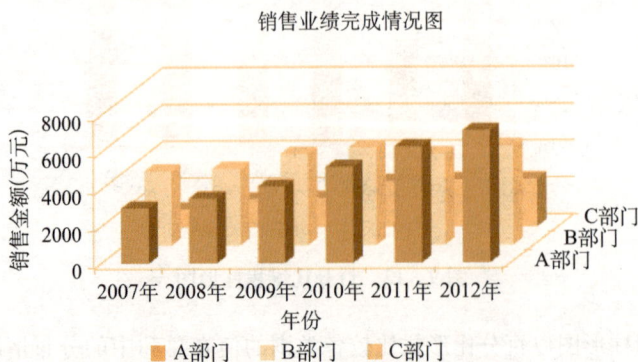

图 9-17   三维柱形图

　　三维柱形图也可以变形为如图 9 - 18、9 - 19、9 - 20 所示的三维圆柱图、三维圆锥图以及三维棱锥图等形式。

销售业绩完成情况图

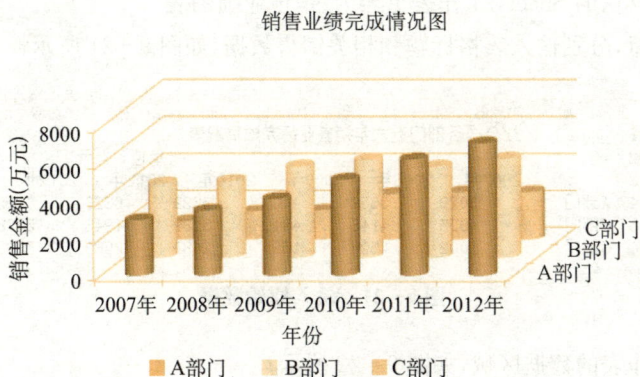

图 9 - 18   三维圆柱图

销售业绩完成情况图

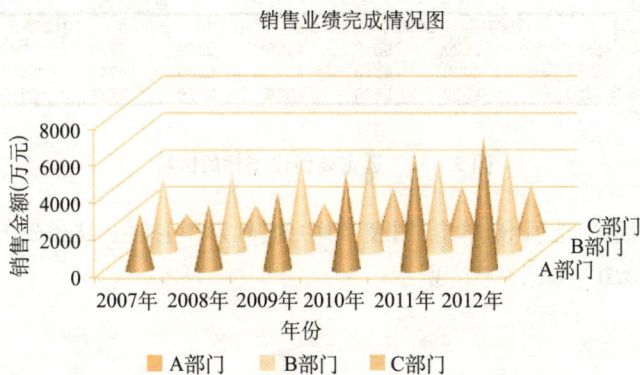

图 9 - 19   三维圆锥图

销售业绩完成情况图

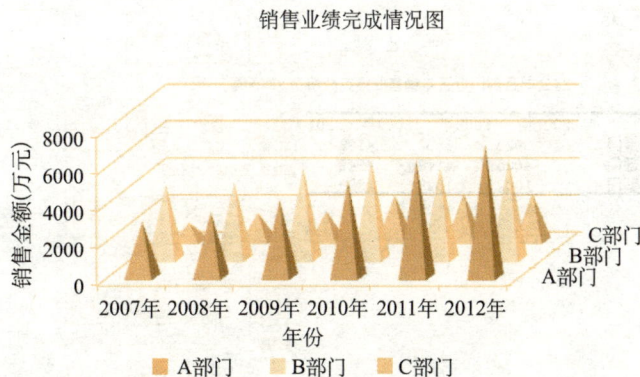

图 9 - 20   三维棱锥图

　　(2) Excel 中柱形图的创建(以簇状柱形图为例,其他柱形图的创建方法类似)

　　【例 9 - 1】制作销售业绩图表

　　要制作销售业绩图表,可以将各个部门各个时间段的销售业绩录入到 Excel 工作表中,然后利用图表向导完成销售业绩图表的制作。当然在完成之前还需要根据作者的意愿对图表进行适当的删改。使用 Excel 2010 创建销售业绩柱形图的过程如下：

① 启动 Excel 2010,创建一个新工作簿;

② 将系统默认的 Sheet1 工作表更名为"销售业绩图表";

③ 根据题意,分别输入表格标题和相关销售数据,如图 9 - 21 所示;

	A	B	C	D	E	F	G
1		XX公司各部门近六年销售业绩完成情况表					
2						单位：万元	
3		2007年	2008年	2009年	2010年	2011年	2012年
4	A部门	3029	3552	4189	5229	6323	7192
5	B部门	4025	4148	4942	5289	4943	5378
6	C部门	1002	1528	1599	2489	2582	2593

图 9 - 21　录入原始数据

④ 选定工作表的数据区域,如图 9 - 22 所示;

	A	B	C	D	E	F	G
1		XX公司各部门近六年销售业绩完成情况表					
2						单位：万元	
3		2007年	2008年	2009年	2010年	2011年	2012年
4	A部门	3029	3552	4189	5229	6323	7192
5	B部门	4025	4148	4942	5289	4943	5378
6	C部门	1002	1528	1599	2489	2582	2593
7							

图 9 - 22　选定要创建图标的区域

⑤ 切换到"插入"选项卡,单击"图表"组中的【柱形图】按钮,从出现的图表类型中选择"三维簇状柱形图",如图 9 - 23 所示;

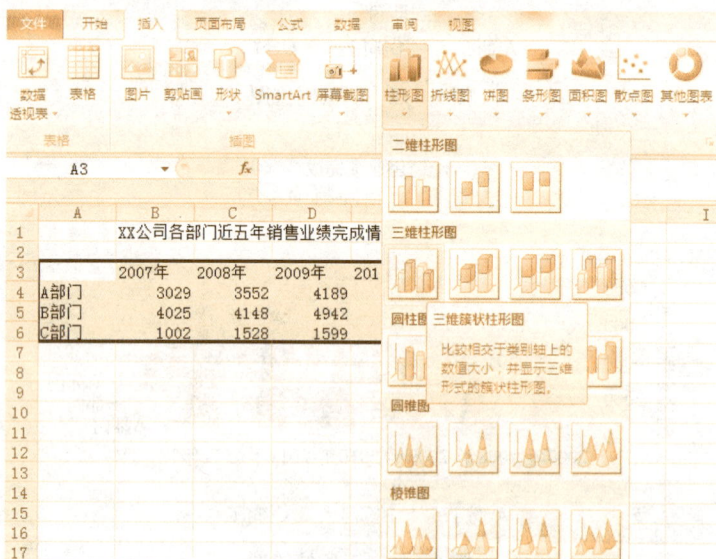

图 9 - 23　选择图表类型

⑥ 选择"三维簇状柱形图"后,即可在当前工作表中出现如图 9 - 24 所示的图表;

⑦ 保持图表对象的选择,然后切换到"格式"选项卡,单击"形状样式"组右下角 ▽ 图表(如图 9 - 25 所示),展开形状格式列表;

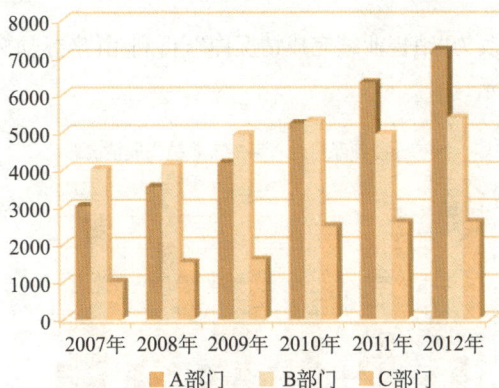

图 9-24　图表创建效果

图 9-25　单击【设置形状格式】图标

⑧ 从形状格式列表中选择一种合适的格式，即可更改图表的外观，如图 9-26 所示；

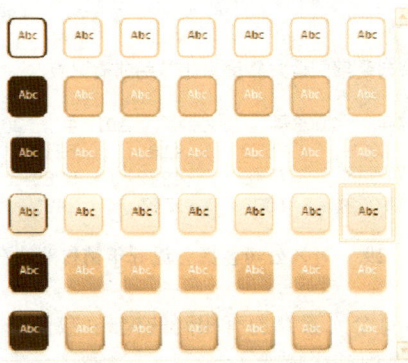

图 9-26　更改图表外观

⑨ 保持图表对象的选择，然后切换到"布局"选项卡，在"标签"组中单击【图表标题】按钮，从出现的菜单中选择【图表上方】选项，在图表上方添加一个暂定内容为"图表标题"的标题文本框，如图 9-27 所示；

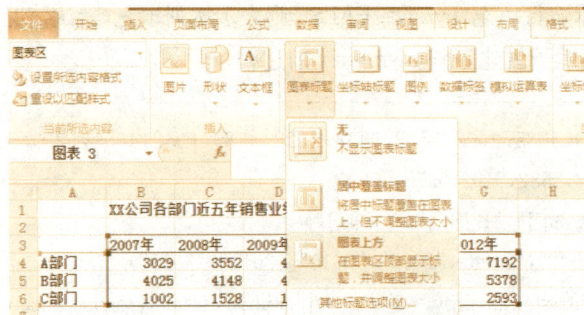

图 9-27　添加图表标题文本

⑩ 将图表标题更改为"销售业绩完成情况图",再利用【坐标轴标题】工具添加上纵轴的标题,如图9-28所示;

××公司各部门近六年销售业绩完成情况图

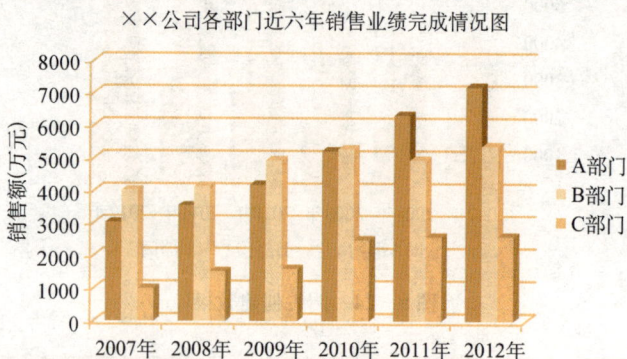

图9-28　添加标题

⑪ 存工作簿文件,完成图表的创建。

(3) 用R语言绘制柱形图※

用在R语言绘制柱形图,在R语言编辑器中输入如图9-29所示的数据,需要创建一个矩阵。

	A	B	C	D	E	F	G
1	XX公司各部门近六年销售业绩完成情况表						
2						单位：万元	
3		2007年	2008年	2009年	2010年	2011年	2012年
4	A部门	3029	3552	4189	5229	6323	7192
5	B部门	4025	4148	4942	5289	4943	5378
6	C部门	1002	1528	1599	2489	2582	2593

图9-29　××公司各部分近五年销售业绩数据

矩阵是一个二维数组,每个元素都拥有相同的模式(数值型、字符型或逻辑型)。可通过函数matrix创建矩阵。一般使用格式为:

```
mymatrix <- matrix(data = NA, nrow = 1, ncol = 1, byrow = FALSE, dimnames = NULL)
```

其中data包含了矩阵的元素,nrow和ncol用以指定行和列的维数(此时均为1),dimnames包含了可选的、以字符型向量表示的行名和列名。选项byrow指数据填充顺序,byrow=TRUE表示按行填充,byrow=FALSE则表示按列填充,默认情况下是按列填充。

下面的代码演示了创建矩阵mymatrix的过程。

```
cells <- c(3029,4025,1002,3552,4148,1528,4189,4942,1559,5229,5289,2489,6323,
           4943,2582,7192,5378,2593)
rnames <- c("A 部门","B 部门","C 部门")
cnames <- c("2007","2008","2009","2010","2011","2012")
mymatrix <- matrix(cells,nrow=3,ncol=6,dimnames=list(rnames,cnames))
```

创建矩阵的过程中,我们首先将数值赋值给 cells 变量,将部门名称赋值给 rnames 变量,将年份赋值给 cnames 变量,然后创建一个 3×6 的矩阵(默认按列填充)。

要绘制柱形图,需要用到 barplot()函数。其简单用法是:

```
barplot(height)
```

其中的 height 是一个向量或是一个矩阵。如果 height 是一个向量,会得到简单的条形图;如果 height 是一个矩阵,则会得到一幅堆砌柱形图或者分组柱形图。本例中的数据是一个矩阵,所以在 R 语言编辑器中按照如下代码输入,则会得到堆砌柱形图和分组柱形图。结果如图 9-30、9-31 所示。

```
barplot(mymatrix,
        main="××公司各部门近六年销售业绩完成情况图",
        xlab="年份",
        ylab="销售额(万元)",
        legend=rownames(mymatrix))

barplot(mymatrix,
        main="××公司各部门近六年销售业绩完成情况图",
        xlab="年份",
        ylab="销售额(万元)",
        legend=rownames(mymatrix),
        beside=TRUE)
```

图 9-30　堆砌柱形图

图 9-31　分组柱形图

第一个 barplot 函数绘制了一幅堆砌柱形图,而第二个 barplot 函数绘制了一幅分组柱形图。我们在图中设置了主题、行标签和列标签,参数 legend. text 为图例提供了各条形的标签(仅在 height 为一个矩阵时可用),参数 beside=FALSE(默认值),表示会生成一个堆砌柱形图,beside=TRUE,则会生成一个分组柱形图。

2. 条形图

(1) 条形图基础

条形图可以对多个项目进行对比,显示各个项目之间的比较情况。这是唯一一种可以水平方式显示数据的图表类型,主要由标题、图例、坐标轴、主体等构成。条形图是用于比较多个值的最佳图表类型。

条形图将序列显示为若干组水平图条,其中的数据具有一定的可比性,如图9-32所示为条形图的外观。

除如图9-32所示的标准簇状条形图外,条形图也有多种变体,如三维簇状条形图、堆积条形图、百分比堆积条形图等。

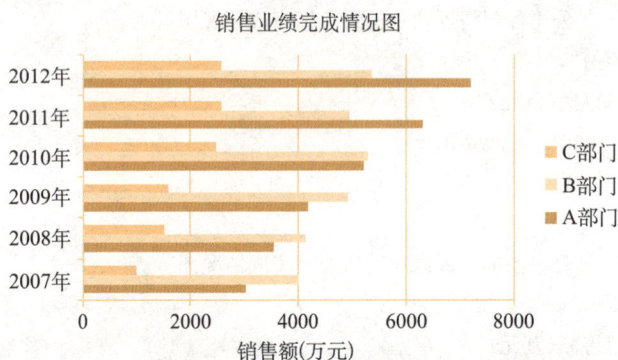

图9-32 簇状条形图

① 三维簇状条形图

簇状条形图主要用于比较各个类别的数值,它还可以用三维效果显示(即三维簇状条形图),这种图表将每个序列分别显示在三维图表的单独行中,如图9-33所示。

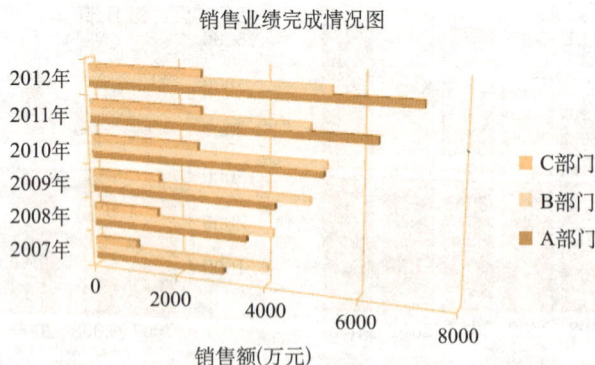

图9-33 三维簇状条形图

三维簇状条形图也有多种变体,它们是用圆柱体表示图条的簇状水平圆柱图、用圆锥体表示图条的簇状水平圆锥图和用棱锥体表示图条的簇状水平棱锥图,如图9-34、9-35、9-36所示。

销售业绩完成情况图

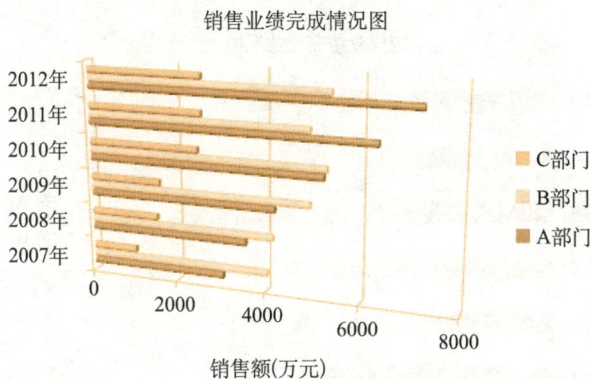

销售额(万元)

图 9-34   三维簇状圆柱条形图

销售业绩完成情况图

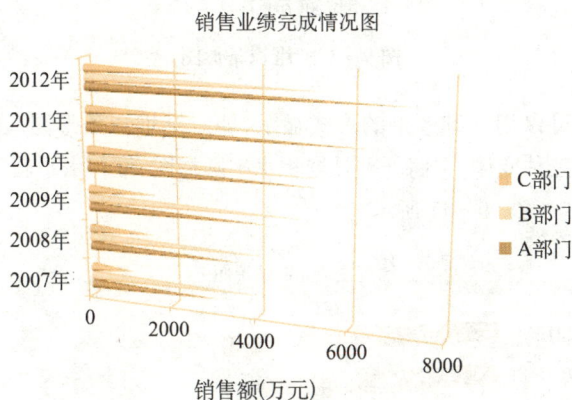

销售额(万元)

图 9-35   三维簇状圆锥条形图

销售业绩完成情况图

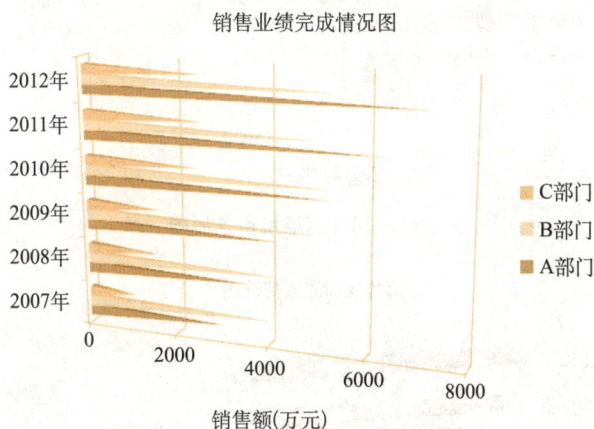

销售额(万元)

图 9-36   三维簇状棱锥条形图

② 堆积条形图

堆积条形图将每个类别的所有序列在单个条形中堆积显示。每个条形的长度由相应类别的所有序列值的总和确定。

堆积条形图用于表征单个项目和整体之间的关系,能够比较每个类别的每个数值所占总数值的大小,特别适合具有多个数据系列且希望强调总数值的场合。如图 9-37 所示的堆积条形图很方便地比较了各类别的值在总和中的分布情况。

销售业绩完成情况图

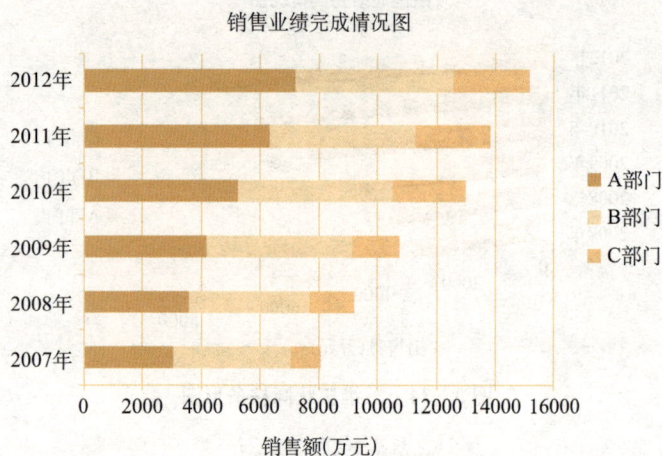

销售额(万元)

图 9 - 37   堆积条形图

　　堆积条形图也可以用三维效果的形式显示(即三维堆积条形图),如图 9 - 38 所示。三维堆积条形图有三种变体,它们分别是堆积水平圆柱图、堆积水平圆锥图和堆积水平棱锥图,如图 9 - 39、9 - 40、9 - 41 所示。

销售业绩完成情况图

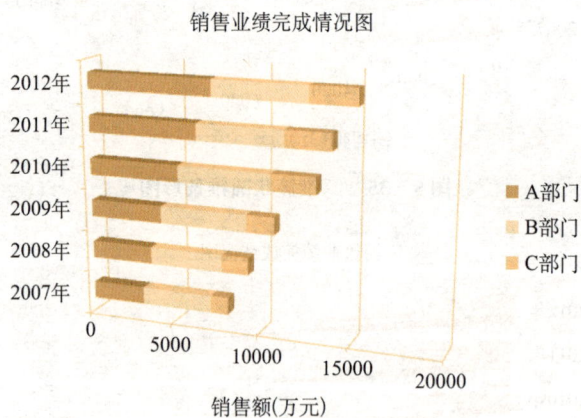

销售额(万元)

图 9 - 38   三维堆积条形图

销售业绩完成情况图

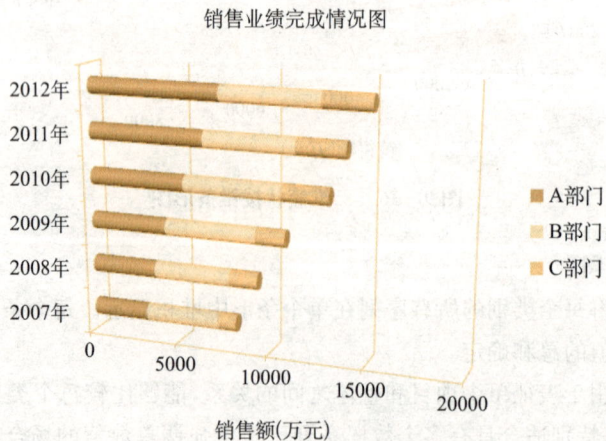

销售额(万元)

图 9 - 39   堆积水平圆柱图

销售业绩完成情况图

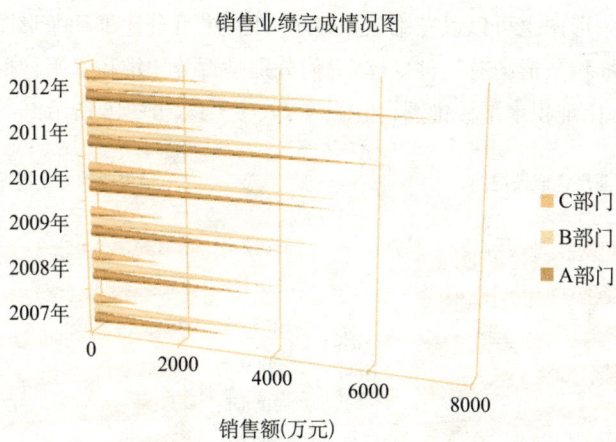

图 9 - 40　堆积水平圆锥图

销售业绩完成情况图

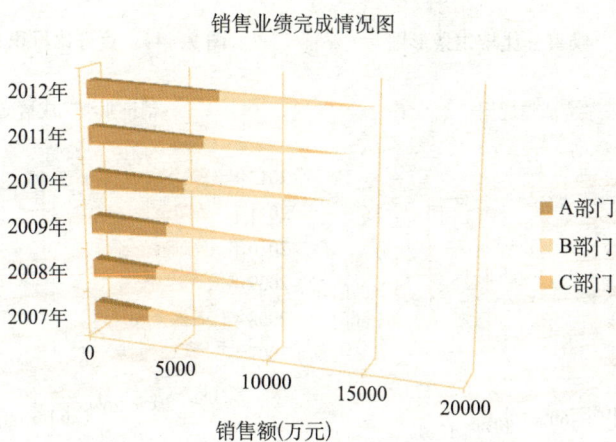

图 9 - 41　堆积水平棱锥图

③ 百分比堆积条形图

百分比堆积条形图是一种包括多个序列垂直堆积并占满图表区的条形图,它以百分比形式比较各类别的值在总和中的分布情况,如图 9 - 42 所示。

销售业绩完成情况图

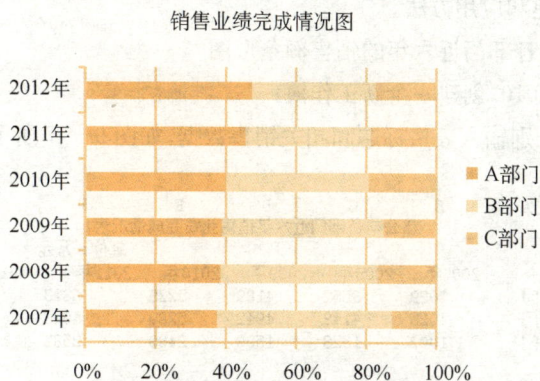

图 9 - 42　百分比堆积条形图

百分比堆积条形图也可以以三维效果显示,即三维百分比堆积条形图,如图9-43所示。三维百分比堆积条形图有三种变体,它们分别是百分比堆积水平柱形图、百分比堆积水平圆锥图、百分比堆积水平棱锥图,如图9-44、9-45、9-46所示。

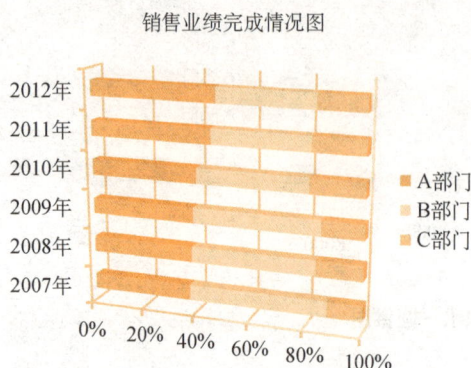

图9-43   三维百分比堆积条形图

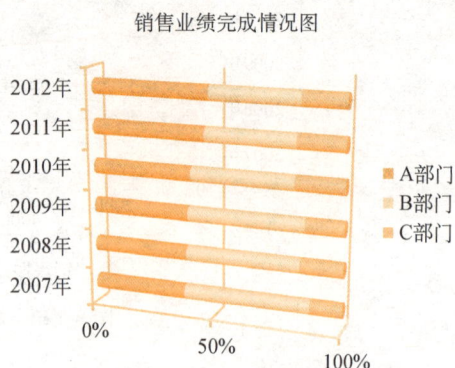

图9-44   百分比堆积水平柱形图

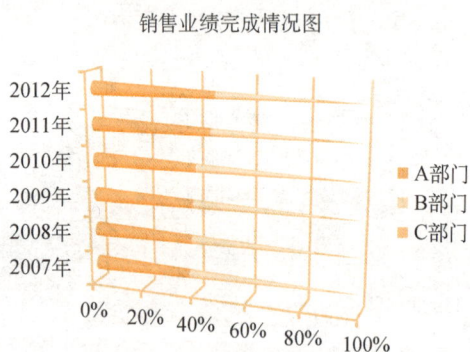

图9-45   百分比堆积水平圆锥图

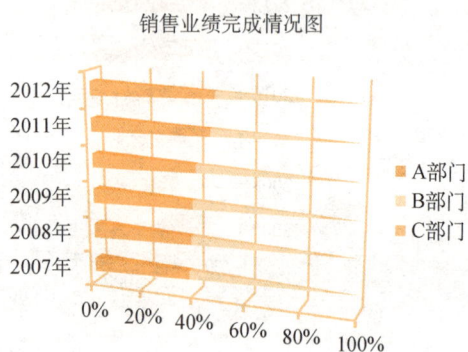

图9-46   百分比堆积水平棱锥图

(2) Excel中条形图的创建(以三维簇状条形图为例,其他条形图的创建方法类似)

如果图表上的数值表示持续时间或者类别文本很长,那么条形图是最佳的表现形式。下面举例说明其创建和应用方法。

【例9-2】创建各部门近六年的销售额条形图

① 启动Excel 2010,创建一个新工作簿;

② 根据题意,分别输入表格标题和相关销售数据,如图9-47所示;

	A	B	C	D	E	F	G
1		XX公司各部门近六年销售业绩完成情况表					
2						单位:万元	
3		2007年	2008年	2009年	2010年	2011年	2012年
4	A部门	3029	3552	4189	5229	6323	7192
5	B部门	4025	4148	4942	5289	4943	5378
6	C部门	1002	1528	1599	2489	2582	2593

图9-47   录入原始数据

③ 选定工作表的数据区域,如图 9 - 48 所示;

	A	B	C	D	E	F	G
1		XX公司各部门近六年销售业绩完成情况表					
2						单位:万元	
3		2007年	2008年	2009年	2010年	2011年	2012年
4	A部门	3029	3552	4189	5229	6323	7192
5	B部门	4025	4148	4942	5289	4943	5378
6	C部门	1002	1528	1599	2489	2582	2593

图 9 - 48　选定要创建图表的区域

④ 切换到"插入"选项卡,单击"图表"组中的【条形图】按钮,从出现的图表类型中选择"簇状水平圆柱图"选项,如图 9 - 49 所示;

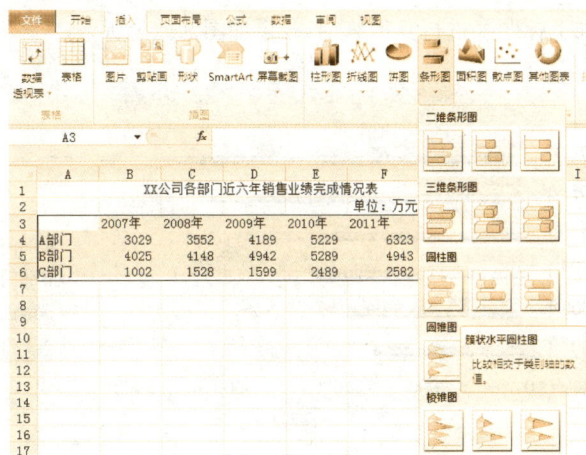

图 9 - 49　选择图表类型

⑤ 选择"簇状水平圆柱图"后,即可在当前工作表中出现如图 9 - 50 所示的图表;

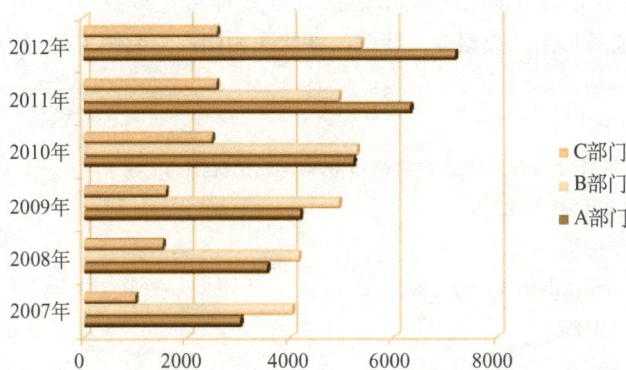

图 9 - 50　图表创建效果

⑥ 保持图表对象的选择,从"设计"选项卡的"图表样式"组中选择一种"图表样式",更改图表的外观,如图 9 - 51 所示;

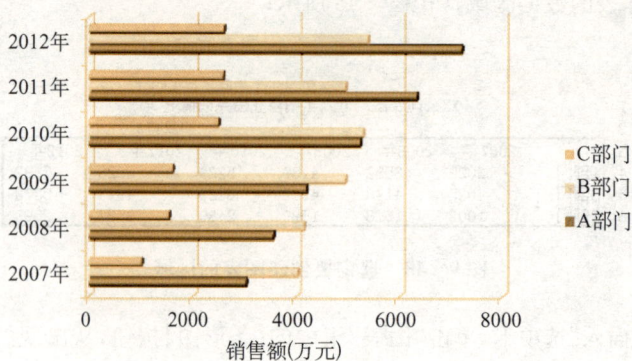

图 9 - 51　更改图表样式

⑦ 为图表添加上标题并进行其他修饰,效果如图 9 - 52 所示;

××公司各部门近六年销售业绩完成情况图

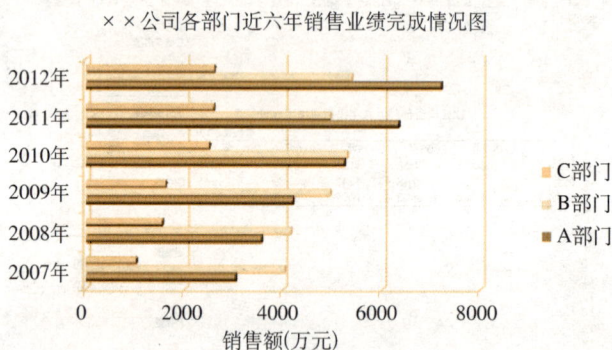

图 9 - 52　图表编辑和修饰效果

⑧ 保存工作簿文件,完成图表的创建。

(3) 用 R 语言绘制条形图※

与绘制柱形图方法相同,只需改变一个参数即可。参数 horiz＝TRUE(默认为 FALSE)可以生成条形图。数据输入代码与柱状图相同。绘制图表代码如下。

```
barplot (mymatrix,
        main="××公司各部门近六年销售业绩完成情况图",
        xlab="销售额(万元)",
        ylab="年份",
        legend=rownames(mymatrix),
        horiz=TRUE)
barplot (mymatrix,
        main="××公司各部门近六年销售业绩完成情况表",
        xlab="销售额(万元)",
        ylab="年份",
        legend=rownames(mymatrix),
```

```
beside=TRUE,
horiz=TRUE)
```

这样就绘制了一幅水平堆砌条形图和水平分组条形图,结果如图9-53、9-54。

××公司各部门近六年销售业绩完成情况图

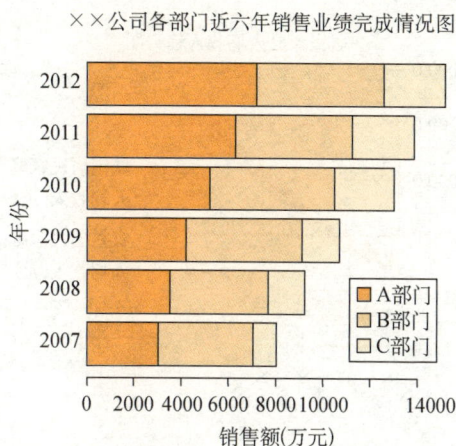

图9-53 水平堆砌条形图

××公司各部门近六年销售业绩完成情况图

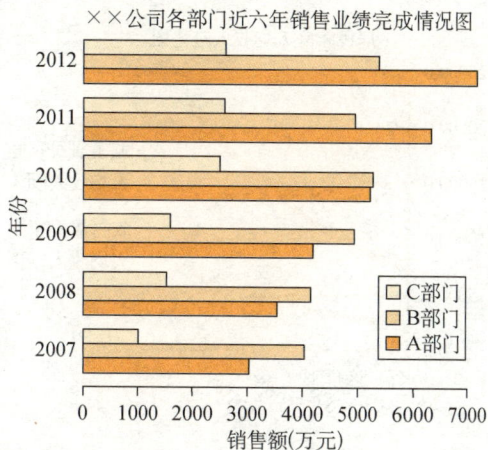

图9-54 水平分组条形图

3. 折线图

(1) 折线图基础

折线图是一种用直线段将各数据点连接起来而组成的图形,它以折线方式显示数据的变化趋势。折线图可以显示随时间(根据常用比例设置)而变化的连续数据,因此非常适用于显示在相等时间间隔下数据的趋势。

折线图主要由标题、坐标轴、图例和主体构成。在折线图中,类别数据沿水平轴均匀分布,所有值数据沿垂直轴均匀分布。如图9-55所示。

居民家庭人均收入趋势图

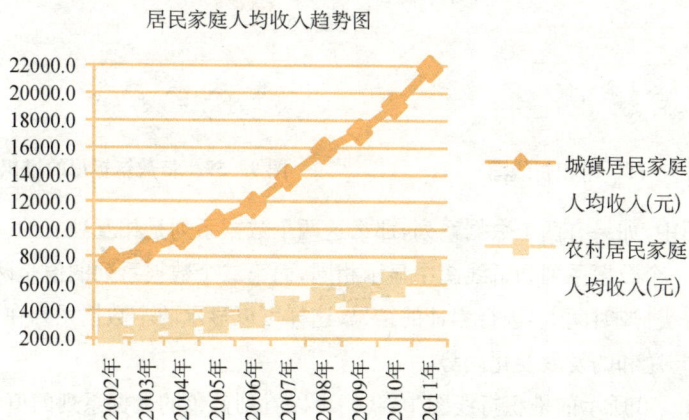

图9-55 折线图

折线图的种类很多,有折线图和带数据标记的折线图、堆积折线图和带数据标记的堆积折线图、百分比堆积折线图及带数据标记的百分比堆积折线图以及三维折线图等。

① 折线图和带数据标记的折线图

折线图显示了数值随时间变化的趋势，为了清晰地表明单个数据值的点，可以使用带数据标记的直线图。类别顺序很重要或者存在许多数据点的情况适宜使用折线图。折线图和带数据标记的折线图如图 9-56、9-57 所示。

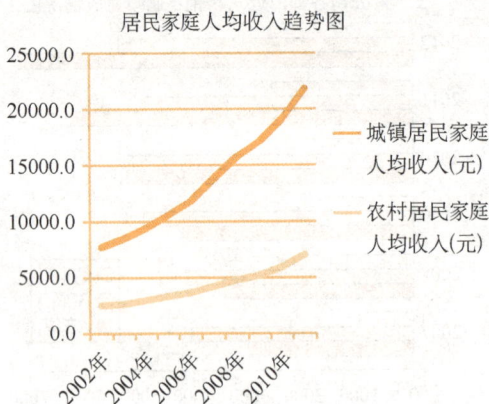

图 9-56 折线图

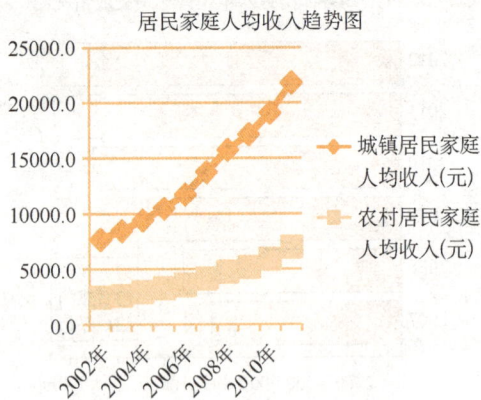

图 9-57 带数据标记的折线图

② 堆积折线图和带数据标记的堆积折线图

堆积折线图用于显示每一数值所占大小随时间或有序类别变化的趋势。因为堆积折线图难于阅读，所以可以考虑改用堆积面积图。

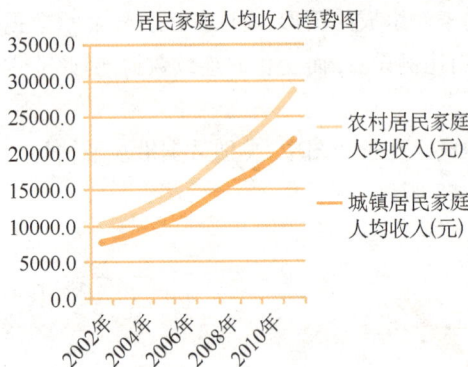

图 9-58 堆积折线图

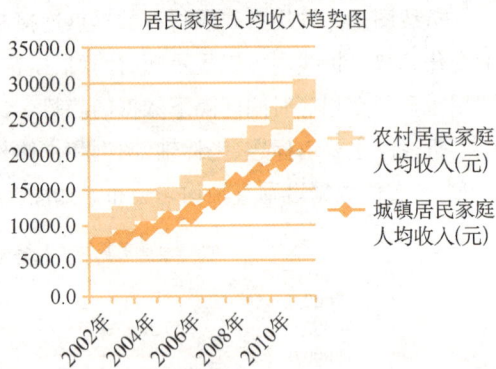

图 9-59 带数据标记的堆积折线图

在折线图中，如果有两个数据系列，那么这两个数据系列是相互独立的。但是在堆积折线图中，第一个数据系列和折线图中显示相同，而第二个数据系列的值是两个数据系列的值在同一分类（或时间上）进行累计的结果，这样可以显示两个数据系列在同一分类（或时间上）的值与总和的发展变化趋势。

在如图 9-58 所示的堆积折线图中，我们可以看到蓝色的数据系列的值没有变化，仍然表示城镇居民家庭人均收入；红色表示的数据系列的值为农村和城市居民家庭人均收入的和。

③ 百分比堆积折线图和带数据标记的百分比堆积折线图

百分比堆积折线图用于显示每一数值所占百分比随时间或有序类别而变化的趋势，如图 9-60、9-61 所示。

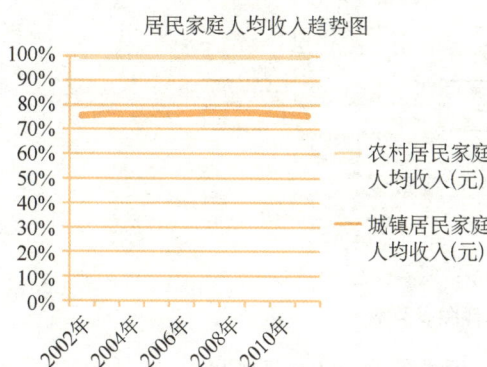

图 9-60　百分比堆积折线图

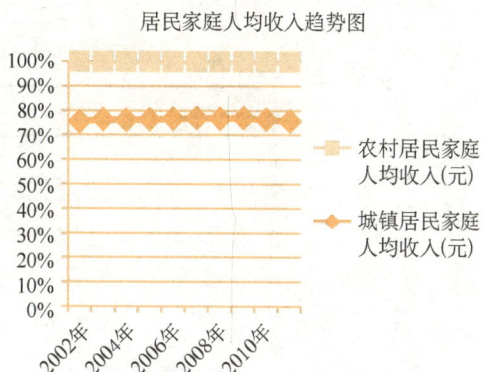

图 9-61　带数据标记的百分比堆积折线图

④ 三维折线图

在三个坐标轴上，以三维条带的形式显示每个数据行或数据列，包含可修改的水平轴、垂直轴和深度轴。

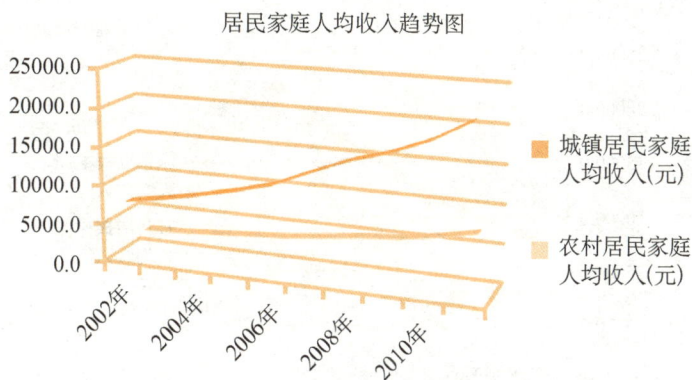

图 9-62　三维折线图

(2) Excel 中折线图的创建(以带数据标记折线图为例，其他折线图的创建方法类似)

【例 9-3】创建 2002 年到 2011 年居民家庭人均收入的折线图

① 启动 Excel 2013 应用程序，新建一个工作簿，在 Sheet 工作表中创建如图 9-63 所示数据；

	A	B	C	D	E	F	G	H	I	J	K
1				2002到2011年居民家庭人均收入							
2	指标	2002年	2003年	2004年	2005年	2006年	2007年	2008年	2009年	2010年	2011年
3	城镇居民家庭人均收入(元)	7702.8	8472.2	9421.6	10493.0	11759.5	13785.8	15780.8	17174.7	19109.4	21809.8
4	农村居民家庭人均收入(元)	2475.6	2622.2	2936.4	3254.9	3587.0	4140.4	4760.6	5153.2	5919.0	6977.3

图 9-63　数据

② 选择数据源 A2:K4 单元格区域，打开【插入】选项卡，在【图表】组中单击【折线图】按钮，从弹出菜单的【二维折线图】选项区域中选择【带数据标记的折线图】选项，如图 9-64 所示；

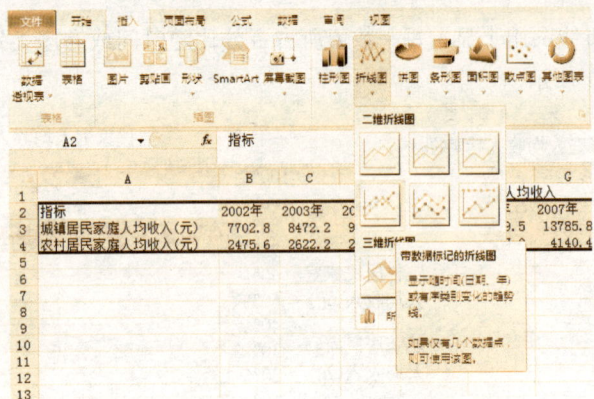

图 9-64　选择图表类型

③ 此时,系统会自动根据数据源生成一个折线图,如图 9-65 所示;

④ 拖动鼠标调节图表大小和位置;

⑤ 选择垂直(值)轴刻度,并右击,从弹出的快捷菜单中选择【设置坐标轴格式】命令,打开【设置坐标轴格式】对话框;

⑥ 打开【坐标轴选项】选项卡,设置坐标轴边界最小值为固定 2000,最大值为固定22000,如图9-66 所示;

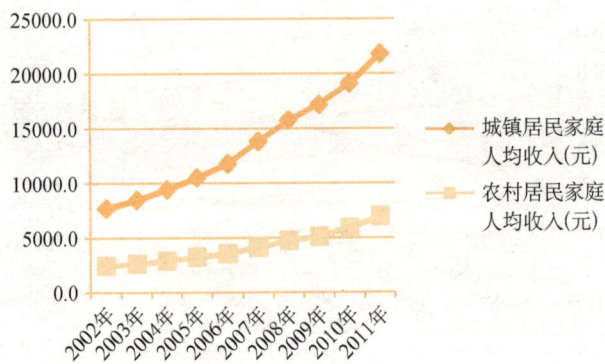

图 9-65　生成折线图

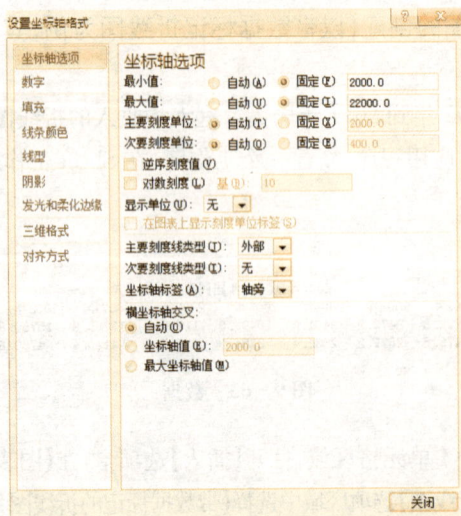

图 9-66　设置坐标轴格式

⑦ 返回工作簿中,即可查看设置坐标轴刻度后得图表,如图 9 - 67 所示;

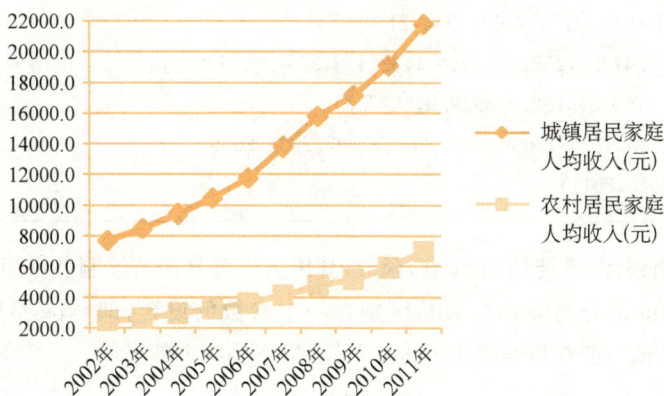

图 9 - 67　查看图表

⑧ 左键【布局】选项卡,在【图表标题】选项组中点击【图表上方】,即可在图表上方插入【图表标题】文本框,如图 9 - 68 所示;

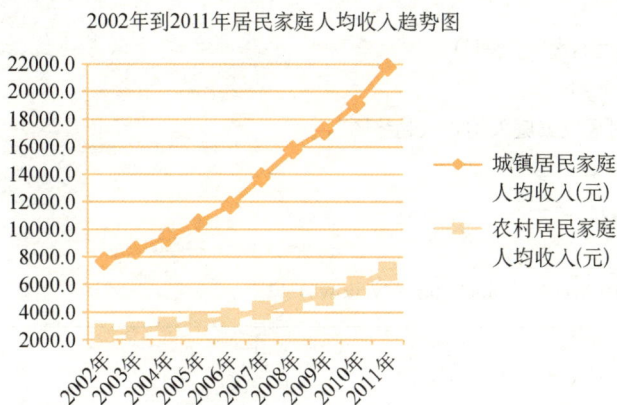

图 9 - 68　插入图表标题

⑨ 也可以在【布局】选项卡的其他选项组中调整你的图表;

⑩ 完成后保存工作簿,完成图表制作。

(3) 用 R 语言绘制折线图※

在 R 语言编辑器中输入如图 9 - 69 所示的数据。

	A	B	C	D	E	F	G	H	I	J	K
1					2002年到2011年居民家庭人均收入						
2	指标	2002年	2003年	2004年	2005年	2006年	2007年	2008年	2009年	2010年	2011年
3	城镇居民家庭人均收入(元)	7702.8	8472.2	9421.6	10493.0	11759.5	13785.8	15780.8	17174.7	19109.4	21809.8
4	农村居民家庭人均收入(元)	2475.6	2622.2	2936.4	3254.9	3587.0	4140.4	4760.6	5153.2	5919.0	6977.3

图 9 - 69　数据

在 R 语言中输入以上数据,需要定义三个向量,分别是 city、college 和 years。代码如下。

```
city <- c(7702.8,8472.2,9421.6,10493.0,11759.5,13785.8,
          15780.8,17174.7,19109.4,21809.8)
college <- c(2475.6,2622.2,2936.4,3254.9,3587.0,4140.4,
             4760.6,5153.2,5919.0,6977.3)
years <- c(2002,2003,2004,2005,2006,2007,2008,2009,
           2010,2011)
```

我们绘制折线图,需要用到 plot()函数,其用法与用 R 语言绘制散点图的方法基本相同(绘制散点图的部分会介绍),只是区别在一个参数的设置,即 type 参数。散点图中 type="p"(默认值),而在折线图中 type="b"。以下是两个例子:

```
plot(years,city,
     main="城市居民家庭人均收入趋势图",
     xlab="年份",
     ylab="收入元",
     type="b",
     pch=19,lty=2,col="red")
plot(years,college,
     main="农村居民家庭人均收入趋势图",
     xlab="年份",
     ylab="收入元",
     type="b",
     pch=23,lty=6,col="blue",bg="yellow")
```

结果如图 9-70、9-71 所示。

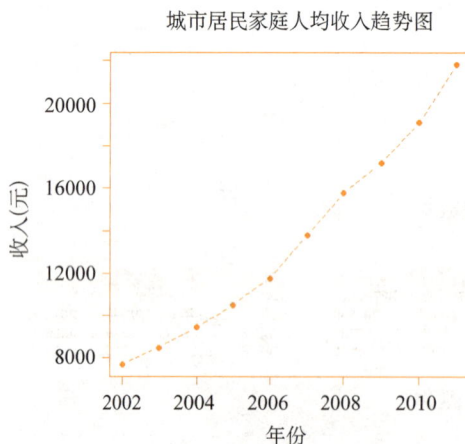

图 9-70　城市居民家庭人均收入折线图

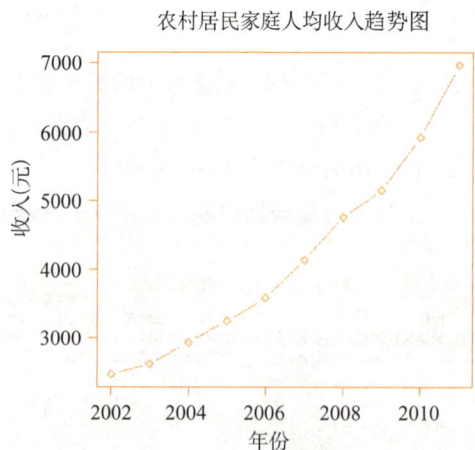

图 9-71　农村居民家庭人均收入折线图

在上方左图中,我们以年份为 x 轴,以 city 为 y 轴,绘制了城市居民家庭人均收入的折线图,图中使用了红色实心圆圈和虚线;在上方右图中,我们以年份为 x 轴,以 college 为 y 轴,绘制了农村居民家庭人均收入的折线图,图中使用了黄色填充的菱形加蓝色边框和蓝色虚线。

9.2.2   基于关系的绘图

需要体现变量之间的关系,通常可以使用散点图和气泡图。其中,散点图属于二维变量,气泡图属于三维变量。

1. 散点图

(1) 散点图基础

散点图将系列显示为一组点,其值由点在图表空间中的位置表示,类别由图表中的不同点表示。散点图一般用于比较跨类别的不同值。

散点图主要由标题、坐标轴和主体构成,如图 9-72 所示。

散点图将工作表中的列/行数据以数据点的形式绘制到图中,这种图表表征了多个数据系列中各数值之间的关系,它包括带数据标记的散点图、带直线的散点图、带直线和数据标记的散点图、带平滑线的散点图、带平滑线和数据标记的散点图。我们将以公司产量情况表(数据自编)为例,具体见表 9-1。

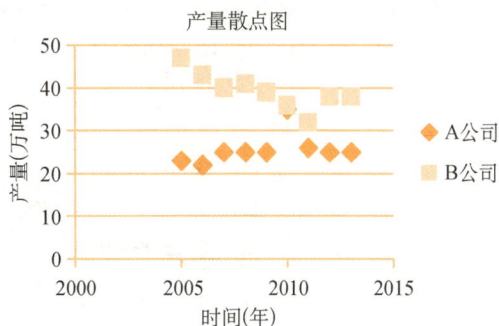

图 9-72   散点图

表 9-1   A、B 公司产量数据

时间(年)	A 公司产量(万吨)	B 公司产量(万吨)
2005	23	47
2006	22	43
2007	25	40
2008	25	41
2009	25	39
2010	35	36
2011	26	32
2012	25	38
2013	25	38

① 仅带数据标记的散点图

仅带数据标记的散点图根据值系列的 x 值和 y 值将每个值系列显示为图表空间中的

不同数据点。典型的散点图包含有值的非聚合表达式,值图表区中 x 的表达式和类别组的表达式通常也是相同的。虽然类别组和系别组是可选的,但是必须至少选择其中一个组,才能在图表中显示有意义的数据,如图 9-73 所示。

图 9-73   仅带数据标记散点图

② 带直线的散点图、带直线和数据标记的散点图

折线散点图的数据点之间可以显示也可以不显示直线。显示连接线时可以显示标记,也可以不显示标记,如图 9-74、9-75 所示。

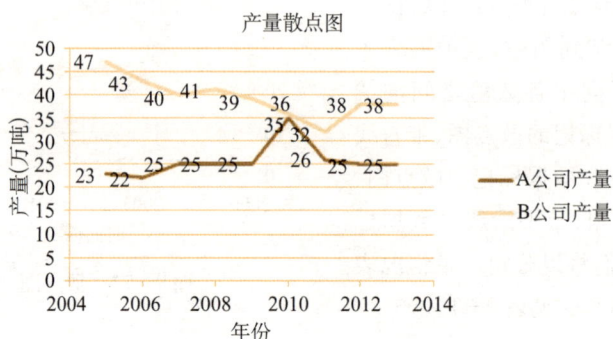

图 9-74   带直线的散点图

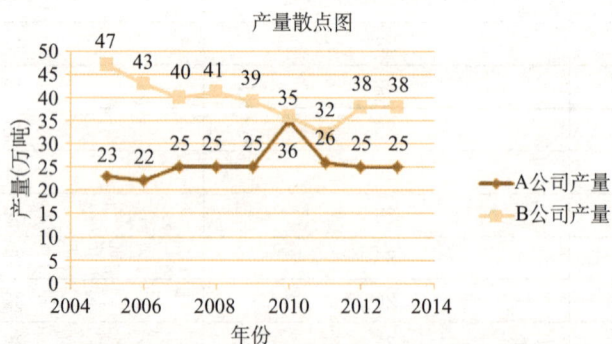

图 9-75   带直线和数据标记的散点图

③ 带平滑线的散点图、带平滑线和数据标记的散点图

平滑线散点图的数据点用曲线连接,显示连接线时可以显示标记,也可以不显示标

记,如图 9 - 76、9 - 77 所示。

图 9 - 76   带平滑线的散点图

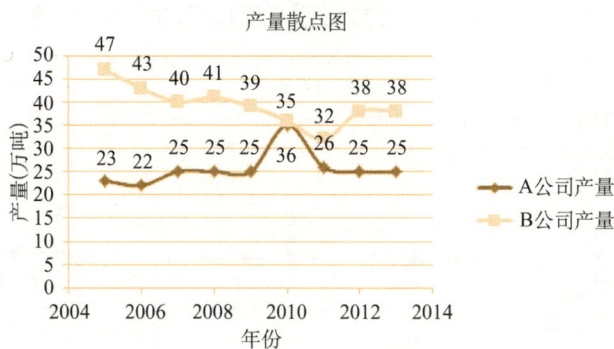

图 9 - 77   带平滑线和数据标记的散点图

(2) Excel 中散点图的创建(以仅带数据标记散点图为例,其他散点图的创建方法类似)

【例 9 - 4】创建公司产量分析表散点图

① 启动 Excel 2010 应用程序,新建一个名为"公司产量分析表"的工作簿,在 Shell 工作表中创建数据,如图 9 - 78 所示;

公司产量分析表		
		单位:万吨
年份	A公司产量	B公司产量
2005	23	47
2006	22	43
2007	25	40
2008	25	41
2009	25	39
2010	35	36
2011	26	32
2012	25	38
2013	25	38

图 9 - 78   数据

② 选中数据,打开【插入】选项卡,在【图表】组中单击【散点图】按钮,从弹出菜单选项区域中选择【仅带数据标记的散点图】选项;

③ 此时,系统会自动根据数据源生成一个散点图,如图 9 - 79 所示;

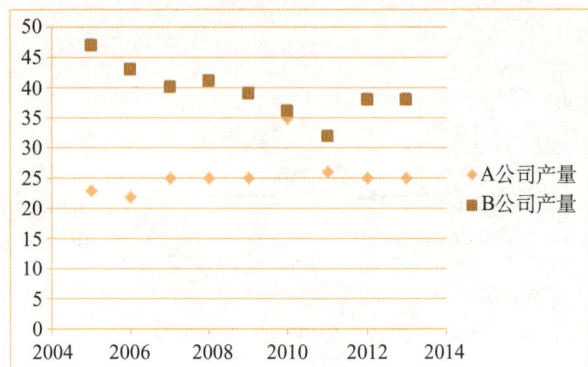

图 9 - 79   生成散点图

④ 在图表工具的布局中,点击【图表标题】添加标题,如图 9 - 80 所示;

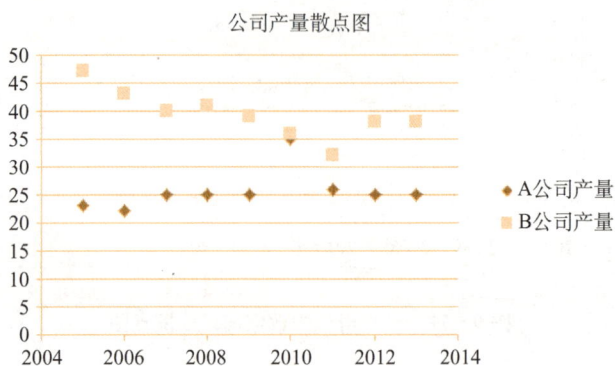

图 9 - 80   插入图表标题

⑤ 在图表工具的布局中,点击【坐标轴标题】添加坐标轴标题,如图 9 - 81 所示;

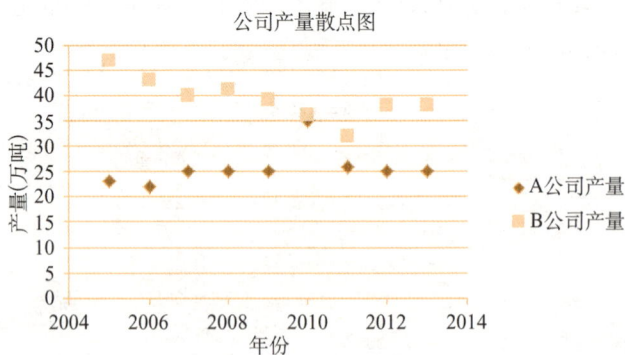

图 9 - 81   插入坐标轴标题

⑥ 综合利用【格式】、【布局】、【设计】选项卡,对图表进行修饰或修改,最终得到图 9 - 82;

⑦ 保存工作簿文件,完成图表的创建。

图 9 - 82　公司产量散点图

(3) 用 R 语言绘制散点图[※]

在 R 中创建散点图,需要用到 plot()函数。其简单用法是:

```
plot(x, y)
```

其中的 x 和 y 是数值型向量,代表着图中的(x, y)点。

以下是一个例子。例子中的代码先用三个向量创建了三条数据,用 time 来代表时间,用 Acompany 代表 A 公司产量,用 Bcompany 代表 B 公司产量。然后用 plot()函数和 lines()函数创建了一幅散点图。代码如下:

```
time <- c(2005,2006,2007,2008,2009,2010,2011,2012,2013)
Acompany <- c(23,22,25,25,25,35,38,39,50)
Bcompany <- c(47,43,40,41,39,36,32,38,38)
x <- c(20,25,30,35,40,45,50)
plot(time,Acompany,main='公司产量散点图',
     xlab='时间(年)',ylab='产量(万吨)',pch=18,yaxt='n')
lines(time,Bcompany,type='p',pch=2)
axis(2,at=x)
legend('top',c('A公司','B公司'),pch=c(18,2))
```

图形结果如图 9 - 83 所示。

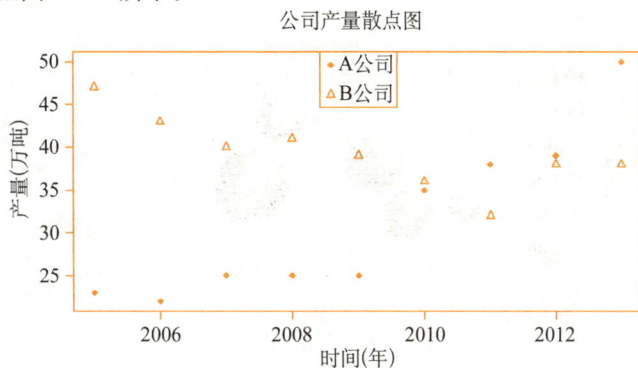

图 9 - 83　R 语言绘制散点图

2. 气泡图

(1) 气泡图基础

气泡图可以将数据序列显示为一组符号,其不同的值由相应点在图表空间中的位置以及符号的大小表示,类别在图表中以不同的符号形式表示。

构成要素主要由标题、图例、坐标轴和主体等构成。如图 9-84 所示。

气泡图分为普通气泡图和三维气泡图两种类型。

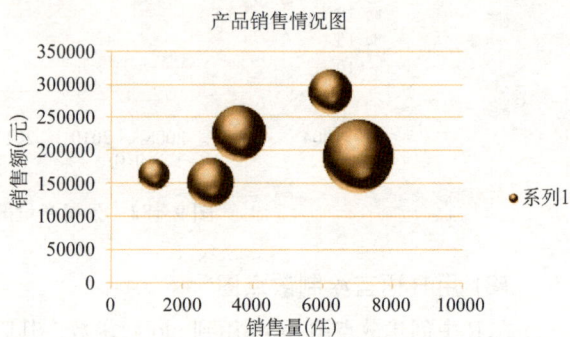

图 9-84 气泡图

① 普通气泡图

如图 9-85 所示,普通气泡图在图表空间中根据值序列的 x 值和 y 值以数据点的形式显示各个值序列。另一个值 z 确定数据点的符号的大小。虽然类别组和序列组是可选的,但是必须选择其中一种,才能在图表中显示有意义的数据。

② 三维气泡图

三维气泡图以三个数值为一组对数据进行比较,且可以三维效果显示。气泡的大小为数据标记,表示第三个变量的值,如图 9-86 所示。

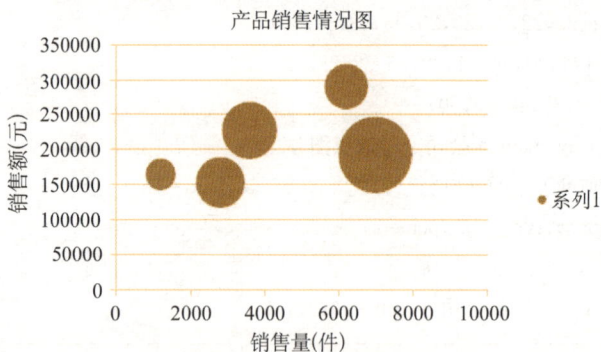

图 9-85 普通气泡图

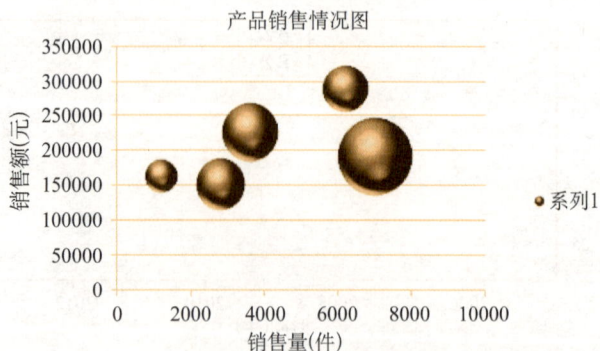

图 9-86 三维气泡图

(2) Excel 中气泡图的创建(以三维气泡图为例,其他气泡图的创建方法类似)

创建气泡图时,Excel 工作表中的第 1 列中的数据可以作为气泡的 x 值,第 2 列中的数据可以作为气泡的 y 值,而第 3 列数据将会作为气泡的大小。下面通过一个实例来介绍气泡图的创建和应用方法。

【例 9-5】创建公司销售情况气泡图

具体创建方法如下:

① 启动 Excel 2010,创建一个新工作簿;

② 根据题意,分别输入表格标题和相关销售数据,如图 9-87 所示;

图 9-87　录入原始数据

③ 选定工作表的数据区域,如图 9-88 所示;

图 9-88　选定工作表的数据区域

④ 切换到"插入"选项卡,单击"图表"组中的【其他图标】按钮,从出现的图表类型中选择"气泡图"中的"三维气泡图",如图 9-89 所示;

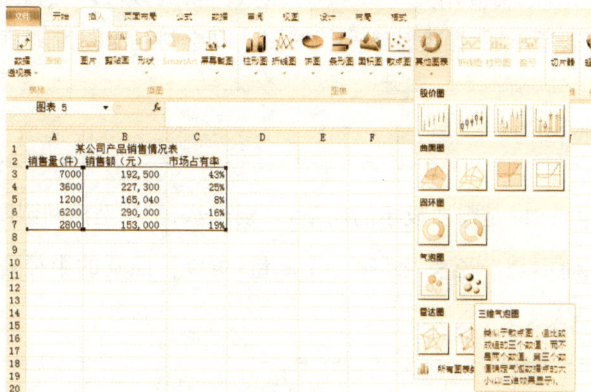

图 9-89　选择"三维气泡图"选项

⑤ 选择"三维气泡图"后,即可在当前工作表中出现如图 9-90 所示的气泡图;

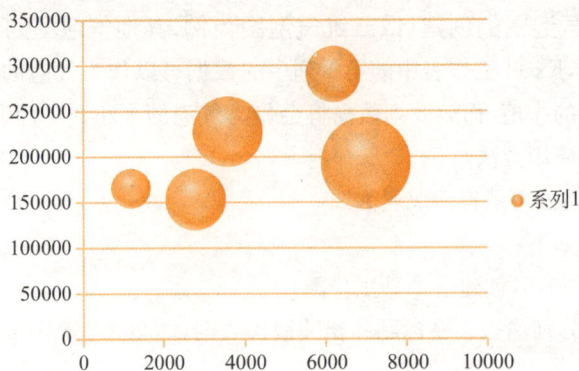

图 9 - 90   系统生成的三维气泡图

⑥ 为图标添加标题,修改其中的文字内容并设置需要的格式,最终效果如图 9 - 91 所示;

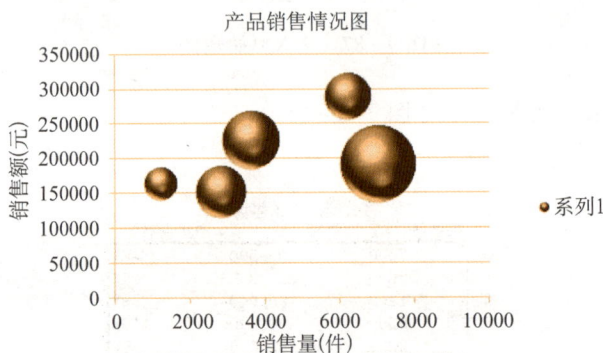

图 9 - 91   制作完成的三维气泡图

⑦ 完成后保存工作簿,即完成图标制作。

(3) 用 R 语言绘制气泡图※

在 R 中创建气泡图,需要用到 symbols() 函数。该函数可以在指定的 (x, y) 坐标上绘制气泡图、方形图、星形图、温度计图和箱线图。以绘制气泡图为例,其用法是:

```
symbols(x,y,circle＝radius)
```

其中的 x、y 和 circle 是需要设定的向量,分别表示 x、y 坐标和圆圈半径。

如果想用面积而不是半径来表示第三个向量,可以按照圆的半径公式($r = \sqrt{A/\pi}$)变换:

```
symbols(x,y,circle＝sqrt(z/pi))
```

z 即是第三个要绘制的变量。

以下是一个例子。

```
qualities <- c(7000,3600,1200,6200,2800)
sales <- c(192500,227300,165040,29000,153000)
ms <- c(0.43,0.25,0.08,0.16,0.19)
r = sqrt(ms/pi)
symbols(qualities,sales,circle=r,inches=0.50,
        fg="white",bg="pink",
        main="产品销售情况图",
        xlab="销售量(件)",
        ylab="销售额(元)")
text(qualities,sales,ms)
```

图形结果如图 9-92 所示。

例子中的代码先用三个向量创建了三类数据,分别用 qualities 来表示销售数量,sales 来表示销售额,ms 来表示市场占有率,即 x 轴数据、y 轴数据和气泡大小(即圆的面积)。然后用 symbols() 函数创建了一幅气泡图,其中选项 inches 是比例因子,控制着圆圈大小(默认最大圆圈为 1 英寸)。text() 函数用来添加标签,即市场占有率大小。

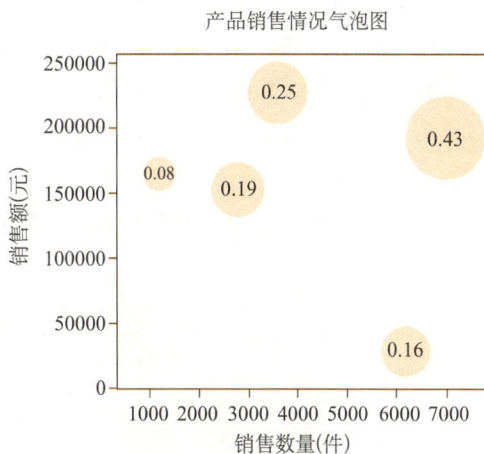

图 9-92　R 语言绘制气泡图

9.2.3　基于组合的绘图

对于组合型数据,数据类型可分为静态(static)与时变(changing over time)两种。当数据处静态时,若强调部分在总量中的比例,可选择饼图;若强调部分中的部分,可使用带有子部件的完全堆砌柱形图。当数据处时变时,若周期数较多,适合使用堆砌柱形图或完全堆砌柱形图;若周期数较少,适合使用堆砌面积图或完全堆砌面积图。有关柱形图的部分,在基于比较的绘图部分已经介绍过,这里不再多说,本节主要讲有关饼图和面积图的有关概念和绘制方法。

1. 饼图

（1）饼图基础

饼图一般用于显示组成数据系列的项目在项目总和中所占的比例。在饼图中,一般只显示出一个数据系列。饼图非常适合需要强调数据中的某个重要元素的场合。

饼图一般由图表标题、图例和主体构成(没有坐标轴),如图 9-93 所示。

饼图显示了各个值在总和中的分布情况,即将数据显示为整体的一定比例。饼图上没有轴,在其中放置上某个数值字段后,这种图表会计算每个值相对总计的百分比。饼图也有多种变体形式,常见的有分离型饼图、复合饼图、复合条饼图、三维饼图和分离型三维饼图。

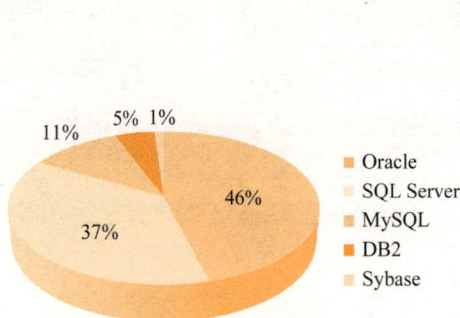

图 9-93   饼图

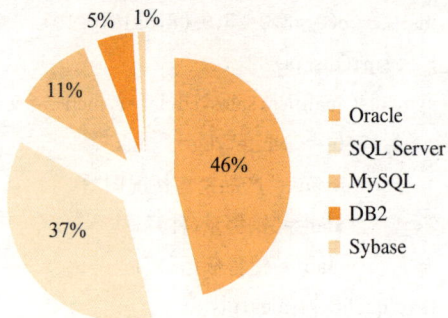

图 9-94   分离型饼图

① 分离型饼图

分离型饼图的所有切片均从饼图中心向外发散,如图 9-94 所示。这种饼图显示了各个值在总和中的分布情况,同时强调了各个值的重要性。

② 复合饼图

复合饼图将用户定义的值提取出来,然后显示在另一个饼图中,如图 9-95 所示。

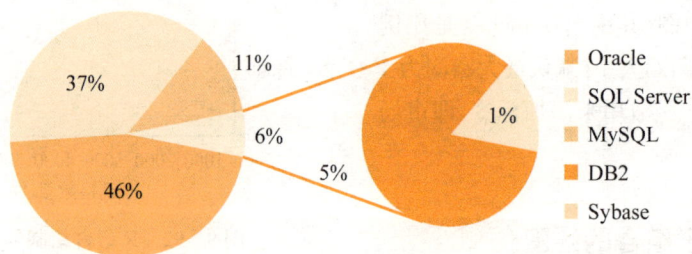

图 9-95   复合饼图

③ 复合条饼图

复合条饼图可以将用户定义的数据提取出来,然后显示在另一个堆积条形图中,如图 9-96 所示。

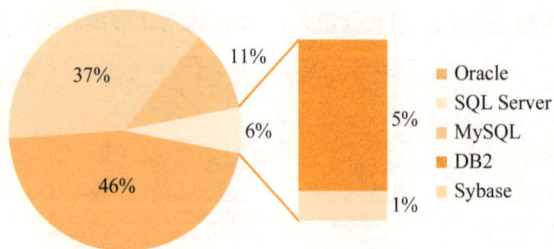

图 9-96   复合条饼图

④ 三维饼图

三维饼图是普通饼图的立体化表示形式,这种饼图的特点是立体感较强,能使数据更具有视觉冲击力,如图 9-97 所示。

⑤ 分离型三维饼图

分离型三维饼图是分离型饼图的立体化表示形式,如图 9 - 98 所示。

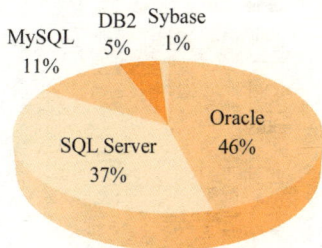

图 9 - 97　三维饼图　　　　　图 9 - 98　分离型三维饼图

(2) Excel 中饼图的创建(以三维饼图为例,其他饼图的创建方法类似)

饼图用扇形的面积,或者说圆心角的度数来表示数量,主要用于表示组数不多的品质资料或间断性数量资料的构成情况,其各个部分百分比之和为 100%。使用饼图,能够很直观地通过各个扇形面积的大小来判断某一部分在总体中所占比例的多少。下面举例说明其创建方法。

【例 9 - 6】创建某网站数据库招聘情况的统计饼图。

要制作某网站数据库招聘情况的统计饼图,可以将各个数据库名称和招聘信息条数录入到 Excel 工作表中,然后利用图表向导完成统计饼图的制作。当然在完成之前还需要根据作者的意愿对饼图进行适当的删改。使用 Excel 2010 创建某网站数据库招聘情况的统计饼图的过程如下:

① 启动 Excel 2010,创建一个新工作簿;

② 将系统默认的 Sheet1 工作表更名为"数据库招聘情况统计";

③ 根据题意,分别输入表格标题和相关销售数据,如图 9 - 99 所示;

④ 选定工作表的数据区域,如图 9 - 100 所示;

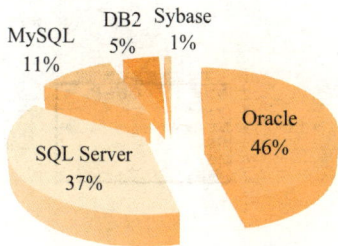

图 9 - 99　数据　　　　图 9 - 100　选定要创建图标的区域

⑤ 切换到"插入"选项卡,单击"图表"组中的【饼图】按钮,从出现的图表类型中选择"三维饼图",如图 9 - 101 所示;

⑥ 选择"三维饼图"后,即可在当前工作表中出现如图 9 - 102 所示的图表,可将图表标题删掉或者修改;

⑦ 保持图表对象的选择,然后切换到"设计"选项卡,从【图表布局】中选择【布局 6】;然后再切换到"格式"选项卡,在格式列表中选择一种合适的格式,更改图表的外观,结果如图 9 - 103 所示;

⑧ 保存工作簿文件,完成图表的创建。

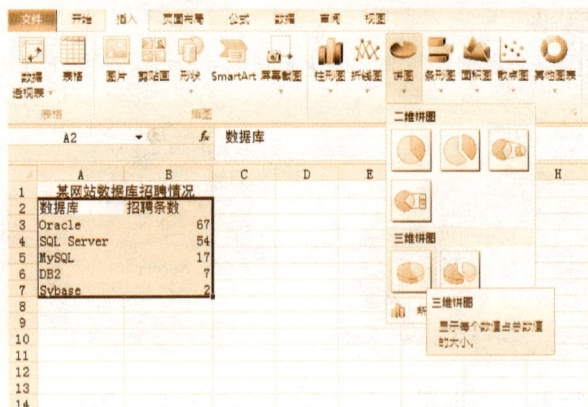

图 9 - 101　类型中选择三维饼图

招聘条数

图 9 - 102　三维饼图

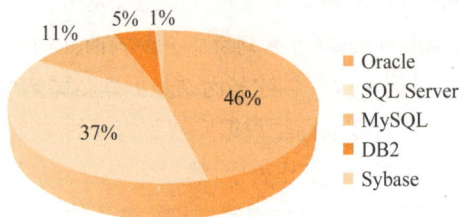

图 9 - 103　更改图表外观

	A	B
1	某网站数据库招聘情况	
2	数据库	招聘条数
3	Oracle	67
4	SQL Server	54
5	MySQL	17
6	DB2	7
7	Sybase	2

图 9 - 104　数据

(3) 用 R 语言绘制饼图※

① 输入数据

在 R 语言中输入如图 9 - 104 所示的数据。

在 R 语言中输入以上数据,需要定义两个向量,向量 slices 用来表示招聘条数,向量 lbls 用来表示数据库名称,这样就完成了基本的数据设置。

② 绘制图形

我们要绘制饼图,需要用到 pie()函数。其简单用法是:

```
pie(x, labels)
```

其中的 x 是一个非负数值向量,表示每个扇形的面积;而 labels 则是表示各扇形标签的字符型向量。

在 R 语言编辑器中输入如下代码,则会得到饼图。结果如图 9 - 105 所示。

```
slices <- c(67,54,17,7,2)
lbls <- c("Oracle","SQL Server","MySQL","DB2","Sybase")
pie(slices,labels=lbls,main="某网站数据库招聘情况")
```

某网站数据库招聘情况

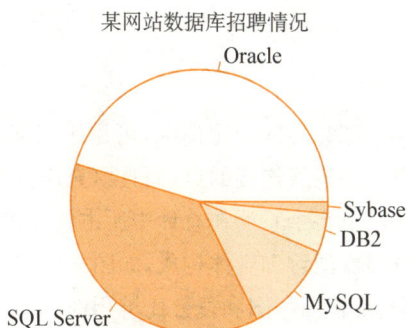

图 9 - 105　R 语言绘制饼图

另外,我们可以通过参数 labels 设置个性化标签,参数 col 设置个性化颜色。例如:

```
slices <- c(67,54,17,7,2)
lbls2 <- paste(lbls,"",pct,"%",sep="")
pie(slices,labels=lbls2,col=rainbow(length(lbls2)),
    main="某网站数据库招聘情况")
```

其中 lbls2 是将样本数转化成比例值,并将这项信息添加到了各扇形的标签上。颜色通过 rainbow( )函数定义了各扇形的颜色,这里的 rainbow(length(lbls2))将被解析为 rainbow(5),即为图形提供了五种颜色。结果如图 9 - 106 所示。

若要想绘制三维饼图,则要使用 plotrix 包中的 pie3D( )函数。需要在第一次使用之前下载并安装 plotrix 包。创建三维饼图的代码如下,结果如图 9 - 107 所示。

某网站数据库招聘情况

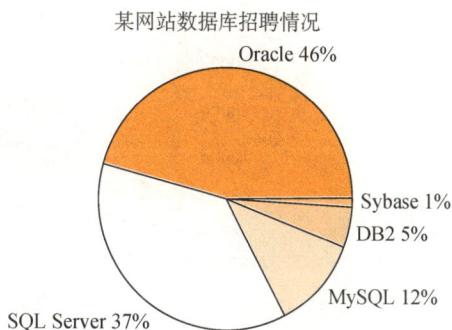

图 9 - 106　百分比饼图

```
library(plotrix)
pie3D(slices,labels=lbls,explode=0.05,main="某网站数据库招聘情况")
```

某网站数据库招聘情况

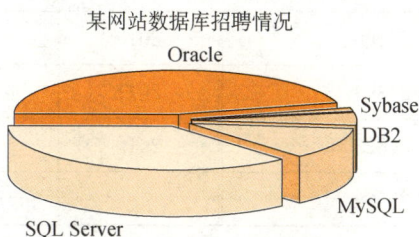

图 9 - 107　三维饼图

2. 面积图

(1) 面积图基础

面积图可以强调值的大小随时间的变化情况,可用于引起人们对总趋势的注意。面积图将数据序列表示为一组由一条线连接的点,而且填充连接线下方的所有区域,从而直观地显示所有出有序的总计以及每个系列在总计中所占的比例。

面积图主要由标题、坐标轴、图例和主体构成,如图 9 – 108 所示。

面积图包括普通面积图、堆积面积图和百分比堆积面积图,每种面积图都有二维图形和三维图形之分。

① 面积图和三维面积图

面积图能够很好地显示数值随时间或类别的变化趋势,它也可以采用三维图形来表示。通过显示已绘制的值的总和,面积图还可以显示部分与整体的关系。我们将以 2000年至 2012 年的全国职工平均工资(数据来自上海统计网)为例(具体见表 9 – 2),绘制面积图如图 9 – 109 和三维面积图 9 – 110 所示。

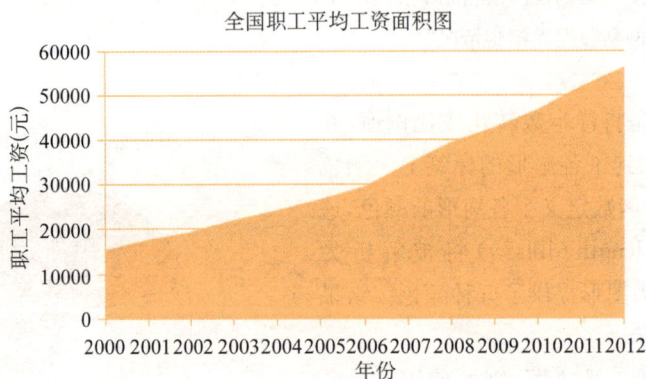

图 9 – 108　面积图

表 9 – 2　2000 年至 2012 年的全国职工平均工资

年份	职工平均工资(元)	年份	职工平均工资(元)
2000	15420	2007	34707
2001	17764	2008	39502
2002	19473	2009	42789
2003	22160	2010	46757
2004	24398	2011	51968
2005	26823	2012	56300
2006	29569		

全国职工平均工资面积图

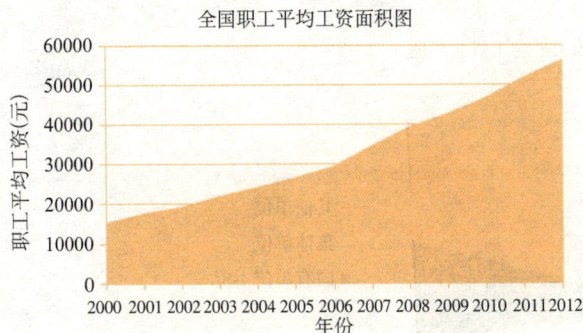

图 9 - 109   面积图

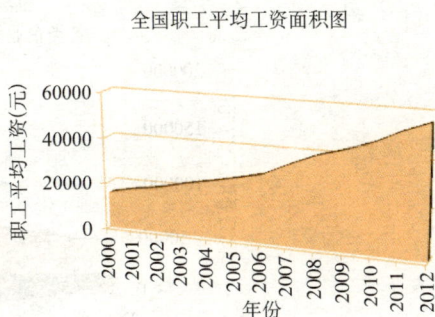

全国职工平均工资面积图

图 9 - 110   三维面积图

② 堆积面积图和三维堆积面积图

如果多个序列中的值相似,普通面积图的面积可能会发生重叠,从而遮挡重要的数据点值。这种情况下,可以使用堆积面积图,以便在面积图上显示多个序列。堆积面积图用于显示各个值的分布随时间或类别的变化趋势,它也可以用三维效果表示。我们将以 2000 年至 2012 年的全国国有单位、集体单位、其他单位的职工平均工资(数据来自上海统计网)为例,具体数据见表 9 - 3,制作堆积面积图如图 9 - 111 和三维堆积面积图如图 9 - 112 所示。

表 9 - 3   2000 年至 2012 年单位数据

	国有单位(元)	集体单位(元)	其他单位(元)
2000	15737	8041	17942
2001	17820	8525	20865
2002	19777	8707	21886
2003	22541	9844	24359
2004	24726	11539	26270
2005	28803	12819	26792
2006	36010	15209	27459
2007	46426	19244	30687
2008	53554	21787	35180
2009	62390	25390	37104
2010	70585	28225	40397
2011	79541	42010	46314
2012	86042	45990	51035

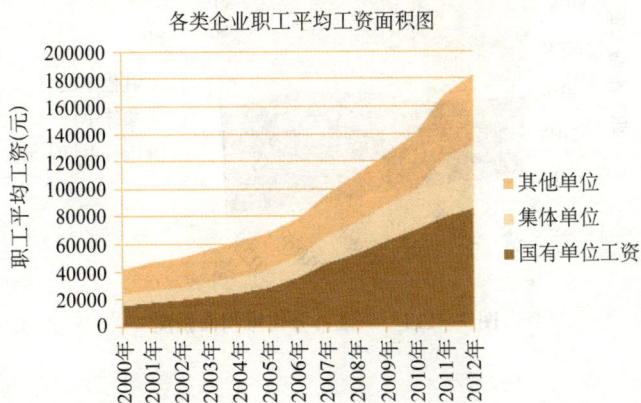

各类企业职工平均工资面积图

图 9 - 111   堆积面积图

各类企业职工平均工资面积图

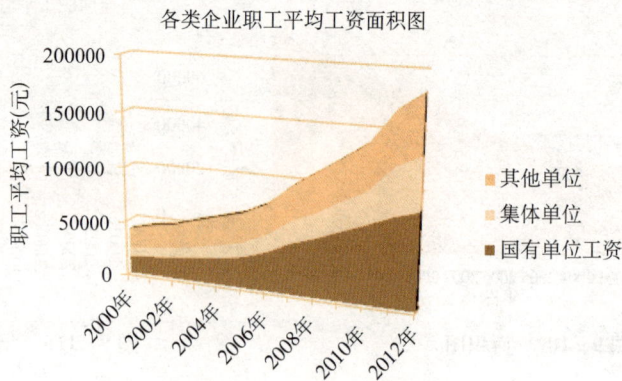

图 9 - 112　三维堆积面积图

③ 百分比堆积面积图和三维百分比堆积面积图

百分比堆积面积图将多个序列垂直堆积,从而占满整个图表区,这种图表以百分比方式显示各个值的分布时间或类别的变化趋势,百分比堆积面积图也可以用三维效果表示。我们同样采用堆积面积图的例子,制作百分比堆积面积图如图 9 - 113 和三维百分比堆积面积图如图 9 - 114 所示。

各类企业职工平均工资面积图

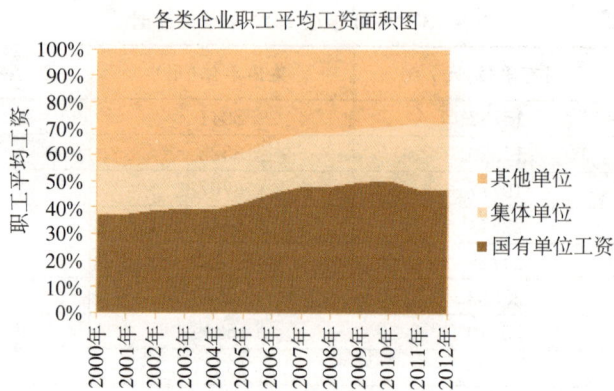

图 9 - 113　百分比堆积面积图

各类企业职工平均工资面积图

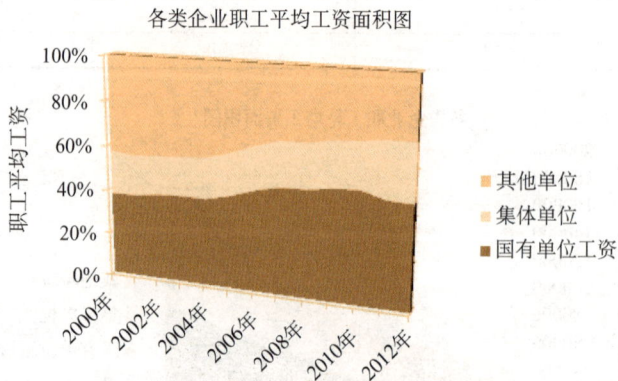

图 9 - 114　三维百分比堆积面积图

（2）Excel 中面积图的创建（以普通面积图为例，其他面积图的创建方法类似）

【例 9-7】创建职工平均工资的面积图

① 启动 Excel 2010 应用程序，新建一个名为"职工平均工资（元）"的工作簿，在 Shell 工作表中创建数据；

② 选择数据源 A1:F6 单元格区域，打开【插入】选项卡，在【图表】组中单击【面积图】按钮，从弹出菜单选项区域中选择【二维面积图】选项，如图 9-115 所示；

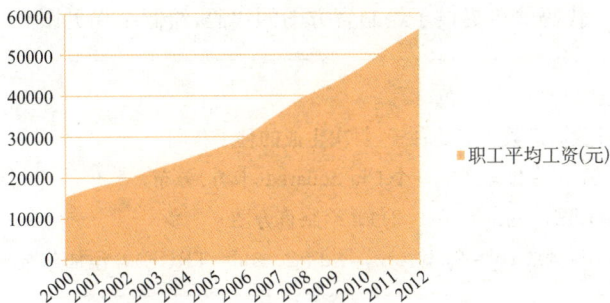

图 9-115　类型中选择二维面积图

③ 此时，系统会自动根据数据源生成一个面积图；

④【格式】、【布局】、【设计】选项卡，对图表进行修饰或修改，如图 9-116 所示；

图 9-116　对图进行修改

⑤ 保存工作簿文件，完成图表的创建。

9.2.4　基于分布的绘图

对于分布型图表，当只有一个变量时，可以选择使用直方图、核密度图或箱线图；当有两个变量时，可以选择散点图。散点图 9.2.2 节已经介绍过，这节主要讲直方图、核密度图以及箱线图的概念和绘制方法。

1. 直方图

直方图通过在横轴上将值域分割为一定数量的组，在纵轴上显示相应值的频数，展示了连续型变量的分布。

用 R 语言绘制直方图※

用 R 语言编辑器绘制直方图,可以使用如下函数:

```
hist(x. freq=FALSE, breaks)
```

其中的 x 是一个由数据值组成的数值向量。参数 freq=FALSE 表示根据概率密度而不是频数绘制图形。参数 breaks 用于控制组的数量。在定义直方图中的单元时,默认将生成等距切分。代码清单提供了绘制直方图的代码,绘制结果见图 9-117。

```
require(stats) ♯加载 stats 统计色
set. seed(14) ♯设置随机数生成的种子,每次生成的种子相同
x <─ rchisq(100, df=4) ♯产生一个 Chi-Squared(卡方)分布
hist(x, freq=FALSE, ylim=c(0,0.2)) ♯绘制直方图
curve(dchisq(x, df=4), col=2, lty=2, lwd=2, add=TRUE) ♯添加分布函数曲线
```

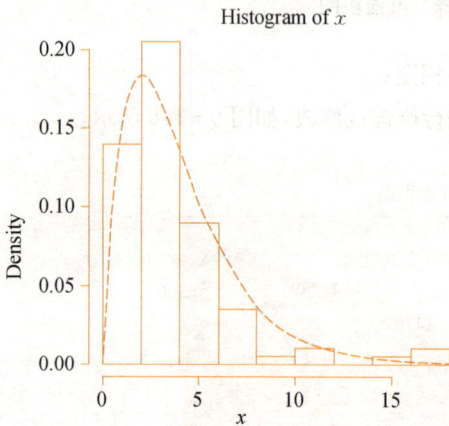

Histogram of x

图 9-117

这幅图按概率密度绘制图形。在组的数量方面,采用的是默认等距切分,也可以根据需要控制组数。最后添加了一条密度曲线,这条曲线是和密度关联,会在下节中描述,它为数据的分布提供了一种更加平滑的描述。我们使用 curve()函数叠加了这条红色、双倍默认线条宽度的曲线。

2. 核密度图

核密度估计是在概率论中用来估计未知的密度函数,属于非参数检验方法之一。核密度图是用来观察连续型变量分布的有效方法。

用 R 语言绘制核密度图※

在 R 语言中输入如表 9-4 所示的各地人口和 GDP 情况表。

表 9-4　各地人口和 GDP 情况表

地名	人口(万人)	城市大小
a	15	1
b	37	1
c	74	2
d	71	2
e	38	1
f	45	1
g	97	2

代码如下：

```
address <- c("a","b","c","d","e","f","g")
population <- c(15,37,74,71,38,45,97)
ty <- c(1,1,2,2,1,1,2)
patientdata <- data. frame(address,population,ty)
```

我们首先将地名中的值赋值给 address，将人口赋值给 population，将城市大小赋值给 ty，就会自动创建一个数据框。

绘制核密度图一般使用格式为：

```
Plot(density(x))
```

其中的 x 是一个数值型向量。由于 plot()函数会创建一幅新的图形，所以要向一幅已经存在的图形上叠加一条密度曲线，可以使用 lines()函数。如图 9－118、9－119 所示：

```
par(mfrow=c(2,1))
d<-density(patientdata $ population)
plot(d,main="各城市人口的核密度")
polygon(d,col="red",border="blue")
rug(patientdata $ population,col="brown")
```

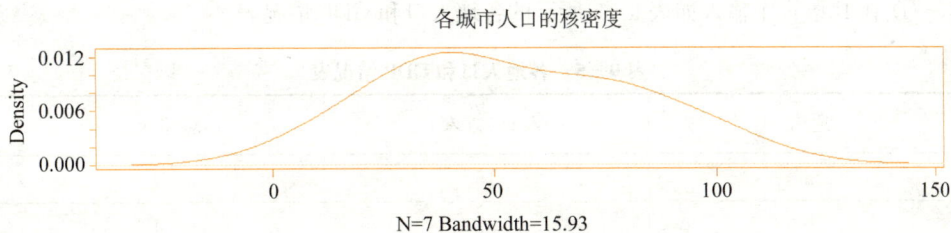

图 9－118　各城市人口的核密度

图 9－119　各城市人口的核密度

在第一幅图中，你看到的是完全使用默认设置创建的最简图形。在第二幅图中，你添加了一个标题，将曲线修改为蓝色，使用实心红色填充了曲线下方的区域，并添加了棕色的轴须图。

polygon()函数根据顶点的 x 和 y 坐标绘制了多边形。

3. 箱线图

箱线图(又称盒须图)如图 9‐120 所示,通过绘制连续型变量的五数总括,即最小值、下四分位数(第 25 百分位数)、中位数(第 50 百分位数)、上四分位数(第 75 百分位数)以及最大值,描述了连续型变量的分布。箱线图能够显示出可能为离群点(范围±1.5×IQR 以外的值,IQR 表示四分位距,即上四分位数与下四分位数的差值)的观测。

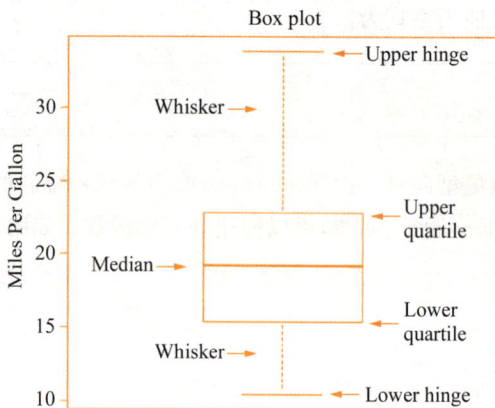

图 9‐120 箱线图

用 R 语言绘制箱线图[※]
① 在 R 语言中输入如表 9‐5 所示的各地人口和 GDP 情况表

表 9‐5 各地人口和 GDP 情况表

地名	人口(万人)	城市大小
a	15	1
b	37	1
c	74	2
d	71	2
e	38	1
f	45	1
g	97	2

在 R 语言中输入以上数据,需要创建一个数据框。由于不同的列可以包含不同模式(数值型、字符型的等)的数据,数据框的概念较矩阵来说更为一般。可通过函数 data.frame()创建数据框。一般使用格式为:

```
mydata<—data.frame(col1,col2,col3,...)
```

其中的列向量 col1，col2，col3，… 可为任何类型（如字符型、数值型或逻辑型）。每一列的名称可由函数 names 指定，下面代码演示了创建矩阵 mymatrix 的过程。

我们首先打开 R 语言，依次输入如下代码：

```
address <- c("a","b","c","d","e","f","g")
population <- c(15,37,74,71,38,45,97)
ty <- c(1,1,2,2,1,1,2)
patientdata <- data. frame(address,population,ty)
```

我们首先将地名中的值赋值给 address，将人口赋值给 population，将城市大小赋值给 ty，就会自动创建一个数据框。

② 绘制并列箱线图进行跨组比较

我们可以绘制单个变量或分组变量的箱线图，其格式是：

```
Boxplot(formula,data=dataframe)
```

其中的 formula 是一个公式，dataframe 代表提供数据的数据框（或列表）。一个示例公式为 y～A，这将为类别型变量 A 的每个值并列地生成数值型变量 y 的箱线图。公式 y～A*B 则将为类别型变量 A 和 B 所有水平的两两组合生成数值型变量 y 的箱线图。

添加参数 varwidth=TRUE 将使箱线图的宽度与其样本大小的平方根成正比。参数 horizontal=TRUE 可以反转坐标轴的方向。

在以下代码中，我们使用并列箱线图研究了各城市人口对城市大小的影响，结果如图 9 - 121 所示。

```
boxplot (population～ty,data=patientdata,main="各城市人口及大小",
        xlab="城市大小",ylab="城市人口")
```

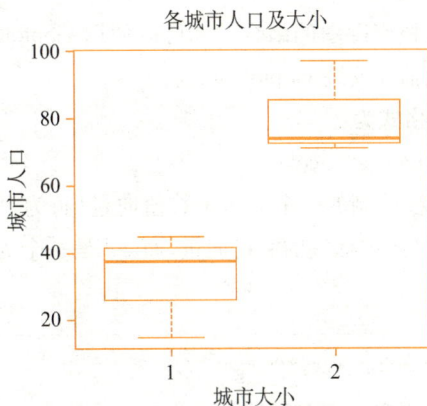

图 9 - 121　并列箱线图

③ 带凹槽的箱线图

箱线图灵活多变,通过添加 notch＝TRUE,可以得到含凹槽的箱线图。若两个箱的凹槽互不重叠,则表明它们的中位数有显著差异。以下代码将为我们的城市人口大小创建一幅含凹槽的箱线图,结果如图 9‐122 所示。

```
boxplot(population～ty,data＝patientdata,
        notch＝TRUE,
        varwidth＝TRUE,
        col＝"red",
        main＝"各城市人口及大小",
        xlab＝"城市大小",ylab＝"城市人口")
```

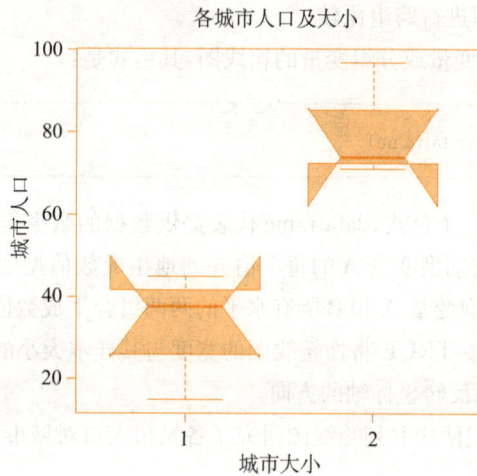

图 9‐122　各城市人口及大小

参数 col 以红色填充了箱线图,而 varwidth＝TRUE 则使箱线图的宽度与它们各自的样本大小成正比。

④ 箱线图的变种——小提琴图

小提琴图是箱线图与核密度图的结合。你可以使用 vioplot 包中的 vioplot()函数绘制它。请在第一次使用之前先安装 vioplot 包。

vioplot()函数的使用格式为:

voiplot(x1，x2,…，names＝.col)

其中 x1，x2，…表示要绘制的一个或多个数值向量(将为每个向量绘制一幅小提琴图)。参数 names 是小提琴图中标签的字符向量,而 col 是一个为每幅小提琴图指定颜色的向量。例子如下图:

```
address <－ c("a","b","c","d","e","f","g")
population <－ c(15,37,74,71,38,45,97)
ty <－ c(1,1,2,2,1,1,2)
patientdata <－ data.frame(address,population,ty)
```

```
library(sm)
library(vioplot)
x1 <- patientdata$population[patientdata$ty==1]
x2 <- patientdata$population[patientdata$ty==2]
vioplot(x1,x2,names=c("小城市","大城市"),col="gold")
title("各城市人口及大小的小提琴图")
```

输入后就得到一个小提琴图,如图 9-123 所示。

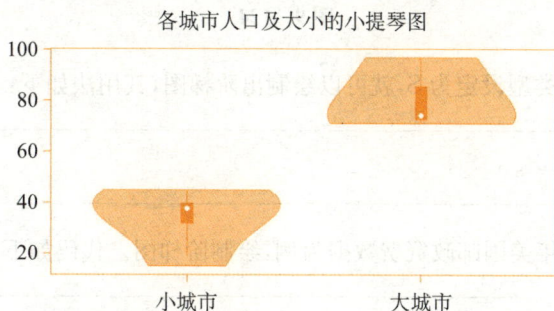

图 9-123　各城市人口及大小的小提琴图

小提琴图基本上是核密度图以镜像方式在箱线图上的叠加。在图中,白点是中位数,黑色盒型的范围是下四分位点到上四分位点,细黑线表示须。外部形状即为核密度估计。

9.2.5　基于时间的绘图

基于时间的绘图按照时间数据可以分为离散时间和延续时间两种。在离散型时间数据中,数据来自于某个具体的时间点或者时间段,可能的数值也是有限的。比如说,人们每年的考试通过率就是离散型时间数据。而类似温度这样的数据则是延续型的,在一天中的任何时刻,它都是变化的。

离散型时间数据的绘图主要有:柱形图、散点图。延续型时间数据的绘图主要有:折线图、阶梯图和 LOESS 曲线。由于柱形图、散点图、折线图在前边小节中已经介绍过,本章主要讲解阶梯图和 LOESS 曲线的概念和绘制方法。

1. 阶梯图

(1) 阶梯图基础

阶梯图并不是直接连接两个点,它的曲线会保持在同一数值,直到发生变化,那时在直接向上或者向下跳跃到下一个数值。比如,银行利率就会保持几个月不变,然后某一天突然下调。阶梯图如图 9-124 所示。

(2) 用 R 语言绘制阶梯图[※]

在 R 中创建阶梯图,需要用到 plot() 函数。将 time 的值作为 x 轴坐标、cost 的值作

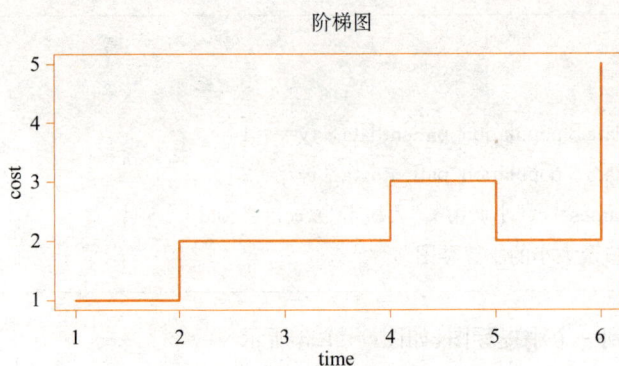

图 9-124

为 y 轴坐标，然后将类型设定为 S，就可以绘制出阶梯图，其用法如下：

```
plot(time,cost,type='s')
```

以 1991~2010 年美国邮政资费数据为例，绘制阶梯图。代码如下：

```
time <- c(1991,1995,1999,2001,2002,2006,2007,2008,2009,2010)
price <- c(0.29,0.32,0.33,0.34,0.37,0.39,0.41,0.42,0.44,0.44)
plot(time,price,type='s',lwd=2,main='美国邮费阶梯图',
     xlab='time',ylab='price')
```

结果如图 9-125 所示。

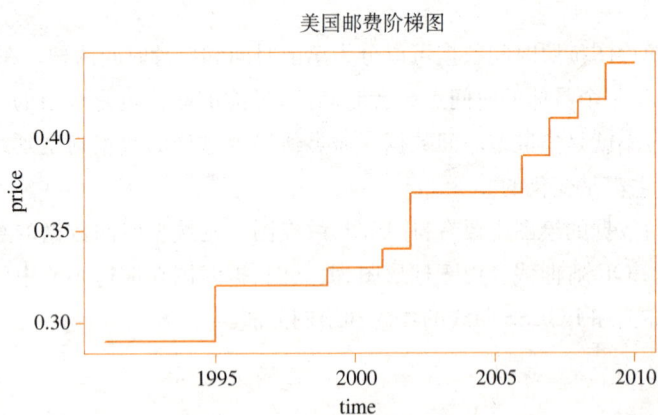

图 9-125

2. LOESS 曲线

(1) LOESS 曲线基础

如果你手中有太多的数据，或者数据杂乱无章，这是我们需要绘制一条线穿过尽可能多的数据点。但当你的数据趋势不是线性时，你就需要用到 LOESS，即局部加权散点平

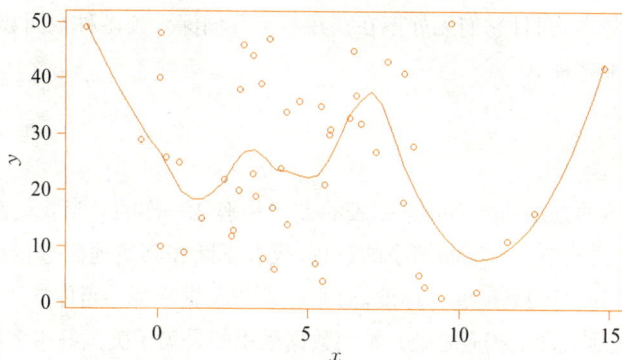

图 9 - 126

滑法。通过它,你可以用曲线来你和数据。如图 9 - 126 所示。

(2) 用 R 语言绘制 LOESS 曲线※

在 R 中,输入 1 到 50,作为 x 轴,随机生成 50 个均值为 5,标准差为 3 的值。之后拟合 LOESS 曲线。代码如下:

```
set. seed(1234)
x <- c(1:50)
y <- rnorm(50, mean = 5, sd = 3)
plot (x, y)
scatter. smooth(x, y, degree=2, span=0.4)
title(main='LOESS 曲线')
```

结果如图 9 - 127 所示。

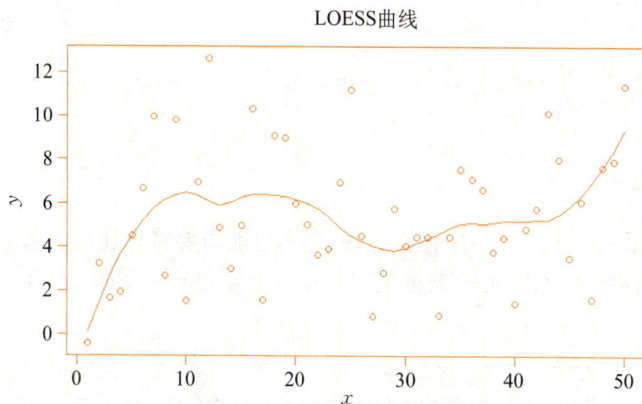

图 9 - 127

9.2.6　基于空间的可视化※

大家都知道地图是非常直观的可视化类型和理解数据的极佳手段。它们是真实世界按比例缩小后的版本,而且它们无处不在。在本节我们深入到多种空间数据集中,寻找跨越空间和时间的那些模式。

1. 地图中添加地点标记

我们阅读地图的方式和阅读静态图表的方式几乎是一样的。当我们在地图上寻找某个地点时,实际上仍然是一个不断缩小的过程,或者不断和其他地区进行比较的过程。区别就在于此刻我们面对的是经度和纬度,而非 x 轴和 y 轴坐标。当你拿到一些经纬度坐标时如何把它们标记到地图上相应之处?本例数据采用的是关于美国好市多超市门店地理位置分布情况的经纬坐标数据。这里我们需要 maps 工具包来完成,此包自带的有美国地图。

```
Install. packages("maps")
library(maps)
costcos<-read. csv("http://book. flowingdata. com/ch08/geocode/costcos－geocoded. csv",
sep＝",")#获得好市多门店的经纬坐标
map(database＝"state")#获得美国地图
symbols(costcos $ Longitude,costcos $ Latitude,circles＝rep(1,length(costcos $ Longitude)),
inches＝0. 05,add＝TRUE)
```

结果如图 9－128 所示,可以看到好市多门店的地理位置都在地图上用圆圈进行了标记。

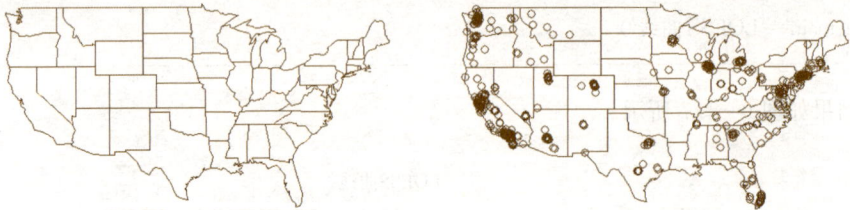

图 9－128

2. 在地图中画线

有时候,如果地图上点的顺序存在关联,那么可能需要将点连接起来进行关联。这里我们利用 line()函数来完成画线,数据采用的是网上发布的一个虚构特工 7 天 7 夜的旅行轨迹。代码如下:

```
faketrace＝read. csv("http://book. flowingdata. com/ch08/points/fake-trace. txt",sep＝"\t")
#从网上下载特工的旅行数据
map(database＝"world",col＝"#3c3c3c")#加载地图
lines(faketrace $ longitude,faketrace $ latitude,col＝"#000000",lwd＝2)#在图中加直线
```

结果如图 9－129 所示,该特工 7 天的踪迹已经在图中表现出来,当然也可以在特工每个停留的地点用圆点表示出来以便更直白的观察特工行踪,具体办法参见上一节。

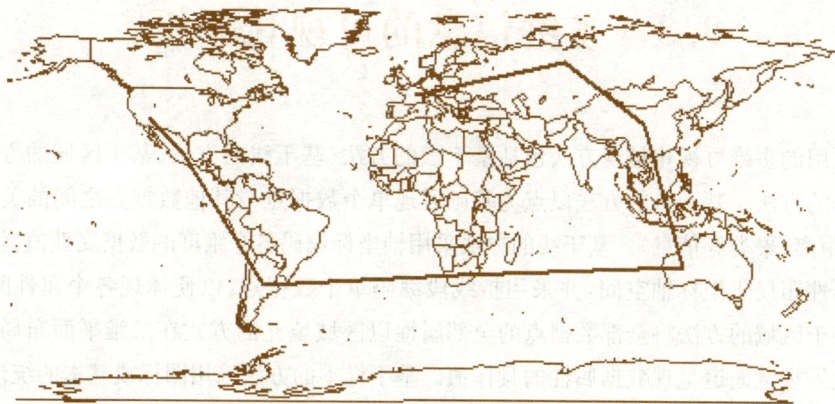

图 9 - 129

3. 在地图中加气泡

有些时候，我们手上并不只有位置数据，可能还会有其他的数据，例如销售数据或者城市人口等。我们依然要在地图上绘制圆点，但这时候我们需要的是大小不等的气泡。这次我们采用的数据是网上提供的关于未成年人生育率的数据，也就是每 1000 名 15—19 岁年龄段女性中的生育数量。代码如下：

```
fertility=read. csv("http://book. flowingdata. com/ch08/points/adol-fertility. csv")
map('world',fill=FALSE,col="#000000")
symbols(fertility $ longitude,fertility $ latitude,
+ circles=sqrt(fertility $ ad_fert_rate),add=TRUE,inches=0. 15,bg="#93ceef",fg="#ffffff")
```

结果如图所示 9 - 130，可以很清晰地看到非洲国家的未成年人生育率比较高，而欧洲国家相对来说比较低。

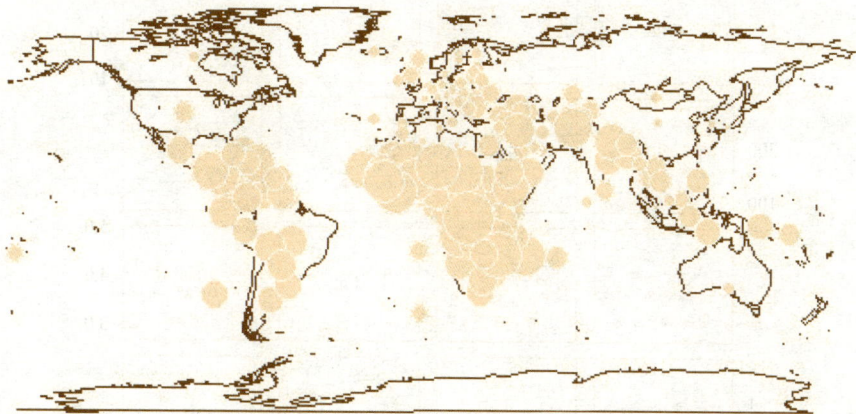

图 9 - 130

9.3 多维信息的可视化分析※

常用的多维可视化呈现方法包括基于点的方法、基于线的方法、基于区域的方法、基于样本的方法。基于点的方法以点为基础展现单个数据点与其他数据点之间的关系（相似性、距离、聚类等信息）。基于线的方法采用轴坐标编码各个维度的数据属性值，将单个数据属性布局于坐标轴空间，并采用折线段编码单个数据点，以便体现各个属性间的关联。基于区域的方法将全部数据点的全部属性以区域填充的方式在二维平面布局，并采用颜色等视觉通道呈现数据属性的具体值。基于样本的方法采用图标或基本的统计图表方法编码单个高维数据点，并将所有数据点在空间中布局排列，以便用户进行对比。

9.3.1 基于点的方法

散点图通常是用于显示和比较数据，例如科学数据、统计数据和工程数据。当欲同时考察多个变量间的相关关系时，若一一绘制它们间的简单散点图，十分麻烦。此时可利用散点图矩阵来同时绘制各自变量间的散点图，这样可以快速发现多个变量间的主要相关性，这一点在进行多元线性回归时显得尤为重要。

R语言中有很多创建散点图矩阵的实用函数，比如paris()，scattterplotMatrix()函数和gclus包，在这里用paris()做简单示例：数据采用Motor Trend杂志1974年的汽车数据。

```
pairs(～mpg＋disp＋drat＋wt,data＝mtcars,main＝"散点图矩阵")
```

结果如图9-131所示，你可以看到所有指定变量间的二元关系。例如，mpg和disp

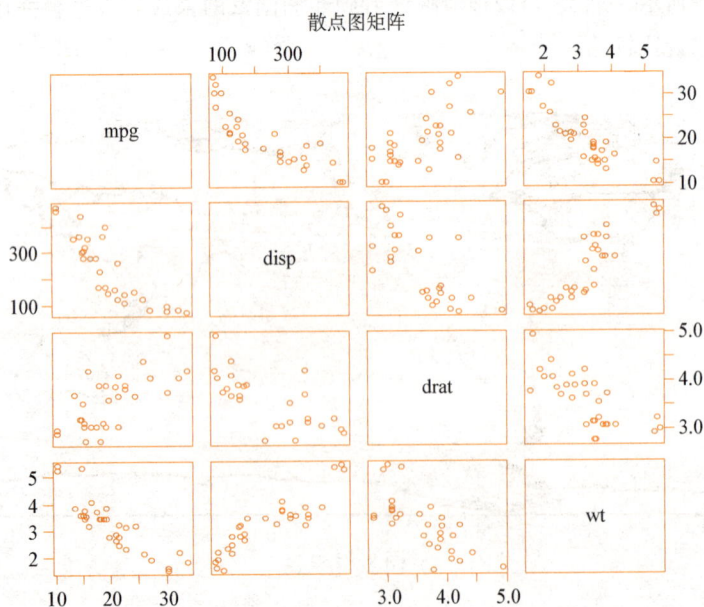

图9-131 散点图矩阵

的散点图可在两变量的行列交叉处找到。值得注意的是，主对角线的上方和下方的六幅散点图是相同的，这也是为了方便摆放图形的缘故。通过调整参数，可以只展示下三角或者上三角的图形。例如，选项 upper.pannel＝NULL 将只生成下三角的图形。

9.3.2　基于线的方法

1. 线图

线图本质上是一种单变量的可视方法。基于线的多维可视化一般是将多个线图合并到一个图中，通过使用不同的视觉通道（如线条的粗细、类型、颜色等）区分不同的数据。图 9-132 展示了一个四维的鸢尾花数据的线图可视化。

```
attach(iris)
num<-c(1:150)
Species<-as.numeric(Species)
xrange<-range(0:9)
yrange<-range(1:150)
plot(yrange,xrange,type="n",xlab="记录个数",ylab="大小",
font.lab=2,)
)
lines(num,Sepal.Length,type="l",lwd=2,lty=1,col="#000000")
lines(num,Sepal.Width,type="l",lwd=2,lty=2,col="#000000")
lines(num,Petal.Width,type="l",lwd=2,lty=1,col="#808080")
lines(num,Petal.Length,type="l",lwd=2,lty=3,col="#000000")
abline(h=seq(0,8,1),lwd=1.5,lty=2,col="gray")
legend("topleft",c("花萼长","花萼宽","花瓣长","花瓣宽"),
cex=1,lwd=2,lty=c(1,2,1,3)
col=c("#000000","#000000","#808080","#000000"))
detach(iris)
```

在一个线图中的线条有很多时，我们有可能会发现数据的范围会重叠，难以看清单个数据。将数据点根据一个维度上的数值排序会很好地解决这个问题。

如果不同维度的单位不同，或者单位的意义不同，可能一个纵坐标很难将数据意义表示清楚，这时我们可以在左右两侧同时引入纵坐标，从而减少歧义。

2. 平行坐标

平行坐标的思想非常简单、直观，它是在横坐标上取 p 个点，依次表示各个指标（即变量）；纵坐标上则对应各个指标的值（或者经过标准化变换后的值），然后将每一组数据对应的点依次连接即可。

parallelplot() 函数可以轻松绘出平行坐标。继续利用 iris 数据，以下代码可以画出

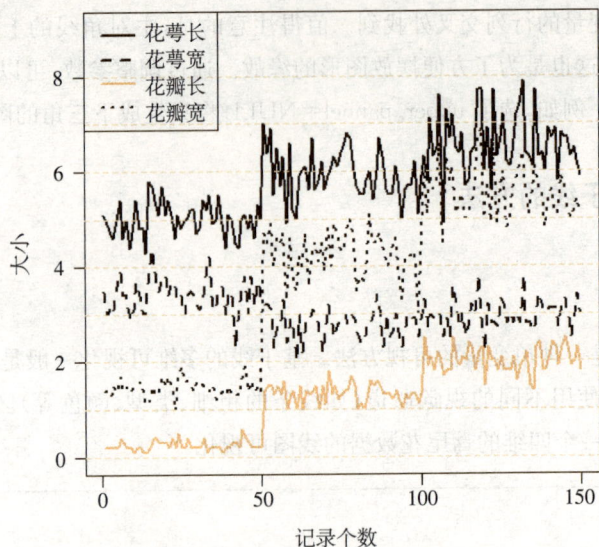

图 9－132　线图

其平行坐标图。

```
library(lattice)
parallelplot(~iris[1:105,1:4], iris, lty＝c(1,3,5), lwd＝2, groups ＝ Species, horizontal.
axis ＝ FALSE)
```

采用平行坐标展现了多属性数据的基本原理，线的密度能呈现不同数据属性的关系。在图 9－133 中，密集的线的位置表示了明显的维度之间的相关关系，交叉的线代表了维度之间的对立关系，相对独立的或者斜度大的线则对应了独立的维度关系，走势相近的线可以看成具有相同类别的数据聚类。

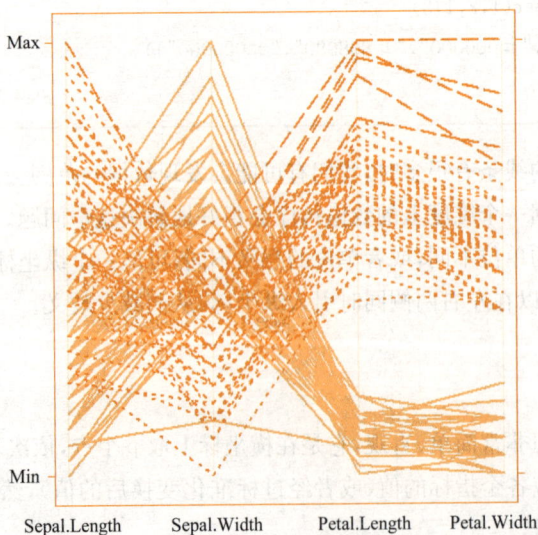

图 9－133　平行坐标图

和散点图比较,平行坐标的优点在于可展现维度组之间的关系。此外,通过交互的用户选取可过滤数据,更清晰地展现各个维度的分布。

3. 径向技术

径向轴技术是平行坐标的径向排列版本:以圆周为中心作为坐标轴,沿圆周绘图。径向轴线图技术可用来呈现周期性规律。径向图常见的有雷达图(蜘蛛网图)和星状图。

星状图和雷达图(蜘蛛网图)本质上是一类图形,它们都用线段离中心的长度来表示变量值的大小,它们区别在于星状图用来展示很多个多变量个体,各个个体的图形相互独立,从而整幅图形看起来就像很多星星,雷达图(蜘蛛网图)将多个多变量个体放在同一张图形上,看起来就像是雷达或蜘蛛网的形状。简单说来,就是星状图有若干个中心,而蛛网图和雷达图只有一个中心。

R 中星状图的函数为 stars(),其用法如下:

```
palette(rainbow(12, s = 0.6, v = 0.75))
stars(mtcars[, 1:7], len = 0.8, key.loc = c(14,1),nrow =5,
      main = "Motor Trend Cars", draw.segments = TRUE)
```

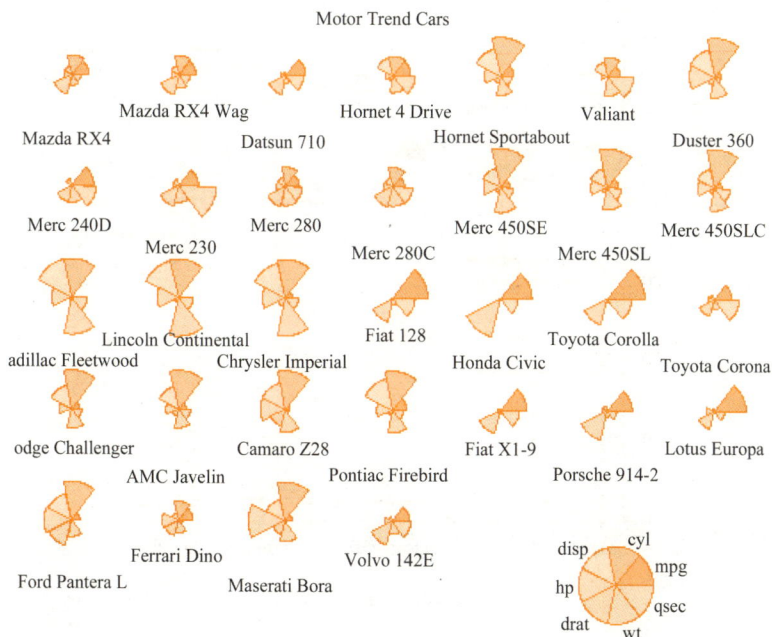

图 9-134　星状图

图 9-134 描述了 Motor Trend 杂志 1974 年的汽车数据,我们可以看到丰田花冠(Toyota Corolla)的每加仑行驶的英里数(mpg)在众多汽车品牌中是最长的,它在星状图中黑色的扇形也最大。

径向轴线图的优点是有利于比较径向上的数据,但不便于比较相邻的数据元素。其他的径向轴线图类型有:采用极坐标的点图;在基线上绘制柱状图的圆形柱状图;线和基线之间面积采用颜色或者纹理填充的圆形填充图等。这些方法都采用多个圆周作为线图的坐标轴,圆周的环绕方式可以是不同半径的同心圆,也可以是连续的螺旋线。

9.3.3　基于区域的方法

1. 柱状图

由于人眼对于线性形状十分敏感,柱状图和线图常在统计中用作最基本的可视化元素。柱状图采用填充的长方柱的尺寸(长度和宽度)、填充颜色和填充模式等编码多维度数据的不同属性。柱状图的基本单元——长方形柱可采用水平和垂直两种类型。

面向多维数据的柱状图可视化有多种类型。其中堆叠柱状图是最常用的方式。它通常是将同一数据的多个属性的数值堆叠成一个长方柱,用不同颜色、纹理等可视化元素区分这些属性。

R 中堆叠柱状图的函数为 barplot(),其用法如下:

```
a<-head(mtcars)
b<-as.matrix(a)
d<-t(b)
barplot(d,col = rainbow(11),legend =rownames(d),ylim = c(0, 600),font=2)
```

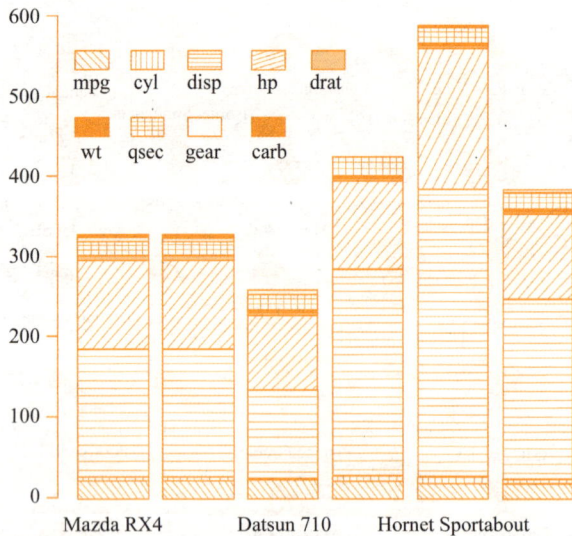

图 9 - 135　堆叠柱状图

我们选取了 R 语言内置数据 mtcars 中的前六个品牌的汽车数据,绘制了堆叠柱状图,如图 9 - 135 所示。

2. 表格显示

多维数据经常以表格的形式存储,对应的可视化方法可以采取表格形式,配合敏捷的用户交互功能,以实现对数据的快速理解。

热力图是一种将规则化数据转换为颜色色调的常用可视化方法,其中每个规则单元对应数据的某些属性,属性的值通过颜色映射表转换为不同的色调并填充规则单元。

R 中热力图的函数为 heatmap(),其用法如下:

```
require(graphics)
x   <- as.matrix(mtcars)
rc <- rainbow(nrow(x), start = 0, end = .3)
cc <- rainbow(ncol(x), start = 0, end = .3)
hv <- heatmap(x, col = cm.colors(256), scale = "column",
              RowSideColors = rc, ColSideColors = cc, margins = c(5,10),
              xlab = "specification variables", ylab = "Car Models",
              main = "Heat map of Mtcars")
```

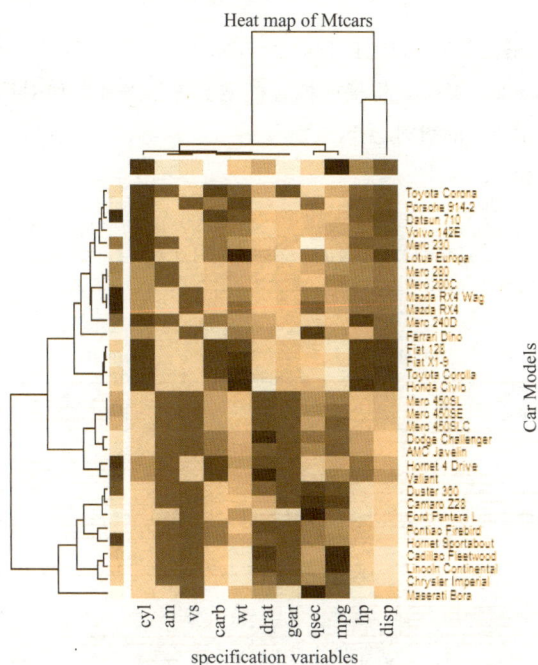

图 9 - 136   热力图

在图 9 - 136 中,黑色越深,值越小;白色越深,值越大;我们可以看到代表玛莎拉蒂寒风双门跑车(Maserati Bora)的汽化器(Carb)的格子颜色是白色,是最大值。图中还将数值相似的聚成一类。Mazda RX4 和 Mazda RX4 Wag 的汽车各个属性基本相似,颜色都为灰色(左侧的一列格子),所以这两个品牌的车子最为相似。

3. 马赛克图

马赛克图是一种可以用于两种以上类别型变量的可视化方法。在马赛克图中,嵌套矩形面积正比于单元格频率,其中该频率即多维列表中的频率。

我们以 R 语言内置数据集 UCBAdmissions(它是在加州大学伯克利分校的招生情况表)数据列表为例,来探讨如何制作马赛克图、怎样读懂马赛克图。

利用下面的代码,获得该数据的相关系数:

```
ftable(UCBAdmissions)
              Dept      A     B     C     D     E     F
Admit    Gender
Admitted    Male      512   353   120   138    53    22
            Female     89    17   202   131    94    24
Rejected    Male      313   207   205   279   138   351
            Female     19     8   391   244   299   317
```

安装 vcd 包,vcd 包中的 mosaic( )函数可以绘制马赛克图,代码如下:

```
library(vcd)
mosaic(UCBAdmissions,shade=TRUE,legend=TRUE)
```

其中添加选项 shade＝TRUE 将根据拟合模型的皮尔逊残差值对图形上色,添加选项 legend＝TRUE 将展示残差的图例。

```
ftable(UCBAdmissions)
library(vcd)
mosaic(UCBAdmissions,shade=TRUE,legend=TRUE)
```

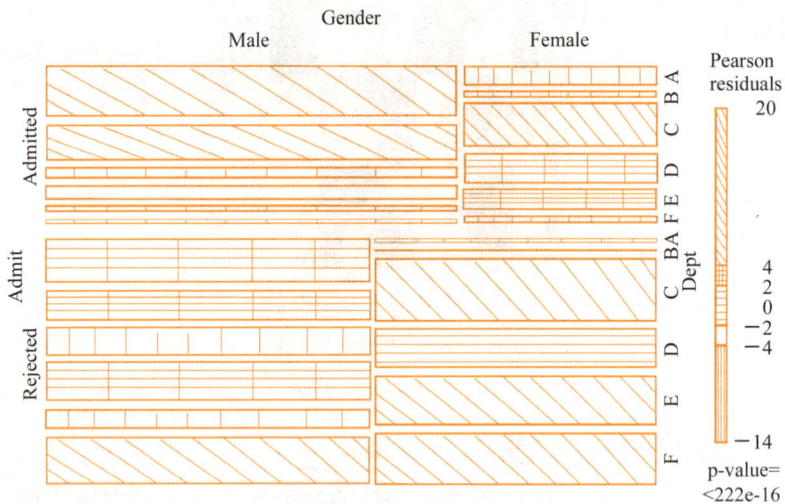

图 9 - 137　马赛克图

马赛克图隐含着大量的数据信息。例如:

① 该大学录取的男生比例比女生高;

② F 专业录取率比其他小;

③ 在 B 专业录取的女生远比男生多。

继续观察,你将发现更多有趣的信息。扩展的马赛克图添加了不同的线条区域来表示拟合模型的残差值。在本例中,右斜线区域表明,在假定录取率与性别和专业无关的条件下,该类别下的生存率通常超过预期值。竖线区域则含义相反。一定要运行该例子的代码,这样你可以真实感受图形的效果。图形表明,在模型的独立条件下,A 专业录取男生超过模型预期值,F 专业录取率比模型预期值低。

此外,基于区域的多维非空间图形还有像素图和维度堆叠图。

像素图是一种介于点方法和区域方法的混合方法。该方法采用一个颜色填充的小方块表达每个数据的单个维度属性。该方法最大程度地利用了屏幕的空间,可在单个屏幕上显示上百万个数据点。其中,每个数据属性决定一个单独像素的颜色,改变颜色映射图可能呈现数据的某种规律和特性。像素图可视化的关键在于如何设计数据属性的编码、布局和颜色映射图,以展现数据的性质。

维度堆叠图的基本思想是将离散的 N 维空间映射到二维空间,最小化数据的重叠,同时保留尽可能多的空间信息。这种映射的核心做法是将二维空间根据多个独立的数据属性迭代划分成若干个网格,从而灵活地存储多维数据。在多个属性之中,可以选择一个作为非独立的变量决定可视化的参数(例如颜色),其他的维度被视为独立的变量,用来决定数据堆叠的位置。

9.3.4　基于样本的方法

1. 切尔诺夫脸谱图

切尔诺夫脸谱图采用人脸特征编码不同的数据属性。人脸的每一个部位,例如眼睛、耳朵、嘴巴和鼻子都代表不同的数据属性。每一个部位的变化表现数值的大小,例如形状、大小、转向和摆放。这种方法利用了人们对脸部特征的熟识和分辨微小变化的敏感性。由于脸部每一个部位对于识别的准确性不同,需谨慎设置数据的属性。

安装 aplpack 包和 tcltk 包,aplpack 包中的 faces() 函数可以绘制脸谱图,代码如下:

```
windows(width =15, height =10)        ♯将绘图窗口为 15 * 10 的大小
library(aplpack)
library(tcltk)
faces(mtcars,face. type=1)
```

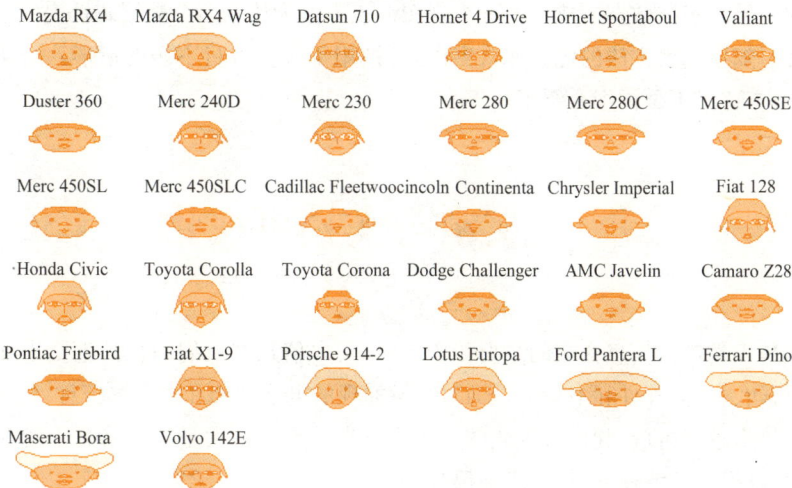

图 9-138　切尔诺夫脸谱图

参数说明:

```
effect of variables:
    modified item              var
    "height of face"           "mpg"
    "width of face"            "cyl"
    "structure of face"        "disp"
    "height of mouth"          "hp"
    "width of month"           "drat"
    "smiling"                  "wt"
    "height of eyes"           "qsec"
    "width of eyes"            "vs"
    "heigh of hair"            "am"
    "width of hair"            "gear"
    "style of hair"            "carb"
    "height of nose"           "mpg"
    "width of nose"            "cyl"
    "width of ear"             "disp"
    "height of ear"            "hp"
```

　　图 9 - 138 显示了 Motor Trend 杂志 1974 年汽车数据的切尔诺夫脸谱图。可以清晰地看到,代表 Mazda RX4、Mazda RX4 Wag 的小人脸谱极为相似,说明这两种汽车品牌的各个参数十分相似。代表 Merc 450SL、Merc 450SLC 和 Cadillac Fleetwood 的小人脸谱也非常相似,但是 Cadillac Fleetwood 小人的耳朵比前两个小人宽,说明 Cadillac Fleetwood 汽车的 disp 比前两个汽车品牌大。

2. 邮票图表

　　邮票图表方法将多维数据的多个视图以邮票大小按一定顺序排列,从而将不同时间和空间的一系列多维数据摆放于同一个视图。该方法为比较多个数据属性提供了一个直接的方案。邮票图表方法的优势非常突出,常被用于属性数目不多的情形。与切尔诺夫图情况一样,这里不做详细介绍了

9.4　文本与文档可视化

　　文本是人类进行信息交流的主要传媒之一,文本信息在人们的日常生活中几乎无处不在,如新闻、微博、邮件和书籍等。面对海量涌现的电子文档和类文本信息,利用传统的阅读方式效率越来越低,利用可视化的方式可以生动地展现大量文本信息中隐含的内容和关系,可以提升理解速度、挖掘潜在语义。

文本与文档可视化是商业信息可视化的主要研究内容之一,是通过对文本资源的分析、发现特定信息、并利用计算机技术将其以图形化方式呈现出来的一种方法。文本与文档可视化属于文本挖掘的范畴,结合了信息检索、自然语言处理、人机交互以及可视化技术等,需要在文本处理、可视化映射、交互的基础上进行,以丰富的图形或图像揭示以文本为载体的信息内容,文本与文档可视化包括单文本内容可视化和多文档可视化。

9.4.1　单文本内容可视化

1. 词云

词云,又称文本云或标签云。词云是对网络文本中出现频率较高的"关键词"予以视觉上的突出,形成"关键词云层"或"关键词渲染",从而过滤掉大量的文本信息,使浏览网页者只要一眼扫过文本就可以领略文本的主旨。它是最直观、最常见的对文本关键字进行可视化的方法。通常以字号和颜色来映射文字的相关属性。权重越大的关键词的字号越大,颜色越显著。

用 R 语言绘制英文词云,一般会用到 wordcloud 包,需要安装和导入。其用法如下:

wordcloud(words, freq, scale = c(4, .5), min. freq = 3, max. words = Inf, random. order = TRUE, random. color = FALSE, rot. per = .1, colors = "black", ordered. colors = FALSE, use. r. layout = FALSE, ...)

参数介绍:

① words——关键词列表

② frep——关键词对应的词频列表

③ scale——字号列表。c(最大字号,最小字号)

④ min. freq——最小限制频数。低于此频数的关键词将不会被显示。

⑤ max. words——限制词云图上关键词的数量。最后出现在词云图上的关键词数量不超过此限制。

⑥ random. order——控制关键词在图上的排列顺序。T:关键词随机排列;F:关键词按频数从图中心位置往外降序排列,即频数大的词出现在中心位置。

⑦ random. color——控制关键词的字体颜色。T:字体颜色随机分配;F:根据频数分配字体颜色。

⑧ rot. per——控制关键词摆放角度。T:水平摆放;F:旋转 90 度。

⑨ colors——字体颜色列表

⑩ ordered. colors——控制字体颜色使用顺序。T:按照指定的顺序给出每个关键词字体颜色,(似乎是要求颜色列表中每个颜色一一对应关键词列表);F:任意给出字体颜色。

⑪use. r. layout=T;F 利用 tm 包中自带的 crude 文本数据,对其进行文本可视化。

代码清单如下:

```
library(tm)
library(wordcloud)
data(crude)
```

```
crude <— tm_map(crude, removePunctuation)
crude <— tm_map(crude, function(x) removeWords(x, stopwords()))
wordcloud(crude)
```

可视化图形如图 9-139 所示。两个 tm_map() 函数分别用于去掉标点符号和停用词,然后用 wordcloud() 函数绘制一幅简单的词云图,字体越大,表示关键词频率越大,由此可见该文档中 oil 和 said 最为关键。

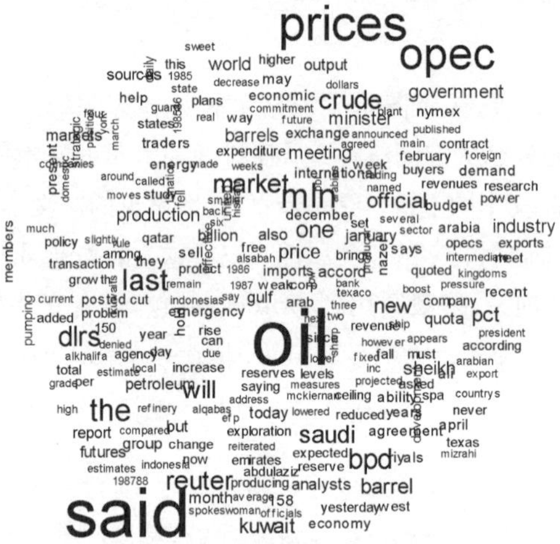

图 9-139 英语词云图

用 R 语言绘制中文的词云,代码如下,结果如图 9-140 所示。

```
#1.读取数据库
setwd("d:\R") #设置目录在 d 盘 R 文件夹中
csv <— read.csv("train.csv",header=T, stringsAsFactors=F)
mystopwords<— unlist (read.table("StopWords.txt",stringsAsFactors=F))
#这里先定义了地址、然后读取文档、最后定义停用词
#2.数据预处理(包括中文分词和停用词处理)
#分词
library(tm)
library(rJava)
library(rmmseg4j)
#removeNumbers = function(x) { ret = gsub("[0-9 0 1 2 3 4 5 6 7 8 9]","",x) }
tmp <—as.character(csv[[2]])
tmp<—mmseg4j(tmp)
#建立语料库
ovid <— Corpus(VectorSource(tmp))
#meta(ovid,"cluster") <— csv $ type
```

```
#unique_type <- unique(csv$type)
#去掉停用词
stop<-c()  #停用词
data_stw=read.table(file="d:/R/txtmining/stopword.txt",colClasses="character")
for(i in 1:dim(data_stw)[1]){
stop=c(stop,data_stw[i,1])
}
ovid<- tm_map(ovid,removeWords,stop)
#创建词条-文档矩阵
sample.dtm<-  DocumentTermMatrix(ovid,control = list(wordLengths = c(2, Inf)))
#3.画出云图
library(wordcloud)
library(Rcpp)
library(RColorBrewer)
m <- as.matrix(sample.dtm)
v <- sort(colSums(m),decreasing=TRUE)
myNames <- names(v)
d <- data.frame(word=myNames,freq=v)
wordcloud(d$word,d$freq,min.freq=50)
```

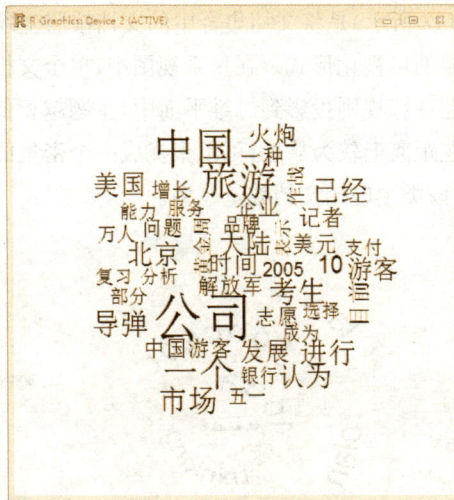

图 9 - 140　中文词云图

2. 单词树

　　单词树不仅能够使关键词可视化,还能使语句上下文信息可视化。其中,树的根节点是用户自选定的单词或短语,而树的各个分支是与根节点处的单词或短语有上下文关系的单词或短语。词频越大,字号就越大。图 9 - 141 显示了泰戈尔的诗歌——"The

图 9 - 141   单词树

furthest distance in the world"的单词树可视化结果。

9.4.2   多文档可视化

多个文档构成的文档集合蕴含着丰富的文本信息,关系复杂,多文档可视化可以帮助我们理解不同主题在文档集合中的分布、多文档之间的关系等隐藏的信息。多文档可视化主要有星系视图、主题山地、新闻地图等方法,其中星系视图和主题山地将文档之间的关系分别用星系图和地形图的形式表现出来,而新闻地图则是基于树图的布局对新闻文档进行分类,并表现出它们的相对重要性。

1. 星系视图

星系视图(如图 9 - 142 所示)是将文档集合中的文档按照主题相似性进行布局,并采用宇宙星系进行可视隐喻的可视化形式。在星系视图中,单个文档是图中的星星,其在图中的位置按照某种相似性计算规则投影到二维平面中,主题越相似的文本距离越近,反之亦然。主题相似的文档在距离上较为靠近,可以聚拢成一个密集的星簇,每个星簇代表一类主题,星簇越密集表明该类主题的文档数量越多。

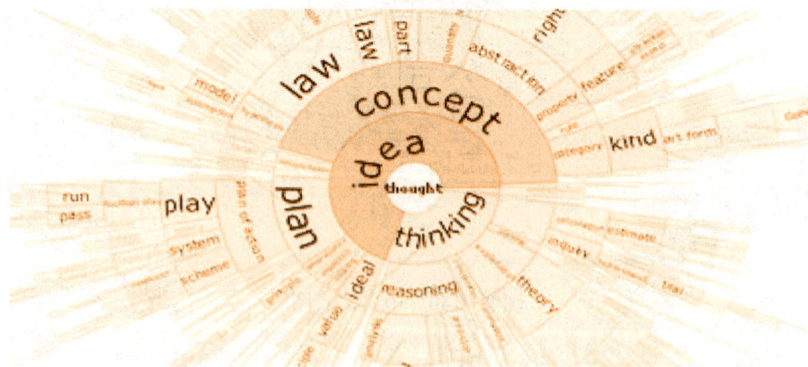

图 9 - 142   星系视图

2. 主题山地

主题山地可看做是星系视图的改进,它使用了抽象的三维山地景观视图来隐喻文档集合中各个文档主题的分布,其中高度和颜色用来编码相似主题的文档的密度。如图 9-143 所示,每个文档被映射成视图中的点,点在视图中的距离映射成其所代表的文档主题之间的相似性,主题越相似,则距离越近,反之亦然。点分布越密集表明属于该类主题的文档数量越多,其高度越高。此外,主题山地可视化方法也加入了一般地形图中等高线的概念,将文档密度相同的主题用等高线进行划分和标记,方便用户比较文档集合中各个主题数量的多少。

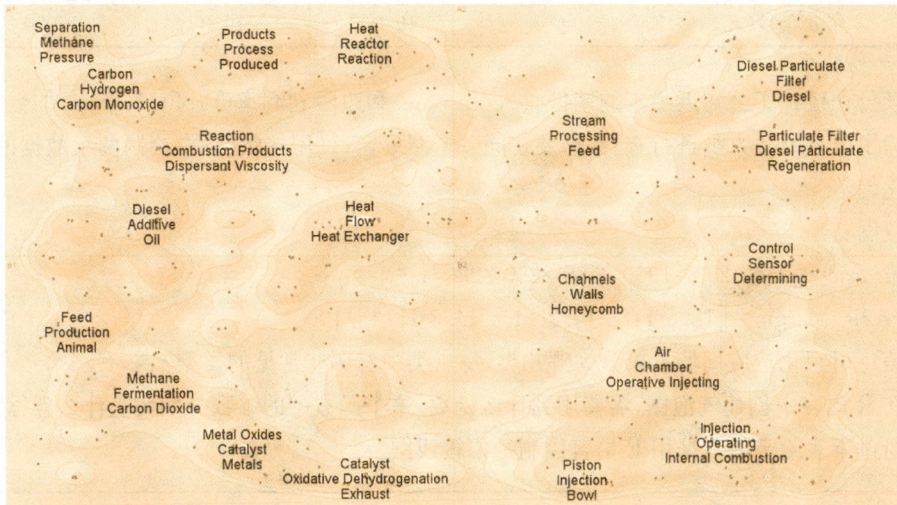

图 9-143　主题山地图

3. 新闻地图

新闻地图使用树图的布局方式将新闻文本进行分类与可视化。如图 9-144 所示,每个矩形代表一类主题,矩形的大小表示与该主题相关的新闻报道的数量。颜色用于编码主题的类别,如国际新闻、国内新闻、商业、科技等,而颜色的亮度则用于该主题出现的时间,亮度越高表明该主题出现的时间越近。新闻地图方法以层次结构整合了大量的新闻文本,并对其中的主题进行抽取和归类。在如今信息泛滥的时代,该方法为用户提供了一种高效获取热点新闻的方法。

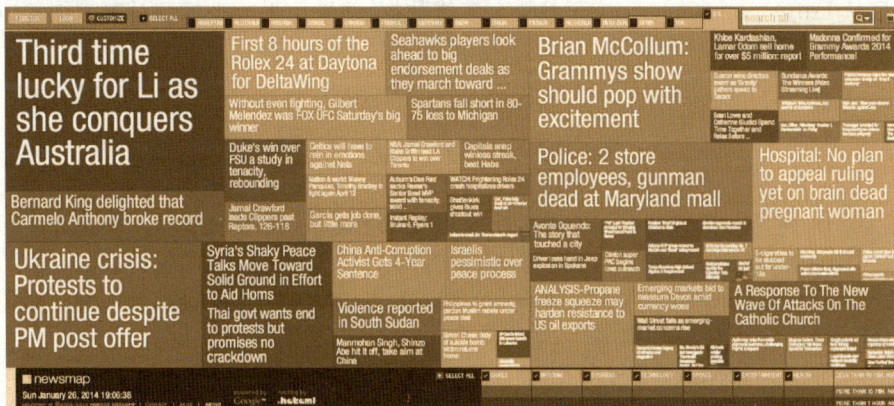

图 9-144　新闻地图

习题

1. 介绍各种图表的优缺点以及适用情况。

2. 四个人捐款给一个人,姓名及捐款金额如下表,在 excel 中用饼图描述四个人捐款金额占总捐款金额中的比例,如图:

姓名	乔治	山姆	约翰	汤姆
捐款金额(元)	900	1000	7000	15000

3. 某公司统计了公司近半年的销售收入(Income)和边际利润率(Profit_Margin)的数据,为了方便财务人员进行查看,需要在同一个图形窗口(用柱状图)中绘制两组数据的变化趋势。

数据:

Income=[2456 2032 1900 2450 2890 2280];

Profit_Margin=[12.5 11.3 10.2 14.5 14.3 15.1]/100

4. 信息可视化按应用场景可分为哪几类,每一类中有哪些常见的类型?

5. 在 R 语言中创建气泡图,需要用到什么函数,这个函数中的参数分别代表什么意思?

6. 通过下表给定的数据用 R 语言绘制一幅箱线图。

	Q1	Q2
A	5	4
B	3	5
C	3	5
D	3	3
E	2	2

7. 选择适用于大尺度数据的数据可视化方法,简短列出这些方法的优势。

8. 选择适用于多维数据(K>10)的可视化方法,简短列出这些方法的优势。

9. 选择适用于比较不同数据属性的可视化方法,简短列出这些方法的优势。

10. 请从 http://gapminder.org 下载一个多维数据,并采用平行坐标和马赛克图等方法比较可视化结果。

参考文献

[1] 刘小伟,周圣毅,朱琳. iLike DIY Excel 2007 函数与图表办公应用全面解决方案. 2007.

[2] 陈为,张嵩,鲁爱东. 数据可视化的基本原理与方法[M]. 北京:科学出版社,2013 年 6 月.

[3] KeimD A, AnkerstM. Visual data miningand exploration of databases large. PKDD. Freiburg, Germany, 2001.

[4] 向怡宁. 鲜活的数据:数据可视化指南[M]. 北京:人民邮电出版社,2012 年 10 月.

[5] HoffmanPE. TableVisualizations:AFormal Modelandits Applications. Doctoral Diss.,

Lowell，MA：Computer Science Dept.，University of Massachusetts，1999.

［6］唐泽圣.三维数据可视化［M］.北京：清华大学出版社，1999.

［7］调和曲线图和轮廓图的比较.［EB/OL］.［2009－03－11］.http://cos.name/2009/03/parallel-coordinates-and-andrews-curve/♯more-704.

［8］Visualization Assembly Line.［EB/OL］.［2012－8］.http：//vis.pku.edu.cn/mddv/val/gallery.

［9］Song R，Zhao Z，OuM.A Novel Clustering Method for ChernoffFaces Based on V－system［C］.In：Proceedings of the 2009 IEEEInternational C onference on Informa tion and Automation，ICIA2009.2009：1556－1561.

［10］数据可视化之美——用数据讲故事.［EB/OL］.［2012年10月15日］.http://qing.blog.sina.com.cn/tj/88ca09aa3300275o.html.

附　录

1. Clementine 概述

1.1　Clementine 简介

Clementine(IBM SPSS Modeler)是最早隶属英国 ISL(Integal Solutions Limited)公司的产品。1998 年,Clementine 被 SPSS 公司收购,功能和结构得到重新整合和开发,并相继推出了 V6.0～V11.0 版本。2009 年,SPSS 被 IBM 公司收购,SPSS 的产品得到了更有效的整合,Clementine 更名为 IBM SPSS Modeler。Clementine 作为最早的一款以图形化"语法"为用户界面的数据挖掘软件,它丰富的算法、简单的操作、直观的分析结果等多项突出的优势使它成为用户优先选择的数据挖掘工具。

1.2　Clementine 界面简介

点击 Clementine 12.0 快捷键,几秒钟后,屏幕上将显示主窗口。

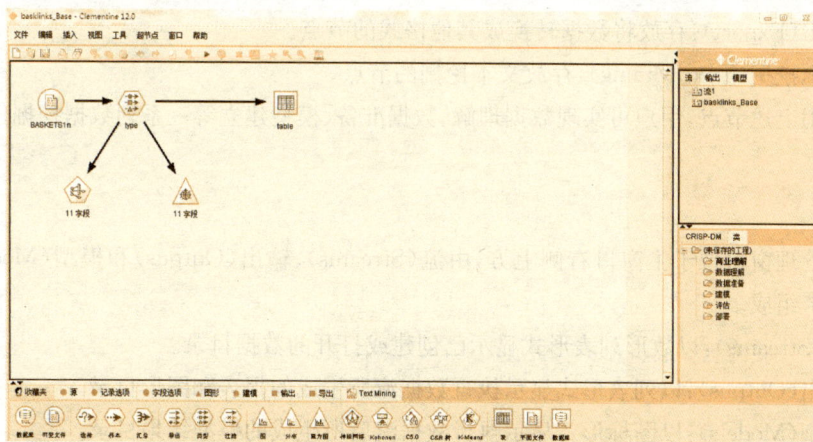

Clementine 主应用程序窗口

成功安装并启动 Clementine 后会出现下图所示的主窗口。Clementine 的主窗口由窗口菜单、工具栏、数据流编辑区、节点工具箱窗口、流管理窗口、项目管理窗口组成。

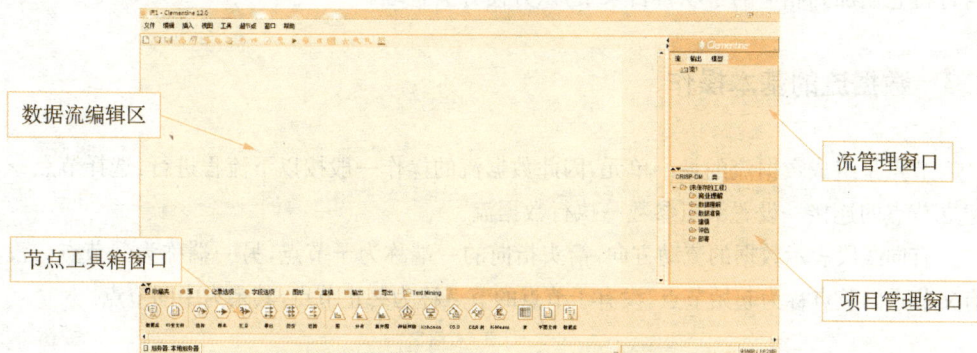

1. 数据流编辑区

位于主窗口的中间部分,用户的主要编辑操作都在这个区域完成,用于建立和编辑 Clementine 数据流。

2. 节点工具箱窗口

图形化节点是组成数据流的基本要素,放置在节点工具箱内。

根据功能类别,节点分别放置在不同的节点选项卡中。选项卡分别为收藏夹 (Favorites)、源(Sources)、记录选项(Record Ops)、字段选项(Field Ops)、图形(Graphs)、建模 (Modeling)、输出(Output)、导出(Export)、文本挖掘(Text Mining)。各个选项卡的具体内容:

收藏夹(Favorites):存放数据流中最常用的节点。

源(Sources):存放读入各种外部数据到 Clementine 中的节点。

记录选项(Record Ops):存放针对记录操作的节点。

字段选项(Field Ops):存放针对字段操作的节点。字段指的是数据表的每一列。

图形(Graphs):存放绘制各种统计图形的节点。

建模(Modeling):存放建立各种数据模型的节点。

输出(Output):存放显示数据及其基本统计特征的节点。

导出(Export):存放将数据转换成其他格式的节点。

文本挖掘(Text Mining):存放文本挖掘的节点。

利用上述节点,用户可实现数据理解、数据准备、模型建立等一系列数据挖掘任务。

3. 流管理窗口

流管理窗口位于主窗口右侧上方,由流(Streams)、输出(Outpus)和模型(Models)三个选项卡组成。

流(Streams):以数形列表形式显示已创建或打开的数据目录。

输出(Outpus):以列表形式显示执行数据流所生成的报表和图形目录。

模型(Models):以图标形式显示执行数据流后所生成的模型结果目录。

4. 项目管理窗口

项目管理窗口以目录的形式管理项目和子项目。数据流和执行结果较多时,用户可自行将它们加到相应的子项目目录中,以方便分类管理。

1.3 数据流的基本操作

节点是组成数据流的最小单元,因此数据流的操作一般按以下流程进行:选择节点→建立节点的连接→设置节点参数→执行数据流。

有向线段表示数据的流动方向,箭头指向的一端称为子节点,另一端称为父节点。没有父节点的节点称为起始节点,没有子节点的节点称为终止节点,其余为中间节点。

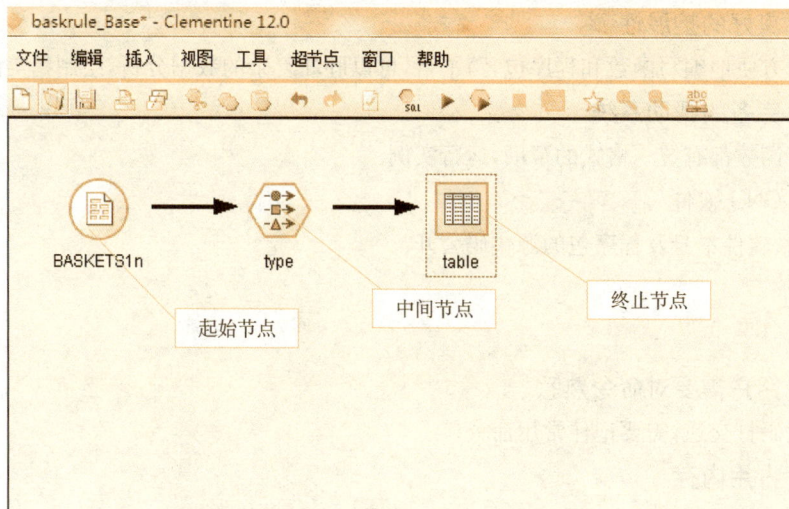

2. R 语言概述

2.1　R 语言简介

1. 起源

R 语言是从 S 统计绘图语言演变而来,可看作 S 的"方言"。1995 年由新西兰 Auckland 大学统计系的 Robert Gentleman 和 Ross Ihaka,基于 S 语言的源代码,编写了一个能执行 S 语言的软件,并将该软件的源代码全部公开,这就是 R 软件,其命令统称为 R 语言。

2. 特点

(1) 多领域的统计资源

目前在 R 网站上约有 2400 个程序包,涵盖了基础统计学、社会学、经济学、生态学、空间分析、系统发育分析、生物信息学等诸多方面。

(2) 跨平台

R 可在多种操作系统下运行,如 Windows、MacOS、多种 Linux 和 UNIX 等。

(3) 命令行驱动

R 即时解释,输入命令,即可获得相应的结果。

3. 优势

(1) 丰富的资源

涵盖了多种行业数据分析中几乎所有的方法。

(2) 良好的扩展性

十分方便地编写函数和程序包,跨平台,可以胜任复杂的数据分析,绘制精美的图形。

(3) 完备的帮助系统

每个函数都有统一格式的帮助,运行实例。

(4) GNU 软件

免费、软件本身及程序包的源代码公开。

4. 不足

(1) 用户需要对命令熟悉

与代码打交道,需要记住常用命令。

(2) 占用内存

所有的数据处理在内存中进行,不适于处理超大规模的数据。

(3) 运行速度稍慢

即时编译,约相当于 C 语言的 1/20。

(4) 相比点击鼠标进行操作,R 仍能够大大提高效率。

(5) R 的学习曲线较为陡峭

由于许多功能都是由独立贡献者编写的可选模块提供的,这些文档可能比较零散而且很难找到。事实上,要掌握 R 的所有功能,可以说是一项挑战。

2.2　R 语言下载和安装

R 可以在 CRAN(Comprehensive R Archive Network)的中国镜像网站 http://cran.r-project.org/上免费下载。该网站提供基于 Linux、(Mac)OS X 和 Windows 三种操作系统的 R 语言版本,根据你所选择平台的安装说明进行安装即可。

2.3　R语言界面简介

如果你使用的是 Windows，从开始菜单中启动 R。在 Mac 上，则需要双击应用程序文件夹中的 R 图标。对于 Linux，在终端窗口中的命令提示符下敲入 R 并回车。这些方式都可以启动 R，启动后界面如下图。

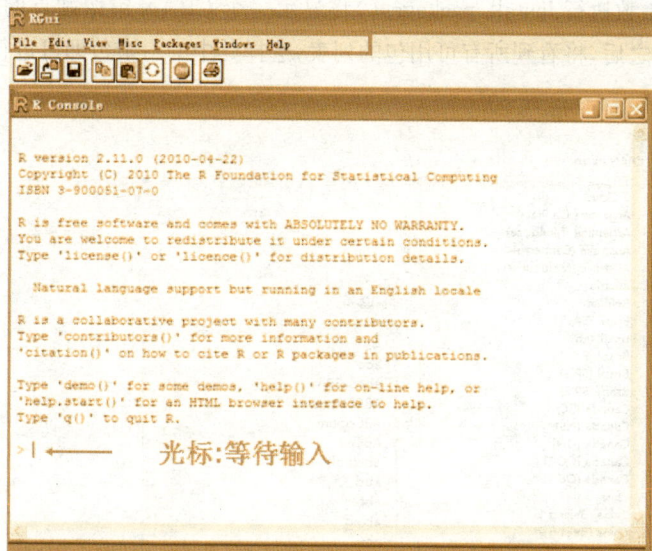

菜单栏
快捷按钮

控制台

光标:等待输入

R 语言界面包括菜单栏和控制台两个部分。菜单栏内有文件、编辑、查看、其他、程序包、窗口和帮助等功能按钮。

文件按钮可以执行打开、运行程序脚本等功能；程序包按钮可以执行安装、更新程序包，设定 CRAN 镜像等操作；窗口按钮可以实现 R 控制台、R 编辑器、R 图形设备等多个窗口的自由转换。

2.4　交互使用 R

（1）R 是一种区分大小写的解释型语言。你可以在命令提示符（＞）后每次输入并执行一条命令，或者一次性执行写在脚本文件中的一组命令。

（2）R 语句由函数和赋值构成。R 使用 ＜－，而不是传统的 ＝ 作为赋值符号。

例如 years＜－c(2010，2011，2013)

（3）退出 R 程序的命令是＞ q()

（4）注释由符号 ♯ 开头。在 ♯ 之后出现的任何文本都会被 R 解释器忽略。

2.5　包的安装和载入

R 语言除了基本的功能外，更多的功能可以通过安装和加载各种各样的包实现。这些包更新速度快、种类多、跨领域,无论你要实现什么功能,总有一款包适合你。本书中多次使用了这些可选包。

1. 包的安装

有许多 R 函数可以用来管理包。第一次安装一个包,使用命令 install. packages() 即可。

举例来说,不加参数执行 install. packages() 将显示一个 CRAN 镜像站点的列表,选择其中一个镜像站点之后,将看到所有可用包的列表,选择其中的一个包即可进行下载和安装。

如果知道自己想安装的包的名称,可以直接将包名作为参数提供给这个函数。例如,包 rggobi 中提供了交互式的界面,便于用户修改和美化图形。可以使用命令 install. packages("rggobi")来下载和安装它。

一个包仅需安装一次。使用命令 update. packages() 可以更新已经安装的包。要查看已安装包的描述,可以使用 installed. packages() 命令,这将列出安装的包,以及它们的版本号、依赖关系等信息。

2. 载入包

安装包后要用到这个包,需要键入 library()命令。例如,要使用 rggobi 包,执行命令 library(rggobi)即可。在一个会话中,包只需载入一次。

2.6   如何获得帮助?

R 提供了大量的帮助功能,学会如何使用这些帮助文档可以在相当程度上助力你的编程工作。

　　R的内置帮助系统提供了当前已安装包中所有函数的细节、参考文献以及使用示例。帮助文档可以通过下面的表中列出的函数进行查看。

函　数	功　能
help. start()	打开帮助文档首页
help("foo")或? foo	查看函数 foo 的帮助(引导可以省略)
help. search("foo")或?? foo	以 foo 为关键词搜索本地帮助文档
example("foo")	函数 foo 的使用示例(引导可以省略)
RSiteSearch("foo")	以 foo 为关键词搜索在线文档和邮件列表存档
apropos("foo",mode="function")	列出名称中含有 foo 的所有可用函数
data()	列出当前已加载包中所含的所有可用示例数据集
vignette()	列出当前已安装包中所有可用的 vignette 文档
vignette("foo")	为主题 foo 显示指定的 vignette 文档

　　函数 help. start()会打开一个浏览器窗口,我们可在其中查看入门和高级的帮助手册、常见问题集,以及参考材料。函数 RSiteSearch()可在在线帮助手册和 R-Help 邮件列表的讨论存档中搜索指定主题,并在浏览器中返回结果。由函数 vignette()函数返回的vignette 文档一般是 PDF 格式的实用介绍性文章。不过,并非所有的包都提供了 vignette文档。不难发现,R 提供了大量的帮助功能,学会如何使用这些帮助文档,毫无疑问地会有助于编程。

　　如果你只知道函数的部分名称,那么可以使用 apropos("pl")来搜索得到载入内存所有包含 pl 字段的函数。

```
R R Console                                              _ ⊡ ⊠

> apropos("pl")
  [1] ".__C__complex"            ".__C__recordedplot"
  [3] ".__T__Complex:base"       ".handleSimpleError"
  [5] ".mapply"                  ".NotYetImplemented"
  [7] ".Platform"                ".signalSimpleWarning"
  [9] "[.simple.list"            "anyDuplicated"
 [11] "anyDuplicated.array"      "anyDuplicated.data.frame"
 [13] "anyDuplicated.default"    "anyDuplicated.matrix"
 [15] "apply"                    "as.complex"
 [17] "as.data.frame.complex"    "assocplot"
 [19] "barplot"                  "barplot.default"
 [21] "biplot"                   "boxplot"
 [23] "boxplot.default"          "boxplot.matrix"
 [25] "boxplot.stats"            "cdplot"
 [27] "complete.cases"           "completeClassDefinition"
 [29] "completeExtends"          "completeSubclasses"
 [31] "complex"                  "Complex"
 [33] "coplot"                   "dendrapply"
 [35] "droplevels"               "droplevels.data.frame"
 [37] "droplevels.factor"        "duplicated"
 [39] "duplicated.array"         "duplicated.data.frame"
 [41] "duplicated.default"       "duplicated.matrix"
```

2.7　R 语言学习资源

1. 网上资源

R 的官方网页拥有大量英文学习资源，还可以参考 http://cran.r-project.org/other-docs.

统计之都 *bbs* 是一个不错的学习 R 的中文网站，这个论坛上你可以找到大量学习资料或直接提出问题同大家探讨。

2. 参考书目

《R 语言实战(中文版)》该书注重实用性，是一本全面而细致的 R 指南，阐述了大量探索和展示数据的图形功能，非常适合零基础的同学学习。